普及版

古代造瓦史

——東アジアと日本——

山崎信二 著

雄山閣

まえがき

　本書を題して『古代造瓦史—東アジアと日本—』としました。その内容は、別記目次および「第1章　はじめに」の中の「本書執筆の動機」に記したとおりです。

　本書のように、東アジアの視点から日本の考古学的遺物を考察する必要性は何十年も前から提唱されていました。しかし、中国と韓国と日本における遺跡の発掘はめざましく、発掘で出土した中国・朝鮮・日本の瓦を同一レベルで同一人物の目によって観察した報告文は、これが初めてです。この本が、多少、読者諸賢の参考に資することがあるなら、幸甚とするところです。

　ところで、2005年から「古代東アジアにおける造瓦技術の変遷と伝播」というテーマで日本学術振興会から科学研究費の交付を受けたことが、本書の執筆をもたらすことになりましたが、その初年度の研究代表者である毛利光俊彦氏および事務局代表の役を果たされた小沢毅氏に深甚の謝意を表します。

　また本書の編集および印刷にあたり株式会社雄山閣の羽佐田真一氏の並々ならぬ援助を受けました。羽佐田氏なくしては、この本の執筆も出版もできなかったでしょう。

　最後になりますが、奈良文化財研究所在職中も、また定年退職後の現在も、勝手気儘にふるまう私を笑顔で見守ってくれる妻千津子に感謝したいと思います。

　2011年4月中旬

山崎信二

識す

■古代造瓦史—東アジアと日本—■目次

第1章　はじめに
―瓦の文様と瓦の製作技法―

1　Aさんへ―本書執筆の動機

　先日、電話で出版の照会をしましたが、今日は資料ともども具体的な内容で相談させていただきたいと思います。

　この本を出版したい、またはこの本の中で主張したい、一番の核となる部分は、最後の章の「古代東アジアの平瓦製作技法の流れ」と、古代日本の造瓦史の中核部分を正面から論じているところです。前者は、平瓦製作技法から考えた系統関係ですが、軒瓦の製作技法と丸瓦の差、そして瓦当文様の差も充分考慮に入れた結論です。この点を今回の本の中で明らかにした方がよいと思ったのが、出版の動機の最大の理由なのです。最後の章における私の結論の文章は短く、また軒瓦の問題については、私は2009年3月15日のシンポジウム「古代東アジアにおける造瓦技術の変遷と伝播」[1] において、かなり丹念に説明したのですが、それは文章化されていません。やはり、古代東アジア全体についての平瓦の差やその変遷、軒瓦の問題について文章化しておく必要があるのではないか、という思いがここ数ヶ月の間に強くなってきたのです。

　私は2009年3月末に奈良文化財研究所を退職したものですが、研究所に25歳で入所して以来、主として瓦の研究にたずさわってきました。主要著書に『中世瓦の研究』（雄山閣、2000年）、『古代瓦と横穴式石室の研究』（同成社、2003年）、『近世瓦の研究』（同成社、2008年）があります。10年以上前では、中国・朝鮮の瓦はほとんど調査する機会がなかったのですが、中国社会科学院考古研究所と奈良文化財研究所との共同研究の進展によって、次第に中国の遺物の分析結果が求められるようになり、考察原稿を書くことを求められるようになったのです。本書第3章は、2000年に瓦の研究室としての考察原稿を求められた際に、

2

室長の私が、自ら中国へ行って瓦を調べ、原稿を書いたものを基にしています（この報告書の日本語版がようやく出版されようとしています）。

　一方、韓国の文化財研究所と奈良文化財研究所との交流は、長い歴史があるのですが、共同研究の締結に伴って、やはり具体的な成果物を求められるようになり、当時韓国担当だった私が提案した『日韓文化財論集』が出版されることになり、執筆予定者は必要に応じて相手国での調査旅行を相互に行うことになりました。私の韓国での瓦の調査がこの時からはじまります。

　このような中で、2005年から2008年までの4年間、「古代東アジアにおける造瓦技術の変遷と伝播」と題する科学研究費補助金の採択が決まり、中国の瓦調査へ行くことが可能になりました。これを中国から段どりしてくださったのが、中国社会科学院の安家瑶氏と朱岩石氏でした。中国で、一度、造瓦技術のシンポジウムをやってはどうかという中国側の意見がある時に、私が提案したのは、中国各地の瓦および遺跡の発表は、それぞれの発掘担当者が発表するが、その中に、我々日本の研究者が作成した図（拓本図・実測図）を入れてほしいということでした。そして2008年3月に北京でシンポジウムを行ったのですが、その中で発表された瓦図面についての、日本側の分析結果が文章では入っていない状況を生んでしまったのです。このような状態にあるものを、研究代表者である私の目でとらえた内容を、瓦研究者および一般に向けて発表しておく必要があるのではないかと思うようになったのです。

　次に日本の古代瓦については、断片的な分析結果はあっても、通史的な中核部分をおさえた論考はこれまでになかったといえます。この点では、最も中心となる瓦を出土する遺跡、即ち飛鳥寺・豊浦寺・法隆寺・百済大寺・山田寺・川原寺・本薬師寺・大官大寺・藤原宮・平城宮・興福寺・大安寺・平城薬師寺・西大寺を発掘した奈良文化財研究所の職員でなければ、具体的な中身のある瓦の分析はできないでしょう。私も旧職員の一人としての義務と考え、この「日本古代造瓦通史」を、はじめて試みた訳です。この日本の古代瓦の中で、藤原宮の造瓦に46頁も費やしたのは、藤原宮以前の造瓦と以後の造瓦とで大きく異なるからであり、その変化の節目にある藤原宮造瓦を徹底的に分析しなければ、全体としての本質的な理解はできないと考えたからです。第15章の藤原宮の瓦が私の日本の古代瓦の各章の中では、最も充実した内容をもっていると

考えています。

2　Bさんへ―瓦の細部の呼び方

御指摘のお手紙ありがとうございました。瓦の呼び方や細部の説明が理解しにくいとのこと。私の力不足で申し訳ありません。

瓦は建物の屋根を葺くために粘土を一定の形に成形し、乾燥し、焼成したものです。中国の瓦造りの歴史は西周時代初期に遡り、それは今から3000年を超える以前の昔のことになります。その時はまだ丸瓦がなく、平瓦だけを交互に、仰向け俯せに並べたらしい。その後、100年ほどして丸瓦と平瓦を組み合わせて屋根を葺くようになります。

平瓦は断面弧状の長方形をなし、丸瓦は半円筒形をなし、平瓦は仰向けに縦・横葺き並べ、縦方向には4～5割程度重ね合わせます。横どおしに並べた平瓦の境目の上に丸瓦を俯せに置き、かぶせて葺きあげます。瓦を葺いた軒(のき)の先端部分には文様を付けます。丸瓦の軒先用に文様を付けたものが軒丸瓦(のきまるがわら)で、これは古くから文様をもっていますが、軒先の平瓦には長い間、文様を付けません。中国で文様のある軒平瓦(のきひらがわら)は、五胡十六国時代から中国北朝に至る中国北部において、はじめて出現します。本書でとりあげる瓦

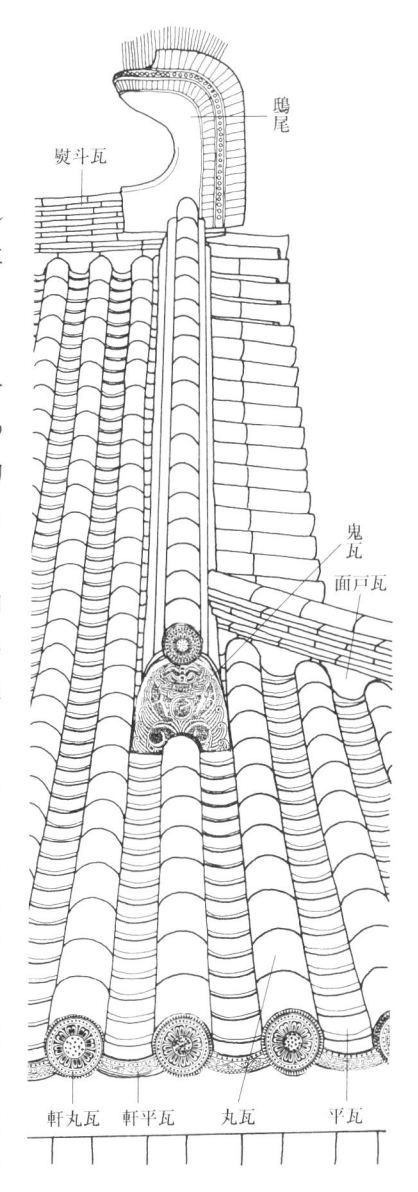

鴟尾

熨斗瓦

鬼瓦
面戸瓦

軒丸瓦　軒平瓦　丸瓦　　平瓦

第1図　瓦の種類と使用場所

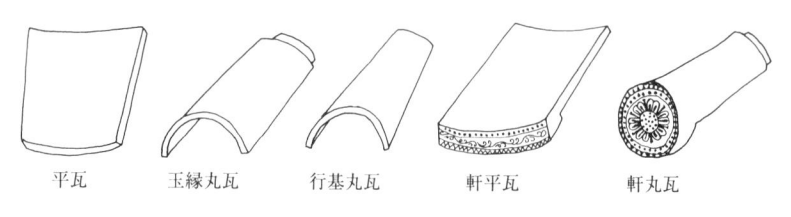

| 平瓦 | 玉縁丸瓦 | 行基丸瓦 | 軒平瓦 | 軒丸瓦 |

第2図　瓦の種類

は、丸瓦・平瓦・軒丸瓦・軒平瓦の4種に限られますが、古代瓦はこの他に棰先瓦・鴟尾・鬼瓦・熨斗瓦・面戸瓦などの種類があります。

　丸瓦は玉縁丸瓦と行基丸瓦に分類します。玉縁丸瓦とは、丸瓦本体より小さい半円筒形を付け加え、次の丸瓦と連結しやすいように形作ったもので、玉縁部のことを近・現代の瓦業界では合口とか差込み等々と呼ばれています。行基丸瓦とは、行基葺の説明が『広辞苑』に「本葺において、円瓦の一端が他端より細い場合、後の瓦の太い方で、前の瓦の細い方を覆うように順々に重ねて葺いたもの」との説明があるように、丸瓦の後方に段がなく、丸瓦の一端を次第に細くしていく丸瓦の形態をいいます。玉縁丸瓦は春秋の時代（紀元前770〜前477年）には出現していますが、秦漢代以降中国の丸瓦はすべて玉縁丸瓦になります。一方、朝鮮においては、行基丸瓦の形態が生み出され、A.D.588年以降の日本の飛鳥寺造瓦においては、百済から玉縁丸瓦と行基丸瓦の二形態が日本に導入されます。玉縁丸瓦は、全国的にはなかなか広がらず、藤原宮の造瓦、平城宮初期の造瓦、国分寺造営の造瓦を経て、玉縁丸瓦がようやく全国に波及することになります（なお、中国の西周と春秋の瓦については、有段丸瓦・無段丸瓦と表現しています。秦・前漢以降は中国では玉縁丸瓦＜有段丸瓦＞に統一され、その後、朝鮮半島で出現する無段丸瓦を行基丸瓦と本書では記しています）。

　次に軒丸瓦について述べます。

　瓦當文とは、軒丸瓦の先端部分に記された文字のことで、秦漢時代の「瓦當文字」のある瓦は、極めて珍重されてきました。このように軒丸瓦の先端部分を「瓦當」・「瓦当」と呼びます。この瓦当と丸瓦を接合したのものが軒丸瓦で、はじめは半瓦当（半円瓦当）、後に円瓦当（全円瓦当）に発展します。したがって軒丸瓦の細部を説明する場合は、（少しわずらわしいのですが）瓦当面・瓦当裏面・瓦当側面、丸瓦部凸面・凹面・側面、玉縁部凸面・凹面・側面・端面、そ

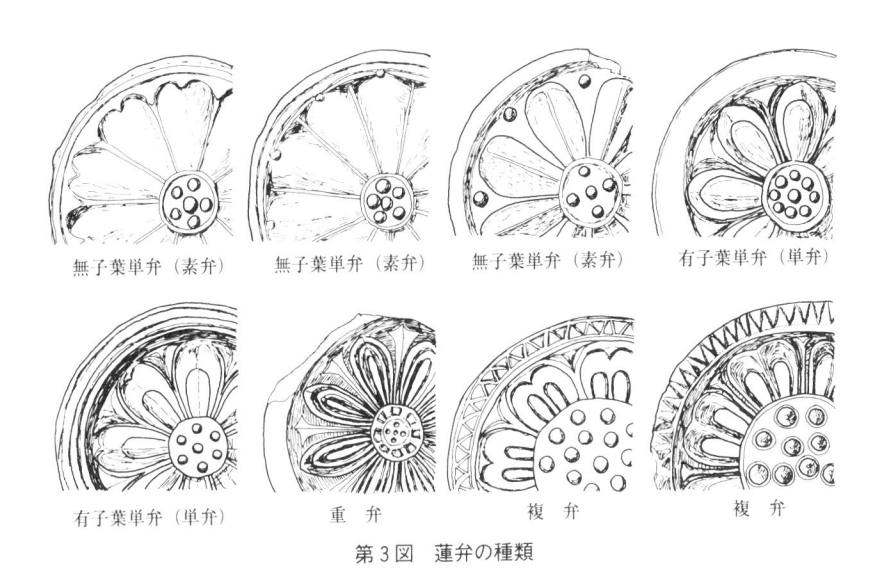

無子葉単弁（素弁）　　無子葉単弁（素弁）　　無子葉単弁（素弁）　　有子葉単弁（単弁）

有子葉単弁（単弁）　　　　重弁　　　　　　　複弁　　　　　　　複弁

第3図　蓮弁の種類

して行基丸瓦の場合は丸瓦狭端部の凸面・凹面・端面などと区別して説明しています。

　次に瓦当面の文様について述べます。半瓦当の文様としては、素文（文様のないもの）・重環文（めぐりまわる文様）・饕餮文（怪獣の顔面文）・樹木双獣文の図面が本書に記載されています。次に円瓦当のものは、秦漢代では葵文・渦文・雲文などと発掘報告書では記述されていますが、蕨形の文様を内外区に異方向に並列させる［葵文］か、内区から外区に向かい合って並列させる［渦文］か、外区に曲線の両端を蕨手様に内向して巻きこませる［雲文］かの差であり、呼称漢字のイメージの方が現実の文様より強烈であり、これらの文様呼称が必ずしも適切ではないと考えられるので、本書ではあまりふれず、「雲文瓦当Ⅲ型11式」と報告されている等と、ごく一部に記しただけです。五胡十六国時代の一部の軒丸瓦については呼称を設定せず、「日・月・星辰や樹木や蓮弁状の文様がみられる」と記しただけです。漢城期百済の軒丸瓦の多数が、「幾何学文・樹木文軒丸瓦」と呼ばれているので、この呼称に従いました。

　中国南朝初期の軒丸瓦文様は、雲文・人面文・獣面文と分類されています。人面は髭と笑い顔、獣面は顔全体の毛と大きくむき出した歯に区別があるのでしょうか。高句麗初期の軒丸瓦は蓮蕾文（蓮華の花のつぼみの文様）軒丸瓦と呼

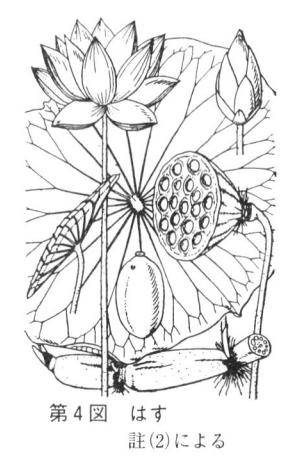

第4図　はす
註(2)による

ばれています。本書ではこの文様の呼び方について
ふれていません。5世紀以降では、蓮華文軒丸瓦が
広く波及することになります。これは仏教の波及と
関係があります。蓮華文はハスの花弁をかたどった
文様で、中国北朝ではハスの花から天人が生まれ出
る蓮華化生文軒丸瓦もあります。その後、ハスの花
弁だけの蓮華文軒丸瓦が主流になります。日本の蓮
華文軒丸瓦の分類は、単弁と複弁に大きく分け、単
弁を①無子葉単弁または素弁、②有子葉単弁または
単弁、③子葉を二重に区画する重弁、と細分してい
ます。そして、年代的に無子葉単弁→有子葉単弁→
複弁と変遷していくことが明らかにされています。しかし、この変遷を中国に
押しつけることはできません。中国南朝では無子葉単弁蓮華文軒丸瓦であり、
中国北朝では子葉を有する複弁蓮華文軒丸瓦と弁中央に稜線のある単弁蓮華文
軒丸瓦と有子葉単弁蓮華文軒丸瓦が併存しています。これは、中国南朝と北朝
で蓮華文の描き方がかなり異なっていることを示すものです。日本へは、まず
中国南朝系の瓦が百済経由で入り、後に再び中国南朝系の瓦が新羅経由で入っ
ていますから、最初は無子葉単弁の蓮華文軒丸瓦ばかりであり、途中から中国
北朝・隋・唐様式としての有子葉単弁蓮華文軒丸瓦と複弁蓮華文軒丸瓦が入っ
てくるということになります。朝鮮半島南部でも同じ変遷をします。ところで
子葉とは元来、種子が内包している最初の葉のことですから、花弁の一枚一枚
に子葉が付くというのもやや変で、写実的なハスに大きな改変を加えたのは中
国北朝ということになりますが、北朝では複弁蓮華文軒丸瓦出現の段階からす
でに完成した形をとっているので、さらに遡る古い歴史があるのでしょう。

　次に蓮華文軒丸瓦の文様細部の呼び方を述べます。

　まず、全体を大きく内区と外区に分けます。内区は蓮華の花開くさまをあら
わした部分、外区は外側の装飾文様の部分です。内区は中心の中房とそのまわ
りの蓮弁と間弁とからなります。中心の中房は、植物分類呼称の花托にあたり、
それは花弁など花の諸部分を支持収束する膨れた部分で、その孔の中にハスの
実である蓮子が入っています。中心の一個の蓮子のまわりに数個の蓮子が円形

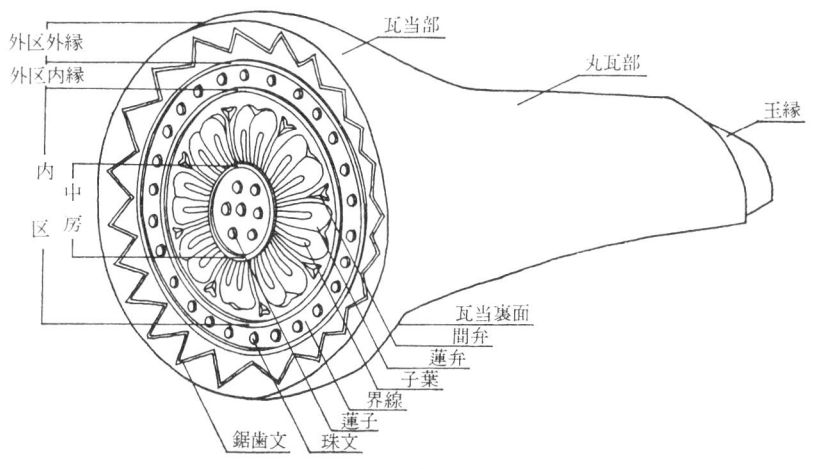

第5図　軒丸瓦部分名称　註(8)による

　に配され、一重にめぐる蓮子と、二重にめぐる蓮子とがあります。蓮弁は蓮華の花弁で、間弁は花弁と花弁の間の下から下重の花弁がのぞいているものですが、蓮弁と蓮弁の間を区画する線だけのものも含めて間弁と呼んでいます。間弁は、どんどん形骸化していき、棒状突起や三角形で表現されますが、やがて蓮弁のまわりを一周して間弁どおしが連続するものがあらわれます。外区の文様は二重の文様であれば、内側を外区内縁、外側を外区外縁と呼び、一重の文様でも外側にやや広い素文縁があれば、内側を外区内縁、素文縁を外区外縁と呼びます。日本では三角形文（瓦では「鋸歯文」と呼んでいます。以下鋸歯文）を最初に採用したので、80年近くこの外区文様が存続しました。軒丸瓦の外区の鋸歯文は中国では魏や呉や西晋に出現するのみで、その後、中国・朝鮮では出現することなく、日本独自の文様でした。隋・唐代前期では外区内縁に珠文だけを配し、外区外縁は素文縁であり、外区外縁を一段高く作る直立する外縁でした。これと同じ文様構成に日本の瓦がなっていくのは奈良時代末以降でした。一方、統一新羅では外区外縁の直立縁の上端部分に珠文や唐草文を配するのが一般的となります。

　次に軒平瓦について述べます。

　中国では長い間、軒先と平瓦には文様を付けませんでした。中国で文様のある平瓦は、おそらく4世紀において、平瓦の広端面を波状にひねることから始

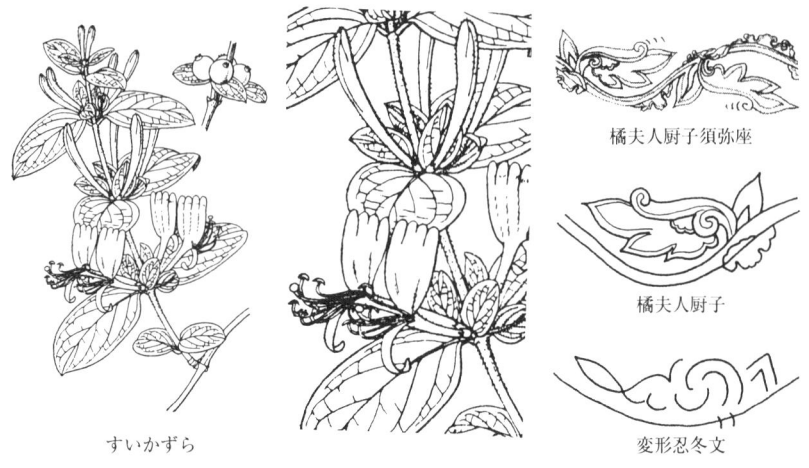

橘夫人厨子須弥座

橘夫人厨子

変形忍冬文

すいかずら

第6図　すいかずらと忍冬文　註（2）などによる

　まりました。中国北朝では、5世紀末には平瓦の広端に一条の沈線を付けて下端に波状をめぐらし、6世紀前半代には押し引きで四重弧を作り出し波状文を付ける波状重弧文軒平瓦が出現しています。中国では隋・唐代を通して波状重弧文軒平瓦が製作されました。軒丸瓦では笵型を用いて、その中に粘土を押しこんで瓦当文様を作りあげるのに、軒平瓦では工具と指を使っての文様作成でした。ところが、日本では軒平瓦に文様を付けるための工夫が、独自でなされていきます。7世紀前半代に手彫りで文様を描く軒平瓦があらわれ、7世紀中葉に重弧文軒平瓦が発案され、また法隆寺などでスタンプ（型押し）を何回か押して文様を描く軒平瓦があらわれ、7世紀後半に笵型に粘土を押しこむ軒平瓦があらわれます。統一新羅でも7世紀後半に笵型による軒平瓦が発案されますが、法隆寺東院下層の忍冬唐草文軒平瓦からみれば、日本の方が笵型による軒平瓦は古くから出現しています。

　唐草文は蔓草のからみはう様を描いた文様で、特定の植物の名ではありません。一方、忍冬文は「すいかずら」のような蔓草を図案化したものとされています。『牧野新日本植物図鑑』[2]（1961年）には「すいかずら（にんどう）」として、「常緑の木本で、右旋のつるが長く延び」、「葉は対生し、ごく短かい柄があり」、「冬の間もしおれない。そのため漢名を忍冬という。初夏に葉腋に芳香のある花が2個ならんで咲き、しばしば枝先で花穂状になる。花の下には葉状

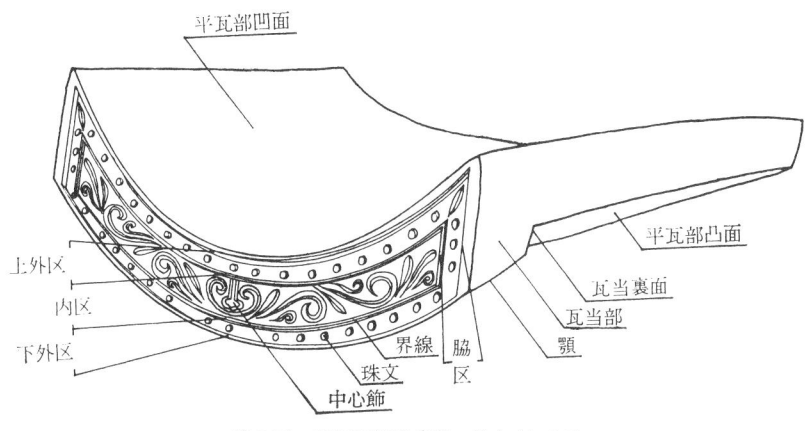

第7図　軒平瓦部分名称　註(8)による

　の包葉が対生してつく」として、すいかずらが図示されています。この図の花
の咲くさまと、橘夫人厨子の忍冬文を比較すると、確かに似ているところがあ
ります。しかし藤原宮の時期の「変形忍冬唐草文」となると、変形もはなはだ
しいものとなっています。一方、忍冬文という呼び方を排し、パルメットとい
う呼び方で統一する研究者もいます。パルメットは「扇状に広がった棗椰子の
葉を図案化したもの」ですが、日本の軒平瓦では棗椰子の葉と唐草とが必ず組
み合うことになる点や、自生しない棗椰子の葉が日本でイメージできたかなど
疑問の点もあります。本書では西アジアのパルメット文を分類する必要はない
ので、これまでの瓦研究の呼称どおり、忍冬唐草文軒平瓦と呼んでおきたいと
思います。

　次に唐草文軒平瓦の文様細部の呼び方を述べます。

　まず軒平瓦の文様は、中心の文様部分の内区と外側の装飾部分の外区とから
なります。内区の唐草文様は、①忍冬唐草文、②変形忍冬唐草文、③偏行唐草
文、④均整唐草文、⑤葡萄唐草文があり、統一新羅の軒平瓦として、⑥宝相唐
草文があります。忍冬唐草文には中心飾りをもつ左右対称のものと、唐草が左
から右に流れる右偏行のものと、右から左に流れる左偏行のものがあります。
変形忍冬唐草文や偏行唐草文では、右偏行のものと左偏行のものがあります。
均整唐草文は左右対称を原則とし、多くは中心飾りをもっています。大官大寺
の瓦、平城宮の瓦以降で長岡宮の瓦までは、中央の花頭形の垂飾りか三葉文と

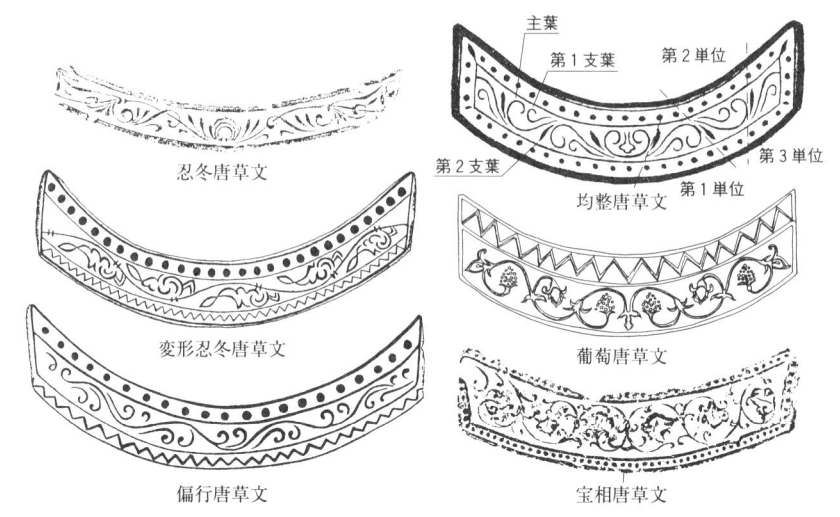

第8図　唐草文様の種類と唐草文様の単位

上に巻きこむ唐草を組み合わせた中心飾りを配するものがほとんどです。平安時代前期ではこのタイプの均整唐草文もありますが、新たに対向C字形の中心飾りをもつ軒平瓦があらわれ、平安京ではそれが主流になっていきます。外区の文様としては、鋸歯文と珠文が藤原宮の時代にあらわれ、平城宮では大部分が珠文のみで、長岡宮・平安宮では珠文のみとなります。外区も上外区・脇区・下外区に分かれ、平城宮初期の瓦では、上・下外区と脇区を区画する斜めの区画線をもっていますが、平城宮の中期以降、次第に区画線が消失していきます。また唐草文様をいくつかの単位としてとらえ、中心飾りから近い順に第1単位・第2単位・第3単位と呼び、各単位の中央の巻き込みを主葉、内側の小支葉を第1支葉、外側の小支葉を第2支葉と呼んで説明しています。

　なお、軒平瓦の断面形態においては、顎と呼ぶ瓦当面直下の凸面形態が年代決定するための主要な要素の一つであり、①段顎、②曲線顎、③直線顎に大別しています。これは図面を参照すれば一目瞭然です。ただ、直線顎と曲線顎の区分には微妙なものがあり、どちらに分類するか難しくなってくるものもあります。少なくとも、段顎と曲線顎の区別については、平城宮の瓦では有効であるといえます。しかし平城宮以外の時代においては、分類基準を少し変える必要があるでしょうし、またこの断面形の分類は有効性を発揮する時と有効性を

直線顎　　　　　段顎　　　　　　　曲線顎

第9図　軒平瓦の顎の形態　註(8)による

期待できない時の両方があります。この点は、製作技法とからめて議論する必要があります。

　最後に、藤原宮や平城宮の軒瓦に付いている4桁の番号とアルファベットの説明をしなければなりません。

　例えば東大寺式の軒丸瓦では、6235という番号が付いていますが、6は奈良時代（5は飛鳥時代、7は平安時代）、残り3桁の数字では040〜199を単弁蓮華文、200〜369を複弁蓮華文とし、外区に珠文だけを配する複弁の軒丸瓦は230〜259の番号を付けています。さらに6235型式という東大寺式軒丸瓦の文様をもつものは、（ⅰ）複弁蓮華文で8弁をもつこと、（ⅱ）外区内縁に珠文を配し、珠文数は16個が多い、（ⅲ）外区外縁は素文で傾斜縁である、（ⅳ）間弁は独立する、（ⅴ）中房の蓮子数が1＋6をもつものが多いという5つの条件を満たしていれば、典型的な6235型式ということになります。

　6235型式でのアルファベットA〜Qは、6235という同じ文様の仲間の中でAからQまでの異なった笵型があるということになります。6235Dと6235Mは同じ東大寺出土の東大寺式軒丸瓦であっても、笵型が違うということです。また6235Mでは、笵の彫り直しが行われているので、彫り直し前が6235Ma、彫り直し後が6235Mbとなります。Maは古い段階の笵でできた軒丸瓦、Mbは新しい段階の笵でできた軒丸瓦というように、新・旧を記号で区別することができます。一方、軒平瓦の6732型式とは、軒丸瓦と同じく6は奈良時代の軒瓦の意味で、残り3桁の数字では、東大寺式と呼ぶものは730〜733の番号を付けており、中心飾りの上部に対葉花文を付けたものです。このような6732という「型式」は元来深い意味をもたせようとしたものですが、A〜Zまでアルファベットを使い果たしたので6733A〜Jに新発見の軒平瓦を押し込まざるをえなかったように、現実には便宜的なものとなっている部分があり、業界用語であり、整理番号にすぎない面もあります。業界の人間としては、非常に類似した文様

の軒瓦を番号とアルファベットで区別した方が、言葉で表現するよりわかりやすいという面があります。本書では、藤原宮から平城宮にかけての軒瓦を型式番号で表現していますが、できるだけ図面を挿入するよう努力したので、4桁の番号は気にすることなく（瓦研究の専門家だけが頭に記憶しています）、図面番号の文様をみて、この瓦のことを言っているのか、という程度に流していただければと思います。

　なお、飛鳥時代の軒瓦も、平安時代の軒瓦も、型式番号を付ける希望は一部の研究者はもっていますが、具体化したことはありません。本書においては、飛鳥時代初期の軒瓦については大脇潔氏の論文[3]の分類、ⅠA〜E、ⅡA〜G、ⅢA〜F、ⅣA〜J、ⅤA〜G、ⅥA〜Fの記号をそのまま引用し、平安時代初期の軒瓦については網伸也氏の論文[4]の分類である、岸部瓦窯のＫａ１〜６、Ｋｂ１〜６、西賀茂瓦窯のＮＳ101〜156、ＮＳ201〜210、栗栖野瓦窯のＨＴ101〜104、ＨＴ201〜202の記号をそのまま引用しています。いずれの軒瓦の記号も、特定の軒瓦の范型を識別するためのもので、瓦研究者用の番号です。本書では、図面番号の文様をみていただければと思います。

3　Ｃさんへ―瓦の製作技法について

　社長、お元気ですか。私は長崎へ来て2年目となり、今は本書を書くために、古代瓦のことを考えています。私が瓦の製作技法をまじめに考えるようになったのは、ちょうど20年前に文化庁から奈良国立文化財研究所に帰ってからで、ああこんなに瓦の観察に集中できる時間がもてるというのは幸せであると思いつつ、毎日7時頃まで収蔵庫で桶巻作りの軒平瓦の観察に没頭した日々のことが思い出されます。その後、社長とお会いして、桶巻作りの実際についての知識を得ることができ、堅い頭が若干（ほんの若干ですが）柔らかくなったと思います。本当にありがとうございました。特に1995年の平城宮朱雀門復原の立柱式前後に行った軒丸瓦・軒平瓦の製作実験はたいへん勉強になりました。「先生、文様を付けてください」と社長が私に軒平瓦の范型を渡し、私は范型を手で押さえ込もうとしましたが、社長はニヤリと笑って、「先生、軒平瓦の范は小槌でたたき込むんですよ」と実演した光景が浮かんできます。その後、多く

第10図　『天工開物』の造瓦図

　の瓦を観察する機会をもちましたが、瓦をどのような位置でどのように作るか
という製作工程の手順は常に気にかけるところとなり、実演の経験は私にとっ
てたいへん大きな財産となりました。

　以下では、1995年以降に私がある一定の考えをもつに至った平瓦・丸瓦・軒
平瓦・軒丸瓦の製作技法について社長に報告したいと思います。大部分は社長
の熟知したところでしょうが、若干の新知見もあります。初歩的な部分から書
き起こす無礼をどうかお許し下さい。

　平瓦については、桶状器具の周辺に粘土を巻きつけて、粘土円筒を作り、こ
れを4分割して平瓦4枚を作りあげる方式、これが「平瓦桶巻作り」[5]。日本
の飛鳥寺以来の桶巻作り平瓦の製作法としては、明の宋応星が崇禎10年（1637）
に著した『天工開物』の造瓦図が、最も参考になるものだと思います。「円桶」
を以て「模骨」と為し、模骨桶を解体する時には「模」を脱し、造瓦図の桶に
は「瓦模桶」と記されています。桶は柄があり、これらは「有柄開閉式桶」で、
上端が幅狭く下端が幅広い細板（枠板）多数を紐で綴じ合わせたものと考えら
れます。桶を解体できるという点に重点があるので、「模骨桶」か「開閉式桶」

第11図　沖縄那覇の平瓦桶巻作り　註（9）の図をトレース

と呼ぶのは適切ですが、「有柄式」かどうかは検討の余地があります。ただし、結論から言うと、中国南朝起源の模骨桶に粘土板を巻きつけて、その後4分割する平瓦の作り方は、中国南朝の梁・陳や7世紀以降の揚州、朝鮮半島百済、6世紀末から7世紀の日本、中国の南宋そして明代の『天工開物』、ルードルフ＝ホムメル氏の浙江省での報告、沖縄の民俗例などは一連の系統に属するものであり、これらは梁や陳の時代から（もちろんそれより遡るでしょうが）、有柄式であったと考えた方がよいと思います。ただし遺物や文字から「有柄」を証明するものはないので、さしあたり名称としての有柄ははずし、「模骨桶で粘土板桶巻作り平瓦」と表現しておく方がよいと思います。

　次に、「模骨桶で粘土紐桶巻作り平瓦」、これは中国北朝起源のもので、隋・唐代に受け継がれ、朝鮮半島では高句麗の平瓦がこれに該当します。宋の李明仲が元符3年（1100）に選した『営造法式』には、瓦用円筒粘土を作るには、まず「輪」の上に、「札圏」を安定させ、「次套布筒、以水搭泥撥圏打塔」（次に布筒をかぶせ、水をもって泥をのせ、円圏を作り、周囲をたたく）と記され、これは粘土紐を巻きつける状態と解した方がよいと思います。その後、一桶ごとに4片作る（丸瓦は2片作る）と説明されています。そして『営造法式』には青掫瓦についての記載があり、表面にミガキをかけ、燻焼用の燃料の詳細が書かれ

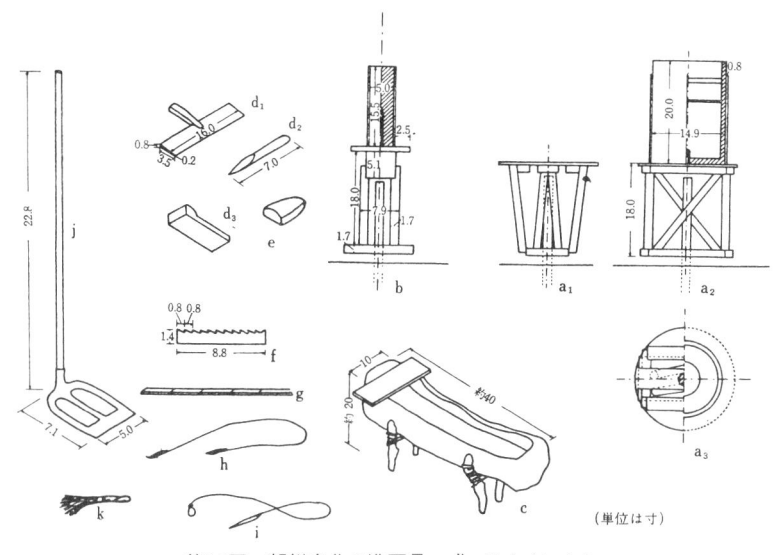

第12図　朝鮮忠北の造瓦具一式　註（6）による

ており、これは中国北朝から隋・唐代を経て宋に至る中国瓦の製瓦法が示され
ています。この系統の造瓦では、桶は模骨桶であっても、有柄式ではないかも
しれません。社長は朱雀門の立柱式のイベント用として、無柄式模骨桶で、円
形板で模骨を内側から支える方式のものを用意しましたが、そのようなものか
もしれません。

　次に、「円筒桶で粘土板桶巻作り平瓦」、この円筒桶とは「無柄非開閉式桶」
で、「これは寄木作り、すなわち二～四枚の木を合わせて作った中空の円筒で」[5]、
円筒の中には「隔壁や添木をして之を補強している」。桶が固定している、即
ち解体できないので、円筒形か、若干上方が広くなる桶となる。この系統の造
瓦は後漢代の洛陽ではすでに存在しており、その後中国南朝に出現すると考え
られますが、朝鮮半島では漢城期百済の瓦にもあらわれており、三国時代新羅
の平瓦製作法となります。統一新羅後は、朝鮮半島のかなり広い範囲にわたっ
てこの方式の桶巻作りが広がり、その後は1939年の藤島亥治郎氏による朝鮮忠
清北道・全羅南道における民俗例報告[6]まで続いた製作法です。この方式の桶
巻作りは、8世紀末の九州にあらわれ、10世紀まで存続します。日本との関係
でいえば、まず沖縄の14世紀から15世紀の高麗系平瓦がこの系統のもので、そ

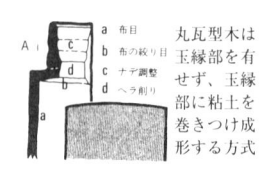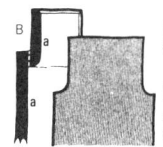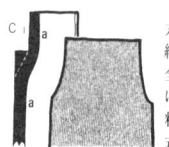

| A | a 布目
b 布の絞り目
c ナデ調整
d ヘラ削り | 丸瓦型木は玉縁部を有せず、玉縁部に粘土を巻きつけ成形する方式 | B | 丸瓦型木は玉縁部を有し、まず玉縁部、次に胴部に粘土板を巻きつける方式 | C | 丸瓦型木は玉縁部を有し、全体を巻きつけた後、肩に粘土を足す方式 |

第13図　玉縁の成形法模式図　図は註(10)による

の後、豊臣秀吉死去の際に急いで朝鮮から引きあげますが、その時朝鮮製の瓦を船に乗せて運んできて、九州各地の城に使用しました。また、この時の朝鮮からの瓦工の渡来は鹿児島と熊本において確認でき、その技法は日本では受け入れられることなく、短期間で消失してしまいます。

　最後に「円筒桶で粘土紐桶巻作り平瓦」、これは無柄非開閉式桶で粘土紐を巻きあげるもの。この方式の瓦は、前漢の瓦、漢城期百済の瓦で確認できますが、一つの系統としての流れをもつものか、単発的に出現しているものか不明です。

　以上、異なる4つのタイプの平瓦桶巻作りについて述べました。

　丸瓦については、玉縁丸瓦と行基丸瓦に分類します。行基丸瓦は、朝鮮半島で生み出され、長い間存続しますが、その変遷について本書ではふれていません。本書では玉縁丸瓦の二つのタイプの差を重視しています。

　一つは、胴部と玉縁を一体の粘土板か、一連の粘土紐を巻きあげ肩に粘土を足す方式であり、玉縁部凹面には胴部からの連続した布目痕が残されています。前漢の丸瓦、高句麗初期の丸瓦、中国北朝では北魏時代平城期・洛陽期そして東魏・北斉の丸瓦でこのタイプを確認できます。隋・唐の丸瓦については、九成宮の丸瓦は一連の粘土紐を巻きあげ肩に粘土を足す方式と、まず玉縁部に粘土を巻きつけ、さらに胴部の粘土を巻きつける方式の丸瓦が存在するようであり、唐長安城西明寺や隋唐洛陽城でも玉縁部粘土をさきに巻く方式の丸瓦が存在するようです。唐大明宮含元殿・隋唐洛陽城東城内瓦窯の丸瓦は、一連の粘土紐を巻きあげ、肩に粘土を足す方式と考えられます。朝鮮半島では、百済弥勒寺の丸瓦、扶余亭岩里瓦窯の7世紀初頭の瓦に、粘土板を巻きつけ、肩に粘土を足す方式のものがあります。一方、新羅では7世紀前半の芬皇寺軒丸瓦の丸瓦部では、玉縁は長く内側に入り込んでおり、さきに玉縁に粘土を巻く可能性が高いと思います。そして日本では、百済大寺の丸瓦、山田寺の丸瓦におい

て粘土板を巻きつけ、肩に粘土を足す方式の丸瓦が出現しています。

　他の一つは、円柱形の模骨に布袋をかぶせ、その外に粘土板を巻きつけ、円柱上端部で粘土を折りまげ、玉縁部をのせるだけの粘土円環を作っておく。その上に玉縁の長さの分の粘土板を貼り付け、回転を利用して玉縁を形作ります。したがって、玉縁部凹面に布目はなく、玉縁部凹凸面には回転を利用したナデの痕跡が残ります。このタイプの丸瓦は中国南朝梁代の軒丸瓦の丸瓦部で確認（おそらく宋・斉までは遡るでしょう）でき、朝鮮半島百済泗沘時代の丸瓦に確認（おそらく熊津時代に遡るでしょう）でき、古新羅の六通里瓦窯出土の丸瓦でも確認できます。日本では、6世紀末以降7世紀前半まで、蓮弁先端が丸く点珠を置いて反転を表現する文様（円端点珠式）に、この方式の玉縁丸瓦が伴い、それは玉縁部凹面に布目を残していません。この方式の丸瓦は、まさに中国南朝式とでも呼ぶべきものであり、中国南朝経由の百済・新羅そして日本において流行したのは当然ですが、7・8世紀の中国揚州においてもこのタイプの丸瓦が存続しています。このタイプの丸瓦が、中国でいつ消失するかも興味あるテーマだと思います。

　次に軒平瓦の製作法について述べます。

　まず、北魏洛陽永寧寺出土の波状重弧文軒平瓦の製作法をみましょう。ある程度乾燥させた粘土円筒を逆円錐台形位置に反転し、上端部に円形にそって、中央の溝を深く切り込み、二重円環を作り出します。それぞれの二段の重環中央に爪形に刺突を行い、外側段の下端を工具でひねり波状にし、内側段の下端を工具でひねり波状にし、その後粘土円筒を4分割します。そして最後に瓦当面にミガキを入れて完成させます。日本の藤原宮出土の偏行唐草文軒平瓦は、模骨桶を使う粘土紐桶巻作りで、永寧寺の波状重弧文軒平瓦とほぼ同じ製作工程をとります。その詳細は本書288〜289頁を参照してください。これらは、軒平瓦円筒が4分割された時点では、軒平瓦としての形態がほぼ完成している方式のものです。この後、日本の軒平瓦は4枚作りから1枚作りに変わりますが、横から范型を打ち込む時点では、軒平瓦としての形態がほぼ完成しているという点では共通しています。

　一方、統一新羅での円筒桶（非開閉式）で粘土板桶巻作りでは、まず粘土円筒を4分割して平瓦を作り出し、その後瓦当粘土と平瓦粘土を接合する方式の

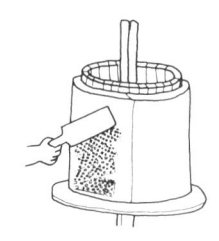

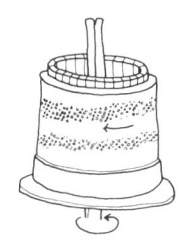

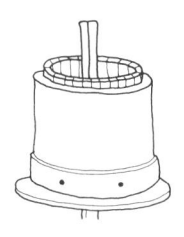

第14図　姫寺跡重弧文軒平瓦の復原工程図

ものです。笵型の文様面を上にして水平に置き、笵型に粘土を詰め、次に平瓦を立てて、接合周辺に粘土を加え、接合するものです（包み込み式）。開閉式（模骨桶）と非開閉式（円筒桶）では前者の方が融通がきくので、かなり重たくなっても粘土と桶との分離が容易であるのに対し、後者では重たくなるほど粘土と桶との分離が難しいという結果をもたらします。このため、後者ではまず4分割して平瓦を作り出し、その後、瓦当粘土と平瓦粘土を接合するという方式をとらざるをえませんでした。日本の軒平瓦と新羅の軒平瓦とで、製作法に根本的な違いが出る理由は、平瓦の作り方の違いから出発していると言ってよいでしょう。ただし非開閉式（円筒桶）で粘土板桶巻作りであるにもかかわらず、4分割された時点では軒平瓦としての形態がほぼ完成している方式のものが韓国益山帝釈寺の忍冬唐草文軒平瓦にあります。これは桶を付けたまま、粘土円筒を上下反転させ、桶の付いたまま上から笵型を打ち込むものと考えられます。かなり無理な状態での軒平瓦の製作を行っていると考えられますが、出来栄えは上々です。ただし、この方式の軒平瓦は、その後あまり作られなかったようです。

　軒丸瓦の製作技法については、瓦当と丸瓦の接合法が重要となります。それは、瓦当と丸瓦の接合式（A）と、瓦当と丸瓦を一体として作る一本造り（B）の二つに大別できます。Aの接合式は、Ⅰ：瓦当粘土・丸瓦部とも無加工で接合、Ⅱ：瓦当裏面に刻みを入れるもの、Ⅲ：丸瓦を加工するもの、Ⅳ：瓦当裏面・丸瓦両方を加工するもの、さらにⅢの丸瓦を加工するものについては、a：刻みのみを入れるもの、b：1回ヘラケズリ、c：片柄状2回ヘラケズリ、d：凹凸両面2回ヘラケズリ、e：端面V字数箇所切り取り、により細分する方法と、

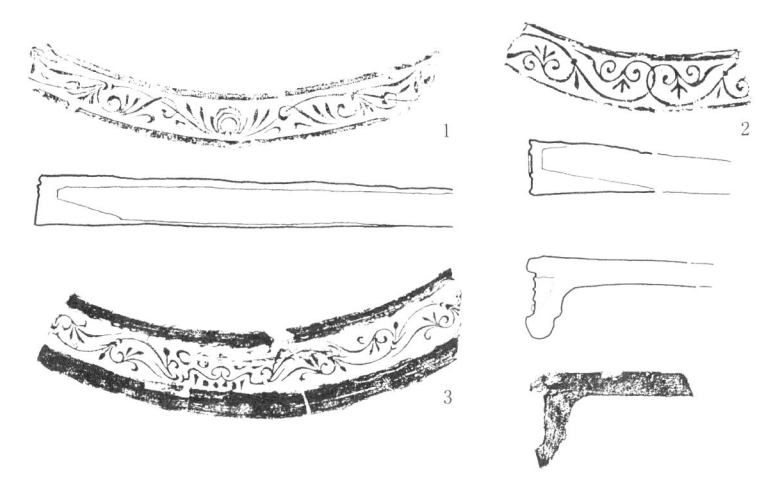

第15図　包み込み式軒平瓦（1・2）と帝釈寺の軒平瓦（3）　　（縮尺 1：5）

あ：丸瓦凸面側に刻み、い：丸瓦端面に刻み、う：丸瓦凹面側に刻み、により細分する方法とを組み合わせて分類することができます。Ⅲｂあ の加工法とは、1回のヘラケズリによって端面の一部が斜めにカットされ、さらに丸瓦凸面に刻みのある丸瓦となります。ただし、本書の各章では、このようなややこしい細分は全く行っていません。重要なのは、中国南朝ではⅠの瓦当粘土・丸瓦部とも無加工で接合するものか、Ⅲの丸瓦部を加工するものであり、中国北朝および隋・唐では、Ⅱの瓦当裏面に刻みか、Ⅳの瓦当裏面と丸瓦の両方に刻みを入れるものであるという、両者の差です。中国南朝の系統をひく百済・古新羅ではⅠ・Ⅲであり、中国北朝の系統をひく高句麗ではⅡ・Ⅳとなります。この差が明瞭にあらわれていることに注意して本書各章を読んでいただければと思います。

　次にBの一本造り式は、Ⅰ：泥条盤築一本造り、Ⅱ：円筒型木巻きつけ一本造り、Ⅲ：横置成形型一本造り、に分けることができます。Ⅰ・Ⅱが丸瓦半分を製作途中で切り取るのに対し、Ⅲはすでに半截の丸瓦円筒が用意されている点が根本的に異なっています。Ⅲだけ一本造りからはずし、接合式の中の別の呼び方とするのも一つの方法だと思いますが、木村捷三郎氏の「瓦当部丸瓦部とは」「共土で作られている」[7] ものを一本造りとする呼び方に、本書では仮に従っておきます。ただし、上記表現は正確ではなく、「瓦当部と丸瓦部との

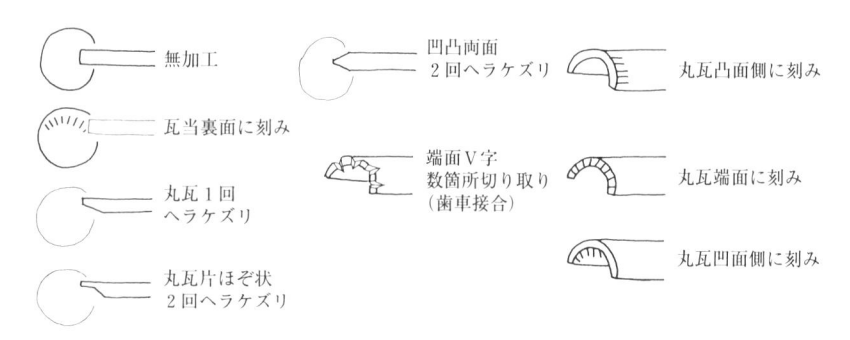

第16図　軒丸瓦接合法（接合式の場合）

粘土の一部は、共土で作られている」と表現すべきです。

　Bの一本造り式軒丸瓦については、泥条盤築一本造り（Ⅰ）にせよ、円筒型木巻きつけ一本造り（Ⅱ）にせよ、（1）糸切りによる丸瓦切り取り、（2）ヘラ切りによる丸瓦切り取りの細分が重要だと思います。即ち（1）の糸切りによるものは秦漢時代に盛行したもので、どんなに年代が新しくなっても5世紀代以降は皆無だと思います。これに対し、（2）のヘラ切りによるものは5・6・7世紀の各地に、単発的に出現しています。（1）の糸切りによる丸瓦切り取り式のものは、a：粘土紐積上式と、b：粘土円筒置式のものに細分できます。即ち、秦漢時代の糸切りによる丸瓦切り取り式のものには、Ⅰの泥条盤築一本造りで、a：粘土紐積上式（本書第3章Ⅰ型）とb：粘土円筒置式（本書第3章Ⅲ型）に分かれ、Ⅱの円筒型木巻きつけ一本造りで、a：粘土紐積上式（本書第3章Ⅳ型）とb：粘土円筒置式（本書第3章Ⅱ型）に分けることができます。

　（2）のヘラ切りによる丸瓦切り取り式のものには、泥条盤築一本造りのものとして本書では漢城期百済の幾何学文・樹木文軒丸瓦と古新羅の慶州仁旺洞556・566番地出土のものについてふれています。前者が4世紀末から5世紀前半であるのに対し、後者は7世紀初頭の年代です。後者について、韓国の瓦研究者の中には泥条盤築のものをすべて古く遡らせようとする見解がありますが、これは行き過ぎです。丸瓦部を切り取るには、泥条盤築造りのものが最も簡単で理にかなっていて、いつでも出現するものであり、他方、円筒型木に粘土を巻きつける場合は、粘土の内側にある円筒型木をどうやって取り出すのか

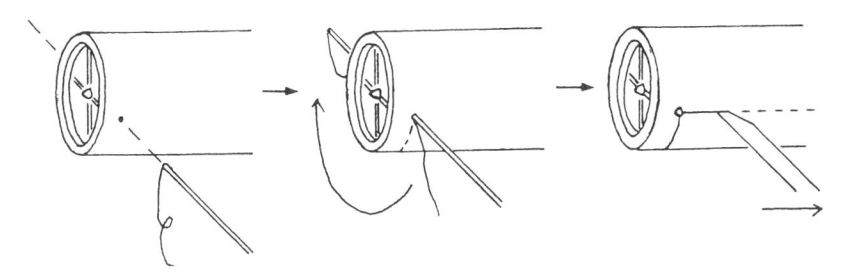

第17図　瓦当背面下半糸切り取り方　註(17)による

に、工夫が必要になってきます。

　次に、円筒型木に粘土を巻きつける一本造りのものとして、ａ：最終段階丸瓦切り取り式とｂ：初期丸瓦切り取り・瓦当粘土はめ込み式に細分しました。ａは滋賀県の南滋賀廃寺の一本造り軒丸瓦をイメージしていますが、本書ではふれていません。ｂの瓦当粘土はめ込み式については、百済と新羅の章でふれています。

　さて、以上をもって本書にとって必要な製作技法の説明を終わりました。次は各章において、各国・各時代の瓦の具体像をみていきたいと思います。

註
（１）　山崎信二ほか『古代東アジアにおける造瓦技術の変遷と伝播』（科学研究費補助金研究成果報告書）2009年
（２）　牧野富太郎『牧野新日本植物図鑑』北隆館　1961年
（３）　大脇潔「飛鳥時代初期の同笵軒丸瓦―蘇我氏の寺を中心として」『古代』第97号　1994年
（４）　網伸也「平安宮造営と瓦生産」『古代文化』第57巻第11号　2005年
（５）　佐原真「平瓦桶巻作り」（付：ルードルフ＝Ｐ＝ホムメル「中国の造瓦技法」）『考古学雑誌』第58巻第２号　1972年
（６）　藤島亥治郎「朝鮮瓦の製法に就いて」『綜合古瓦研究』第二分冊『夢殿』第19冊　1939年
（７）　木村捷三郎「平安中期の瓦についての私見」『延喜天暦時代の研究』1969年（『造瓦と考古学―木村捷三郎先生頌寿記念論集―』1976年に所収）
（８）　奈良国立文化財研究所『基準資料Ⅰ　瓦編１　解説』1974年
（９）　島田貞彦『造瓦』1935年
（10）　大脇潔「研究ノート　丸瓦の製作技術」『研究論集Ⅸ』1991年

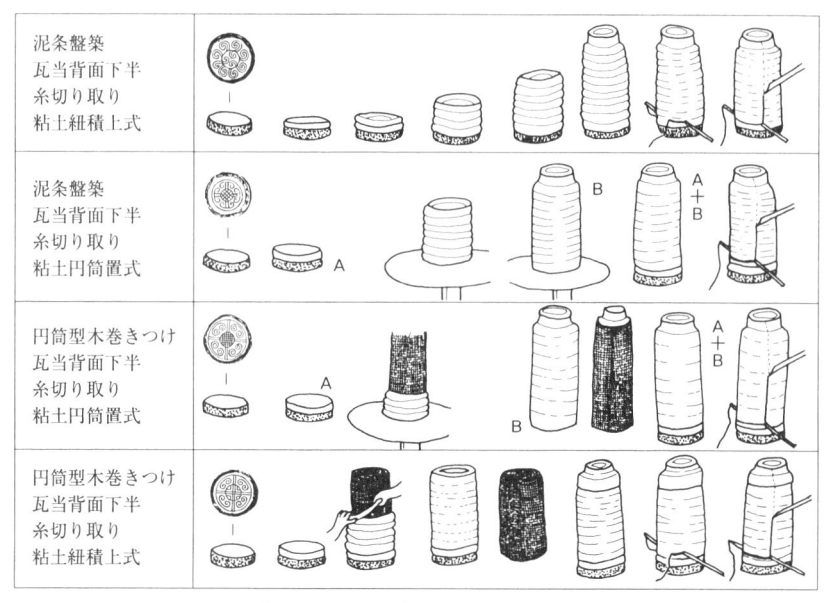

泥条盤築 瓦当背面下半 糸切り取り 粘土紐積上式	
泥条盤築 瓦当背面下半 糸切り取り 粘土円筒置式	
円筒型木巻きつけ 瓦当背面下半 糸切り取り 粘土円筒置式	
円筒型木巻きつけ 瓦当背面下半 糸切り取り 粘土紐積上式	

第18図　秦漢時代の一本造り軒丸瓦

軒丸瓦接合法

A接合式　　Ⅰ　無加工（瓦当粘土・丸瓦部とも無加工で接合）

　　　　　　Ⅱ　瓦当裏面に刻み

　　　　　　Ⅲ　丸瓦を加工　　a：刻みのみ入れる　　　　　　あ：丸瓦凸面側に刻み

　　　　　　　　　　　　　　　b：1回ヘラケズリ　　　　　　い：丸瓦端面に刻み

　　　　　　　　　　　　　　　c：片ほぞ状2回ヘラケズリ　　う：丸瓦凹面に刻み

　　　　　　　　　　　　　　　d：凹凸両面2回ヘラケズリ

　　　　　　　　　　　　　　　e：端面V字数箇所切り取り

　　　　　　Ⅳ　瓦当裏面・丸瓦両方を加工

B一本造り式　Ⅰ　泥条盤築一本造り

　　　　　　　　（1）瓦当背面下半糸切り取り式　　　a：粘土紐積上式（第3章Ⅰ型）

　　　　　　　　　　　　　　　　　　　　　　　　　b：粘土円筒置式（第3章Ⅲ型）

　　　　　　　　（2）瓦当背面下半ヘラ切り取り式　a：粘土紐積上式

　　　　　　　Ⅱ　円筒型木巻きつけ一本造り

　　　　　　　　（1）瓦当背面下半糸切り取り式　　　a：粘土紐積上式（第3章Ⅳ型）

　　　　　　　　　　　　　　　　　　　　　　　　　b：粘土円筒置式（第3章Ⅱ型）

　　　　　　　　（2）瓦当背面下半ヘラ切り取り式　あ：最終段階丸瓦切り取り式

　　　　　　　　　　　　　　　　　　　　　　　　　い：初期丸瓦切り取り、瓦当粘土

　　　　　　　Ⅲ　横置成形型一本造り　　　　　　　　　はめこみ式

第2章　中国での瓦生産の開始

1　西周の瓦

　東アジアにおける中国文明の発展は、殷族によって高められ、殷の時代では基壇建物や礎石建物を出現させていた。しかし、まだ瓦の発明はなされていない。

　この黄河東方にいた殷族に対し、周族は現在の西安の西方にある陝西省岐山県や扶風県の周原一帯に移住して定住を始め、城を造り、B. C. 1050年頃には武王が殷を滅ぼし、周王朝を創設することになった。この西周時代早期（前11世紀中葉～前10世紀中葉）に、瓦が発明されたらしい。最古の瓦は、周原の岐山県鳳雛遺跡[11][12]などから出土（第20図）しており、それは平瓦だけで構成され、丸瓦はまだ出現せず、屋根を額縁状に葺きあげたものと復原されている。なお、この鳳雛遺跡の左右対称の建物群は、甲組宮室と呼ばれ、国家のまつりごとを行う宗廟であったと考えられており、最も重要な建物を瓦葺にするという発想から、瓦葺建物が出現することに注意する必要がある。

　鳳雛遺跡出土の平瓦の製作法は、内側に何の支えもなく、粘土紐を積みあげたもので、古い時期の土管の作りと共通し、また器壁を薄く仕上げるという手馴れた作り方からして、土器作りの延長上で作られたことをうかがわせている。平瓦凸面には縄目を残し、凹面には粘土紐を積みあげた凹凸の痕跡を残すものがある。この粘土紐を積みあげた円筒を縦に4分割して、平瓦を作りあげている。

　この平瓦が後の時代の瓦と比較して特異なのは、平瓦の凹面や凸面に1本から2本の突起物があり、棒状の塊として突出するものを瓦釘、半環状のものを瓦鼻・環耳・瓦環などと報告されていることである。これは屋根に瓦を葺く際に、落ちやすい状態にある瓦を屋根に固定し、瓦相互に引掛けを作るために取

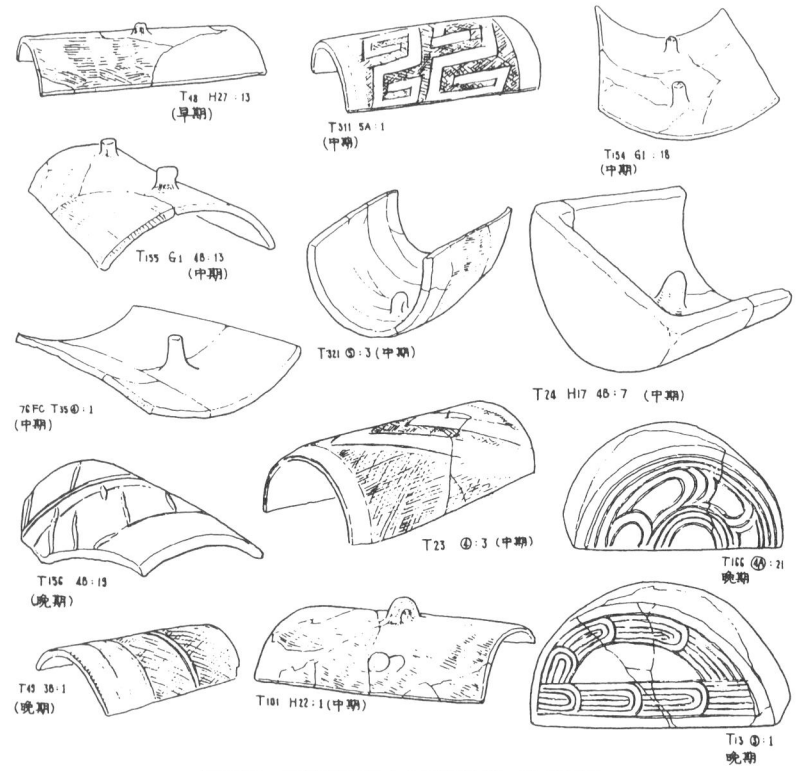

第19図　召陳遺跡出土の西周早期～晩期の瓦

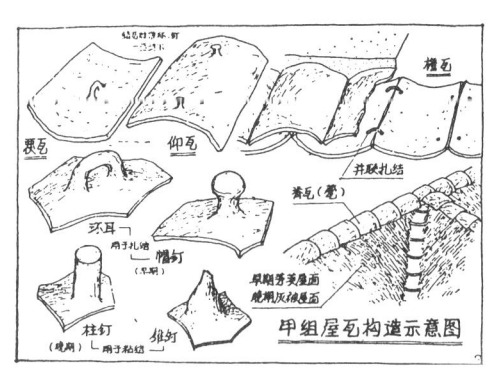

第20図　鳳雛遺跡出土の西周早期の瓦と
　　　　瓦葺きの復原図

第21図　扶風・岐山県出土雷文
　　　　丸瓦（縮尺 約 1 : 5）

り付けられたことは明らかである。かって関野貞氏は、最も初期の瓦は平瓦を交互に、仰向け俯せに並べたと考えたが、その後に発掘した鳳雛遺跡の報告文では、そのように復原図が作成されている。

　次に、西周時代中期（前10世紀中葉〜前9世紀中葉）の瓦は扶風県召陳遺跡[13] から出土（第19図）している。召陳遺跡では西周時代早期の瓦も出土しているが、中期になると丸瓦が加わり、丸瓦と平瓦を組み合わせて、建物の屋根全体に瓦が葺かれるようになった復原図が作成されている。また軒瓦としての半瓦当丸瓦が出現しており、瓦当面は素文であったり、重環文をもつものがあり、丸瓦の凸面には雷文に類似した文様が出現している。これらの文様は単なる装飾ではなく、文様のもつ呪術的な意義があり、これによって建物から邪で穢たものを除き去るという意味が込められていたのである。

　そして、丸瓦の製作法は平瓦と同じく粘土紐を積みあげたもので土管状の形態を作り、丸瓦では2分割、平瓦では4分割（大型のもので3分割例がある）するものである。また平瓦の凹面や凸面には、西周時代早期から引き続いて瓦釘や半環状突起があり、また、丸瓦や半瓦当の丸瓦部凹面にも突起がある。

　さて、周王朝は都を西安の近くの西都（宗周）に置いていたが、周公は宗周が西に位置して東方の支配が不便なため、洛陽の近くに新しく東都（成周）を建設した。前者を宗周と称して先祖をまつる宗教的中心の都とし、後者を成周と呼んで政治の中心地としての都にしたという。

2　東周の瓦

　B. C. 770年頃、犬戎という外敵の圧迫と王権抗争とによって、東の成周に完全に遷都したので、それまでの約280年間を西周、それ以降を東周と呼んでいる。さらに東周時代を前期・後期に分け、前期を春秋時代、後期を戦国時代と呼ぶ。文化的には、殷・西周時代は中央文化の統一性が保たれているが、春秋時代には地方文化が芽生え、次の戦国時代には国ごとの特色がきわめて明確となっている。

　春秋時代にすでに諸国分立の状態になっており、黄河上流から下流方向に瓦

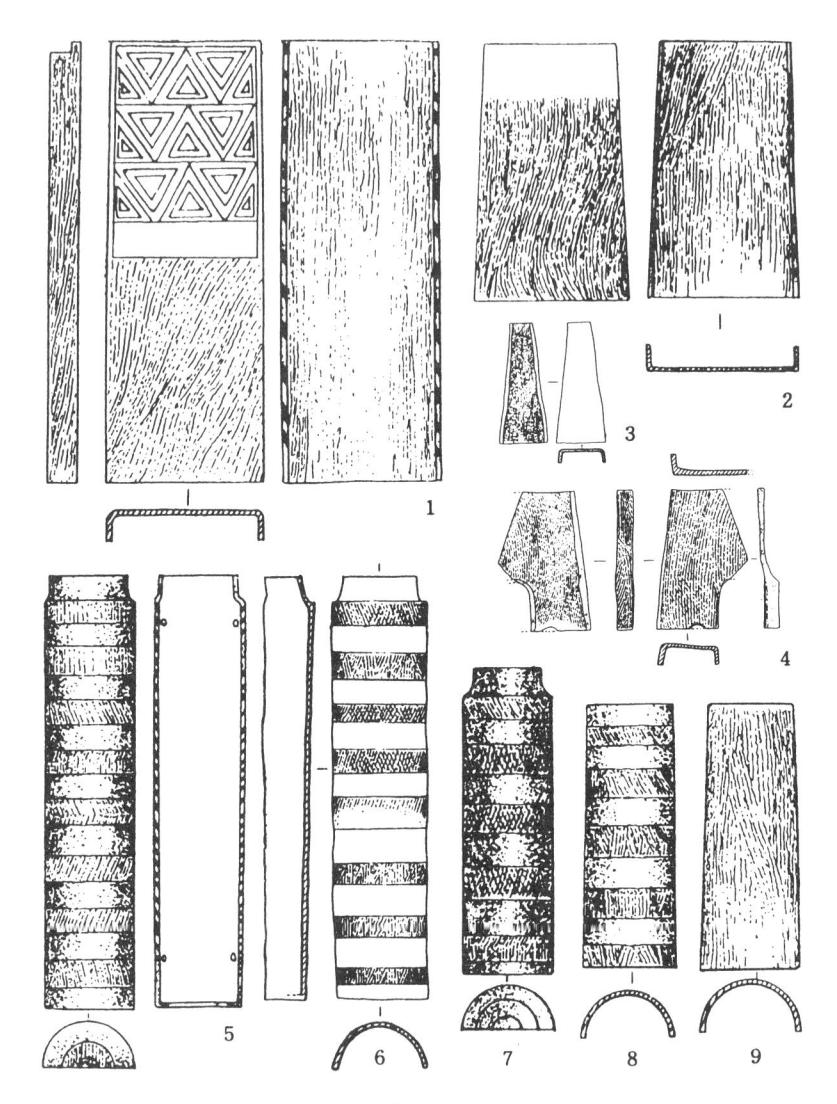

第22図　鳳翔県馬家庄遺跡出土の瓦塼（縮尺 13分の1）
1 凵字形平瓦A型式、 2 凵字形平瓦B型式、 3 凵字形平瓦C型式、 4 凵字形平瓦D型式
5 有段丸瓦A1型式、 6 有段丸瓦A2型式、 7 有段丸瓦A1型式、 8 無段丸瓦A3型式
9 無段丸瓦A3型式

の分布国をあげると秦・晋・鄭・斉の諸国と、揚子江中流の楚などがある。このうち図面付きで瓦が報告されているのは、秦の初期王城である陝西省鳳翔県雍城の馬家庄遺跡の瓦[14]である（第22図）。この遺跡の瓦は平瓦の形態が特異である。即ち平瓦の断面が丸くカーブせず、⊔字形をなす点である。軒先に置かれたとみられる全長75cmの平瓦には、凸面に約30cmほどの長さに三列の三角形文様が配され、屋根に葺かれた時に、下から見上げると平瓦凸面の文様がみえる仕組みとなっている。この軒先の断面⊔字形平瓦も、普通の⊔字形平瓦も、断面長方形の管を縦に分割して作ったと報告されている。これは、丸い管を縦に分割して作る他の遺跡の瓦と、「管を縦に分割」するという点では共通している。

　丸瓦には、玉縁をもつ有段丸瓦で軒先に用いた半瓦当を有するもの、長さ52cm程度の有段丸瓦、長さ45cm程度の無段丸瓦などがあり、さらに径が47cmと大きな（長さは56cm）有段丸瓦が存在し、これは正殿や脇殿の大棟用に用いられたと考えられている。それぞれの丸瓦には、凸面に幅3.5〜4.5cmほどの間隔で沈線を入れ、その間の縄目をなで消し無文帯にして、無文帯と縄目文帯の交互の文様を作り出している。軒先の半瓦当の文様も同じ方法で作り出す。

　この時期には、西周期にあった瓦釘や半環状瓦鼻などの突起物が消失しているが、一方で断面⊔字形の平瓦は特異であり、この平瓦がどのような分布域を示し、前代・後代とどのようにつながるのか、なお不明な点が多く残されている。

　次に戦国時代になると、各分国の城郭建築がいっそう進展している。このうち巨大な城郭で、出土瓦が報告されているのは燕下都城と臨淄城である。

　河北省易県における戦国時代後半期の燕下都城は、燕国南部の重要拠点で、第二次大戦前の発掘によって得られた瓦は関野雄氏の『半瓦当の研究』[15]に記載されている。また、燕国の瓦と認められる東京国立博物館所蔵瓦は、谷豊信氏[16]によってやや詳しく説明されている。それによると、図示した1点（第23図1）は、玉縁部を欠損するが、ほぼ完形の半瓦当付き軒丸瓦である。瓦当は范型で文様を作り出しており、瓦当の裏面には、粘土を范に押しつけたときに付いたとみられる指押し痕がある。瓦当下面全部と丸瓦部の側面の外側から三

第23図　半瓦当付き軒丸瓦

分の二ほどが、ヘラ切りでなめらかに切られ、丸瓦側面の内側の三分の一ほど
は破面となる。このことから、谷氏はこの軒丸瓦は「瓦当」に丸瓦円筒を接合
し、これにヘラで切れ目を入れて割って二分したものとしている。全体の製作
工程としては、「まず粘土紐を積み上げ、内側をおそらくは手で抑えつつ、外
側から縄を巻いた叩き板で叩いて筒状に成形」する、またこの「丸瓦円筒と、
型押しで作った円形の「瓦当」とを接合し」、接合部外面をなで、また丸瓦円
筒の「外側の大部分をなでて縄目をすり消し」、その後二分割するために「ヘ
ラで切り込みをいれ、乾燥させた後、叩いて割り、釜に入れ焼成した」[16] 工程
が考えられている。なお、この瓦の瓦当文様は目を見開いた獣のような顔を大
きく表し、この顔の額の部分に倒立する獣一対が、向きを反対にして配されて
いる。

　次に山東省臨淄県における斉の首都、臨淄城出土瓦も、関野雄氏の『半瓦当
の研究』に記載されているものがよく知られ、文様の変遷としては、まず樹木
双獣文が使われ、やがて双獣文は消失して、樹木文と円点文や渦巻文の組み合
わせとなることが指摘されている。また、斉国の瓦と認められる東京国立博物
館所所蔵瓦は谷豊信氏[16] [17] によってやや詳しく説明されている。このうち、図
示した 1 点は、樹木双獣文半瓦当（第23図 2 ）で、「瓦当背面には丸瓦円筒と
「瓦当」の接合部をなでつけた痕が明らか」であるとしている。しかし掲載さ
れた瓦当裏面の写真からみると、瓦当を半截する面によって「接合部をなでつ
けた痕」は切られている。したがって製作法としては、谷氏が記すように「こ
うして作った丸瓦円筒と、型押しで作った円形の「瓦当」とを接合」したので
はなく、下に范型を置き、范型の文様面を上にし、「粘土を范に押しつけ」、次
に瓦当粘土の上に「粘土紐を積み上げ、内側をおそらくは手で抑えつつ、外側
から縄を巻いた叩き板で叩いて筒状に成形」し、また、その時に玉縁部を作り
出す工程を考えた方がよいだろう。つまり、瓦当部の粘土と、丸瓦部の下から
1 〜 3 段の粘土積みあげ後に、「接合部をなでつけた痕」を作る必要があるの
だ。このようにして成形された瓦当付き円筒を「ヘラで切り込みをいれ」て、
分割するのである。このようにみると、范型が半円形のものなのか、それを 2
枚合わせて円形にしたのか、または元来円形のもので、文様が二つに分割され
るのを予定して作図されているのか、考える必要があるだろう。

　なお、谷豊信氏は、燕国の半瓦当はヘラ切りによる二分割が一般的で、戦国末に糸切りもあらわれる、斉国の半瓦当はヘラ切りと糸切りとが併存していると指摘されている。また、円瓦当の出現が戦国時代まで遡ることが指摘されているが、その具体的な編年と、半瓦当との併存の有無については、これからの課題であろう。

註
(11) 大脇潔「西周と春秋の瓦」『藤沢一夫先生卒寿記念論文集』2002年　本書第2章については大脇論文を全面的に参考にして記述した。詳しく知りたい方は、大脇論文を参照のこと。
(12) 陝西周原考古隊「陝西岐山鳳雛村西周建築基址発掘簡報」『文物』1979年第10期
(13) 陝西周原考古隊「扶風召陳西周建築群基址発掘簡報」『文物』1981年第3期
(14) 陝西省雍城考古隊「鳳翔馬家庄一号建築群遺址発掘簡報」『文物』1985年第2期
(15) 関野雄『半瓦当の研究』岩波書店　1952年
(16) 谷豊信「戦国秦漢時代の軒丸瓦製作技法―東京国立博物館保管資料の紹介を兼ねて―」『MUSEUM』No. 519　1994年
(17) 谷豊信「西晋以前の中国の造瓦技術について」『考古学雑誌』第69巻第3号　1984年

第3章　秦漢時代の中国の瓦生産

1　はじめに

　東アジアにおける初めての強力な統一王朝、秦漢時代において、瓦の製作法は初期に大きく変化しながら、比較的早い時期に完成した姿をとるようになった。この章では、主として統一秦の時代、前漢の時代の中国王朝の王国中心部の瓦について述べたい。検討材料は櫟陽宮の瓦、未央宮の瓦、桂宮の瓦、漢杜陵陵園の瓦である。櫟陽宮の瓦はB. C. 221～220年を中心とするもの、未央宮の瓦がB. C. 200～198年を中心とし武帝の時期の瓦を含むもの、桂宮の瓦は武帝の時期（B. C. 140～87年）のもの、漢杜陵陵園の瓦はB. C. 65年のものと考えている。

　この秦から前漢を通しての軒丸瓦の製作技法は、最初の100年間にかなり大きく変化しており、以下ではその変化を軒丸瓦製作工程の復原という視点から具体的に論じたいと思う。この時期の軒丸瓦の製作工程の差をⅠ～Ⅴ型に大別して説明したいと思う。

　Ⅰ型は、瓦当笵を下に置き、瓦当部の粘土を作り、その上に丸瓦部を作るための粘土紐を積みあげる。粘土紐の1～3段の段階で、「接合部をなでつけた痕」を残す。そして丸瓦部を作りあげ、瓦当裏面やや後ろのところで、糸を付けた棒を貫通させ、瓦当背面下端を糸で切り取り、丸瓦部は刃物による切り込みを入れて、乾燥後に打撃を加えて縦に二分し、全円形の軒丸瓦と丸瓦を得るもの（第18図最上段）。

　Ⅱ型は、まず模骨に布をかぶせ、粘土紐を積みあげ丸瓦円筒を作り、模骨をひき抜き、生乾きの丸瓦円筒を用意しておく。瓦当笵を下に置き、瓦当部の粘土を作り、その上に用意していた丸瓦円筒を置き、接合部をナデつけ、しばらく乾燥した後、瓦当裏面やや後ろのところに糸を付けた棒を貫通させ、瓦当背

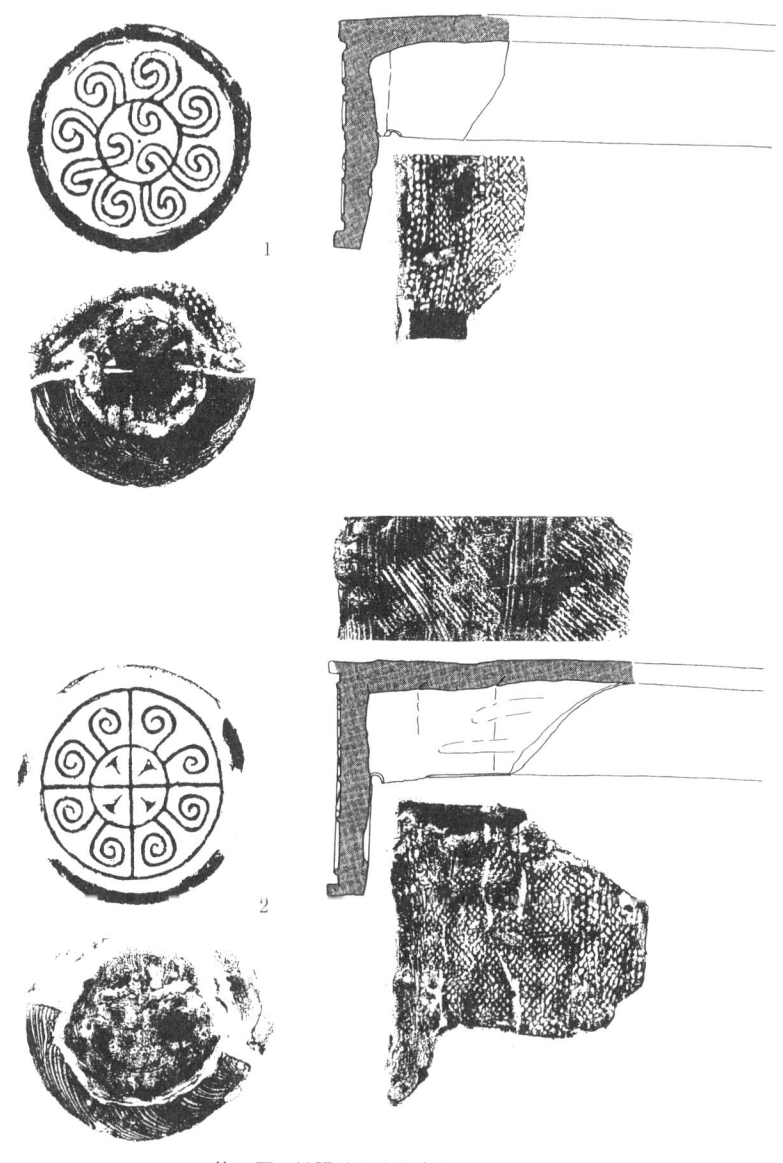

第24図　櫟陽城出土軒丸瓦（縮尺 1：5）

面下端の丸瓦部を糸で切り取り、丸瓦部を縦に二分し、軒丸瓦と丸瓦を得るもの（第18図上から三段目）。

Ⅲ型は、模骨を使用せずに粘土紐を積みあげ、丸瓦円筒を作り、用意しておく。瓦当笵を下に置き、瓦当部の粘土を作り、その上に用意していた丸瓦円筒を置き、接合部をナデつけ、しばらく乾燥した後、瓦当裏面やや後ろのところで、糸を付けた棒を貫通させ、瓦当裏面下端を糸で切り取り、丸瓦部を縦に二分し、軒丸瓦と丸瓦を得るもの（第18図上から二段目）。

Ⅳ型は、発掘出土品にはないが、井内古文化研究室『漢日古瓦図録』の27・28の軒丸瓦で、瓦当裏面に布目があり、その布目は丸瓦筒部の布目に連続しているもの。両者とも西安出土とする。この軒丸瓦は明らかに、筒部内側に円筒型木を置いたまま、粘土を巻きつけたものと考えてよい。ただし、玉縁近くまで残る個体はないので、丸瓦凹面の布目がどこまで続くかわからない。おそらく、丸瓦部をある段階まで作りあげて、内側の円筒型木を抜き出した後、上部円筒および玉縁部円筒を粘土巻きあげによって作り出し、その後丸瓦部を縦に二分し、軒丸瓦と丸瓦を得るものであろう（第18図上から四段目）。

Ⅴ型は、模骨に粘土紐を巻きつけて粘土円筒を作り、縦に二分して丸瓦をあらかじめ作っておく。そして瓦当笵を下に置き、瓦当部の粘土を作り、その上に丸瓦を置き瓦当粘土と接合するもの。いわゆる接合式の軒丸瓦である。

2　統一秦から前漢初頭の瓦—櫟陽宮の瓦

以下の資料は櫟陽宮出土の瓦であり、1980年・1981年に中国社会科学院考古研究所櫟陽発掘隊によって発掘された資料である[18]。

櫟陽には、まず戦国時代秦の櫟陽城があって、それは雍城から本拠を移し、紀元前383年から350年までの34年間、献公と孝公曾によって営まれたもので、これが最も古い時期に属する。次に、紀元前350年、秦が咸陽に移ってから滅亡するまでの約150年間、櫟陽は秦の都咸陽の出入口としての機能をもっていた。したがって統一秦の時代（B.C. 221～207年）に最も整備されたものと考えてよいだろう。また、秦末の楚漢の争いの時、項羽は関中を三人の秦の降将に分割し、司馬欣を立てて塞王とし、咸陽以東、黄河に至る地方の王として、櫟

陽に都させた。その後、高祖二年（B.C.205）には漢の高祖、劉邦が太子に櫟陽を守らせ、諸侯の子で関中にある者をみな櫟陽に集めて太子の護衛としている。高祖七年（B.C.200）には長楽宮が出来て、櫟陽から長安へ都を移している。

したがって出土瓦は、（1）献公と孝公曾の櫟陽宮時代、（2）統一秦の時代、（3）漢王の櫟陽宮時代のものが混在する可能性があるが、（1）の古い時期のものはなく、（2）の統一秦の時代（B.C.221〜207年）と（3）の漢王櫟陽宮時代（B.C.205〜200年）のものが大部分と考えてよいだろう。

次に軒丸瓦の製作技法からみると、先述のⅠ〜Ⅴ型の分類のうち、Ⅰ型が最も多く、Ⅱ型が若干あり、Ⅴ型は1例採集されている。1980・1981年の発掘出土瓦は、『考古学報』1985年第3期の報文中に、櫟陽城出土遺物として8点（報文の拾貳図）、櫟陽城内墓区太陵出土として5点（報文の拾陸図）図示されて

第25図　太上皇陵出土軒丸瓦（縮尺 1：5）

いるが、まず最初の8点のうち、丸瓦部がある程度残されているものが2点であり、それはI型であることが明らかで、本書でも図示した（第24図1・2）。1・2とも凸面に縄叩き文、凹面には麻点文（点々文）がある（麻点文は、粘土円筒成形の際の外側の叩きに対する内側の当て具に刻まれた文様に粘土が押し込まれて粘土円筒内側に付いた文様であり、本例の麻点文は、一つ一つの凹みの単位は米粒子状の丸味をもっており、陶製または木製のややカーブをもった円形具に縄状の目の粗い織物をかぶせて当て具としたものと推定しておきたい）。この2点の丸瓦部には、凹面と凸面に粘土紐の接合痕が明瞭に残り、粘土相互の傾きは、内側に低く、外側に高くなる「内傾接合」の位置で、粘土が積みあげられている。瓦当裏面と丸瓦部との接合部は、丹念な指ナデ（第24図1）か、やや粗い数回の指ナデツケ（第24図2）によって、瓦当と丸瓦部の接合を補強している。

　次に櫟陽城内墓区地区太陵出土瓦であるが、『史記』高祖本紀、高祖十年（B. C. 197）「七月、太上皇が櫟陽宮で崩じた」とあり、瓦はこの年代に近いものと考えてよい。報文に図示された5点のうち、丸瓦部がある程度残されている1点を図示した（第25図）。図示した瓦の製作技法はI型の軒丸瓦であり、出土例の大部分がI型の軒丸瓦と考えてよい。

　一方、報文では図示されていないが、軒丸瓦の瓦当裏面に「馬蹄状圧痕」とでも呼ぶべきやや特異な形状をもつものが、櫟陽宮出土として発表されている。この一群の軒丸瓦についての製作技法は、奈良国立文化財研究所の5名が、1994年3月に中国社会科学院考古研究所西安研究室で実見した成果を「中国における秦漢代の瓦調査」[19]として岸本直文氏がまとめ、次のように述べている。その製作法は「「分解式模骨」（仮称）というべきもので」、「瓦当裏面は平らで

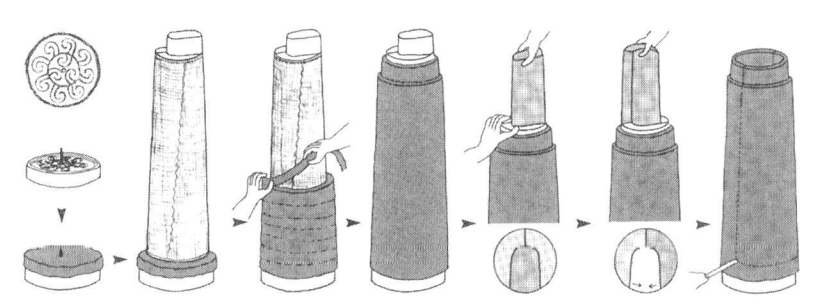

第26図　「分解式模骨」使用の軒丸瓦製作技術の復原　註(19)による

はなく、3ないし4面から構成されていて、段差をともない」、それ故、組み合わせの模骨を推定し、模骨の「まず、中心材を引き抜き、側材を内側にはずして抜き、引き続いて布を取り去ったあと、丸瓦を半截して軒丸瓦をえたのである」[19]としている（第26図）。この馬蹄状圧痕をもつ欒陽宮出土軒丸瓦6点を拓本・実測し詳細に分析したが、私は上述の説に否定的な意見をもった。

　まず図示された1（第27図1）は、丸瓦部凹面に布目圧痕が残り、模骨使用の丸瓦であることは疑いない。瓦当裏面の周縁に接して馬蹄状に凹む二面と、中央突出面の三面相互の境にはバリ状のはみ出しがある。このうち、中央突出部と窪んだ部分との境のバリ状のはみ出しは、中央高まり部分の方向へやや傾く。即ち、この瓦の瓦当裏面では、まず中央部にゆるやかな圧痕が加えられ、それより後に、周縁部に二つの道具で同時に強い圧痕が加えられたことを示している。ところで、この二つの道具とは何であろうか。木製や陶製のように平坦で固いものではない。窪みの部分の凹凸を見る限り、それは乾燥してやや固くなった粘土を想定させるような微妙な凹凸である。

　次に瓦当部粘土と丸瓦部粘土との境を観察すると、丸瓦とりつき部の中央および左半分では、瓦当部粘土と丸瓦部粘土接合部の境で布目は消える。即ち、瓦当粘土部分と、布目をもつ丸瓦部分とが接合された状態を示す。一方、丸瓦とりつき部分の右半分では、二つの窪んだ圧痕部分の境目のバリは、7㎜ほど丸瓦部粘土方向へ延び、その痕跡を明確に残しており、そこでは布目はみえない。したがってこの瓦では、丸瓦部粘土凹面の布目が瓦当部粘土との接合部で消え、布目が境目の中に入っていくようにみえる点では、瓦当部粘土と模骨から抜かれた丸瓦円筒粘土と接合したと考えざるを得ないのである。したがってこのタイプの軒丸瓦をII型と考え、馬蹄状圧痕をもつものをIIA型とする（IIB型については後述する）。

　以上のように1994年の復原に否定的な考えを示した根拠として、三枚の分解式模骨を引き抜くことが現実的に可能であるだろうかという疑問が一つ。二つ目に、馬蹄状に窪む二箇所の面は、比較的平坦化してはいるが、凹凸の状態はかなり顕著に残されており、重量のある模骨の重みで押された状態ではなく、中空の軽量化した模骨なら一応説明はつくが、それでは1994年の復原図のような「分解式模骨」を作ることはできないこと。三つ目には、瓦当粘土と丸瓦部

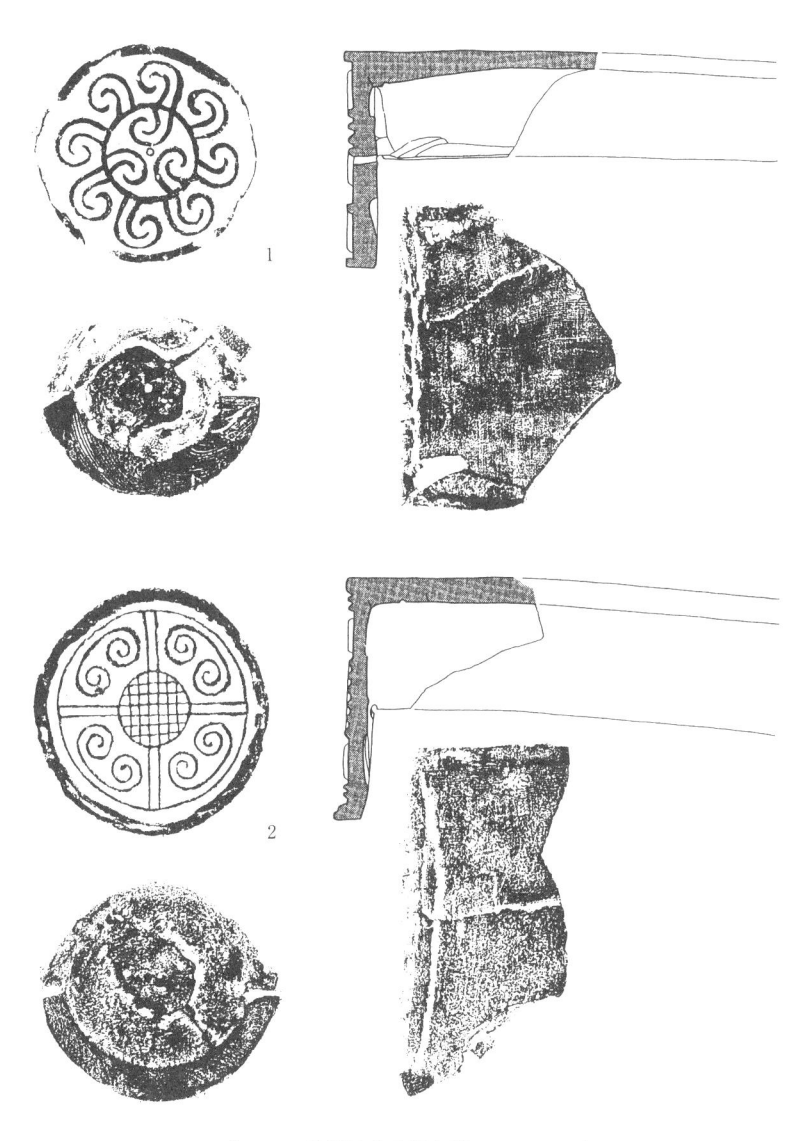

第27図　櫟陽城出土軒丸瓦（縮尺 1：5）

第28図　未央宮第5号建築遺址出土軒丸瓦（縮尺 1：5）

粘土との境目の布目痕は、粘土相互の境目の中に入っていくようにみえる点である。私は瓦当裏面に置かれた工具（素材）は、軽く重量のあるものではないと考えるが、それは瓦当と丸瓦部の接合の補強、および瓦当范と瓦当粘土との分離がうまくいくように押しつけたものであると思う。圧痕に用いた素材（工具）が乾燥してやや固くなった粘土であれば、軒丸瓦円筒に包み込んだまま、糸切り・ヘラ切りにより粘土円筒は分割できるからである。

　ただしこの前漢初頭の段階において、瓦当粘土上に模骨を置き、下から粘土紐を積みあげたと考えられる資料は少数だが存在するのである。その具体例として、井内古文化研究室による『漢日古瓦図譜』[20]（1998年）に掲載された「28西安」出土の軒丸瓦をあげることができる。この瓦について、井内潔氏は「瓦当背面から粘土円筒の全面にかけて布目圧痕が顕著に認められる。模骨には細かい編目の布製のそこなし袋がかぶっていたらしい」と説明されている。この瓦当裏面の写真をみると、瓦当裏面の粘土に押された布目痕と、円筒部の粘土に押された布目痕とは、布目が通っていることがわかる。つまり瓦当部に粘土を詰め、次に布袋をもった筒を上に置き、その次に粘土を積みあげる手順が想定できるのである。しかし、それがどのような形態をした筒であったのか、という問題は、丸瓦部がもっと残っている例を発見しないと、なかなか判明しないのであり、これは今後の課題であろう。

3　前漢初期の瓦—未央宮の瓦

　漢長安城未央宮は、丞相蕭何によって高祖七年（紀元前200）に建設が始められ、高祖八年に竣工、高祖九年（前198）に完成している。先行して造営された長楽宮が秦代の離宮である興楽宮を改修したのに対し、未央宮の造営は基本的に新築であったという。

　未央宮の発掘は、1980年から1989年にかけて行われ、発掘調査報告書[21]が1996年に出版されている。以下に述べる資料は、1988年から1989年にかけて発掘された宮城西南角楼建築遺址（未央宮第5号建築遺址）と、1985年から1987年にかけて発掘された中央官署建築遺址（未央宮第3号建築遺址）出土のものである。以下では、まず未央宮第5号建築遺址出土の軒丸瓦を技法的に分類してい

第29図　未央宮第5号建築遺址出土軒丸瓦（縮尺 1：5）

きたい。

A　未央宮第 5 号建築遺址出土の軒丸瓦

　未央宮第 5 号建築遺址では、Ⅰ型とⅢ型の軒丸瓦が多く、Ⅱ型・Ⅴ型の軒丸瓦が少数認められる（第28、29図）。Ⅰ型の軒丸瓦は 3 点を図示した（第28図）。丸瓦部がある程度残り、凹面に麻点文を観察できるのは 3 のみであるが、 3 点いずれも麻点文を有すると考えてよいものである。瓦当と丸瓦部との接合部分は 3 点とも周縁にそってヨコナデが行われている。次にⅡ型の軒丸瓦については、瓦当裏面に馬蹄状圧痕を有するものは、 2 点観察できただけである。この 2 点に丸瓦部は残存しない。

　Ⅲ型の軒丸瓦については以下詳しく述べよう。 1 （第29図 1 ）は報文では雲文瓦当Ⅲ型 1 式と分類されたものであり、第 5 号建築遺址では同式の文様のものが22点出土している。 1 の瓦当裏面は中央部が分厚くなるわけではなく、指文の付いた凹凸が続く。次に、瓦当部粘土と丸瓦部粘土との接合部であるが、丸瓦部凹面先端では、麻点文の付いた粘土の曲げ皺が残る。即ち、この瓦は丸瓦凹面に麻点文の痕跡が残された後、先端部が折れ曲がり、瓦当部粘土と丸瓦部粘土円筒全形と接合されたことを物語っているのである。このタイプの軒丸瓦は、共通して瓦当部粘土と丸瓦部円筒粘土との境目に、全くヨコナデを残していないのが特徴であり、次のような製作技法によったものと考えてよい。

　（ 1 ）製作台の上に、文様部を上にして瓦当笵を置く。陶製による瓦当笵であろう。（ 2 ）瓦当笵の上に粘土を詰める。工人の手による粘土の押し込みが行われるが、瓦当裏面全体は、ほぼ同じ厚さにし、特に中央部を盛り上げることはしない。（ 3 ）一方、丸瓦粘土円筒は別の台で製作されている。模骨を使用することはなく、幅 3 ～ 4 ㎝の粘土紐を積みあげていく。これらの粘土紐相互の傾きは、内側に低く、外側に高くなる「内傾接合」である。一定の粘土紐積みあげの後、縄を巻きつけた叩き板で叩きしめる。この時、内側に当て具をあて、麻点文の痕跡が残る。（ 4 ）次に瓦当部粘土と丸瓦円筒全形とを接合する。丸瓦円筒全形が作られた後、乾燥時間をおくことなく、瓦当笵の上に詰められた瓦当粘土の上に粘土円筒全形を置き、丸瓦下端部を両手で支え、少し内側の下の方向へ押さえ込む。瓦当と丸瓦部接合の外面は、粘土を少し足し、ヨコケズリ、ヨコナデによって仕上げる。（ 5 ）最後は、円筒不要部切り取りで

42

第30図　未央宮・桂宮出土軒丸瓦（縮尺 1 ：5）
1　未央宮第3号建築遺址、2 ～4 桂宮

あるが、この（4）と（5）の工程の間に、かなりの乾燥時間が必要であると思う。即ち、瓦当部粘土と丸瓦部粘土とが強く接着する時間であり、このため（5）の段階直前まで、瓦当笵はまだ下に据え置かれたままであろう。（6）円筒不要部の切り取りによって軒丸瓦が作られたわけだが、円筒不要部切り取り後、丸瓦部外面・内面の二次調整（ナデなど）は全く行われていない。

　Ⅴ型の軒丸瓦は、模骨を使用して丸瓦粘土円筒を作り、その粘土円筒を縦に二分割して丸瓦を完成させ、それを瓦当部粘土に接合する方式のものである。このタイプは、二つの軒丸瓦を図示した。1（第29図3）は雲文瓦当Ⅲ型3式と報告されたもので3点出土している。瓦当裏面全体に縄叩きを行い、丸瓦部との接合部および瓦当裏面下半周縁部にナデを行い仕上げる。丸瓦部凹面に布目痕。2（第29図4）は雲文瓦当Ⅲ型11式と報告されたもので、9点出土している。瓦当裏面全体は円周にそってヨコナデを行い、瓦当裏面下半に円周状の窪みを作る。これはおそらく、回転台を回しながら、指を強く押し込んで仕上げたものと考えられる。最後に瓦当裏面中央に指を1本下方から押し込み、深さ7㎜、大きさ1.7×2.4㎜の指頭圧痕を作る。丸瓦部は10㎝ほど残存し、凹面に布目痕、凸面に縦位の縄叩き痕を残す。

B　未央宮第3号建築址出土の軒丸瓦

　未央宮第3号建築址では、Ⅴ型の軒丸瓦が多く、Ⅰ・Ⅱ・Ⅲ型の軒丸瓦が少数ある。これは桂宮出土の瓦と傾向を同じくするので、Ⅴ型の軒丸瓦の詳細については桂宮の項で述べる。以下ではⅡ型の軒丸瓦1点（第30図1）についてのみ、詳しく述べておく。

　1は「延年益寿」の文字を配する文字文瓦当で、丸瓦部が5㎝ほど残存し、丸瓦部凹面に布目痕と粘土紐接合痕、凸面に縦位の縄叩き痕が残る。粘土紐相互の傾きは「外傾接合」である。瓦当裏面に縄叩き痕が残るが、これは瓦当部粘土と丸瓦円筒とを接合する以前の工程で生じたものである。現存する丸瓦部と瓦当裏面部との境には補足粘土とヨコナデがあり、これは当然、円筒不要部切り取り後に行ったものである。瓦当裏面の周堤帯の上には糸切り痕が残り、また糸切り用の棒が通った痕跡が残る。以上のようにこの瓦では、瓦当部粘土の上に、模骨をひき抜いた粘土円筒を置き、乾燥後に、瓦当背面下端の丸瓦部

を糸で切り取り、丸瓦部を縦に二分し、軒丸瓦と丸瓦を得たものである。Ⅱ型軒丸瓦のうち、瓦当裏面に馬蹄状圧痕を有するものをⅡ型Aと細分（先述した）すれば、1の瓦は平坦な瓦当裏面をもち、Ⅱ型Bと細分しておきたい。

4　前漢中期の瓦—桂宮の瓦

　前漢武帝の時代（紀元前141〜前87年）に漢長安城は建章宮（太初二年：前103）、明光宮（太初四年：前101）が造営されるが、漢長安城桂宮も明代の『歴代宅京記』に「桂宮漢武帝造」などとあって、武帝の時代に造営されたと考えられている。

　出土軒丸瓦[22]の大部分はⅤ型接合の軒丸瓦（第30図2〜4）であり、第30図2は丸瓦凹面に布目痕を残す。瓦当裏面には縄叩き痕が残り、また手による押圧を示す凹凸を残し、指文が残る。円周にそってヨコナデを行い、さらに回転台を回しながら指を強く押し込んで、瓦当裏面全体に円周状の窪みを作っている。このように、瓦当裏面全体に円周状の窪みを作り、瓦当裏面中央に一本の指を押し込み小穴を作る点が特徴であり、桂宮遺跡出土のⅤ型接合軒丸瓦の半数以上に、この痕跡が認められる。

第31図　杜陵陵園出土軒丸瓦（縮尺 1：6）

5　前漢後期の瓦—漢杜陵陵園遺址の瓦

杜陵は、漢書宣帝紀によると「元康元年（紀元前65）の春、杜県の東の原のほとりに初陵を造営し、杜県の名を杜陵と改めた。丞相・将軍・列侯・吏二千石、百万銭の資産家を杜陵に移した」とある。杜陵陵園の発掘は1982年から1985年まで中国社会科学院考古研究所によって行われ、1993年に報告書[23]が刊行されており、瓦は宣帝陵東門と北門および便殿遺跡から出土している。「長楽未央」の瓦当文をもつ、便殿遺跡出土のほぼ完形の軒丸瓦がある（第31図）。全長57cm。丸瓦凹面に布目を残し、玉縁部で布をしぼる。丸瓦凹面は、瓦当よりをヨコナデで仕上げ、玉縁よりに縦縄叩き痕を残す。丸瓦の分割は、分割突帯の存在を示す分割界線にそって内側から切り込みを入れる。瓦当裏面はほぼ平坦だが、中央部がごくわずか窪む。以上のように、杜陵陵園遺址の軒丸瓦の瓦当裏面は第31図のように平坦にするものが圧倒的に多いが、桂宮のように半円周状の窪みをもつものが、ごくわずかだが出土している。

6　Ⅰ型接合からⅤ型接合の年代

もう一度、Ⅰ型接合軒丸瓦からⅤ型接合軒丸瓦の年代を考えてみよう。まずⅠ型接合は櫟陽宮で出土が多く、未央宮第5号建築遺址でも相当数の出土がある。したがって、統一秦の時代（B. C. 221〜207）と、未央宮造営初期（B. C. 200〜198）まではⅠ型接合が存在すると考えてよい。

次にⅡ型接合であるが、これは丸瓦部に布目痕があり模骨使用の丸瓦が、製作されはじめたことを示す。Ⅱ型A接合は櫟陽宮では若干存在し、未央宮第5号建築遺址でもごくわずかだが出土している。さらに、Ⅱ型B接合は未央宮第3号建築遺址でも出土している。したがってⅡ型A接合は漢の櫟陽宮時代（B. C. 205〜200）から未央宮造営初期（B. C. 200〜198）まで続き、Ⅱ型B接合は前漢初期から中期にかけて残存すると考えたい。未央宮出土のⅢ型接合も、前漢初期に位置するものであろう。一方、武帝時代の中頃には、Ⅴ型接合へ移行していることは明らかである。

以上の流れの中で、まず漢の櫟陽宮時代および未央宮造営初期までの約10年

間は、Ⅱ型接合の模骨を使用した丸瓦を用いる軒丸瓦と、Ⅲ型接合の模骨を使用しない丸瓦を用いる軒丸瓦とが併存することになるが、すでに述べたように両者とも瓦当部粘土と丸瓦粘土円筒全形とを接合して、円筒不要部を切り取る点では共通しているのであり、Ⅲ型接合の模骨を使用しない軒丸瓦も前代のⅠ型接合の模骨を使用しない軒丸瓦とは製作工程が異なってきているのである。

次にⅤ型接合へ移行した時期は武帝時代中頃と考えたが、このⅤ型接合初期には、瓦当裏面下半に円筒状の窪みを作っている。そして、未央宮第5号建築遺址出土例の方が桂宮出土例より、先行するⅠ～Ⅲ型接合軒丸瓦の瓦当裏面の周堤状の形状に類似しており、未央宮例の方がやや先行することを示しているだろう。

最後に、漢杜陵陵園遺址出土のⅤ型接合軒丸瓦は、元康元年（B. C. 65）頃に位置づけられるものであるが、瓦当裏面は平坦なものが圧倒的に多いことに注目したい。即ちⅤ型接合軒丸瓦のうち、瓦当裏面に円周状の窪みを作るものは武帝後半から昭帝を経て宣帝のごく初めまでの年代に置かれるものであろう。

7　後漢の軒丸瓦と漢代の平瓦

前漢末から王莽の新にかけて混乱が続き長安の都が荒廃したため、後漢（A. D. 25～200）では洛陽が首都になっている。後漢洛陽城の軒丸瓦については、銭国祥氏が「漢魏洛陽出土瓦当の分期と研究」（『考古』1996年第10期）[24] において、第一期瓦当（後漢代）として、文字文軒丸瓦Ⅰ型・Ⅱ型、雲文軒丸瓦Ⅲ型A・B、Ⅳ型A・B・C、Ⅴ型A・B・Cの合計10式をあげている（第32図）。

Ⅱ型の「富貴万歳」文字文軒丸瓦が縦2本だけの区画により文字を配することからみれば魏・晋時代のもの、Ⅲ型B式は雲文の巻きが二重にまわり丹念に表現され、また中房から派生する8本の外向き鏃状三角形を有するものが前漢代の洛陽東周王城遺跡で出土しているのをみれば前漢時代のものと考えられるが、他の雲文7つの軒丸瓦諸式は、きわめて共通した特徴をもっており、洛陽の後漢瓦の主要なものの文様がこの論文によって判明している。

まず雲文軒丸瓦は、中央の大きな半球形突出と外区に4つの雲文を配するものが多く、瓦当を四分割する界線の先が雲文となるものと、2本一組の4本の

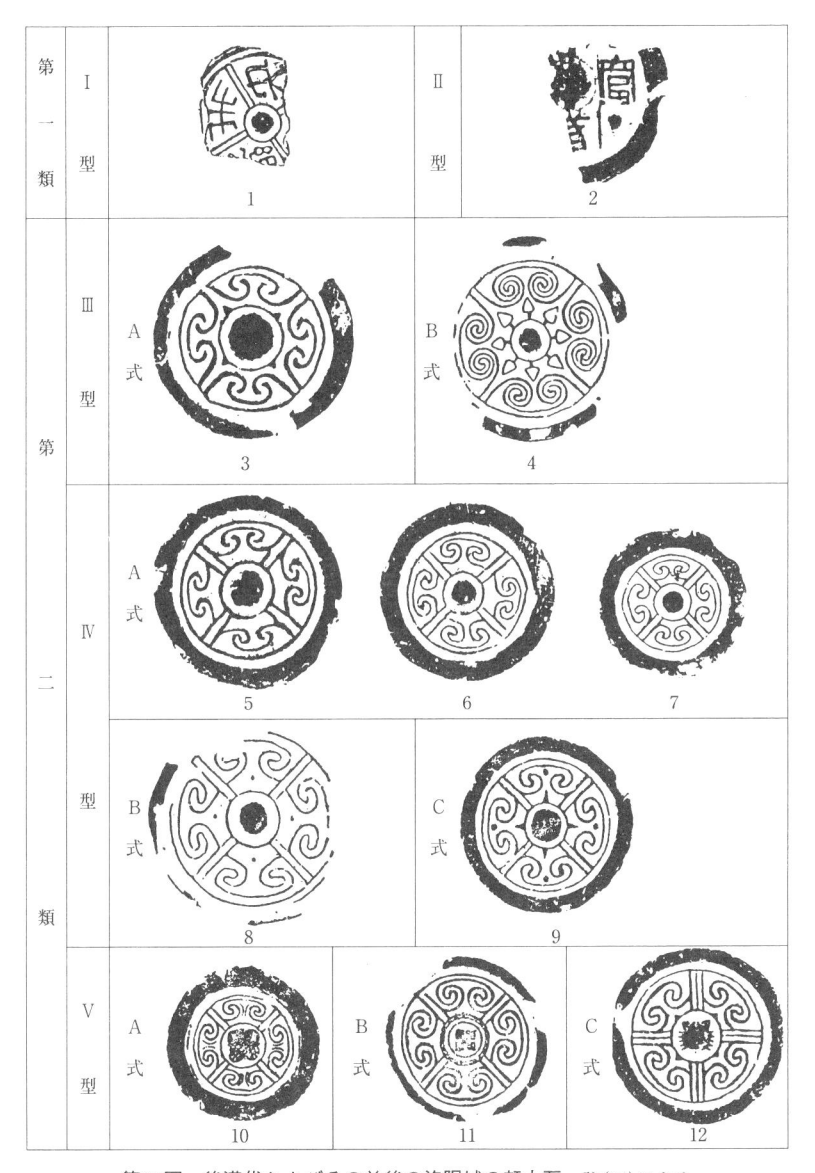

第32図　後漢代およびその前後の洛陽城の軒丸瓦　註(24)による

1. 93BLT13②:1　2. 93BLT2F②:1　3. 72AT15:1　4. 72AT16〜17②:1　5. 92YG2③:2　6. 87BDMY:7
7. 93BL 桥基:1　8. 72AT18〜20:1　9. 87BDMY:3　10. 93BLT14H4:1　11. 85BDT4②:3　12. 87BDMY:4

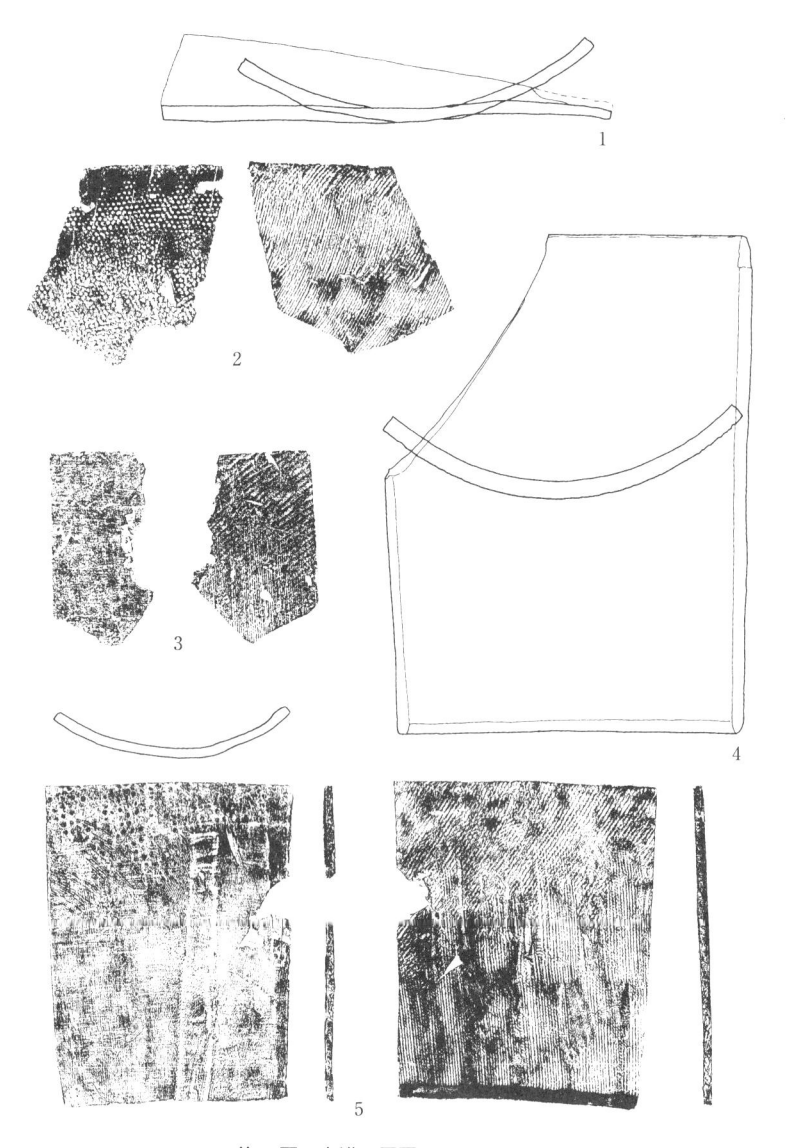

第33図　秦漢の平瓦（縮尺 1：9）
1～3 櫟陽城 、4 皇后陵東門跡、5 中国社会科学院考古研究所　洛陽工作隊展示瓦（後漢）

界線は半球形突出を囲む圏線に達し、その四分割区画に雲文を配するもの（Ⅳ型）が中心を占めている。この他に、中央の半球形突出に代わって隆起した花文を配するもの（Ⅴ型）もある。

　洛陽出土の前漢瓦とくらべて雲文の文様が界線と連続するか接する点では両者共通し、前漢・後漢代を通じての洛陽瓦の伝統を思わせるが、内区が1個の大きな半球形突出や花文隆起となっている点で後漢瓦としての時代性を示している。

　なお、洛陽の後漢代の軒丸瓦の製作技法については、半截された丸瓦を接合するⅤ型接合と考えてよいだろう。

　以下では前漢と後漢の平瓦について述べよう（第33図）。

　1～3は漢王の櫟陽宮時代と考えられる櫟陽城出土の平瓦であり、平瓦部の凹面に模骨痕はなく、円筒桶で粘土紐の合わせ目が認められる（本書353頁で分類するB型）。4は、漢杜陵陵園遺址出土の平瓦であるが、凸面は縄叩き、凹面は軽いナデ調整で布目をすり消す。凹面の状態をみると、模骨痕はないようである（B型かC型）。年代は、元康元年（B. C. 65）頃に位置づけられる。5は、中国社会科学院考古研究所洛陽工作隊の附属展示室に現在展示されている、後漢時代の平瓦（06SFX④：3の注記があるもの）である。平瓦部凹面に布目痕および糸切痕が明瞭に残るが、枠板痕はない。即ち、この平瓦は円筒桶で粘土板桶巻作り平瓦（本書353頁で分類するC型）であることを明瞭に示している。ちなみに、これには、平瓦部広端側凹面に麻点文の内あて痕を残し、平瓦部広端側凸面に縄叩きによる補足の叩き締めを行ったことがわかる。

　漢代の平瓦については、報告書の図面で平瓦凹面を表示したものがないので、自分の実見した範囲で言うしかないが、陝西省考古研究所調査の西安西渭水橋では、現地に散布する瓦に枠板痕のあるものはみられなかった（1991年実見）。また、洛陽永寧寺下層と説明された後漢代の平瓦の破片では、枠板痕のあるものはみられなかったが、糸切痕のあるものが認められた（1995年実見）。

　以上からみると、前漢初頭には「桶巻作り」の平瓦が出現しているが、前漢・後漢を通じて円筒桶（非開閉式）のようである。前漢代は円筒桶で粘土紐桶巻作り平瓦（B型）が主体、後漢代は円筒桶で粘土板桶巻作り平瓦（C型）が

主体で、Ｂ型が混在するのではないかと思う。

註
(18) 中国社会科学院考古研究所櫟陽発掘隊「秦漢櫟陽城遺址的勘探和試掘」『考古学報』1985年第3期
(19) 岸本直文「中国における秦漢代の瓦調査」『奈良国立文化財研究所年報』1994年
(20) 井内古文化研究室『漢日古瓦図譜』1998年
(21) 中国社会科学院考古研究所『漢長安城未央宮』1996年
(22) 中国社会科学院考古研究所・日本奈良国立文化財研究所『漢長安城桂宮』2007年
(23) 中国社会科学院考古研究所『漢杜陵陵園遺跡』1993年
(24) 銭国祥「漢魏洛陽城出土瓦当的分期与研究」『考古』1996年第10期

第4章　魏・十六国・北朝の瓦生産

1　魏・晋代の瓦

　後漢の後を魏が継いだが、中国全土からみると、魏・呉・蜀の三国時代となった。魏の後を継いだのは晋であったが、晋は洛陽・長安にいつまでも留まることはできず、ついに317年に晋の皇帝は都を現在の南京の地に移した。それ故、遷都前の晋を西晋、遷都後の晋を東晋と呼ぶが、ここでは魏（221〜264）と西晋（265〜316）の洛陽の瓦についてふれる。

　魏・西晋代の洛陽城の軒丸瓦については、銭国祥氏が先述の論文[24]に、第二期瓦当として、雲文瓦当としての第Ⅱ類の中でⅥ型とⅦ型Ａ・Ｂ・Ｃ式をあげている（第34図）。軒丸瓦の文様として中央に大きな半球状突出か、または隆起した花文を配する点では後漢の瓦の伝統をそのまま引き継ぎ、雲文の先端が四区画線に連続するか接する点で共通しているが、外区に凸鋸歯文を有するものが多く（Ⅶ型）、この他に外区に斜線方格帯（Ⅵ型）をもつものが出現している点が新しい要素である。

　この魏・西晋の瓦は、基本的には後漢の瓦を引き継いだもので、軒丸瓦におけるⅤ型接合の方法や円筒桶で粘土板桶巻作り平瓦（Ｃ型）が継続して製作されていると考えてよいだろう。

2　十六国時代の瓦

　4世紀から5世紀にかけて、中国北部は五胡十六国時代となった。西晋の崩壊と北方・西方からの遊牧騎馬民族の華北への南下・東進によって、華北に住んでいた漢民族は華中・華南への移動を強いられ、中国史上における大民族移動となったのである。華北にあいついで独立国家を建設した「五胡」と呼ばれ

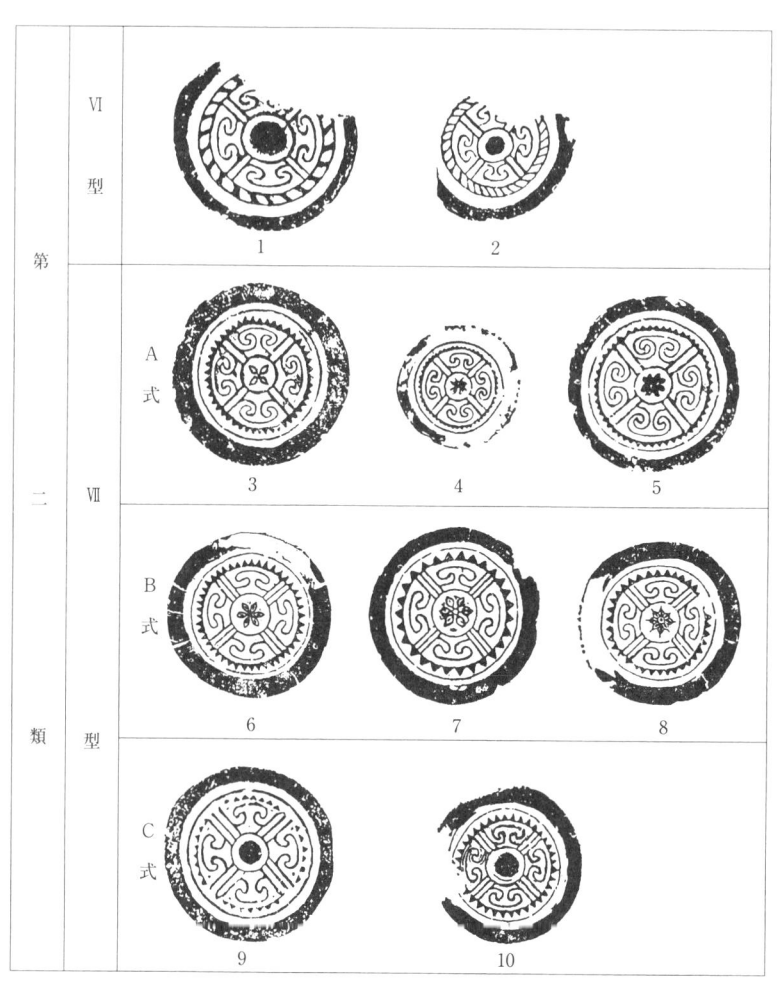

第34図　魏・西晋代の洛陽城の軒丸瓦　註(24)による

1. 92YGT3③:1　2. 93BLT14②:1　3. 87BDMY：5　4. 75灵北中③:1　5. 87BDMY:6
6. 93BL 桥基②:2　7. 73HLTT4:1　8. 86BDT9②:5　9. 72AT15②:1　10. 85BDT4G2:6

る匈奴以下5つの遊牧民は、五胡十六国と呼ばれる諸国家を形成し、短期間の間に興隆し、滅亡していった。

これら「十六国」の中で、後趙・冉魏・前燕の三国は鄴城を都としていたので、鄴城出土の瓦の中にはこの三国の瓦が存在してもおかしくないのである。この三国は4世紀中葉を中心とする時期において、比較的有力な国家であった。

即ち、後趙は「羯族」出身の国であり、335年に後趙の王、石虎は鄴に遷都し、都城の造営を行ったが、351年には滅亡している。石虎の養子である漢人の冉閔が石虎一族を殺し、再び漢族の国として魏を建てたが、この冉魏は建国から2年半あまりで滅亡した。この冉魏を滅亡させた「鮮卑族」の前燕は、357年に鄴に都を移し、中原に君臨する国家となり、東晋・前秦とともに中国は三国鼎立の状態となった。しかし、前燕は前秦に攻められ、370年には滅亡してしまった。

鄴北城出土の瓦の中で、五胡十六国時代の瓦と考えられるのは、図示した軒丸瓦3点と軒平瓦2点である[25]。1・2の軒丸瓦（第35図1・2）は87ＪＹＴ15の⑥：18と⑪：46との注記があり、ほぼ同一地点の出土と考えてよいだろう。また3の軒丸瓦（第35図3）も文様からみて、五胡十六国時代の中におさまると考えてよいだろう。これらの軒丸瓦と組むのは、鄴北城出土の一重の波状文軒平瓦と考えられる。この鄴北城出土の一重の波状文軒平瓦の凹面には、補足の叩き締めのための内あて具の痕跡を残し、これは後漢の平瓦（第33図5）、魏の平瓦に繋がる古い要素であり、鄴城の東魏・北斉の時代（533〜577年）の軒平瓦とは異なるものである。

さて、軒丸瓦1・2の同時期のものとしての可能性は高いが、軒丸瓦と軒平瓦それぞれが厳密に組むかどうかというのは、わからない。全体として、五胡十六国時代、それも後趙・冉魏・前燕の時代（335〜370年）におさまるものとして考えてよいだろう、ということだけである。

以下軒瓦について詳しく述べると、1は中央に大きな半球状突出を有し、中央をとり圏む円圏から八方に棒が出る。棒の先端に円形隆起を置き、円形隆起8個のうち4個に光芒のような表現を交互に配している。外縁の粘土部分は剥落しており、瓦当外縁と丸瓦部を一体に作る軒丸瓦であろう。2は、中央に大きな半球状突出を有し、中央をとり圏む円圏から八方に棒が広がり、棒の先端

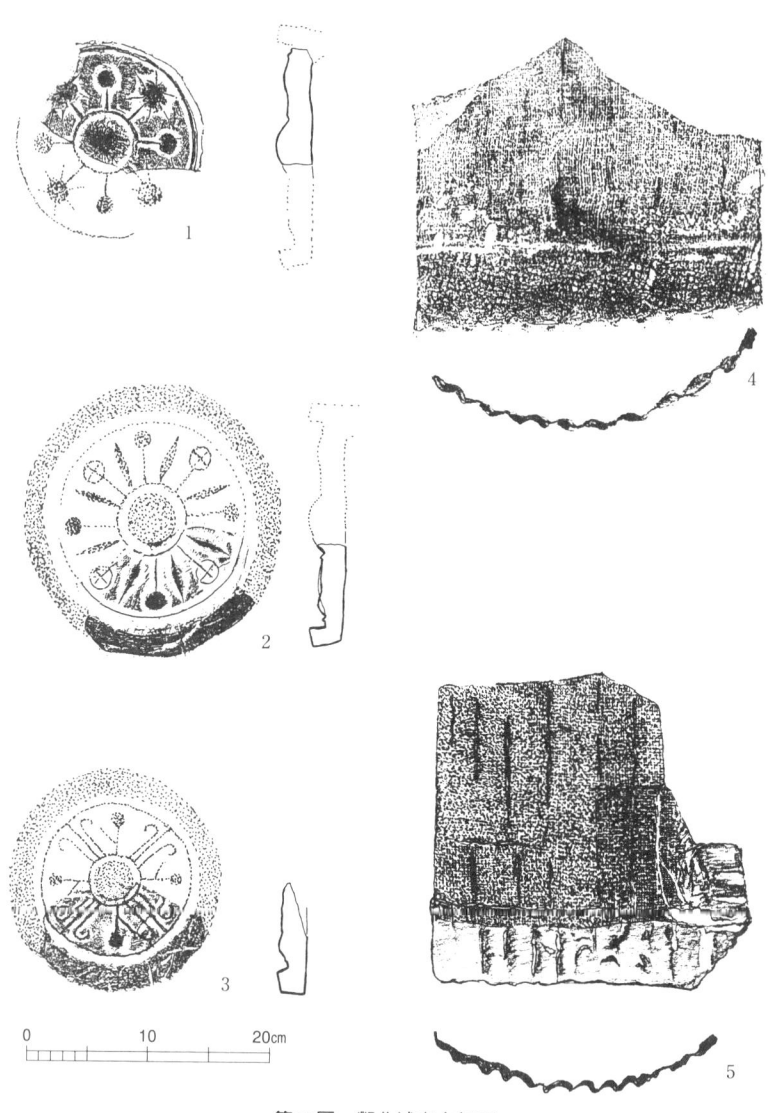

第35図　鄴北城出土軒瓦

に円形隆起を配するもの、線描円（十字分割）を配するものを交互に並べている。この八方に配された円形文様の間に、蓮弁状のものを隆起させて表現している。蓮弁状のものは細長く、両端が尖っている。瓦当裏面では、中央部はやや窪み未調整部分を残す。この瓦は瓦当下半に相当するが、外縁部分は別粘土の可能性がある。即ち、この瓦も瓦当外縁と丸瓦部を一体に作る軒丸瓦であろう。3は、中央部分が欠落しているが、やはり大きな半球状突出を有するものであろう。内区の文様は四方に1本の線を入れて全体を四分割する。この分割線の両脇に釣針状の文様を入れるが、これは陝西省安康県出土の軒丸瓦文様を参考にすると、釣針状文ではなく雲文文様から派生した変化形と把握してよいだろう。四分割されたそれぞれの中央に、円圏から棒が派生し、棒の先端に円形隆起を置く。瓦当裏面は中央部がかなり窪み、軽いナデを行っている。丸瓦との接合法は不明である。

　4は波状文軒平瓦（第35図4）である。平瓦部凹面に布目痕・粘土紐の合わせ目、枠板痕がみられ、平瓦部広端側凹面に格子文のあて具痕がみられる。一方、平瓦部凸面にはナデの痕跡を残し、広端よりに格子叩き文を有する。これから、粘土紐巻きあげ・桶からの分離・円筒粘土完成→乾燥→円筒粘土上下反転・広端側凹凸面に補足の叩き締め→波状文形成→粘土円筒四分割の手順が考えられる。5も波状文軒平瓦（第35図5）である。平瓦部凹面に布目痕・粘土紐の合わせ目・枠板痕が残るが、平瓦部広端より5cmほどは布袋が達せず、模骨桶と粘土が直に接した痕跡を残す。

　以上5点の「五胡十六国時代」の軒瓦を述べたが、魏・西晋時代と比べて急激な変化が生じていることに気付く。即ち、平瓦における解体可能な模骨桶の出現であり、模骨桶で粘土紐桶巻作り平瓦（D型）が出現したこと、瓦当文様、とりわけ軒丸瓦の文様が一新したことが重要である。後趙・冉魏・前燕の三国の中で最も勢力を保持したのは鮮卑族の前燕であり、『三国志魏志鮮卑伝』には「鮮卑。その言語習俗は烏丸に同じ」とし、『三国志魏志烏丸伝』には「鬼神を敬い、天地・日・月・星辰・山・河を祠った」とある。軒丸瓦文様の中に日・月・星辰や樹木や蓮弁状の文様がみられるのは、遊牧民が敬った文様を配したからであり、漢民族が長期にわたって使用した雲文などの文様を廃したのである。

3　北魏時代平城期の瓦

　五胡十六国時代の前燕を建てたのは鮮卑族慕容部であったが、その約30年後に、鮮卑族の一方の有力部族である拓跋部は北魏を建て（386年）、398年には平城に遷都した。しかし北魏は中原の平定に国力をつぎ込んでおり、世祖の時代（423～452年）になってようやく、華北全域を統一した。この成果をもとに、北魏は全盛期を迎え、首都平城において文成帝・献文帝・孝文帝の時代（452～499年）に大きな建設事業が行われた。例えば、雲岡石窟は460年代に開かれ、479年までに方山思遠寺が造営されはじめ、明堂が491年に造営され、492年には大極殿が建設された。

　この時期の瓦については向井佑介氏の分析（第36図）に詳しいが、向井氏の年代の細分[26]を考慮に入れて編年すると、Ⅰ・Ⅱ・Ⅲ期に分けて考えた方がよいと思う。

　Ⅰ期（向井氏の西冊田期）　5世紀中葉以前。

　Ⅱ期（向井氏の雲岡1～3期）470年代から480年代。向井氏は雲岡1期（470年代前半から中ごろ）、雲岡2期（470年代から480年代）、雲岡3期（480年代後半から490年代）に細分する。

　Ⅲ期　明堂・大極殿造営期（491～493年）

　Ⅰ期である西冊田期には「萬歳富貴」軒丸瓦や押圧波状文平瓦、そして半円形の人面文甎が瓦の主要な組み合わせである。文字文軒丸瓦は漢代からの伝統であり、それが魏・晋代になると洛陽では「萬歳富貴」軒丸瓦が縦二本だけの区画により文字を配し、後趙の「大趙萬歳」も縦二本だけの区画により文字を配し、この西冊田期では、四つの文字を井桁状細線で囲まれた上下左右の四方に配する点で異なっている。北朝瓦の大きな特徴の一つは、丸瓦とりつき部の軒丸瓦瓦当裏面に接合用の刻線（キザミ）を入れることなのだが、上述した軒丸瓦の中でこの点にふれたものはなく、今後検討する必要がある。

　Ⅱ期の段階では、「傳祚無窮」軒丸瓦の瓦当裏面に接合用の刻線（キザミ）を入れたものが明示されている。蓮華文軒丸瓦は複弁蓮華化生文瓦当と複弁蓮華文瓦当が雲岡2期から出現すると考えられている。この時期に北朝では蓮華文

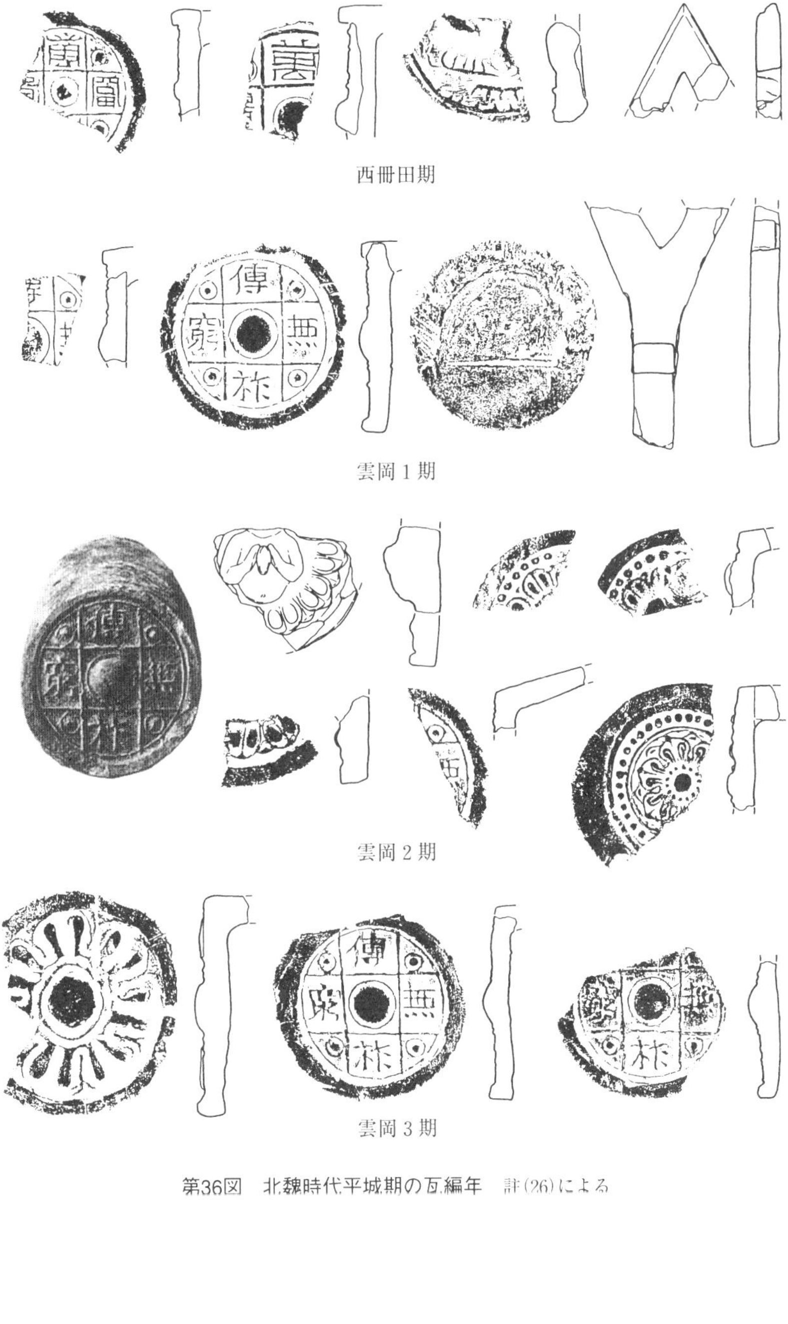

西冊田期

雲岡1期

雲岡2期

雲岡3期

第36図　北魏時代平城期の瓦編年　註(26)による

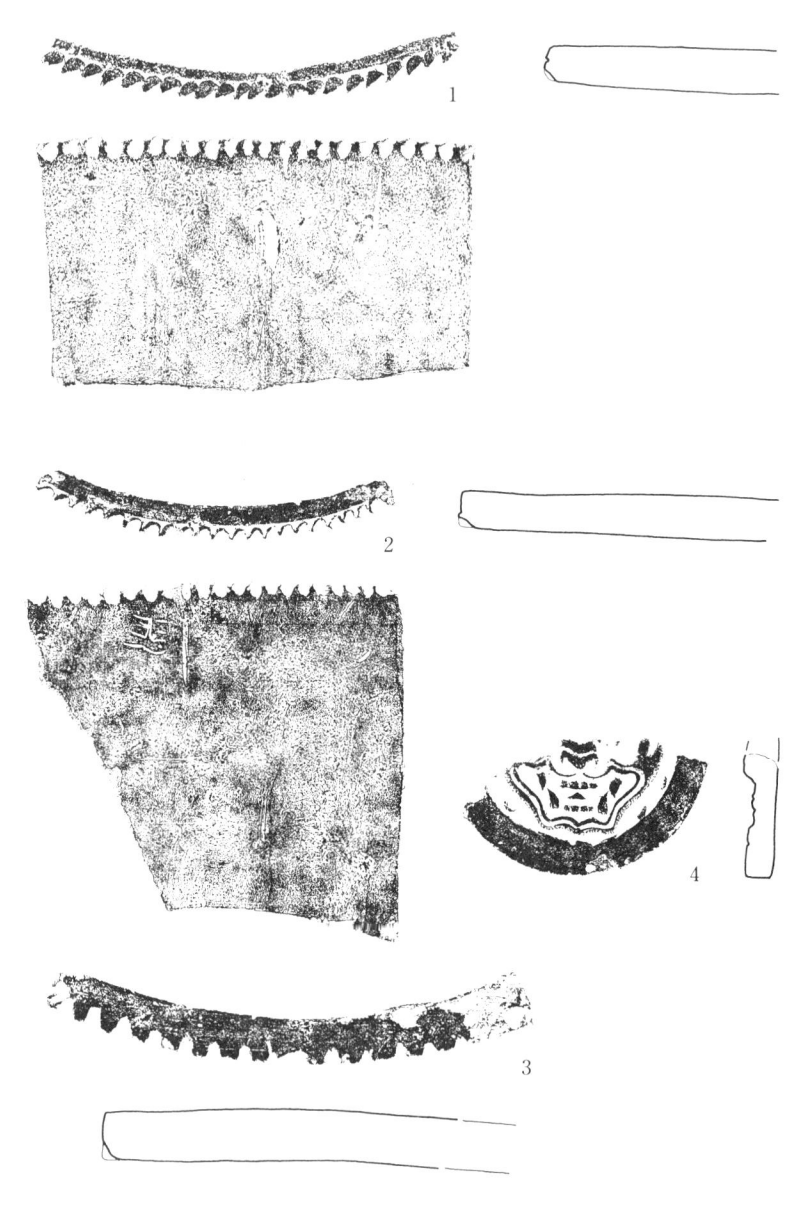

第37図　北魏平城城出土瓦（縮尺 1：5）
1 平城明堂、2 ～ 4 平城操場城 1 号遺跡

軒丸瓦の完成形が生み出されたのであり、それは複弁であった。さらに、中房の文様はすべて中央が半球状を呈するが、瓦当外区に珠文帯を有する軒丸瓦もあり、この瓦では中房のまわりに珠文帯を配している点が特徴である。1＋4〜6などの、蓮子配置をもつものは方山思遠寺例が古いようである。なお、I〜II期の押圧波状文平瓦は、模骨桶粘土紐桶巻作りで作られており（D型）、平瓦部凹面の布目痕・枠板痕をそのまま残すものが多い。ところが、III期になると二次調整加工に急激な変化が生じる。

　III期の瓦は明堂の瓦と操場城1号遺跡の瓦[27]を代表とするのものである。まず丸瓦では凸面にミガキをかけ、黒色に仕上げる。玉縁部にヘラ書きを残すものが多い。軒丸瓦では獣面文軒丸瓦（第37図4）が新たに加わっている。軒丸瓦の外縁は丹念にミガキをかけ、内区の文様にまで二次調整加工を行う。平瓦では、熨斗瓦用とみられるものを除き、凹面にミガキをかける。押圧波状文平瓦（第37図1〜3）は、先述のI〜II期では指でひねっていたものを、III期では工具によって刻むものが多くなった。平瓦の広端に錐状工具を使った一条の沈線を付け、その下半部に工具で波状文を付けたものが圧倒的に多いが、指でひねる例も若干ある。いずれも凹面にミガキをかけている。

　以上のようにII期とIII期の間で大きな変化がみられ、それはとりわけ二次調整加工の入念さで著しい差となってあらわれている。向井佑介氏はこの新しい変化について、第1に複弁蓮華文瓦当と獣面文瓦当とが主体をなす、第2に丸瓦の凸面や平瓦の凹面を研磨して黒色に燻している、第3にヘラ書きの文字瓦の出土が多く、それは工人名を記したものと考えられるとし、I〜II期と異なる点を指摘している[28]。

4　北魏時代洛陽期の瓦

　493年、孝文帝は洛陽に行幸して、洛陽遷都を決行した。遷都の計画は、孝文帝の独裁に出たものらしい。これ以降、北魏が分裂するまでを北魏時代洛陽期（493〜534年）とし、一方、永寧寺が516年に建てられたので、これを境にして洛陽期前半（493〜515年）と後半（516〜534年）に分けることができる。

　まず北魏時代洛陽期前半の瓦は、北魏洛陽城1号房址出土の瓦[29]である。軒

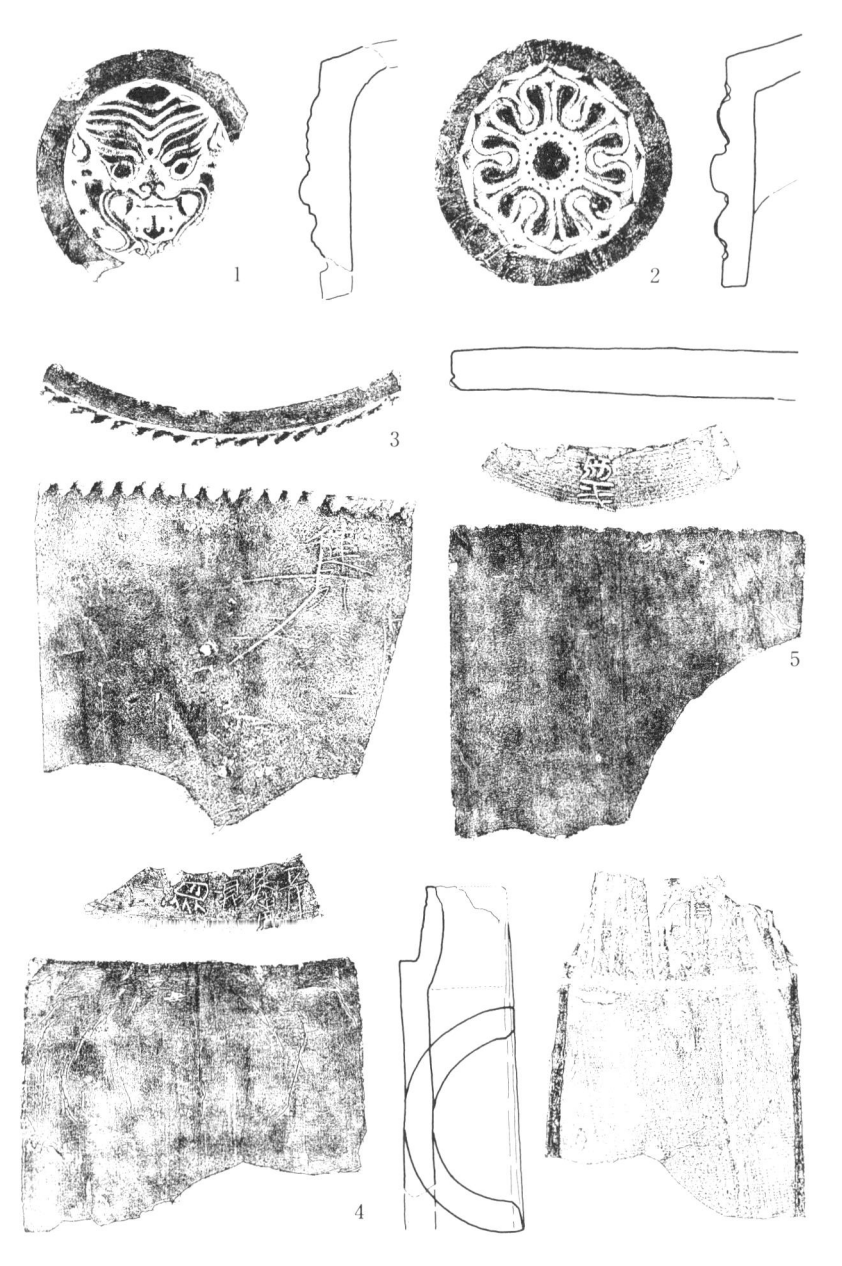

第38図　北魏洛陽城1号房址出土瓦（縮尺 1：5）

丸瓦は蓮華文軒丸瓦（第38図 2 ）と獣面文軒丸瓦（第38図 1 ）があり、前者は複弁六弁の宝相蓮華文と説明されている。いずれの軒丸瓦も、外縁だけでなく内区の文様部分までヘラによる細工とミガキを行っている。丸瓦部凸面はミガキによって仕上げ、瓦当と丸瓦との接合は、瓦当裏面粘土に刻みを入れて接合する。押圧波状文平瓦は（第38図 3 ）は、平瓦広端に沈線を付け、その下半部に工具で波状文を付ける。全体としてミガキが入念であり、黒色に燻して焼きあげている。また、人名と考えられる文字瓦が多く出土している。以上の点は前段階の明堂および操場城 1 号遺跡の瓦と同一の特徴であり、平城期末との強い連続性を示している。

　次に北魏時代洛陽期後半の瓦は永寧寺の瓦[30][31]である。永寧寺の建築は「とても言葉では言い表せない」ほどの装飾を行ったもので、軒丸瓦の文様にもそれが示されている。軒丸瓦は獣面文軒丸瓦 2 種、単弁蓮華文軒丸瓦 2 種、複弁蓮華文軒丸瓦 2 種、蓮華・忍冬文軒丸瓦 2 種、蓮華化生文軒丸瓦 4 種が使われている（第39図）。これらは、外縁だけでなく内区の文様にまでミガキをかけるのは当然だが、それが文様細部にこだわった仕上げ方なのである。即ち獣面文軒丸瓦でいえば、まず目の向きが下方に設定され、瓦が屋根上に葺き上げられた時に、下方から見上げる人間と獣の目とが合うように設計されており、額に皺をよせ、突出した眼球とその上をおおう瞼（まぶた）の皮膚のひだを表現し、隆起して開く鼻孔、大きく開く口と牙のむき出し、逆立つ口髭などの表現が、ミガキと共に彫り加えられているのである。また、蓮華・忍冬文軒丸瓦では、きわめて細かな文様が肉彫り風に仕上げられている。一般的に、細かな文様は平板な地に線描きすればきれいに仕上がるが、永寧寺例のように個々を肉彫り風に立体的に仕上げると、細部の小さな文様が急に隆起したり陥没することになり、相当の困難を伴うのである。

　これら軒丸瓦の多様化に対応して軒平瓦にも新たなものが生じている。第39図 8 では、まず分厚い平瓦広端面に深さ1.6cmの切り込みを入れ二重弧を作る。二つの分離された二重弧の素文部中央に工具を連続して刺突し、爪形連続文を二列に作る。次いで、上下の段の下端にそれぞれ工具を使って、抉り、波状形を作り出す。最後に瓦当面（平瓦広端面）にミガキを入れて仕上げている。こ

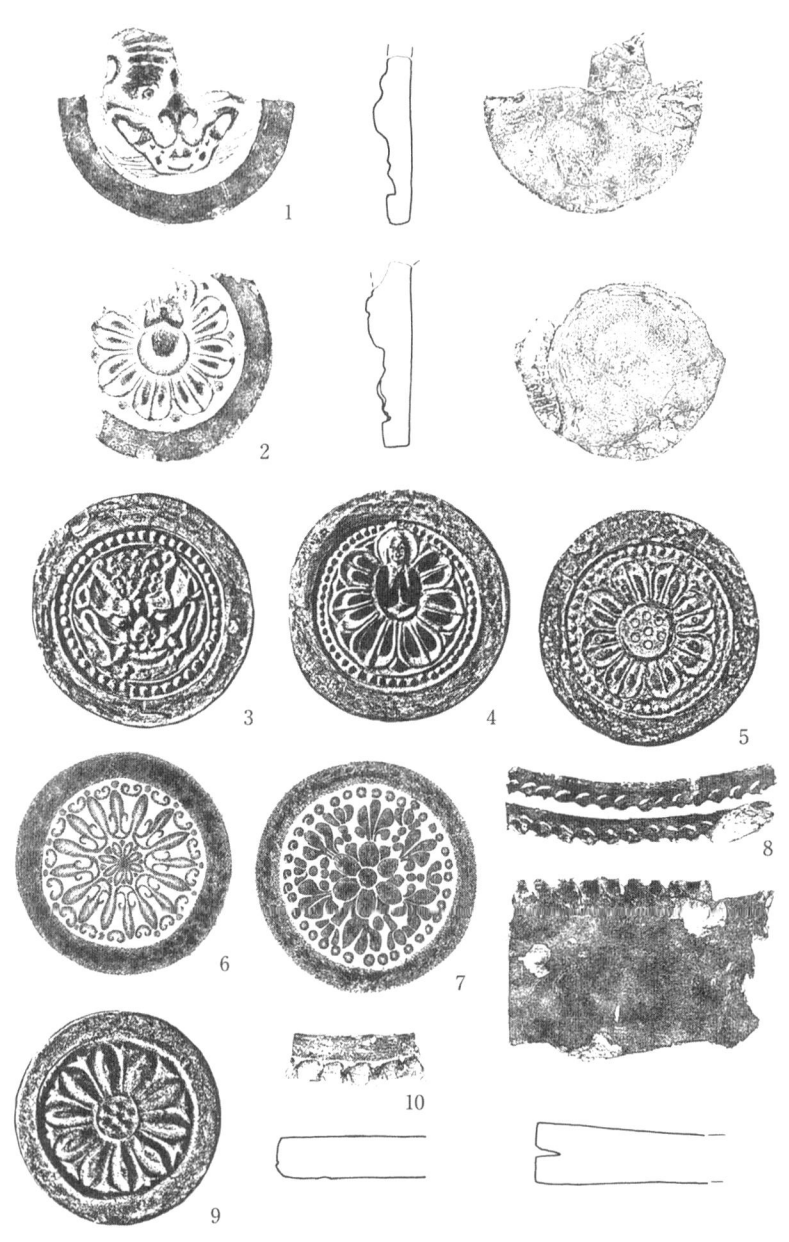

第39図　永寧寺出土瓦（縮尺 約1：5）

のように永寧寺の軒平瓦には二段の波状重弧文と明堂・操場城 1 号遺跡・洛陽城 1 号房址例のような押圧波状文平瓦とが共存することとなった。

　製作技法全体としては、平瓦模骨桶粘土紐桶巻作りで、平瓦凹面・丸瓦凸面さらに瓦当部を研磨して仕上げる、丸瓦接合に際して軒丸瓦瓦当裏面に刻みを入れる、瓦全体を黒色に燻しているなどの特徴は、北朝における明堂の瓦以降の他と共通した特徴である。

5　東魏・北斉の瓦

　北魏は534年に分裂して東西の魏となり、東魏の都鄴城と西魏の都長安とに相対して、華北を支配することになった。鄴城は535年から造営をはじめ、鄴北城の南に南城を造営し、5 年を要してこれを完成している。東魏は帝の背後に高歓がいたので、高歓の子供が東魏から禅譲されて北斉王になっても、都は鄴城であり大きくは変わらない。この北斉は577年に北周に滅ぼされた。

　鄴南城郭城内西郊建物址、鄴南城朱明門、鄴北城などから出土した瓦[25] は、軒丸瓦がほとんど単弁蓮華文軒丸瓦に統一されているが、笵型の種類は多く（第40図・41図）、外区が素文縁のものは、8 弁のもの（蓮子 1 + 6 が 2 種、1 + 7 が 1 種）、9 弁のもの（蓮子 1 + 6 が 2 種、1 + 7 が 1 種、1 + 8 が 3 種、1 + 9 が 1 種）、10弁のもの（蓮子 1 + 6 が 2 種）、11弁のもの（蓮子 1 + 6 が 2 種）で計14種以上、外区が素文縁と外区内縁に珠文帯をもつものは、6 弁のもの、7 弁のもの、8 弁のものがそれぞれ 1 種、9 弁のものが 2 種で、計 5 種以上ある。このうち新旧を考えるとすれば、鄴北城の 8 弁のものや、鄴南城西郊建物址の 6 弁・8 弁のものなど、偶数弁の大部分（第41図 1 ～ 4 ）が新しいものではないかと考えている。あるいは 8 弁以下の弁の数が少ないものは、新しい可能性があるとも言えるだろう。

　軒丸瓦では、丸瓦との接合に際して、軒丸瓦瓦当裏面に刻みをもつが、さらに丸瓦部端面にも刻みを入れるものが多い。これは新しい特徴である。丸瓦部凸面と平瓦部凹面にはミガキを入れ、黒色に燻す点では明堂以降の伝統を引き継いでいる。しかし軒丸瓦では、瓦当外区は磨いたり磨かなかったり、円筒を二分して丸瓦部を作り出した丸瓦側面の破面を少し残したりと、前代に比べる

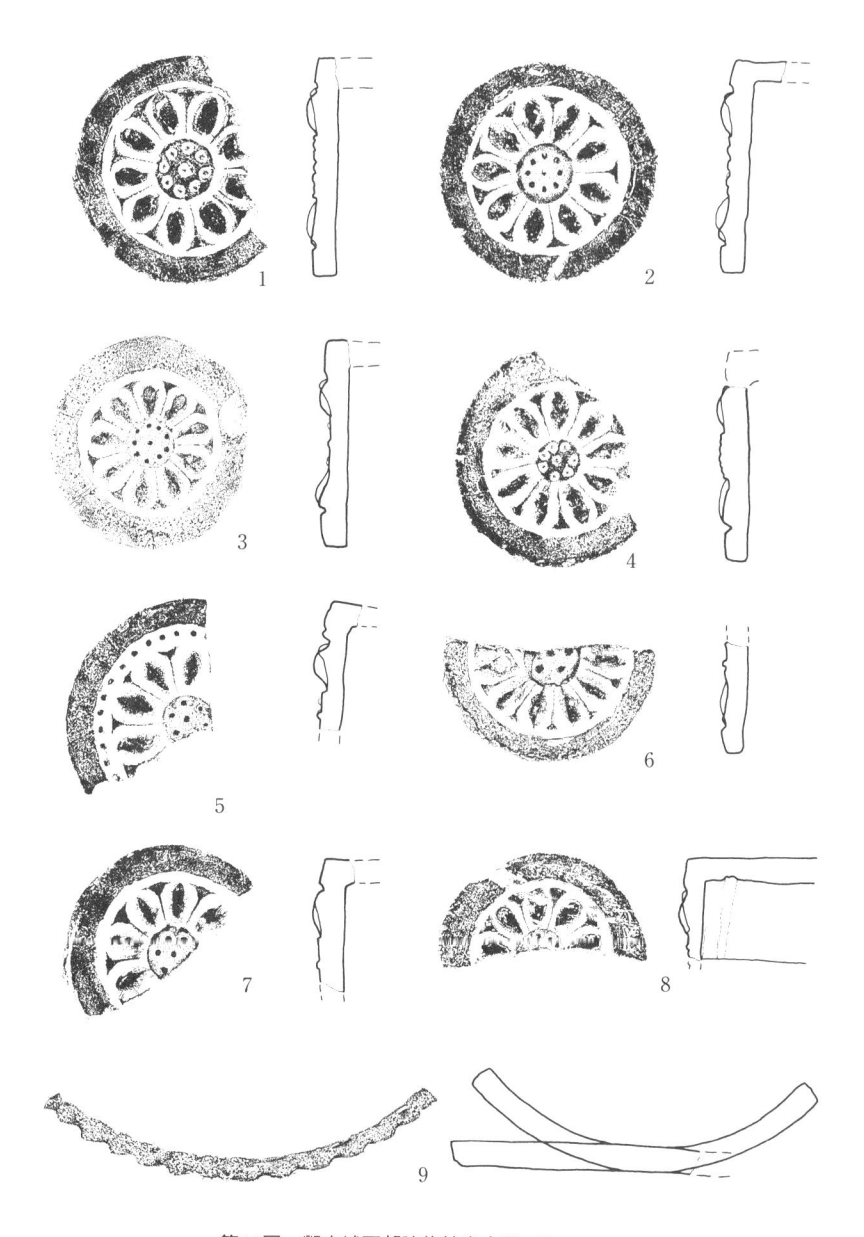

第40図　鄴南城西郊建物址出土瓦（縮尺 1：5）

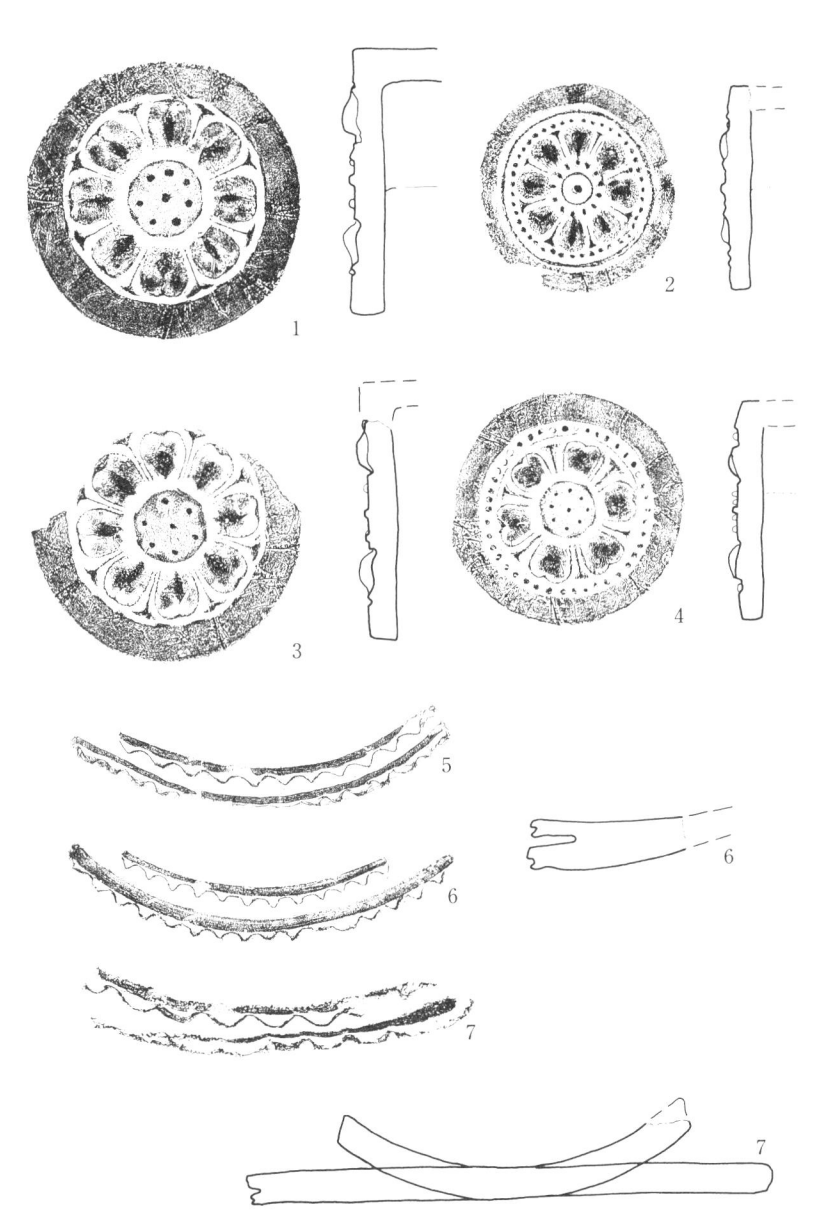

第41図　鄴北城および鄴南城西郊山上瓦（縮尺 1：5）
1・3・5 鄴北城、2・4・6・7 鄴南城

と仕上げにやや粗さが生じている。

　平瓦はもちろん模骨桶粘土紐桶巻作りで作られるが、軒平瓦（第41図5〜7）では有段の波状重弧文軒平瓦の作り方が永寧寺より進んだものが多い。それは、中央に深い切り込みを入れて、回転台を利用した押し引きの四重弧を作り出し、中央（二重弧目）下端、軒平瓦（四重弧目）下端を指で押さえて波状文を作り出す点である。ただこの時期に、朱明門では二重弧に波状文を作り出したもの、鄴南城西郊遺跡では平瓦広端面に弧線を描かず指による押圧だけを行ったものなど、いくつかの軒平瓦のバラエティがあるようだ。

註

(25) 朱岩石・何利群「鄴城出土の北朝瓦の製作技法」『古代東アジアにおける造瓦技術の変遷と伝播』2009年

(26) 岡村秀典・向井佑介「北魏の平城と雲岡石窟」『雲岡石窟　遺物篇』2006年

(27) 劉俊喜「北魏平城城出土瓦の基礎的研究」『古代東アジアにおける造瓦技術の変遷と伝播』2009年

(28) 向井佑介「中国北朝における瓦生産の展開」『史林』87巻5号　2004年

(29) 銭国祥・郭暁濤・肖淮雁「北魏洛陽城出土瓦の考古学的観察」『古代東アジアにおける造瓦技術の変遷と伝播』2009年

(30) 奈良国立文化財研究所『北魏洛陽永寧寺―中国社会科学院考古研究所発掘報告』1998年

(31) 程永建『洛陽出土瓦当』科学出版社　2007年

第5章　南朝の瓦生産

1　はじめに

　日本の瓦生産は朝鮮半島の百済から伝えられたものであり、また熊津（公州）時代・泗沘（扶余）時代の百済の瓦は、中国南朝から伝えられたものであると考えられている。ただし、これまでの中国南朝の都である南京での発掘調査が充分には行われず、これまで南朝の瓦は戦前の採集資料数点しか知ることができなかった。しかしここ十数年の間に資料は増大し、南京大学の賀雲翔教授によって瓦資料が発表されている。一方、南京市博物館による瓦資料は膨大な量に達しているが、まだ十分には発表されていないので、以下では賀雲翔氏の資料と同氏の見解をみながら、南朝の瓦を概観することにしたい。

　呉および南朝（合わせて六朝という）の軒丸瓦は、蓮華文軒丸瓦出現以前に、雲文軒丸瓦・人面文軒丸瓦・獣面文軒丸瓦がある[32]。雲文軒丸瓦は呉（229〜280年）から西晋（280〜316年）の時期、人面文軒丸瓦も呉から西晋の時期、獣面文軒丸瓦は東晋（317〜420年）から南朝中期までに属すと考えられている。南京出土の5点の雲文軒丸瓦は洛陽の魏の時代の瓦文様と比べると、雲文は形式化し、外区凸鋸歯文帯は三角形が内向きに並び洛陽とは逆向きで、呉の時代のものとすれば後半のものであろう。

　一方、人面文軒丸瓦（第42図）は外区の文様帯が外向き凸鋸歯文帯・内向きの凸鋸歯文帯・輻線文帯など多様性をもっており、呉の時代の初期のものもあるとみてよいだろう。賀氏は、人面文軒丸瓦の分布域からみて、呉の太初宮・昭明宮・南宮に使用されたと考えている。次に獣面文軒丸瓦（第43図）は、獣面の顔の輪郭を描き、その外側に放射状直線・放射状曲線をもつもの（AⅠ・AⅡ）が東晋時代に属し、獣面の顔の輪郭は軒丸瓦の外枠の円形と一体となり、放射状直線があたかも顔の髭のようにみえるもの（B）は、南朝早・中期のも

第42図　南京出土の雲文軒丸瓦・人面文軒丸瓦（縮尺 約1：5）　註(32)による

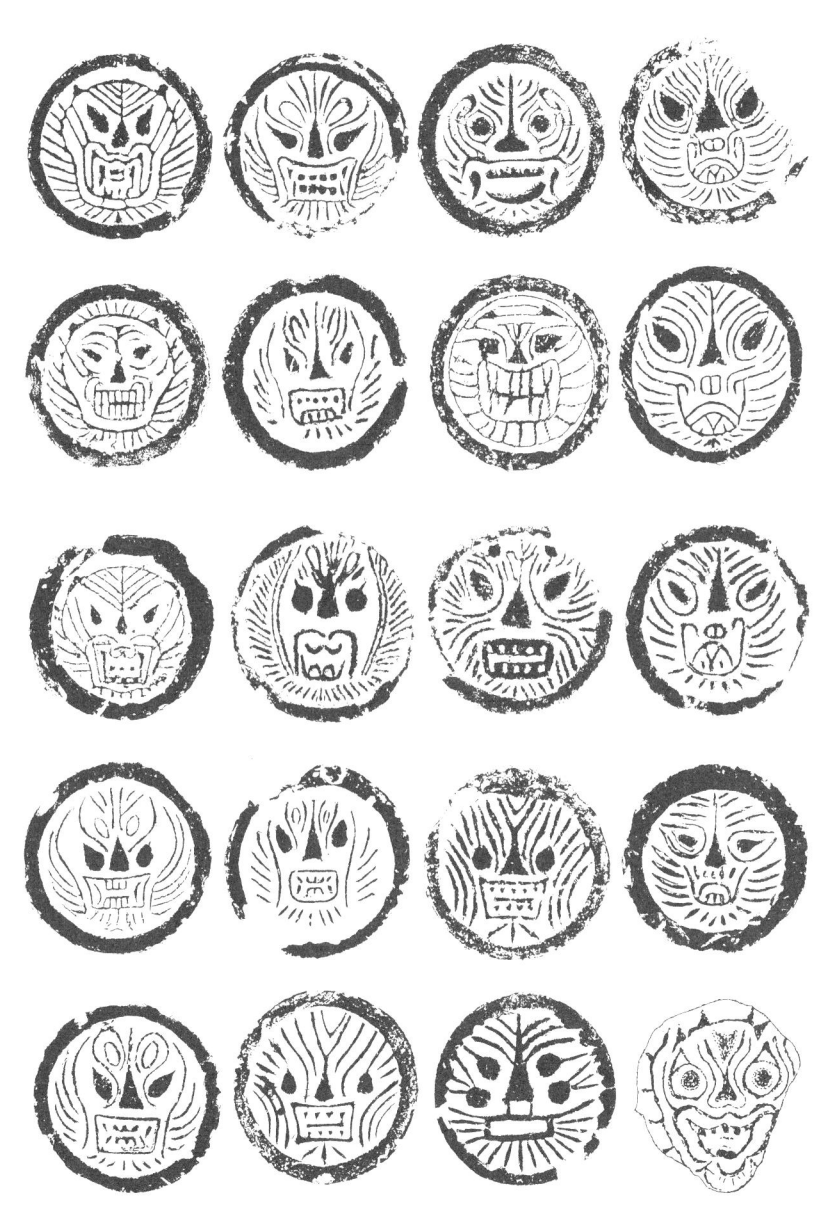

第43図　南京出土の獣面文軒丸瓦（縮尺 約1：5）　註(32)による
ただし右列最下段は鎮江市出土　『名城地下的名城』（2006年）による

のと考えられている。

2　蓮華文軒丸瓦の編年（第一期）

　賀雲翔氏は、蓮華文軒丸瓦については第一期（東晋晩期～宋）、第二期（斉・梁）、第三期（陳）に編年している。以下では賀氏の基本的な編年は受け継ぐが、第一期を宋（420～479年）の瓦、第二期を梁（502～557年）の瓦、第三期を陳（557～589年）の瓦と、少し単純化して、それぞれの時期にどのような瓦の特徴があるかみていきたい。

　宋の時代では、孝武帝（453～464年）の時に諸殿を増築し、土木の盛を極めるとあり、最も土木工事が盛んだったらしい。一方、仏教は宋の時代、国家と固く結びついているが、それは東晋の成帝（326～342年）の頃には、すでに貴族の中で仏教の檀越となるものが史上にあらわれてきており、南朝の方が北朝よりも仏教の受容は早いといってよいだろう。

　第一期宋代の瓦は、南京三山街の「明堂」銘の塼出土地点の瓦と、鐘山南朝祭壇遺跡出土の瓦である。

　まず南京三山街の王府園の建設現場から「大明三年明堂壁」（大明三年は459年）の7字が陽出（型作りの型に陰刻されたもの）された塼が出土し[33]、この塼の周辺から獣面文軒丸瓦と蓮華文軒丸瓦が出土している。この地点出土の蓮華文軒丸瓦は8点が公表されている（第44図1・2）[34]。

　次に鐘山南朝祭壇遺跡は宋の孝武帝が大明三年（459）に造営した建康城の「北郊壇」の遺跡と考えられている。この遺跡出土の軒丸瓦は賀氏の「蓮花文瓦当」の分類標本として6点図示[35]され、賀氏の「南朝瓦総論」[34]では8点図示されている（第44図3～8）。

　私は賀氏の「蓮花文瓦当」の分類標本を実見していないので、推測の点もあるが、宋の大明三年頃の軒丸瓦としては次のような特徴をもつと考えておきたい。まず第一に、瓦当文様全体が肉彫り風に仕上げられている。第二に、間弁の表現がとりわけ入念であり、三叉文・のぞき花弁など間弁にバラエティがあるが、蓮弁の間の区画線はいずれも単なる区画線ではなく、肉彫り風の三叉文やのぞき花弁風の三角文を支えるための線として蓮弁とは別の独立した表現と

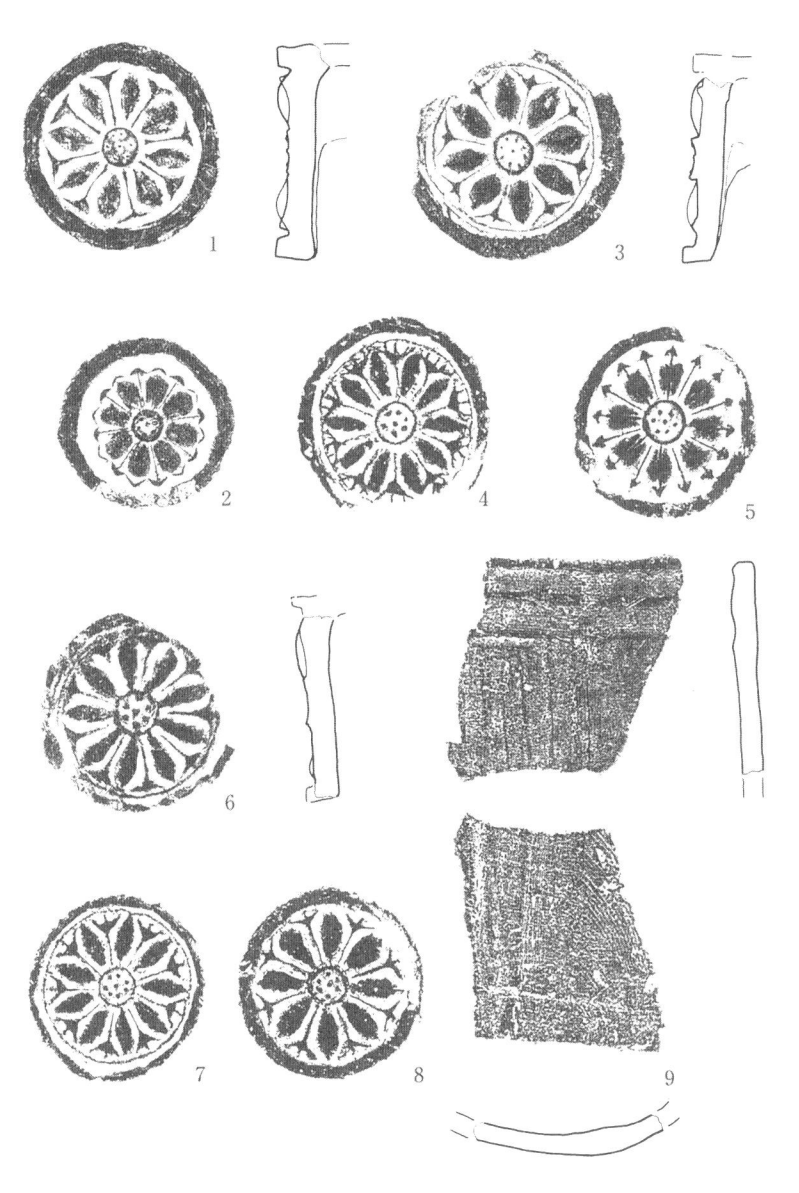

第44図　三山街「明堂」磚地点と鐘山南朝祭壇遺跡出土瓦（縮尺 1：5）
1・2「明堂」、3～9 鐘山南朝祭壇

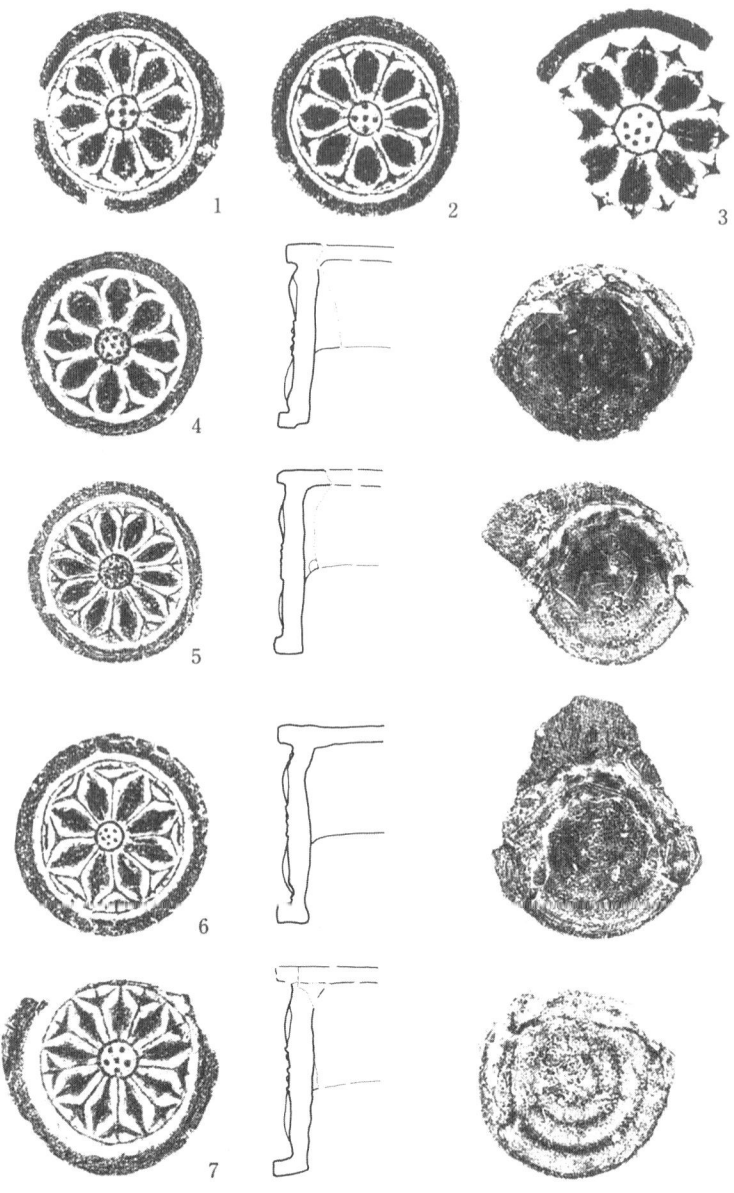

第45図　南平王蕭偉墓門闕と鐘山2号廟遺跡出土瓦（縮尺 約1：5）
1～6南平王蕭偉墓門闕、7 鐘山2号寺廟

なっているのである。第三に、全体として輪郭線が少なく、一つ一つの文様を立体的に表現しようとしている。つまり、蓮弁の端を細線で縁どりして弁・間弁を区画するという、輪郭線を多用する安易な方法をとってはいないことである。第四に、瓦当裏面は平坦で、裏面上半はタテナデ、裏面下半はヨコナデで仕上げている。第五に、瓦当裏面および丸瓦端面に全く刻みを入れないで、瓦当と丸瓦を接合している。以上が軒丸瓦の特徴である。

　また、鐘山祭壇遺跡出土の丸・平瓦をみると、粘土板巻きつけの瓦であり、平瓦は模骨桶粘土板桶巻作り（本書353頁で分類するE型）によって作られている（第44図9）のが特徴である。

3　蓮華文軒丸瓦の編年（第二期）

　第二期の梁の時代（502〜557）においては、武帝の時に治世も長く、「城中二十八萬餘戸」とあって、首都建康の繁栄はその絶頂に達している。武帝は仏教を深く信仰して、官僚・貴族に仏教の信仰を勧め、盛んに仏寺を建立した。

　第二期梁代の瓦として確実なものは、南平郡王、蕭偉墓闕遺跡の瓦[36]である。蕭偉は武帝の父である梁文帝の第八子で、大通五年（533）に没しており、蕭偉の墓室の前面にのびる神道入口の墓前建物に葺かれたと考えられる瓦が出土している。

　出土した軒丸瓦はⅠ〜Ⅴ型に分けられている（第45図1〜6）。このうち実測・拓本などができて実見できたのはⅢ〜Ⅴ型であり、軒丸瓦の特徴を次に示す。第一に、瓦当文様全体が平板になってきている。この時期のものは蓮弁の盛り上がりが3〜5㎜の範囲にとどまるが、遡って宋代のものは蓮弁の盛り上がりが7㎜程度のものが多くある。第二に、間弁の表現は形式化しており、蓮弁の間をうめる区画線となってしまった。第三に、蓮弁の輪郭を細線で縁どりするものが多くなっている。第四に、瓦当外縁に唐草文（蕭偉墓出土品でいえば波状文）など文様を飾るものがあらわれている。第五に、瓦当裏面は瓦当下端にそって円形にナデを行う。つまり瓦当裏面上半はヨコナデ、瓦当裏面下半は周縁ナデ（回転気味のナデ）によって仕上げている。

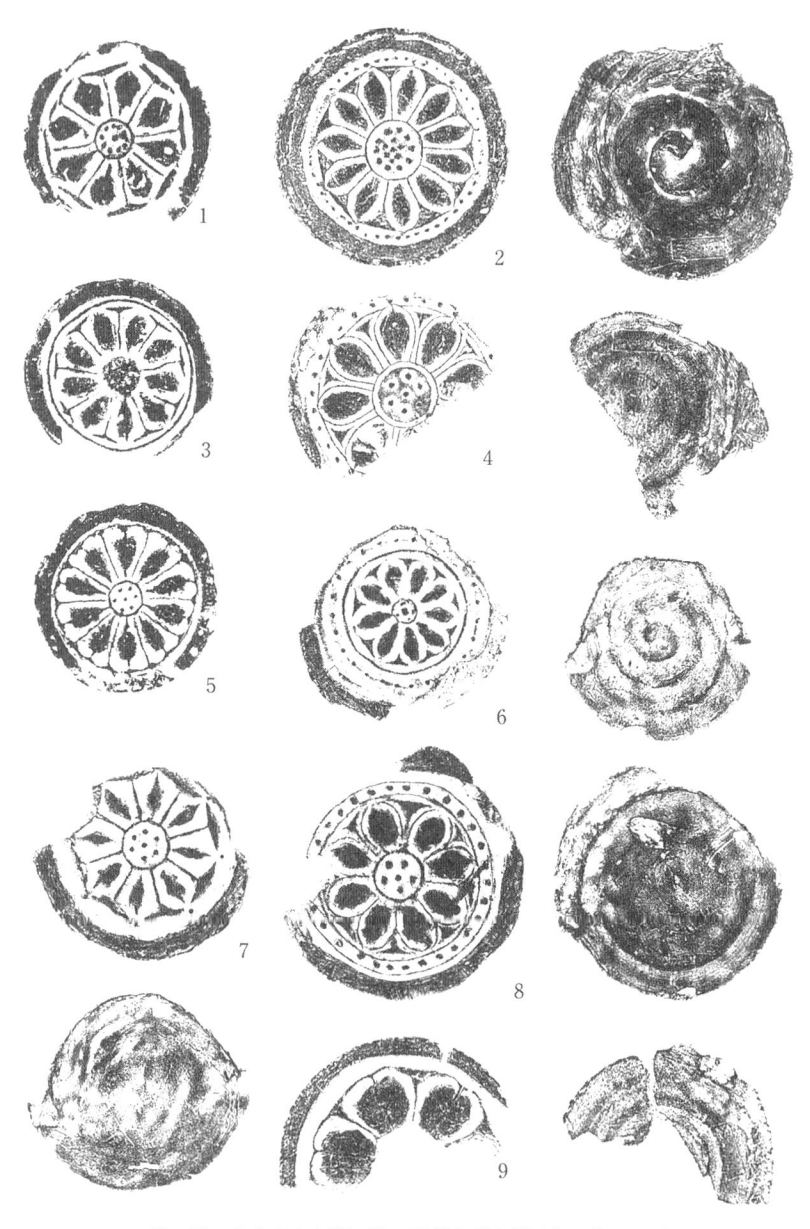

第46図　南京出土の陳・隋・唐代の軒丸瓦（縮尺 約1：5）
1 市区秣陵路、2・4・6・8・9 南京鐘山2号寺廟遺跡、3 市区大行宮中山東路東側、
5 市区明瓦廊、7 安徽省窯址

4　蓮華文軒丸瓦の編年（第三期瓦と隋・唐期の瓦）

　第三期の陳の時代（557〜589）と考えられる軒瓦について、賀雲翔氏は「蓮花文瓦当」[35] の中で、Ａｂ型Ⅲ式4点、Ｊ型2点、Ｋ型2点の軒丸瓦をあげている。ただＪ型・Ｋ型は外区に珠文帯をもつもので、南朝の伝統を引き継いだ隋・唐期の瓦と考えた方がよく、Ａｂ型Ⅲ式だけが該当するもの考える。Ａｂ型Ⅲ式軒丸瓦は、間弁がＴ字形に簡略化しているのが特徴であり、図示されたものの尖端は珠点はなく、針状の細線表現になっている。文様は平板である。

　一方、弁端切込式の軒丸瓦（10弁、蓮子1＋6）について（第46図5）は、賀氏はＩ型と分類し梁代まで遡るものとしている。弁端切込式のものは南京鐘山2号寺廟遺跡からも出土（第46図9）し、この瓦当裏面をみると回転渦文の痕跡を残している。

　以上、蓮弁の端が針状となり、間弁がＴ字形をなすもの（賀氏のＡｂ型Ⅲ式）と、蓮弁の端が切込んで、間弁が扇形をなし蓮弁の輪郭線とつながるもの（賀氏のＩ型）が、第三期の主要な軒丸瓦と考えておきたい。

　次に南京鐘山2号寺廟遺跡[34] から出土した隋・唐代の軒丸瓦について述べよう。図示した4点（第46図2・4・6・8）はいずれも外区に珠文帯をもっているが、蓮弁の形は南朝時代の蓮弁の形をよく受け継いでいる。また瓦当裏面にいずれも回転渦文を残している。さらに丸瓦端面や瓦当裏面に刻みを入れずに瓦当と丸瓦とを接合している。以上からみると、軒丸瓦の外区文様以外では、隋代・唐代前半の南京の瓦は、南朝時代の瓦と本質的には変わらないと考えてよいだろう。

5　南朝瓦の特徴

　瓦当文様では、呉および東晋時代には人面文軒丸瓦が多く、雲文軒丸瓦がこれに次ぎ、東晋時代後半から宋の時代にかけて獣面文軒丸瓦が多い。これが南朝瓦の第一の特徴である。この時代の丸・平瓦の製作法、軒丸瓦の製作法など、早急に解決しなければならない問題は残った。

　次に蓮華文軒丸瓦についていえば、宋代のものも、梁代のものも、蓮弁の中央に稜線をもつものが圧倒的に多いことである。これは朝鮮半島の百済の瓦より、新羅の瓦により近い。南朝の蓮弁の形を、全体的な形で受け継いでいるのは新羅の蓮華文軒丸瓦であるということ、これが第二の特徴である。

　平瓦の製作技法では、鐘山祭壇遺跡での模骨桶粘土板桶巻作り（E型）、鐘山2号寺廟遺跡での模骨桶粘土板桶巻作り（E型）など、宋代から梁代にかけてはE型が主流であったとみられる。しかし、平瓦4分の1程度の破片であるが、南京大学所蔵の平瓦の中に、桶板痕のない糸切り痕と思える平瓦が存在したので、円筒桶粘土板桶巻作り平瓦（C型）は、E型と共に併存しているのではないかと思う。なお丸瓦については粘土板巻きつけの他に、粘土紐巻きあげの例が鐘山2号寺廟遺跡で確認できたが、平瓦が粘土板で丸瓦が粘土紐の例は日本でもしばしばみられるので、この丸瓦から直ちに平瓦が粘土紐桶巻作り（B型・D型）を想定することはできない。平瓦はE型が主流で、C型が併存したのではないかということ、これが南朝瓦の第三の特徴である。

　次に軒丸瓦の瓦当と丸瓦部の接合であるが、瓦当裏面や丸瓦の端面・凹凸面に刻みを入れるものは全く確認できなかった。接合面を観察できる軒丸瓦においては、刻みを入れる痕跡は全くなかった。これが南朝瓦の第四の特徴である。

註

(32) 賀雲翔『六朝瓦当与六朝都城』文物出版社　2005年
(33) 賀雲翔・路侃「南京発現南朝"明堂"磚及其学術意義初探」『東南文化』2006年第4期
(34) 賀雲翔「南朝瓦総論」『古代東アジアにおける造瓦技術の変遷と伝播』2009年
(35) 賀雲翔「蓮花文瓦当」『六朝瓦当与六朝都城』文物出版社　2005年
(36) 南京市文物研究所・南京栖霞区文化局「南京梁南平王蕭偉墓闕発掘簡報」『文物』2002年7期

第6章　高句麗の瓦

1　はじめに

　高句麗は現在の遼寧省桓仁県の卒本を拠点として、B. C. 37年朱蒙によって建国されたといわれる（『三国史記』）。やがて、高句麗は現在の吉林省集安県付近に遷都する。王城での瓦の使用は不明であるが、集安での高句麗王の墳墓には4・5世紀の瓦が使用されている。その後、長寿王十五年（427）に、都は集安から平壌に移った。平壌での都城は241年間と長いが、その間586年に「長安城に移す」という記載があって、都城の位置を変えているようである。これを基に前期平壌城（427〜586年）、後期平壌城（586〜668年）と区別する考え方があるが、瓦の細分という点では、さらに前期平壌城期を二つに分けて、Ⅰ（427〜492年）、Ⅱ（492〜586年）としておく方が説明が行いやすい。

2　集安の瓦

　集安の瓦には銘文のある軒丸瓦があって、それは326年、329年、338年、357年の銘と考えられている。これらの軒丸瓦の文様は中央に大きな半球状突出があり、雲文の変化した蕨手風の文様を8区画線に向かい合って配すること、外区に鋸歯文帯を設けるなど、洛陽の魏・晋代の瓦と共通する特徴を有している。ただ、洛陽例より文様は細かくなって入念な形に描いており、瓦当文様には独自の文様構成力が感じられる。

　これ以降の集安の瓦については、谷豊信氏の「四、五世紀の高句麗の瓦に関する若干の考察―墳墓発見の瓦を中心として―」[37]を基にして説明する。

　吉林省集安県の3基の大型の積石塚のうち、軒丸瓦は将軍塚[38]で1種、千秋塚で2種、太王陵で5種出土している。太王陵5種の瓦当は、太王陵A型→

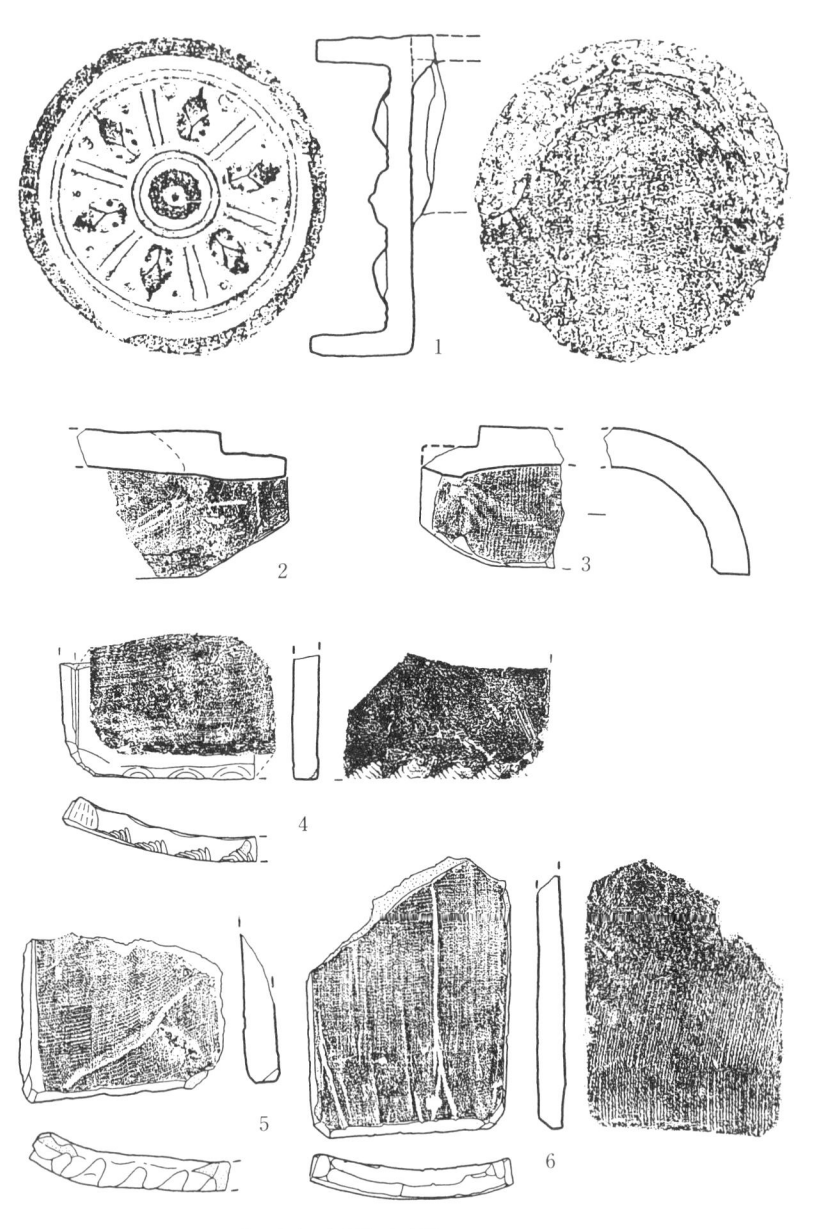

第47図　太王陵出土瓦（縮尺 1：5）

B型→C型→D・E型の順で推移したとする。そして、太王陵B型は千秋塚A型に類似し、太王陵C型は将軍塚型に類似するから、全体としてみると太王陵A型→千秋塚A型・太王陵B型→将軍塚型・太王陵C型→太王陵D・E型の順で新しくなるとする。

　まず最古の太王陵A型（第47図1）は中央に半球状の大きな突出があり、中心に小さな珠点が付く。その外周に二重の圏線があり、その外側は二本一組の輻線（車輪線）で6分割される。分割された扇形の面に、杏仁形の隆起があり、その左右に珠点を配する。杏仁形の隆起（蓮弁）の上には、Y字形の隆起線と珠点が配されている。外区には二重の圏線がめぐる。輻線は内外の圏線に接続しない。外区外縁はきわめて高く5cmに達する。

　次の千秋塚A型・太王陵B型では大部分の特徴が最古の太王陵A型と同じだが、杏仁形の隆起線が狭い間隔で並行線を描くことと、外区外縁は高いもの（3.5cm）と低いもの（2cm）の両者があり、次第に低くなっている点が異なる。さらに将軍塚型（第48図1）・太王陵C型では、大部分の特徴が最古の太王陵A型と同じだが、杏仁形の上の外側二本の隆起線は杏仁形の外郭にそって走っており、外区外縁は2cm以内と低くなり、また中央の半球状の突出も低くなっている。最後に太王陵D・E型では、中房と外区外縁の高さのわかる例はないが、輻線が内外の圏線に接するようになった。

　以上のうち太王陵A型・B型・千秋塚A型二類では外区外縁は5〜3.5cmと著しく高く、これは「型押しした瓦当円板の周囲に粘土の帯を巻きつけたもの」と考えられている。次の段階からは、軒丸瓦に一般的にみられる范型の外区および内区に粘土をつめ込む方式に変化している。

　瓦当と丸瓦の接合をみると、最古の太王陵A型は瓦当裏面にヘラで縦横に刻みを入れており、それは千秋塚A型、太王陵C型、太王陵E型でも確認されている。丸瓦はすべて粘土紐で作られ、玉縁付き丸瓦である。平瓦は粘土紐の継目は確認できるが粘土板の痕跡はなく、平瓦の凹面には布目と枠板圧痕がみられるから、模骨桶粘土紐桶巻作り平瓦（D型）である。なお、端面に指頭を押しつけた波状文平瓦が存在するが（第47図4・5、第48図2・3）、それは五胡十六国時代の鄴城出土の波状文平瓦とほぼ同一の年代となる。

　谷豊信氏は、太王陵A型瓦当の年代を『三国史記』による372年の高句麗へ

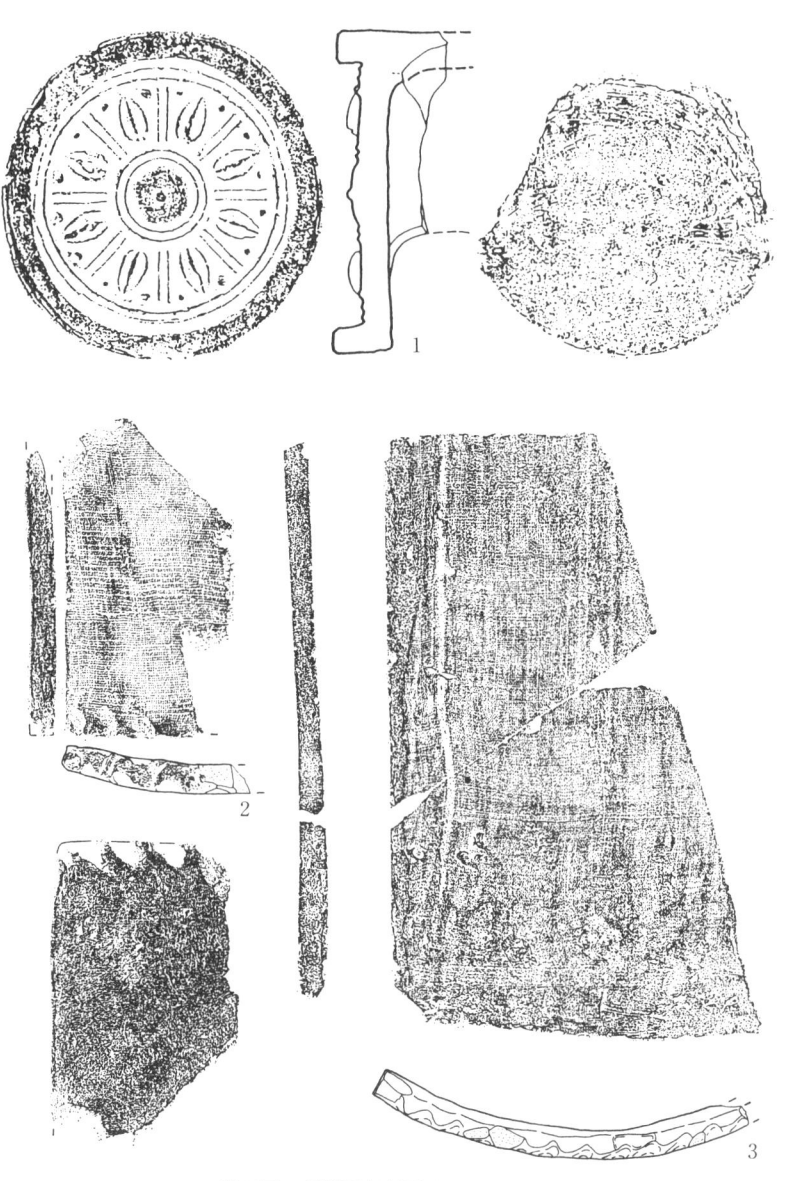

第48図　将軍塚出土瓦（縮尺 1：5）

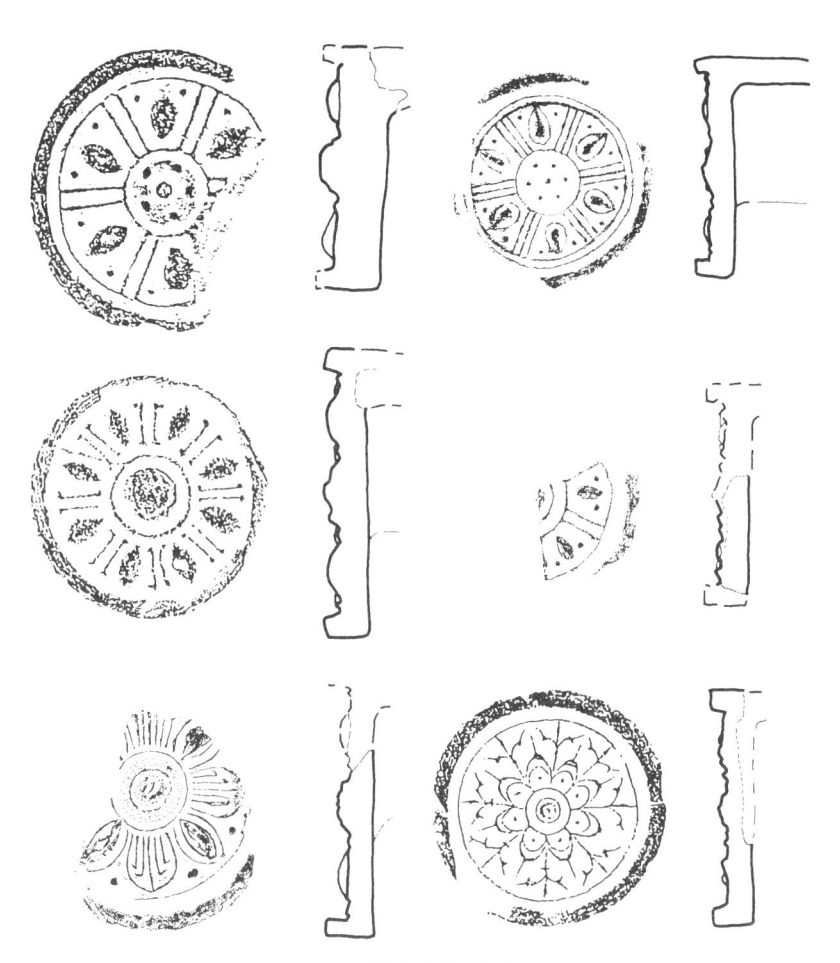

第49図　平壌出土瓦（縮尺 1 : 5）

の仏教公伝や375年の仏寺建立の頃と推定し、太王陵D・E型を平壌遷都（427年）直前の時期と考えている。

3　平壌の瓦

　平壌遷都後の瓦としては、まず平壌城の背後にある山城、大城山城出土の軒丸瓦[39]があげられる。中房の外周と外区に二重の圏線がめぐること、瓦当を六

分割する輻線が内外の圏線に接する点は、太王陵Ｄ・Ｅ型にきわめて近い。しかし、杏仁形隆起（蓮弁）の上にある隆起線は、大城城山の方がやや退化した要素をもつ。次の段階のものは、清岩里廃寺出土例のように中房外周および外区の二重圏線が一重に変化し、中房に１＋４〜８などの蓮子配置をもつものをあげることができる。以上を、前期平壌城期Ｉ期（427〜492年）の瓦と考えている。以上の軒丸瓦では、まだ輻線文による六分割の特徴は有している。

この時期の平瓦の製作技法はほとんど知られていないが、『昭和十三年度古蹟調査報告』の平壌清岩里廃寺[40]や、『昭和十二年度古蹟調査報告』の平安南道平原郡徳山面の元五里廃寺[41]の軒瓦では、５世紀末から６世紀代の軒丸瓦と高麗時代の軒丸瓦が出土している。前者の時代に伴うと考えられる平瓦は小さな格子叩きを有するもので、類似の資料を『朝鮮瓦塼図譜Ⅱ　高句麗』[42]で捜すと、PL.70、PL.71の平瓦であり、この２例は模骨桶で粘土紐桶巻作り平瓦（Ｄ型）である。高句麗初期と同様に、平壌においてもＤ型の平瓦が盛行したものと考えられる。

前期平壌城Ⅱ期（492〜586年）になると、高句麗の軒丸瓦も文様面で大きな変化が生じる[43][44]。まず獣面文軒丸瓦が加わるが、これは北魏の影響を受けたものである。忍冬文軒丸瓦は瓦当文としては高句麗が最も早くあらわれる。この段階では四分割で文様を配置するのを基本とし、八分割で文様を交互に入れ替えている。また輻線で分割することはない。瓦当裏面の接合法や平瓦の製作法は前代からの伝統を受け継いでいるものと考えてよい。

註
(37) 谷豊信「四、五世紀の高句麗の瓦に関する若干の考察―墳墓発見の瓦を中心として―」『東洋文化研究所紀要』第108冊　1989年
(38) 将軍塚・太王陵出土の軒丸瓦の拓本・図については、亀田修一『日韓古代瓦の研究』吉川弘文館　2006年を引用した。
(39) 千田剛道「高句麗・百済都城における瓦の使用」『文化財論叢』Ⅲ　奈良文化財研究所創立50周年記念論文集　2002年
(40) 朝鮮古蹟研究会『昭和十三年度古蹟調査報告』1940年
(41) 朝鮮古蹟研究会『昭和十二年度古蹟調査報告』1938年
(42) 井内古文化研究室『朝鮮瓦塼図譜Ⅱ　高句麗』1976年
(43) 千田剛道「高句麗の軒丸瓦」『古代瓦研究Ⅰ―飛鳥寺の創建から百済大寺の成立まで―』2000年
(44) 美濃口紀子「熊本博物館所蔵の楽浪・高句麗の瓦塼について」『熊本博物館報』No.9　1997年

第7章　百済の瓦生産

1　漢城時代の瓦

　475年、百済は一度滅亡した。『三国史記』では「王都漢城」を陥すとあり、『日本書紀』雄略二十年条では、百済記に云はく「大城を攻むること七日七夜。王城降陥れて、遂に尉禮を失ふ」とある。百済の初期の都である尉禮城および漢城との関係については諸説あるが、風納土城が漢城時代の最大の都城であることは間違いあるまい。『三国史記』近肖古王の二十六年（371）都を漢山に移すとあるが、風納土城の上限はそれより遡るとされている。また475年以降では、『三国史記』百済本紀に、483年東城王は狩猟に出かけて漢山城に着いて軍民を慰問した、499年漢山の住民たち二千余名が高句麗に逃げた、507年高句麗王は漢城を攻めようとしたが武寧王はこれを撃退させた、等の記事がみられ、百済が熊津に都を移しても、漢山城はなお百済の軍民のいる前線基地であったと考えてよい。

　したがってソウルの風納土城・夢村土城・石村洞4号墳出土の瓦が狭義の漢城時代（371～475年）だけに収まらず、もう少し幅を広くして考えた方がよいだろう。風納土城の瓦は報告済のもの、報告前のものがあって、未報告分も相当の分量と多様性をもっているようである。私が実見し、実測・拓本を許されたのは主として平瓦であり、平瓦の全体的な種類については、ほぼ把握できたと考えるので、風納土城・石村洞4号墳・夢村土城の瓦について、まず平瓦の分類からはじめたい。

　まず、石村洞4号墳[45]の瓦は、すべて模骨桶で粘土紐桶巻作り（D型）であり、夢村土城の瓦[46]では模骨桶で粘土紐桶巻作り（D型）が多いが、平瓦部凹面に無文あて具痕を有し、平瓦部凸面に格子叩き目痕を残す泥条盤築による平瓦（A型）も若干存在する。

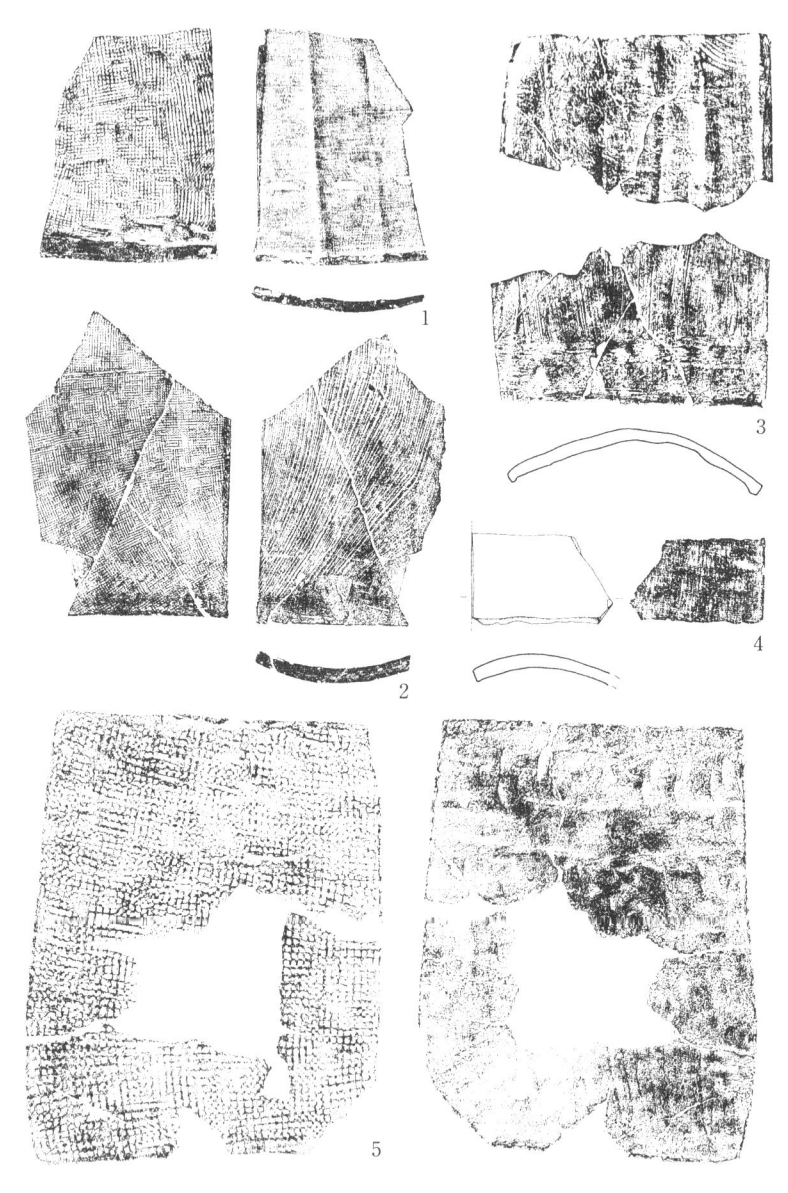

第50図　風納土城の平瓦（縮尺 2：15）1・3・4は註(47)、2・5は註(48)による
1・3・4 国立文化財研究所、2・5 韓神大学校博物館
1：D型、2：C型、3：E型、4：B型、5：A型

　一方、『風納土城Ⅰ』[47]で報告された平瓦は、模骨桶で粘土紐桶巻作り（D型）の瓦が最も多く、泥条盤築による平瓦（A型）も若干存在するが（報告書の194、424頁）数は少ない。ソウル・中部圏文化遺産調査団での風納土城発掘品（韓神大学校保管例）では、平瓦部凸面に格子叩き文や平行叩き文を有するものなど、泥条盤築平瓦（A型）の種類と数が比較的多い。そして、『風納土城Ⅰ』では、円筒桶で粘土紐桶巻作り平瓦（B型、凸面タテナデ）が1例図示されており（報書告の336頁）、同様の資料には韓神大学校保管例、古成里土城出土の平瓦がある。また円筒桶で粘土板桶巻作り平瓦（C型）は、ソウル・中部圏文化遺産調査団報告『風納土城』[48]に図示されており、D型が風納土城で多いのは先述したとおりである。模骨桶で粘土板桶巻作り平瓦（E型）は『風納土城Ⅰ』で3点図示されており（報告書の173頁の2点、420頁の1点）、韓神大学校保管例にも存在する（第50図）。

　以上のように平瓦はA型からE型まで、本書353頁で分類する古代東アジアの平瓦製作法のほとんどすべてを含んでいるのであり、これは漢城期百済瓦の国際的な側面を充分に示していると思う。

　それぞれの平瓦の型がもつ意味は後で述べるとして、次に軒丸瓦について述べよう。まず、獣面文軒丸瓦[49]が風納土城の最近の発掘で出土している（第51図1）。同笵の可能性が高い韓神大学校保管の頭部文様が残る別の破片では、内側に布目を残す粘土紐巻きあげの丸瓦を接合していることがわかる。組み合う平瓦は不明。この瓦は南朝の東晋との関係を示すものであり、4世紀中頃の年代を考えた方がよいだろう。

　次に幾何学文・樹木文軒丸瓦であるが、これまで発表されたものだけでも8種の文様構成をもっている（第51図）。最も複雑なもの（第51図9）は銭笵を真似たとも言えるだろうが、それを祖型として他の7種の文様退化型が生じたとするには、7種の文様構成があまりにも簡潔にまとまりすぎている。

　むしろ、石村洞4号墳の2例の軒丸瓦を基本にして考えた方がよいだろう。一つ（第51図7）は瓦当面を十字の直線によって四分割した後、分割された扇形の中に円形を置き、円形の中心に小さな菱形を置くもの。円形の中の小さな菱形はやがて省略される（風納土城出土例：第51図8）。

　他の一つ（第51図2）は、まず瓦当面を十字の直線によって四分割した後、

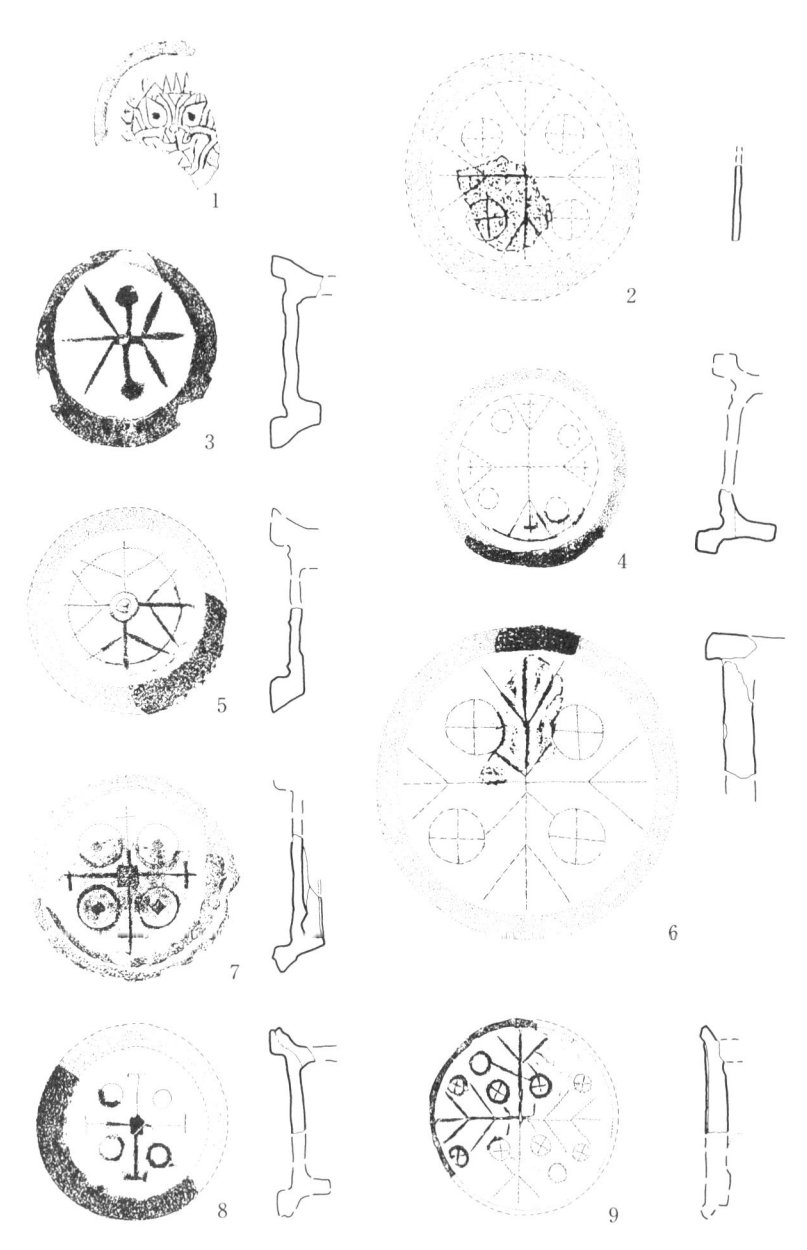

第51図　漢城時代の瓦（縮尺 1：5）
1・3～5・8・9 風納土城、2・7 石村洞4号墳、6 夢村土城

十字形の直線の途中からV字の線を派生させ、そのV字とV字の間にある四つ
の空間面に、円を配置し、円内に十字形を配するもの（石村洞4号墳）。これを
基本として、三通りの変化形があると解釈できる。一つは、円内の十字形を省
略したもの（第51図4）。二つ目も省略パターンで、瓦当内に配置された四つの
円が省略され、瓦当面の十字の直線の途中にV字の線が派生しただけのもの
（第51図5）。V字の線は2箇所だけになり、V字線のない2直線の先端に円形
がとりつく（第51図3）。三つ目は、V字線追加パターンで、十字形の直線の途
中から2本のV字の線が派生し、中央よりのV字線の先端に円形を配置し、円
内に十字を配するもの[50]（夢村土城例：第51図6）が生じ、さらには、十字形の
直線の途中から3本のV字線が派生し、中央に近い2本のV字線の先端に円形
を配置し、円内に十字を配するもの（風納土城例：第51図9）が生じる。

　いずれにしても全体を十字形に四分割し、V字線によって空間をさらに分割
するか、または空間面に円形を配して文様を作るかの繰り返し文様であると考
えてよいものである。さてこの8種の幾何学文・樹木文軒丸瓦は、その丸瓦部
が泥条盤築法によって作られており、丸瓦部の凹面に布目痕は存在せず、内側
に何も置かずに粘土紐を巻きあげて成形したものであり、その後丸瓦部を縦に
二分して、円瓦当の付く丸瓦部と、瓦当の付かない丸瓦部とに分割したもので
ある。

　この幾何学文・樹木文軒丸瓦と組む平瓦は、風納土城Ⅰ・石村洞4号墳、夢
村土城では模骨桶で粘土紐桶巻作り（D型）平瓦が最も多く、D型が主体的に
組み合う平瓦であることは間違いなかろう。ただ、泥条盤築による平瓦も少数
だがまんべんなく出土するので、平瓦A型が組む幾何学文軒丸瓦があるかもし
れない。なお、D型平瓦と組む丸瓦は、凹面に布目痕をもった粘土紐巻きあげ
の丸瓦で、玉縁部にわずかの段を作りだすものである。

　さてこの幾何学文・樹木文軒丸瓦の年代であるが、ほぼ4世紀後半〜5世紀
初め頃と考えられている。この年代観に異議はないが、軒丸瓦の文様に種類が
多いこと、漢山城が長い間文献にあらわれることを考えると、長期にわたる瓦
生産が考えられ、瓦の下限年代は5世紀中頃まで続くと考えた方がよいのでは
ないだろうか。

　次にこの幾何学文・樹木文軒丸瓦の東アジアにおける位置づけを考えてみよ

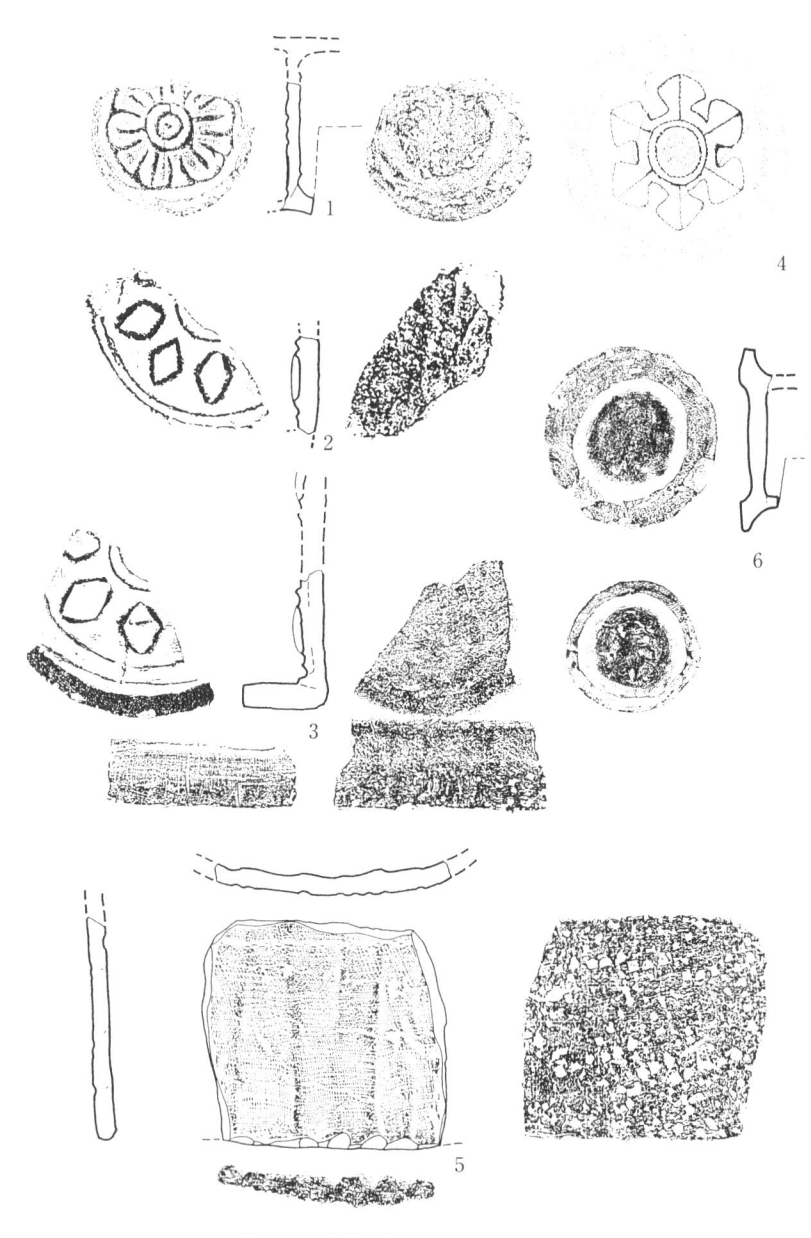

第52図　漢城時代の瓦（縮尺 約1：5）
1〜3・5 夢村土城、4・6風納土城

う。まず平瓦が模骨桶で粘土紐桶巻作り（D型）であること、そして、これは4世紀後半の五胡十六国時代の前燕の瓦、高句麗初期の瓦、さらに5世紀の北魏の瓦と共通した特徴であり、北方系由来の平瓦製作技術であるといってよい。とりわけ軒丸瓦の文様および軒丸瓦の製作法からみると、前燕の軒丸瓦との類似性は見逃すことはできないのである。

即ち、前燕の軒丸瓦（本書54頁参照）もまず十字形に直線で四分割し、V字線でさらに区画するし、円形文を配するという点は漢城の瓦と共通している。ただし前燕の瓦は中房の突出があり、それは魏・西晋時代の伝統を残しているし、また文様の配置が中央から八方に直線がのびて、その先端に円形文を配する点はやや異なっている。しかし先端の円形文内に十字を配するという点も、漢城瓦との見逃せない共通点なのである。

一方軒丸瓦の製作法をみると、漢城の瓦は泥条盤築法であるのは明らかだが、前燕の軒丸瓦はよくわからない。ただし、瓦当外区部分が剥落したものが多く、瓦当粘土に丸瓦をはめこむ方式である可能性は充分あるといってよい。前燕の軒丸瓦の瓦当裏面は下半部に強いヘラケズリ痕が残り、瓦当裏面中央は未調整の凹凸のあるものがほとんどである。この製作技法については鄴城地域での資料の増加を待って明らかになるだろう。ここでことわっておくが、漢城の幾何学文・樹木文軒丸瓦の直接の祖型が前燕の瓦にあると言っているのではない。しかし両者はよく似たものであり、きわめて近接した状態での兄弟関係にあるのではないかと思われるのである。

ここで改めて漢城期の百済の歴史をみると、369年高句麗を破る、371年高句麗平壌城を攻撃、375年高句麗に破れる、377年高句麗平壌城を攻撃、390年高句麗都坤城を占領、392年高句麗に破れる、393年高句麗の南辺を討つ（以上『三国史記』百済本紀・高句麗本紀）など、395年に百済が高句麗に大敗するまでは、百済軍の方が優勢な時期が25年ほどあったのである。おそらくこの時期のことであろうが『梁書百済伝』には、「百済国はもと高句麗とともに遼東の東にいた。晋の時代に高句麗が遼東を侵略して支配すると、百済も遼西・晋平の二郡の地方を占拠し、みずから百済郡を設置した」と記されている。遼西郡と前燕とは隣接した位置関係にあって、漢城瓦の直接の祖型は遼西郡の辺りであろうと考えられる。前燕との瓦の類似点が多いのもこのような事情を反映した

90

ものである。

　次に軒丸瓦の第三の型である蓮華文軒丸瓦は夢村土城から２種、風納土城から１種出土している。

　まず、夢村土城の１種（第52図１）[50] は単弁６弁蓮華文軒丸瓦のようである。中房に円環を二重にめぐらす。瓦当裏面には周縁に突帯があって、泥条盤築法によって作られた丸瓦部を二分して軒丸瓦を作り出したものとみられる。この蓮華文軒丸瓦は製作技法の共通性からみて、前述の幾何学文・樹木文軒丸瓦と同じ系譜上にあるものと考えられる。

　夢村土城出土の他の１種（第52図３）は単弁８弁蓮華文軒丸瓦のようである。中房に大きな円環がある。この瓦は外区外縁が突出し、その内側に布目が残り、外面には格子叩き目文が残っている。瓦当粘土に丸瓦をはめこむ方式のようである。亀田修一氏は[50]、高い外区外縁などから高句麗瓦との関係を示唆している。確かに、単弁８弁蓮華文軒丸瓦は高句麗将軍塚などにあること、ある種の一本造り軒丸瓦のようなものが太王陵Ｄ型で報告されていること、菱形の花弁、中房の大きな円環などは初期高句麗瓦の図形を幼稚に真似たものと言えるだろう。そして輻線文（車輪文）で区画すれば文句なしに高句麗瓦の系譜と言えるが、文様としては一番大事な要素が欠落してはいるのである。ただ、将来の資料の増加で、夢村土城で出土している波状文平瓦が、この軒丸瓦と組み合うことが判明すれば、高句麗系の瓦というのは一つの有力な考えとなりうるだろう。

　最後に風納土城で最近出土したとされる蓮華文軒丸瓦（第52図４）について [51] は、瓦当文様の写真だけしか情報を得ることができないが、北魏の軒丸瓦文様（例えば本書60頁の北魏洛陽城例）を幼稚に真似たものであることは間違いないだろう。そして北魏での年代の上限は今のところ北魏洛陽城１号房址出土のものであり493年である。北魏では将来、明堂などでこの種の軒丸瓦が出土する可能性はあるだろうが、それでも491年であり、さらに遡ることがあるかもしれないが、475年を遡ることはないだろう。とすると風納土城出土の蓮華文軒丸瓦は熊津遷都以降のものであり、５世紀の最終末から六世紀のごく初頭のものと考えてよいだろう。丸・平瓦の組み合わせは不明である。

　以上軒丸瓦について述べてきたが、改めて平瓦にもどると、平瓦Ａ型・Ｄ型は幾何学文・樹木文軒丸瓦と組み合うことが判明したが、残りのＢ型・Ｃ型・

E型がどの軒丸瓦と組み合うかどうかは不明として残ったのである。中国南朝では平瓦C型・E型は宋までは確実に遡るだろうが、東晋まで遡るかどうかわからない。というより、東晋の平瓦がどのようなものか、見通しを全くもっていないのである。一方、風納土城出土の東晋例に類似した獣面文軒丸瓦の丸瓦部は粘土紐巻きあげで作られているので、平瓦C型・E型と組み合う可能性は少ないようにみえる。しかし丸瓦が粘土紐で平瓦が粘土板というのも可能性としては残るのである。一応、平瓦C型・E型の存在は、中国南朝経由で入ってきたと考えた方がよいだろう。ただし、平瓦C型はすでに後漢の洛陽で使われており、洛陽の魏・西晋時代の瓦技術をもつ漢人瓦工を含む一群が、五胡十六国時代の民族大移動の中で、朝鮮半島百済へ亡命または移住した際にもたらされた場合もあるだろう。

　いずれにしても漢城期百済の瓦は、前燕・南朝東晋・北朝北魏・高句麗などとの関係を有し、五胡十六国時代から北魏にかけてと南朝との、五胡を含む北方民族と漢民族との両方がもった多様な顔を全体として有しているのである。これは、まさに漢城期百済瓦の国際的な側面を充分に示しているであろう。

2　熊津時代の瓦

　475年、百済はいったん滅亡した。第二の百済は熊津（公州）で興ったが、強力な百済の再興はなかなか困難であったらしい。『梁書百済伝』では、「何年もの間、衰微し」、521年になって王の餘隆（武寧王）は、はじめてまた使者を送り、「たびたび高句麗を破り、ここに至って、はじめて友好関係を結んだ。こうして百済はまた強国となった」と上表したと記す。

　熊津時代（475〜538年）の中で、その前半代の瓦はほとんどなく、後半代の瓦しか、確実なものは今のところ知られていないのは、そのような事情を反映しているのである。熊津時代後半代の瓦については戸田有二氏[52][53]の論考が参考になる。一つは公州の西穴寺跡・舟尾寺跡・大通寺跡から出土した軒丸瓦に共通するもので、瓦当粘土を作り、この内区部分を丸瓦粘土円筒で挟んで、「瓦当裏面円筒部の不要部分を切り取って仕上げるか」[53]、または瓦笵の外区に粘土円筒をかぶせ、不要部を切り取り、その後内区に粘土を押しこんで作る

第53図　熊津時代の瓦（縮尺 1：5）
1 大通寺跡、2・4・6 公州山城跡、3・5 艇止山遺跡

ものであるという（戸田氏の「西穴寺技法」）。

　他の一つは公州の艇止山遺跡[54]、公州山城跡[55]、鳳凰洞遺跡から出土した軒丸瓦に共通するもので、丸瓦の「先端部がそのまま瓦当上半部の周縁となるもの」で、「瓦当下半部にのみ周縁部をつけた瓦当円板」[53]に丸瓦を接合するというものである（戸田氏の「公山城技法Ⅰ」）。

　この時代の瓦製作について、一般的には中国南朝の梁の影響を受けたと考えられている。瓦自体の文字による直接の証拠はないが、塼では宋山里の百済武寧王陵から「……士　壬辰年作……」の銘塼が発見され、これが『三国史記』の512年、武寧王が使者を梁に派遣して朝貢したとする記事と関係あるものと考えられ、またこの王陵の用塼に8弁の蓮華文が多用されていたのである。一方、1932年には、同じく宋山里古墳群中の6号墳の調査の際に、「梁の官瓦もて師と為す」の銘塼が出土しており、中国梁から直接の影響を受けて、熊津時代に完成された蓮華文軒丸瓦が出現したことは、ほぼ間違いないであろう。

　問題は、その影響が東城王の時代まで遡るのか（484年、東城王は斉に使者派遣）、また梁の段階に公州の瓦が強い影響をうけたとしても、細部文様・細部製作法まで一致しているのかという点を明らかにしなければならない。

　しかし公州出土の瓦の諸例は、その軒丸瓦の丸瓦部が玉縁か行基葺か、また組み合う平瓦が粘土板作りか粘土紐作りかということさえ、明らかになっていないのが現状なのである。また、南京における南朝瓦も、公表されたものはごくわずかしかないのである。南朝瓦と熊津時代の百済瓦との関係を議論するとすれば、現状では推測しかできないが、それは少し後で述べることにしたい。

3　泗沘時代の瓦

　聖王十六年（538）、百済は都を泗沘（扶余）に移し、国名を南扶余とした。この時の遷都は高句麗に攻められ南へ移動したというより、積極的に都城にふさわしい地を求めて移動したものらしい。その後、武王の時代（600～641年）に、扶余の南南東40km手前の益山地方において、王宮里遺跡（武王の王宮）、弥勒寺などが作られた。泗沘時代の約120年間を、前半（538～600年）、後半（600～660年）に分けて考えてみたい。

　まず、泗沘時代前半期の瓦として、陵山里廃寺出土例が報告[56][57]されている（第54図・55図）。扶余陵山里廃寺は、塔心礎の上から出土した「百済昌王十三季」銘の舎利龕により、寺院創建は昌王十三年（567）より遡ることが判明した。一般的には、塔の造営より金堂造営が先行すること、また、王陵である陵山里古墳群との関係から、聖王没年（554年）直後の寺院造営開始が考えられるであろう。

　扶余陵山里廃寺出土の軒丸瓦はⅠ類aと分類されたものが塔周辺で多く出土し、これがおそらく567年前後の年代にあり、それより古式の文様を示すものは554年から567年に位置するものであろう。これらの軒丸瓦は、Ⅰ類型b・Ⅴ類型・Ⅳ類型などと分類された軒丸瓦であり、丸瓦と瓦当との接合法は、丸瓦先端を片柄状二回ケズリで加工し、瓦当粘土と接合するものである。これらの瓦当裏面調整は多様だが、回転ナデ調整のものに古式の文様をもつものが多いという傾向はあるだろう。

　一方、塔使用のⅠ類a軒瓦製作用の木製范型は、長期に保管されたようである。Ⅰ類aの最初の瓦製作時では、玉縁部に布目はなく、筒部のみ模骨を使用し、その後、筒部・玉縁部一体の模骨を使用して丸瓦を製作するようになったと考えられる。その年代について、花谷浩氏は「陵山里廃寺での玉縁丸瓦の技法変化は7世紀に降るもの」[58]と考えている。おそらく、昌王没年（598年）を遠からぬ頃に、亭岩里瓦窯産のⅠ類a型と共に用いられたものであろう。

　次に泗沘時代後半期の瓦として、弥勒寺[59][60]・王宮里遺跡の瓦がある。弥勒寺は、『三国遺事』に「弥勒三会（さんえ）にちなんで殿塔廊廡（でんとうろうぶ）をそれぞれ三箇所つくり、寺額を弥勒寺とした」とあり、洪思俊氏[61]は「即王位一日」は即位した歳のある日であり、武王元年に着工され、「暦数紀而畢成其寺亦名弥勒寺」とあることから、一紀は12年で、三紀を経て完成したとする。弥勒寺は広大な伽藍であり、三紀36年をもって完成したとするのは妥当であろう。

　弥勒寺から出土した瓦（第56図）をみると、単弁蓮華文軒丸瓦A～Dが最も古く、着工以降二紀目まで使用されたのであろう。王宮里遺跡出土例[62]も併せて考えると（第57図）、単弁Dが最初に使用され（玉縁部に布目なく、筒部のみ模骨使用）、やがて中房の蓮子が1＋7＋15のように二重にめぐるもの（単弁A～

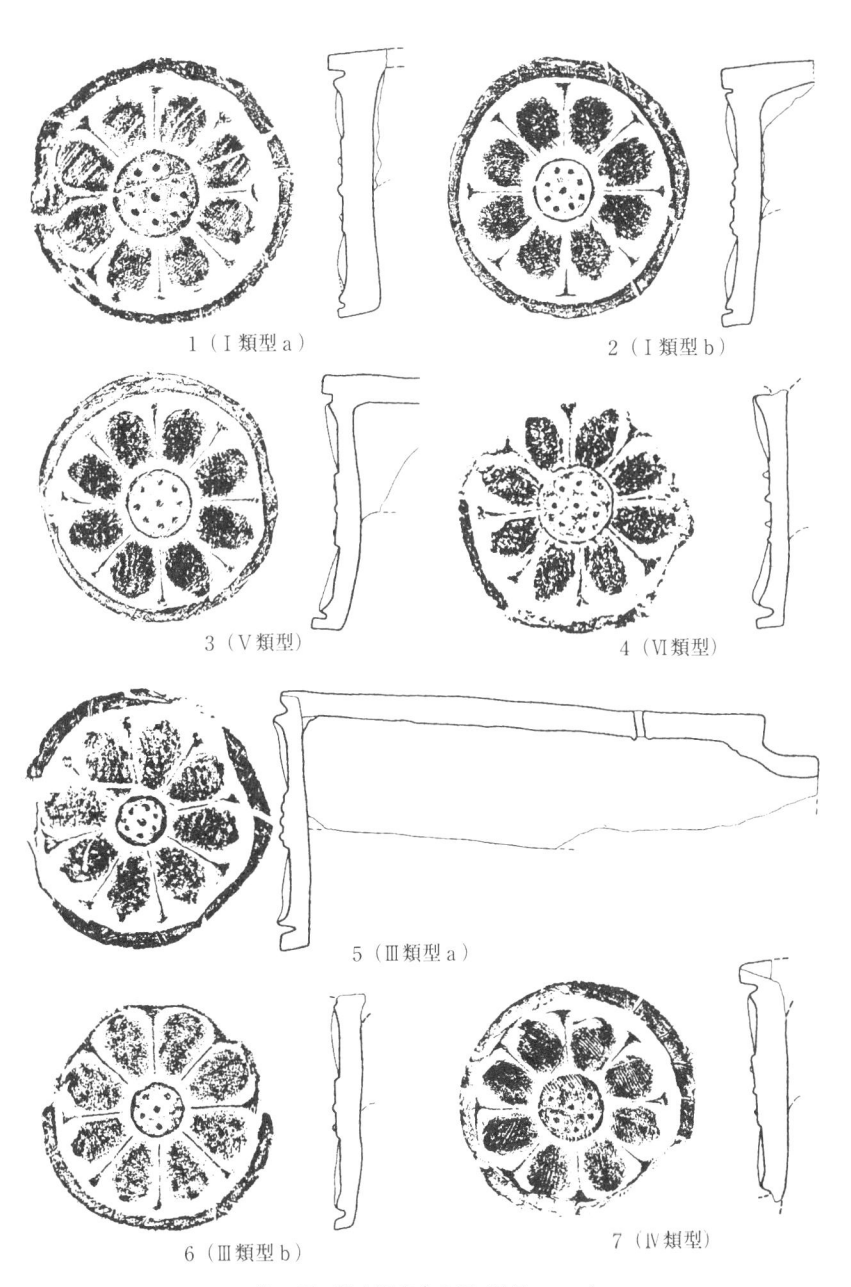

1（Ⅰ類型 a ）

2（Ⅰ類型 b ）

3（Ⅴ類型）

4（Ⅵ類型）

5（Ⅲ類型 a ）

6（Ⅲ類型 b ）

7（Ⅳ類型）

第54図　陵山里廃寺の瓦（縮尺 1：4）

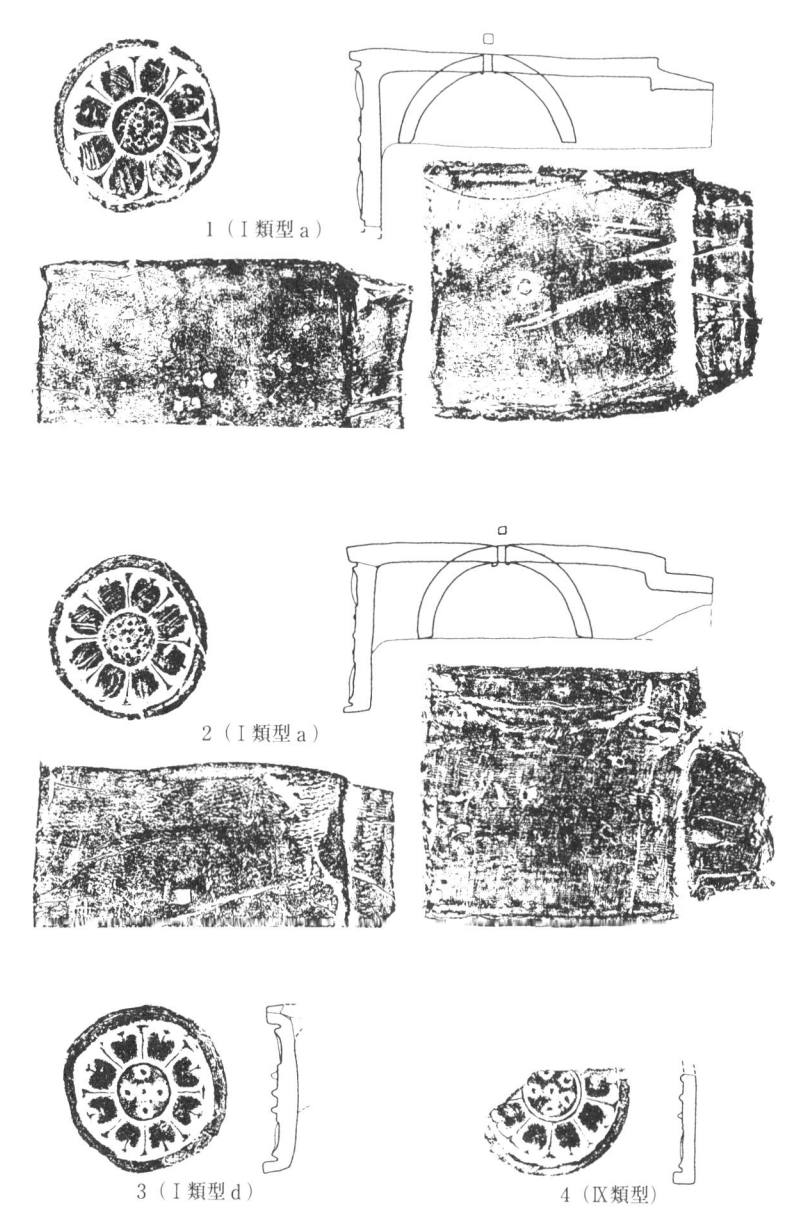

1（I類型a）

2（I類型a）

3（I類型d）

4（IX類型）

第55図　陵山里廃寺の軒丸瓦（縮尺 1：6）

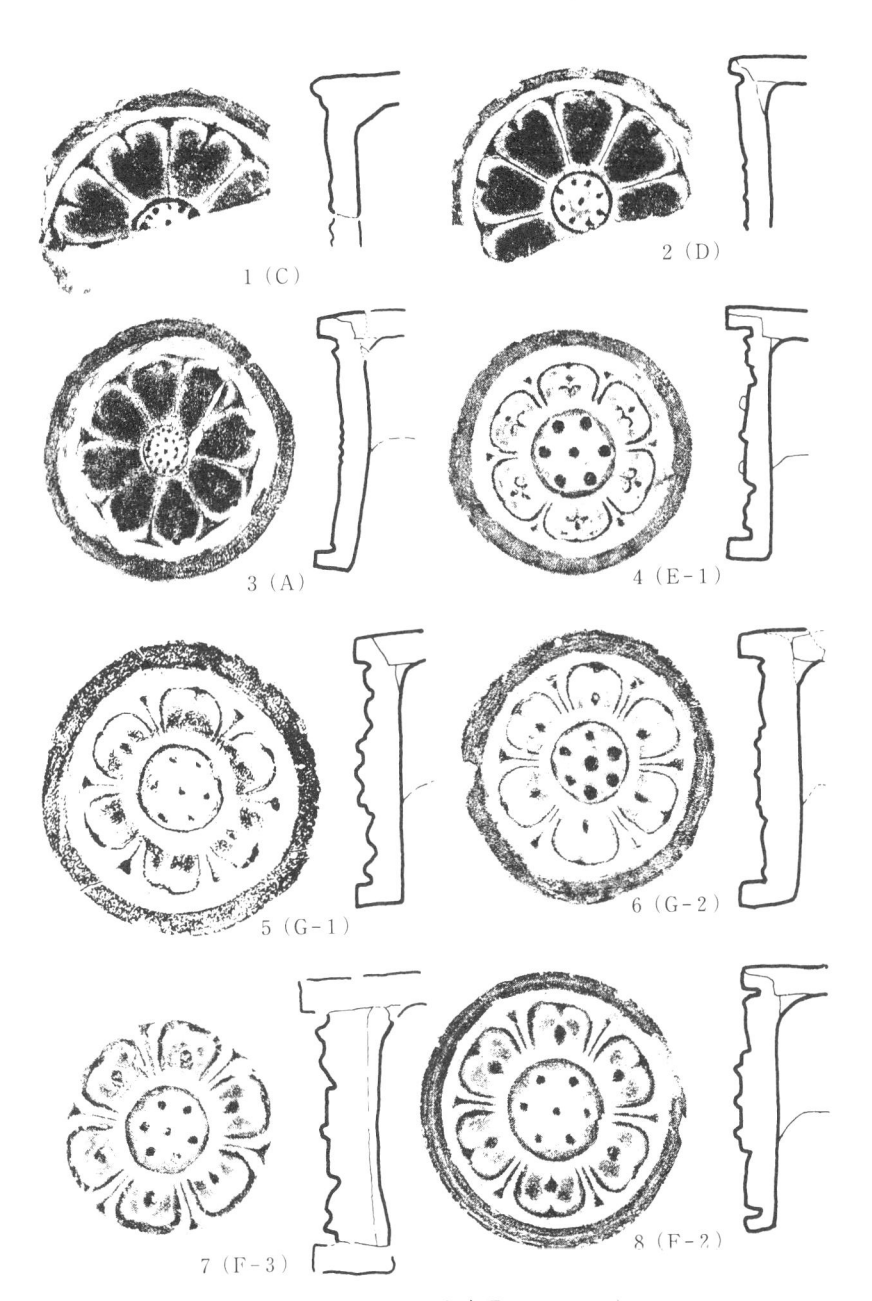

第56図　弥勒寺出土軒丸瓦（縮尺 1：4）

Ｃ）が使用され（筒部・玉縁部一体の模骨または行基式模骨使用）るようになった
のであろう。単弁蓮華軒丸瓦Ａ〜Ｄは、いずれも接合部の丸瓦先端を片柄状二
回ケズリで加工し、接合している。

弥勒寺造営最終段階の三紀目（武王25〜36年）に至って、瓦当径に対する中房
の比率がこれまでの１／４から２／５に変化し、中房が大きくなった。弁の中に
忍冬を配するもの（単弁Ｅ－１、Ｅ－２）、単子葉を配するもの（単弁Ｆ－１、Ｆ－２）
などがあるが、全体の弁の配分は６弁に配されて、１個１個の蓮弁は幅広く描
かれており、むしろ複弁を意識した幅広の単弁となっている。ここに百済瓦と
しては、意匠上の大変化があるとみなければならないであろう。しかし、単弁
Ｅ－１、Ｅ－２、単弁Ｆ－１、Ｆ－２はいずれも接合部の丸瓦先端は片柄状二回ケ
ズリで加工しており、丸瓦との接合については大きな変化は生じていないよう
である。しかし、これをやや遡る頃には丸瓦模骨の形態は変化したようであり、
百済瓦は大きく変化していた。

4　熊津・泗沘時代の瓦の特徴

完成された蓮華文軒丸瓦が百済に導入されたのは熊津時代である。これは中
国南朝梁からの影響を強く受けて成立したものである（第一次波及）。

次いで、聖王は538年に都を泗沘に移し、３年後の541年には使者を梁に派遣
し、「涅槃などに関する解説書や毛詩博士、それに工匠や画師などを願い」出
て、実現した。554年頃まで遡ると思われる陵山里廃寺の軒丸瓦に、丸瓦先端
の片柄状二回ケズリがあるのは、540年代に新たな中国南朝梁からの影響を受
けて成立した瓦群があったことを示しているであろう（第二次波及）。

次いで、威徳王は560年代・570年代に、中国南朝陳に使者を派遣して朝貢し
ている。この頃、陳から導入された瓦当文様として、弁端切込式蓮華文軒丸瓦
があったものと考えている（第三次波及）。

その後中国南朝は滅び、中国は隋によって統一され、やがて唐に替わった。
唐からの瓦当文様の意匠が百済に伝わったのは、弥勒寺造営三紀目のことであ
り、それをやや遡る頃に造瓦器具に若干の変化が生じたようである。

以上が百済の瓦の変遷からみた中国との接点を推測したものであるが、南京

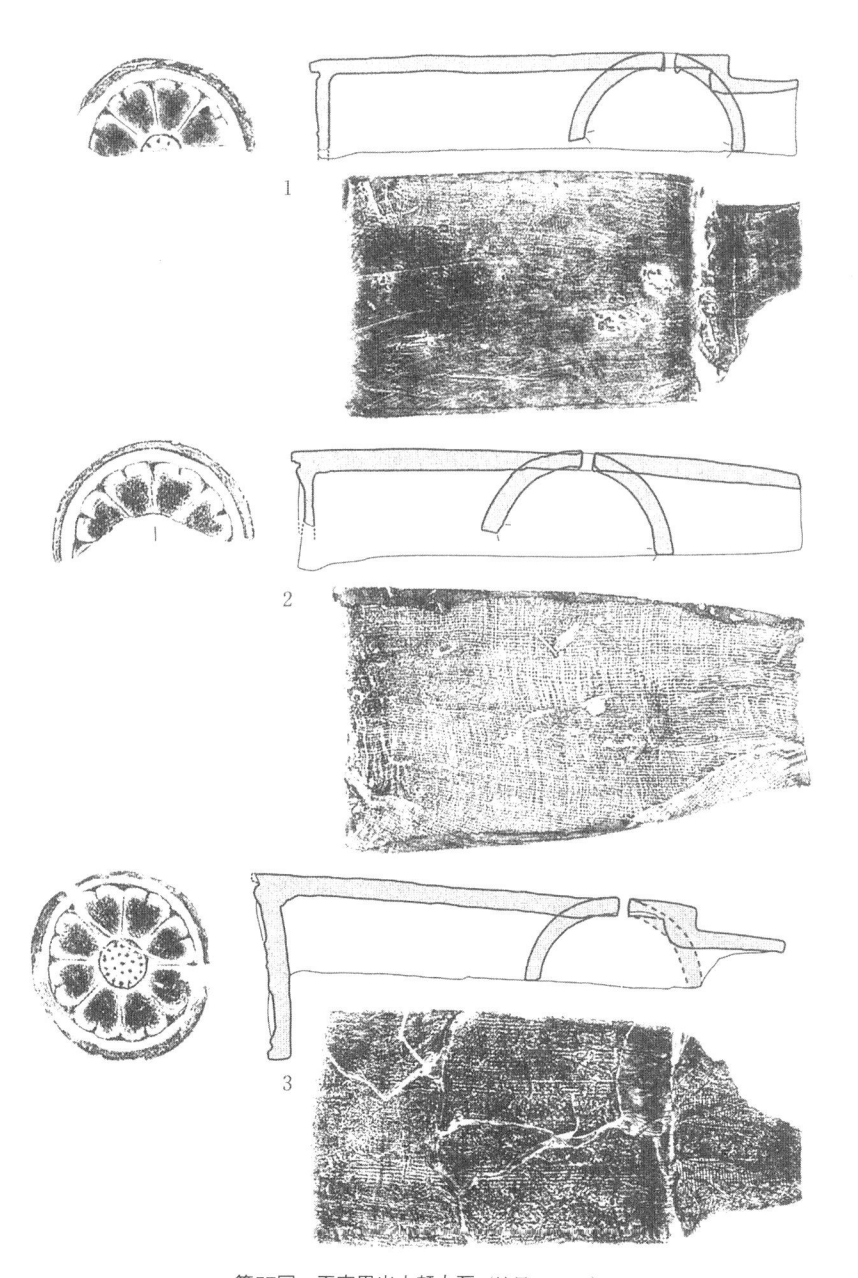

第57図　王宮里出土軒丸瓦（縮尺 1：6）

での瓦調査が充分ではなく、これに対応する形で、中国の梁・陳の瓦の詳細が判明しているわけではない。しかし大局的にみて、いくつかのことは指摘できると思う。

第1に、蓮華文軒丸瓦の文様をみると、中国の宋や梁や陳の蓮華文軒丸瓦の弁中央には稜線のあるものが多く、とりわけ古い時期のものほど稜線が多用されているようである。百済の軒丸瓦の中央に稜線のあるものが少ないのは、南朝の蓮華文軒丸瓦のうち新式のものを導入したからであろう。

第2に、軒丸瓦における瓦当と丸瓦との接合であるが、宋・梁・陳および南京の隋唐代の瓦では、瓦当裏面上端に溝を作り、丸瓦を無加工のまま接続するものが多い。ただし井内潔氏によると、南京市博物館所蔵瓦に、片柄状二回ケズリの軒丸瓦があるという。したがって、片柄状二回ケズリの軒丸瓦接続法が540年代に梁から伝来したとしても、それは梁でもやや特殊な製作法であった可能性は高い。百済の中でそれが強調され、大きく広がり、発展をみた製作法と考えられるのである。このように、南朝の瓦は丸瓦を無加工のまま接合するものが多いのに、百済の瓦は丸瓦に加工を加えて接合するものが圧倒的に多い。これは百済瓦の特性と言えるのである。

第3に、軒丸瓦における瓦当と丸瓦の接合において、瓦当裏面および丸瓦部に刻みを付けるかどうかである。北朝北魏では瓦当裏面に刻みを入れ、東魏・北斉では瓦当裏面と丸瓦部に刻みを入れる。これに対し、南朝の瓦は原則的に刻みを入れない。百済の軒丸瓦は、丸瓦先端を二方向からカットして片柄状のものを作ったり、凹面側をカットして丸瓦先端を尖らしたりするが、刻みを入れるものは少ない。百済瓦で刻みを入れる例として亀田修一氏が紹介した諸例がある。まず、熊津時代の公山城出土例（戸田氏の公山城技法Ⅰ）には、丸瓦凹面側に刻みを入れる例がある。また軍守里廃寺例では、瓦当裏面上半に刻みを入れ、片柄状二回ケズリの丸瓦を接合している。そして金剛寺跡例では、瓦当裏面に連続した三角形の刻みを入れて丸瓦と接合している。

しかし、これらの刻みは百済瓦の中では一般的なものではない。そして、公山城例では、その刻みの由来がどこにあるかなど、今後の検討の余地を残すものもある。しかし、軍守里廃寺例にしても、金剛寺跡例にしても7世紀代の軒丸瓦であり、唐の瓦の影響が生じ始めた時期のことであるから、唐瓦との関係

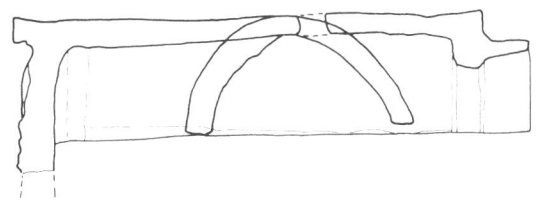

第58図　南京城区採集軒丸瓦（縮尺 1：4）

を考えた方がよい。百済瓦の中に接合用の刻みが存在するからといって、百済瓦全体の中に北朝的要素があると主張すべきではない。百済瓦での接合用刻みは一般的ではないのである。刻みがある場合は、個々の事例の特殊な事情として、その由来を考えるべきである。

　第4に、丸瓦の形態である。泗沘時代百済の丸瓦では、はじめ筒部のみ模骨を使用し、玉縁部には布目がない。これは南朝の丸瓦の製作法を受け継いでいるのである（例えば、南京中山陵園管理局南京城区採集資料：第58図）。ところで、丸瓦の玉縁式は、古代中国の都城では普遍的なものであって、前漢代の瓦、北魏・東魏・北斉の瓦および南京南朝の瓦など、いずれも玉縁式であって、これらの遺跡出土瓦で行基式丸瓦を見たことは私はない。しかし百済の瓦では、扶余亭岩里瓦窯などにみるように玉縁式と行基式とが併存しているのである。したがって、百済泗沘時代の行基式丸瓦の存在は、熊津時代前期頃に遡る行基式丸瓦の存在を推定させるものである。

　高句麗では、太王陵・将軍塚の時期には玉縁式であったが、やがて玉縁部省略型の行基式に変化している。百済でも漢城時代に、行基式丸瓦に移行する直前の、玉縁との境に小さな突帯だけを付けた丸瓦が存在するのである。以上、百済での行基式丸瓦をみると、泗沘時代の百済瓦は、決してすべてが南朝瓦と同一ではないことに注意する必要があろう。ここに5世紀に遡る、百済での瓦製作の伝統を推定させるものがある。

　第5に、同じく丸瓦玉縁の状態だが、玉縁部凹面まで布目のあるものは、弥勒寺の単弁蓮華文軒丸瓦B・じにあり、扶余亭岩里瓦窯でもある。この玉縁部の布目の存在は、北魏・東魏・北斉および隋・唐の瓦にみられるのであり、これが弥勒寺の二紀目（613〜624年）の時代に遡るとすれば、隋または唐の瓦の

影響を最も早く受けた点になるだろう。

　第6に、平瓦であるが、泗沘時代百済の平瓦は模骨桶粘土板桶巻作り（E型）であることが知られている。この平瓦は、中国南朝由来のものであることが明らかである。それを遡る熊津時代百済の平瓦の製作法の解明は、今後の検討課題である。

註

(45) 亀田修一「百済漢城時代の瓦に関する覚書―石村洞4号墳出土例を中心として―」『尹武炳博士回甲紀年論叢』1984年
(46) ソウル大学校博物館・ソウル特別市『夢村土城東南地区発掘調査報告』1988年
(47) 国立文化財研究所『風納土城Ⅰ』2001年
(48) ソウル・中部圏文化遺産調査団『風納土城』2006年
(49) 第51図1は、亀田修一「朝鮮半島における造瓦技術の変遷」『古代東アジアにおける造瓦技術の変遷と伝播』2009年からの引用。
(50) 亀田修一『日韓古代瓦の研究』吉川弘文館　2006年
(51) 第52図4は、梁淙鉉「百済の瓦―近年の出土品を中心として―」『考古学ジャーナル』579 2008年からの引用。
(52) 戸田有二「百済における鐙瓦の三技法について」『人文学会紀要』第36号　2003年
(53) 戸田有二「百済の鐙瓦製作技法について〔Ⅱ〕」『百済研究』第40輯　2004年
(54) 金鍾萬ほか『艇止山』国立公州博物館　1999年
(55) 清水昭博「百済『大通寺式』軒丸瓦の成立と展開」『百済研究』第38輯　2003年
　　 清水昭博「百済『大通寺式』軒丸瓦の成立と展開」『日本考古学』第17　2004年
(56) 国立扶余文化財研究所・扶余郡『陵寺』2000年
(57) 金鍾萬「扶余陵山里寺址出土瓦当文様の型式と年代観」『帝塚山大学考古学研究所研究報告Ⅱ』2000年
(58) 花谷浩「飛鳥の瓦と百済の瓦」『古代東アジアにおける造瓦技術の変遷と伝播』2009年
(59) 文化財管理局文化財研究所『弥勒寺』1987年
(60) 扶余文化財研究所『弥勒寺遺跡発掘調査報告書Ⅱ』1996年
(61) 洪思俊「百済弥勒寺考」『百済文化と飛鳥文化』吉川弘文館　1978年
(62) 国立扶余文化財研究所『王宮里発掘中間報告Ⅴ』2006年

第8章　新羅の瓦生産

1　はじめに

　古新羅の瓦についての私の見解は、これまでの説と全く異なるものである。従来の説は、新羅の「初期の蓮華文軒丸瓦は高句麗と百済の瓦の影響によって、蓮葉の端が急激に縮小する形式（高句麗式）と、蓮葉が丸い形式（百済式）が同時に制作された」[63]（国立慶州博物館『美術館』2002年）とするものである。金誠亀氏の2008年の見解[64]でも「百済系軒丸瓦」「高句麗系軒丸瓦」が先行し、その後新羅独自の「古新羅的軒丸瓦」が開発されたとする。一般的に、古新羅の軒丸瓦の中に百済の軒丸瓦と類似したものが存在するのは確かである。しかし、それが「百済の瓦の影響」で成立したかどうかは別問題である。まして、「高句麗の瓦の影響」で成立したというのは、全く根拠のないものである。

　しかし、これは韓国の瓦研究者が、日本の瓦研究者の説を受け入れ、新羅の瓦について同じような解釈をしたためであると思われる。例えば、藤沢一夫氏は1961年に「日鮮古代屋瓦の系譜」[65]として、日本の飛鳥時代の瓦は、百済系の様式と高句麗系の様式とが並び行われたとする解釈を行い、それがつい最近まで「百済系」「高句麗系」と愛称（？）されていたのである（例えば、奈良国立文化財研究所『古代瓦研究Ⅰ』[66] 2000年）。1961年以降において高句麗系軒丸瓦については厳密な規定はなく、研究者は勝手に高句麗系と述べ、その類似した文様の要素を一、二述べることで説明は終わっていたのである。したがって、ここで改めて古新羅の瓦についても「百済系」「高句麗系」の名称をとりはずし、まずは皇龍寺の瓦を中心として軒丸瓦の編年を行いたい。そして最後において、新羅瓦の東アジアにおける位置付けを行う。

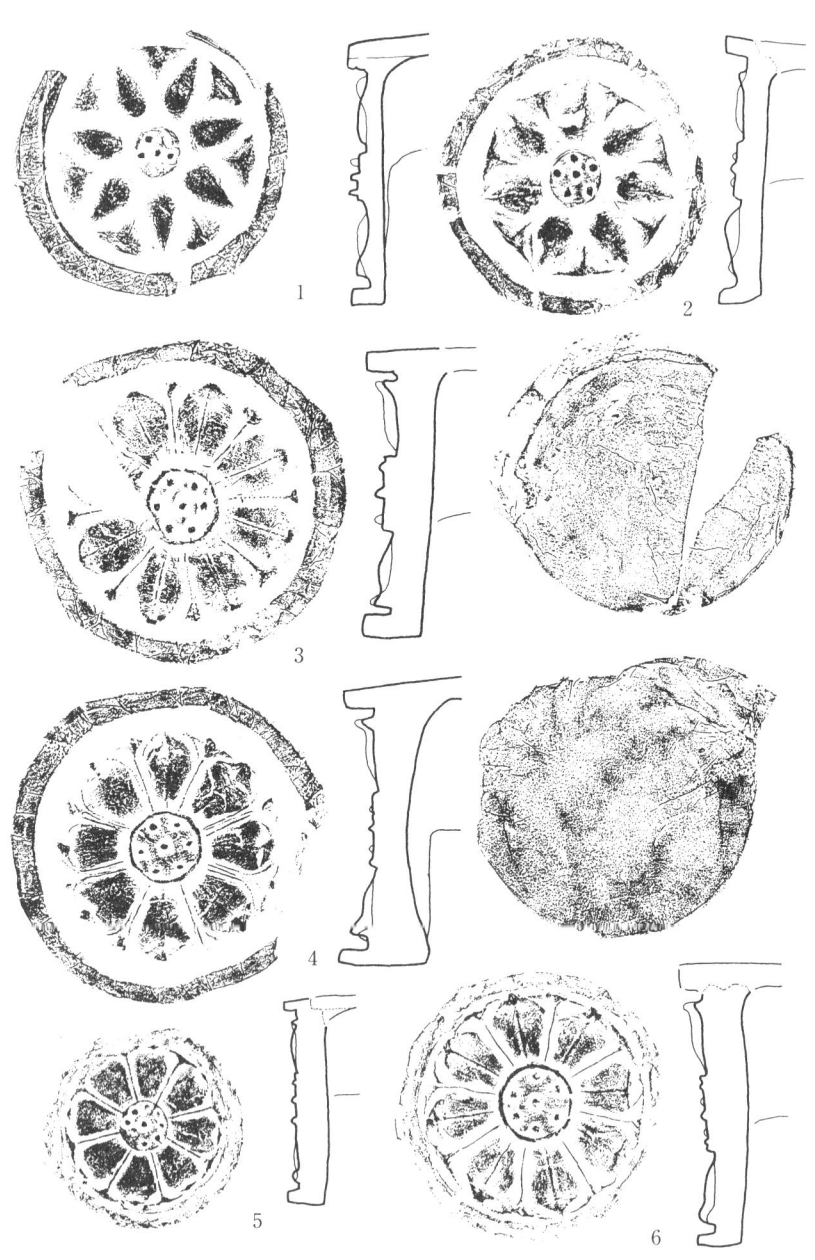

第59図　新羅の軒丸瓦（縮尺 1：5）
1・3・4 皇龍寺、2・5・6 新羅王京

2　6・7世紀の新羅軒丸瓦の編年

　6・7世紀の新羅軒丸瓦の編年については、これまで細かく編年した例を知らないので、以下では皇龍寺出土瓦[67]を主な素材として、他の素材を少し加えながら、編年を行ってみたい[68]。Ⅰ期は553年から569年まで、Ⅱ期は573年から584年まで、Ⅲ期は590年から633年まで（前半590〜620年、後半620〜633年）、Ⅳ期は634年から660年までである。

　Ⅰ期（553〜569年）

　『三国史記』に「真興王十四年（553）春二月に、王が役人に命じて新しい宮殿を月城の東に創らせようとしたところ、黄龍が現れたので不思議に思い、改めて仏寺とし、皇龍と賜号した」とあり、また「真興王二十七年（566）春二月に、皇龍寺が竣工」とあり、『三国遺事』には「己丑の年（569）に至り周囲に墻宇し、十七年に至り畢る」とあり、第一期工事が553年から569年に行われたことがわかる。

　この時の軒丸瓦は単弁7弁の蓮華文軒丸瓦（第59図1・2）で、弁基部が丸く弁端が尖るもので、瓦当厚は薄い部分では1cm程度の薄さであり、瓦当裏面は乱方向のナデによって仕上げるものと、ロクロ回転ナデで仕上げるものとがある。丸瓦先端は瓦当笵にまで達するもので、瓦当部粘土と接合する。瓦当径は17.3〜17.8cm。

　Ⅱ期（573〜584年）

　『三国遺事』巻三、皇龍寺丈六の条に「太建六年（574）甲午三月（寺中記云。癸巳十月十七日：573年）鋳成丈六尊象」とあり、「甲辰（584）、金堂造成」とあるように、金堂は真平王六年（584）に完成している。

　この時の軒丸瓦は単弁8弁の蓮華文軒丸瓦（第59図3・4）で、弁中央に稜線の入るものである。前段階の瓦より大型で分厚くなっており、瓦当径18.2〜19.2cm、瓦当厚は薄い部分で2.4cm、、最も厚い部分で7cmとなる。瓦当裏面はロクロ回転ナデで仕上げるものが多い。丸瓦先端部は瓦当笵にまで達する形で、瓦当部と接合する。

　Ⅲ期（590〜633年）

　この時期の瓦は、皇龍寺金堂の瓦より新しく、634年創建の芬皇寺の瓦より

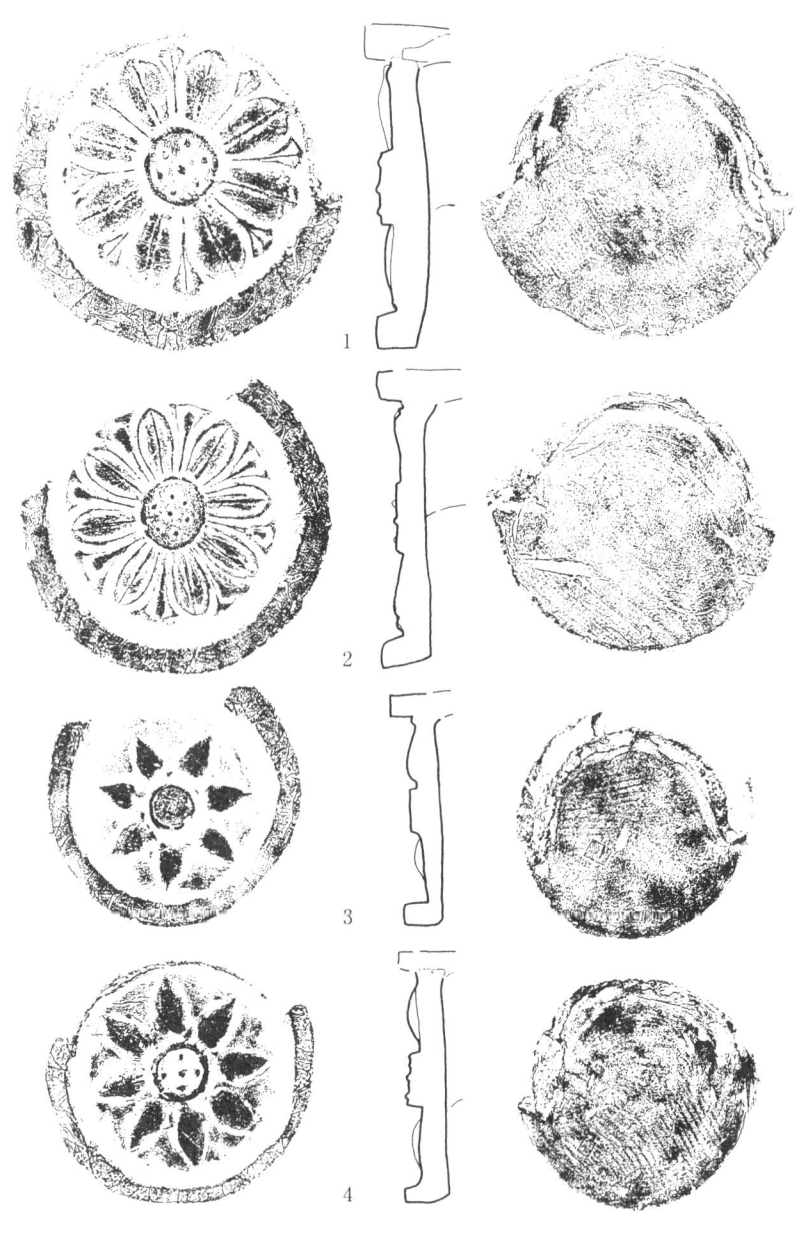

第60図　新羅の軒丸瓦（縮尺 1：5）
1〜4　皇龍寺

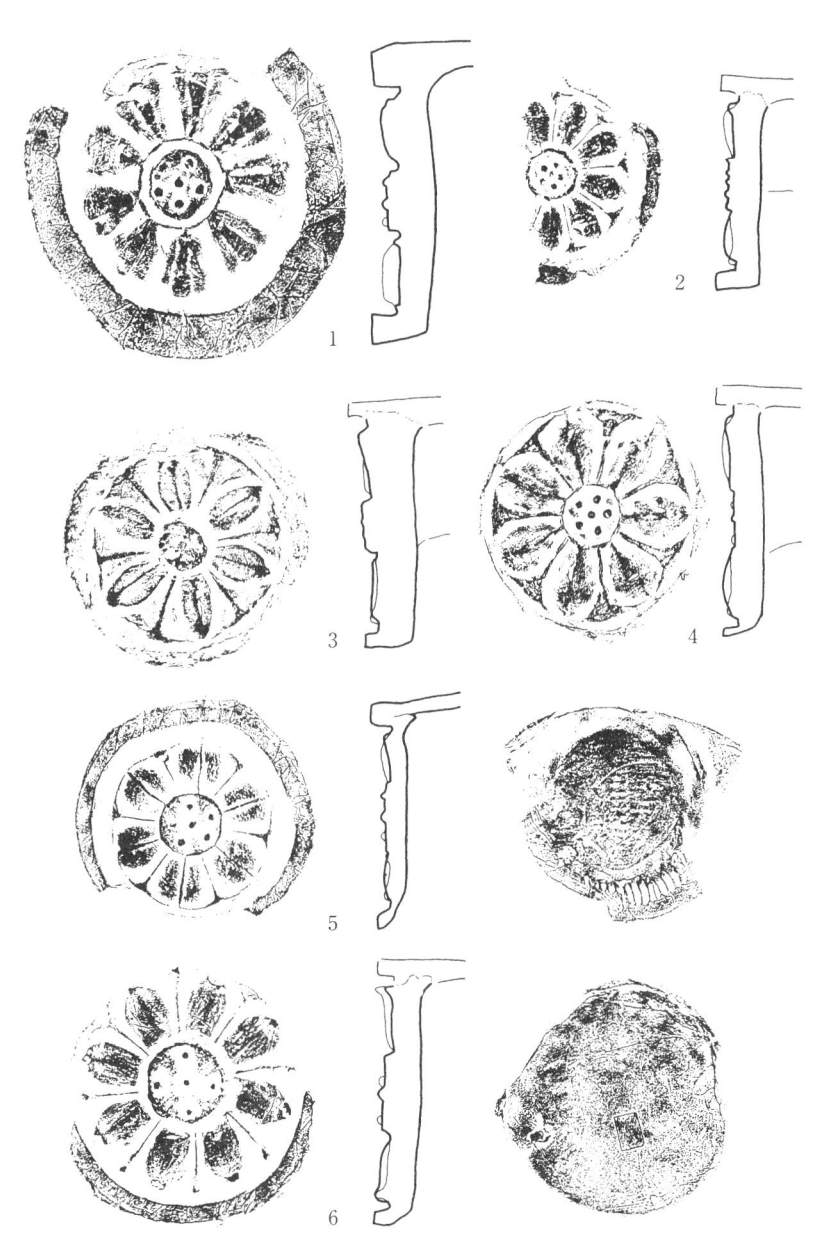

第61図　新羅の軒丸瓦（縮尺 1：5）
1・5・6 皇龍寺、2〜4 新羅王京

古い瓦という設定で、軒丸瓦を集め、細分したものである。Ⅲ期前半を長めに設定（ほぼ590～620年頃）し、Ⅲ期後半（ほぼ620～633年頃）では、瓦当裏面下端を丸く、または斜めに仕上げ、だらしない感じのものを集めた。

　Ⅲ期前半の軒丸瓦は、皇龍寺ではいずれも瓦当裏面に平行叩き目痕を有し、その後瓦当側縁を削り、ヨコナデを加えている。瓦当裏面と瓦当側縁の境の稜線は鋭く、整正な作りをなす。文様はⅠ期創建瓦の系譜をひくもの（第60図3・4）、Ⅱ期金堂瓦の系譜をひくもの（第60図1・2）、新たな有子葉単弁の文様をもつもの（第61図1）など、文様の多様化が生じる。瓦当と丸瓦の接合においては、丸瓦先端が瓦当笵に達するもの（第60図4・第61図1）と、丸瓦先端部を斜めにカットし瓦当裏面粘土と接合するもの（第60図1）がある。

　Ⅲ期後半の瓦は皇龍寺では少ないので、『新羅王京』[69]の瓦と併せて考えると、瓦当裏面に叩きの痕跡を残すのは１例で、他はナナメナデ、ケズリ、押しナデなどの痕跡を残し、瓦当裏面下端を丸く仕上げるもの、斜めに仕上げるものなど、瓦当裏面下端のだらしない仕上げが特徴である。丸瓦先端部は瓦当笵にまで達するものが多い（第61図4・6、第62図1～4）。文様的にはⅢ期前半では丹念な文様といえるが、Ⅲ期後半では８弁のものは弁中央稜線が太くなって有子葉に近くなったり、微妙な細線を用いることなく、線は太く乱れ、粗雑な笵彫りの方法である。

　Ⅳ期（634～66年）

　Ⅳ期の瓦は、芬皇寺の瓦[70]である。芬皇寺は『三国史記』善徳王三年（634）、「春正月、改元仁平、芬皇寺成る」のように、善徳女王三年（634）に創建された。軒丸瓦で一番多いものは単弁８弁のもの（第62図5）で、文様は皇龍寺創建軒丸瓦の文様を真似ているが、中房は中心蓮子がなく、４個の蓮子を配するのみの省略文様である。瓦当裏面には格子叩き目痕を残す。報告書での出土点数は56点。次に、単弁８弁で中央に太い稜線を有する瓦（第62図7）は、新羅王京のⅢ期後半の軒丸瓦例（第62図2）よりさらに文様がくずれており、中房には中心蓮子がなく、４個の蓮子を配している。これは瓦当裏面に平行叩き目痕を残している。報告書での出土点数は９点。この他に、単弁６弁のものも芬皇寺創建瓦であろう。

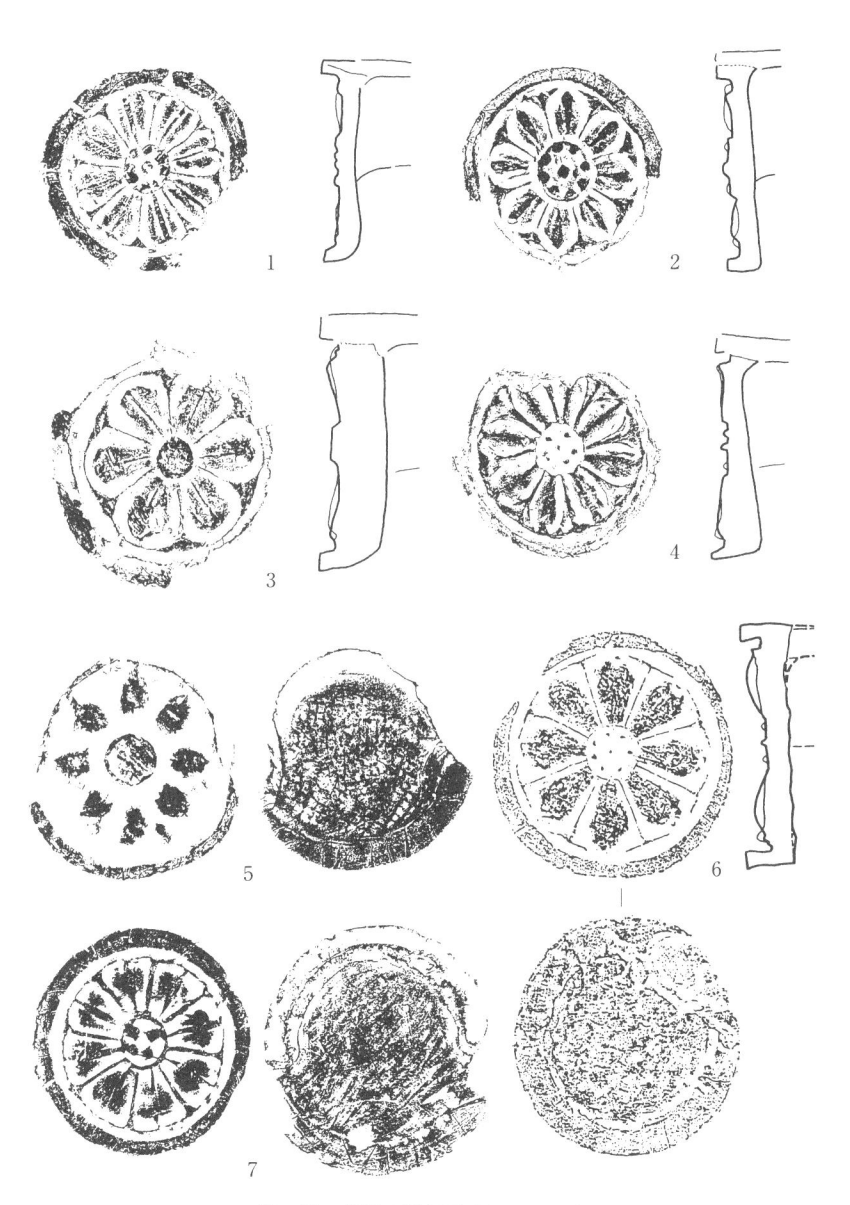

第62図　新羅の軒丸瓦（縮尺 1：5）
1〜4 新羅王京、5・7 芬皇寺、6 月城垓字遺跡

3 古新羅瓦の特性

　巨視的にみると、古新羅の瓦は中国南朝由来の瓦であると考えざるをえない。第一に、中国南朝の蓮華文軒丸瓦は蓮弁の中央に稜線をもつものが圧倒的に多い。古新羅の蓮華文軒丸瓦も蓮弁の中央に稜線をもつものが圧倒的に多い。第二に、軒丸瓦の瓦当と丸瓦の接合において、中国南朝の軒丸瓦も古新羅の軒丸瓦も瓦当裏面に接合用の刻みを有しない。一方、中国北朝の軒丸瓦や高句麗の軒丸瓦では瓦当裏面に接合用の刻みをもつ。

　第三に、古新羅の平瓦は大部分が円筒桶粘土板桶巻作り（C型）であり、一部に模骨桶粘土板桶巻作り（E型）のものがある。中国南朝の平瓦は、大部分が模骨桶粘土板桶巻作り（E型）であり、一部に円筒桶粘土板桶巻作り（C型）があると考えられる。中国北朝や高句麗の平瓦では模骨桶粘土紐桶巻作り（D型）であり、新羅平瓦とは全く異なるものである。

　第四に、丸瓦は中国南朝では筒部のみ模骨を使用し、玉縁部は手で粘土を巻きつけて作り出すもので、凹面に布目を残さない。古新羅の丸瓦の詳細は不明だが、例えば安康邑六通里瓦窯址出土の丸瓦は、玉縁部内外面をヨコナデで仕上げており、凹面に布目を残さない。中国南朝系の丸瓦が導入されているようである。

　以上のように古新羅の瓦が中国南朝系であるのは、中国と新羅の交渉史からみても当然のことである。即ち『三国史記』新羅本紀によると、法興王八年（521）使者を梁に派遣した後、549年には梁が仏舎利を送ってくる。その後、梁の後を継いだ陳が、565年仏門の経論を新羅に送ってきたことが記され、566年・567年・568年・570年・578年・582年・589年と新羅と陳との交渉が記されているのである。一方、新羅が北朝への使者を派遣したのは、北斉への564年と571年の二回であるが、同時期百済も北斉に使者を派遣（570年・571年・572年）しており、これは梁の滅亡から陳が成立する南朝での混乱期に北朝へ使者を派遣したということであり、百済も新羅も原則的に南朝へ朝貢したことは動かせないであろう。だから、新羅の瓦は中国南朝の瓦の影響を受けたのである。

4　百済瓦との関係

　以上の記述で、古新羅における「高句麗系軒丸瓦」の存在を否定できたと考えるものである。しかし「百済系軒丸瓦」についてはどうだろうか。そもそも、百済の瓦も新羅の瓦も、6世紀段階では中国南朝の瓦の影響を受けているので、新羅瓦と百済瓦との相互関係は微妙なものとなってくるのである。百済瓦が新羅瓦に与えた影響、新羅瓦が百済瓦に与えた影響は当然あるだろうが、それを一般的なものとして言ってもあまり意味はなく、個々の問題の中で具体的に指摘しないといけないだろう。

　私は個別の問題を広く展開できるほど新羅瓦を調査できてはいないが、以下では気がついた点を5点指摘しておきたい。

　第一に、6世紀前半から中葉の新羅における瓦生産の問題である。先に553年頃の皇龍寺創建瓦について述べたが、この弁端が尖る単弁7弁の蓮華文軒丸瓦より型式的に先行するものとして、同じく弁端が尖る単弁8弁の月城出土の軒丸瓦があるだろう。おそらく、6世紀前半代のものである。

　一方、月城出土の軒丸瓦の中には、蓮弁の弁端が丸い型式のものの中で、「粘土円筒接着技法」によるもの、「瓦当はめこみ技法」のものが知られている。このうち「粘土円筒接着技法」がどのような方法で作られたのか、まだ充分解明されていないようである。この技法が「泥条盤築技法」のものと違うのかどうかが解明される必要がある。

　次に瓦当はめこみ式によるものは六通里瓦窯址出土のものが典型である。これは、百済熊津時代の戸田氏の「西穴寺技法」と同じ技法ではないだろうか。瓦当はめこみ式が中国南朝にはない、と言い切ることはできないが、あってもごく一時的なものであろう。この技法が中国南朝にあって、そこから熊津時代の百済と古新羅とが別々のルートで、同じ製作法を導入したとは考え難い。瓦当はめこみ式は、やはり5世紀末頃の朝鮮半島に存在し、6世紀の段階で百済の製作法を新羅が受け入れたと考えるのが最も自然な考え方である。新羅法興王は521年、中国南朝の梁にはじめて使者を派遣した。『梁書』新羅伝によると、新羅の「使者は百済の使いに随って入朝し、方物を献上した」と記す。百済熊津の全期間（475〜538年）を通して新羅と百済とは友好関係にあったが、550年

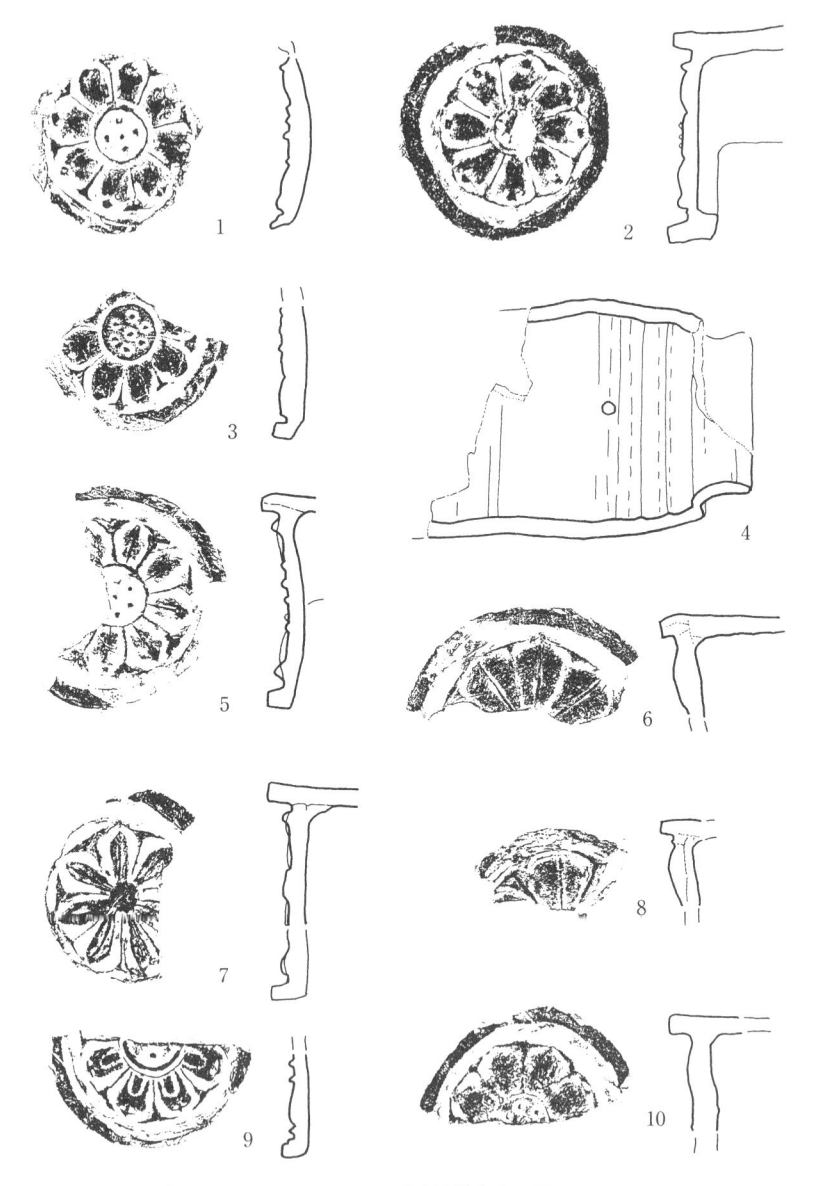

第63図　仁旺洞556・566番地遺跡出土の瓦（縮尺　1 : 5）

以降対立するようになる。6世紀前半代だと、新羅が百済からの造瓦法を導入する理由が説明しやすい。

　以上のように、6世紀前半代から中葉にかけて、尖端が尖る月城出土の軒丸瓦があり、これは梁からの直輸入のものであろうが、このタイプと、弁端が丸い「瓦当はめこみ式」「粘土円筒接着技法」をもつタイプのもの、これは百済から導入されたものであろうが、この二つのタイプの瓦が併存したのであろう。

　第二に、新羅は566年から570年にかけて毎年のように陳に使者を派遣している。皇龍寺のⅡ期造営（573〜584年）の段階で、中国南朝で最も普及した弁中央に明瞭な稜線の入る文様と同じ形へ変化したのは、新羅瓦が陳からの新たなる影響を受けたためであろう。

　第三に、慶州仁旺洞556・566番地出土[71]の瓦（第63図）をみると、模骨桶粘土板桶巻作りの平瓦（E型）が出土している。これまで「新羅地域では平瓦製作の開始期から円筒桶を用いていた」[72]（C型）と考えられてきたが、E型の存在も確認された。そして、この遺跡での軒丸瓦・丸瓦をみると泥条盤築の丸瓦をもつもの（これは玉縁部をもつ）と、模骨使用丸瓦を接合した軒丸瓦とが出土している。そしてこの遺跡では、泥条盤築の丸瓦（これは軒丸瓦用である）以外には、多数の行基式丸瓦しか出土していない。したがって後者の軒丸瓦は行基式丸瓦と組み合うだろう。

　この遺跡出土の軒丸瓦の年代は、Ⅲ期前半の終わり（610〜620年）頃のものと、Ⅲ期後半（620〜633年）のものとがあるが、泥条盤築の丸瓦が7世紀初頭にあること、行基式の丸瓦が7世紀初頭にあることは新羅瓦の特徴として記憶しておく必要がある。特に後者は、新羅の中でどこまで遡るかが追究されなければならないし、その上で、百済瓦との関係が検討されるだろう。

　第四に、軒丸瓦の瓦当裏面に叩き目の痕跡を残すようになるのはⅢ期（590〜633年）、Ⅳ期（634〜660年）であるが、百済や日本の軒丸瓦の中に、瓦当裏面に顕著な叩き目痕跡を残すものがあれば、新羅瓦の及ぼした影響について検討されなければならないだろう。

　第五に、丸瓦における狭端部分の変化であるが、7世紀では芬皇寺出土の単弁8弁蓮華文軒丸瓦の丸瓦部、多慶瓦窯址出土の丸瓦のように、玉縁部の凹面に布目をもつ丸瓦、即ち円筒部・玉縁部一体の桶を用いる丸瓦が出現している。

これが7世紀に出現するのは、百済・日本の共通した特徴である。このタイプの丸瓦が出現したのは、百済が早いのか、新羅が早いのか、追究しなければならない問題である。

註

(63) 国立慶州博物館『美術館』2002年
(64) 森郁夫・金誠亀『日韓の瓦』帝塚山大学出版会　2008年
(65) 藤沢一夫「日鮮古代屋瓦の系譜」『世界美術全集』第2巻　角川書店　1961年
(66) 奈良国立文化財研究所『古代瓦研究Ⅰ』2000年
(67) 文化財管理局・文化財研究所『皇龍寺』1984年
(68) 山崎信二「七世紀後半の瓦からみた朝鮮三国と日本との関係」『日韓文化財論集Ⅰ』奈良文化財研究所学報77　2008年
(69) 国立慶州文化財研究所『新羅王京』2002年
(70) 国立慶州文化財研究所『芬皇寺Ⅰ』2005年
(71) 国立慶州文化財研究所『慶州仁旺洞556・566番地遺蹟発掘調査報告書』2003年
(72) 崔兌先『平瓦製作法の変遷に対する研究』慶北大学校文学碩士学位論文　1993年

第9章 日本における瓦生産の開始
—初期の瓦群（588〜610年代）—

1 飛鳥寺の造瓦

　日本における瓦生産は、百済威徳王に対し、戊申年（588）年に法師および諸仏（師）を請い、それで鑪盤師、寺師、瓦師を遣わしてきたとするのが初まりである。それは飛鳥寺造営に伴ってのことであり、諸師（工人）を派遣してきたのは、『日本書紀』では崇峻元年「是歳」であるという。しかし是歳条には具体的な月日を記す渡来の記述はないから、諸師（工人）が日本に来たのは、別々に違う年に来日した可能性があり、それは数年程度の幅をとって2回程度に別れて渡来したのではないかと思われる。そして瓦師（瓦博士）は『日本書紀』や『元興寺伽藍縁起幷流記資財帳』（以下元興寺縁起と略す）にひく露盤銘では4名が記されている。しかし同じ元興寺縁起の中では、工人全体が4名であると記され、太子伝暦には「寺工一人、鑪盤師一人、造瓦師二人」とあるから、瓦師（瓦博士）は2名であったのではないだろうか。即ち麻那文奴陽貴文と布陵貴昔麻帝彌[73]の二人である。

　飛鳥寺[74]では二つの異なった特徴をもつ瓦が生産されている。一つは蓮弁先端に切り込みを有する文様（弁端切込式）で、丸瓦部が行基式であるのを特徴とする（第64図）。その他の特徴として瓦当裏面を平坦にナデ調整で仕上げ、瓦当と丸瓦の接合に際して丸瓦先端の凸面側を斜めに切り、接合する。この瓦をIAaと呼ぶ（大脇氏分類）[75]。IAaは飛鳥寺の主要建物に用いられることから最古の瓦であり、その後若干の笵の摩耗に対応する彫り直し（IAb）があり、さらにIAcへと移行し、この笵型は長期にわたって飛鳥寺で使用されたものである。このIAa軒丸瓦は豊浦寺や高麗寺でも出土しているが、それは飛鳥寺および飛鳥寺瓦窯でストックされていた瓦が、両寺の造営時期に供出

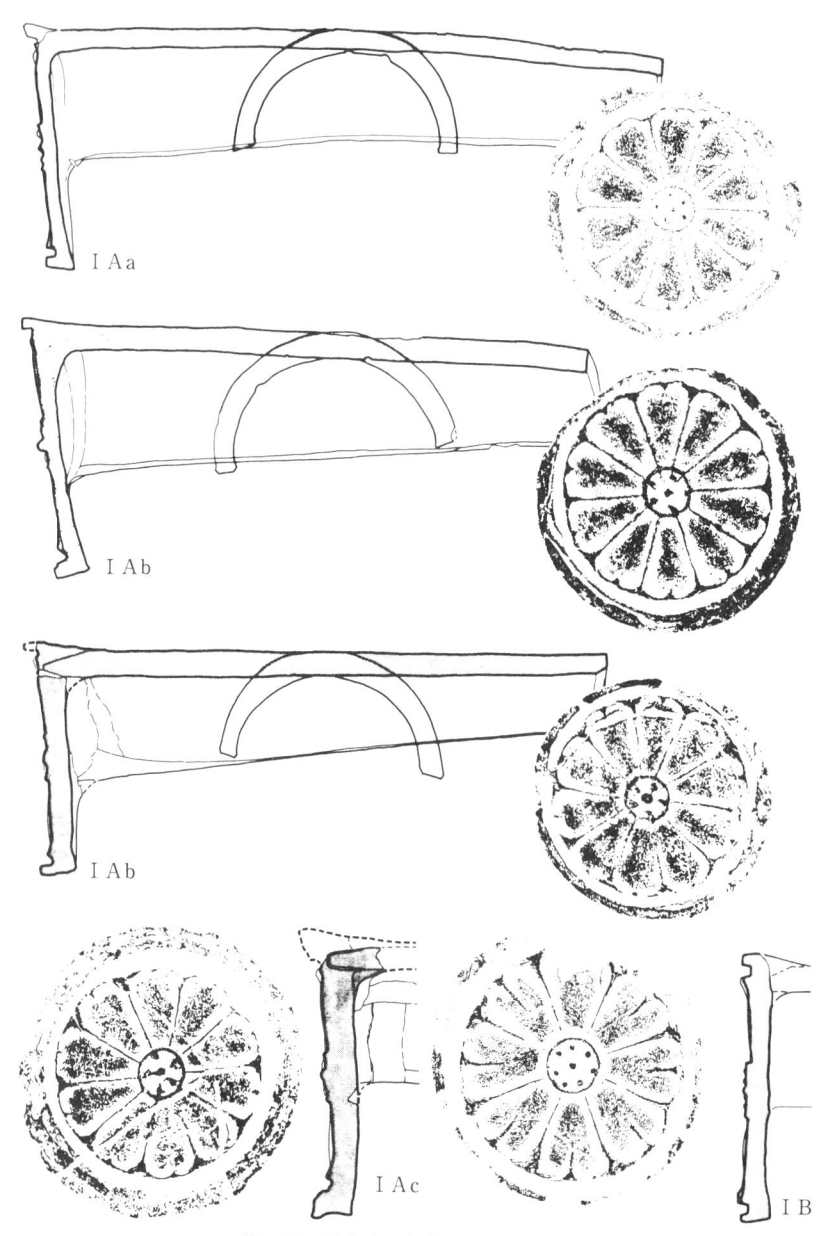

ⅠAa

ⅠAb

ⅠAb

ⅠAc

ⅠB

第64図　飛鳥寺の軒丸瓦（縮尺 1：5）
図は『古代瓦研究Ⅰ』（2000年）、番号は註(75)による

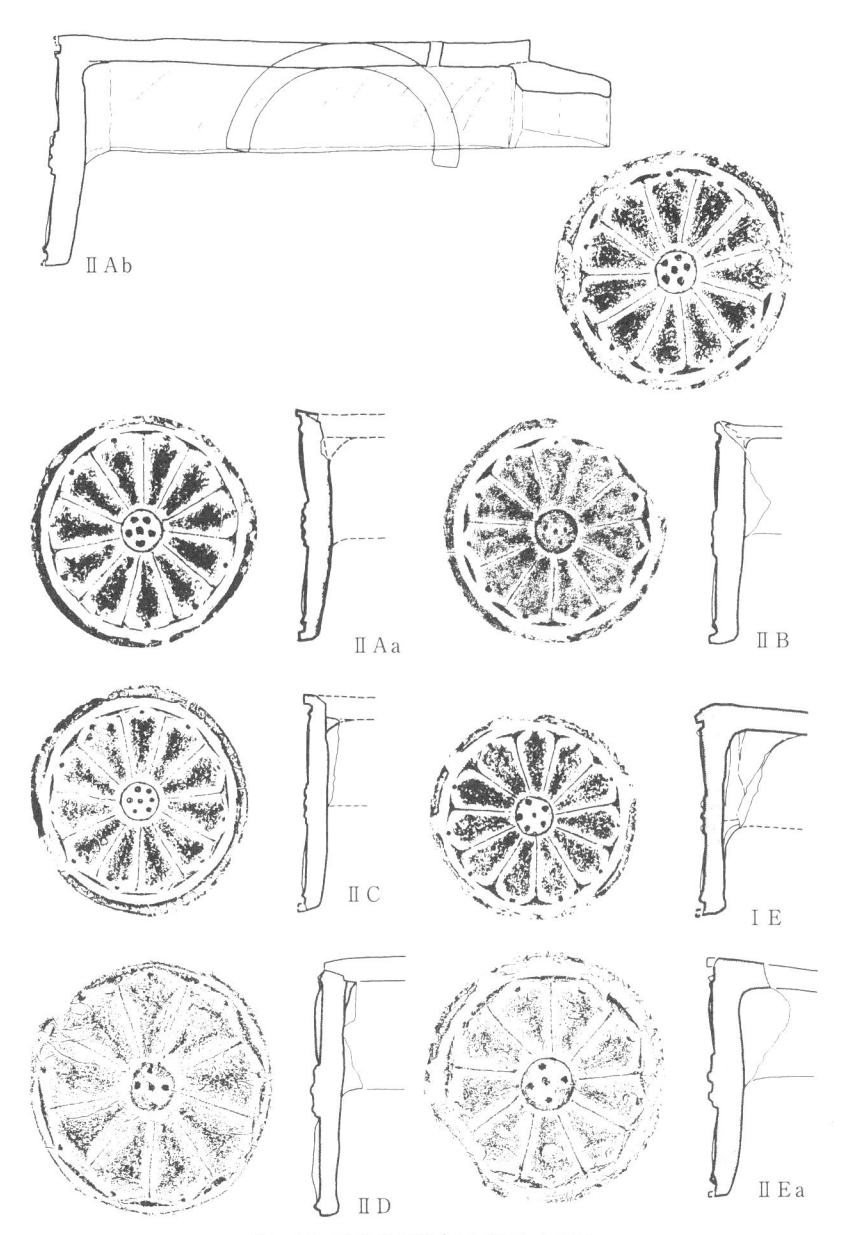

第65図　飛鳥寺の軒丸瓦（縮尺 1：5）
図は『古代瓦研究Ⅰ』（2000年）、番号は註(75)による

されたと考えてよいだろう。

　飛鳥寺の造営過程については『日本書紀』に詳しく、590年寺の木を取る、592年仏堂と歩廊を起つ、596年法興寺造り竟りぬ、605年銅・繍の丈六の仏像を作る、606年銅の丈六の仏像を金堂におさめた、などと記している。元興寺縁起に記す塔露盤銘の丙辰年（596）十一月は信頼性が高く、この時塔の露盤を造り終えたようだから、仮に飛鳥寺についての書紀の記述が机上の作りごとであったとしても、588年以降596年まで金堂の完成と回廊の造営、塔の造営など、かなり急ピッチで造営が行われていることは間違いなく、書紀の個別の記述を採用するか否かは、さほど問題ではない。

　そして伽藍全体の完成については、元興寺縁起にひく丈六光銘の己巳年（609）あたりにおいてよいだろう。この造営の最終段階の例として、飛鳥寺北面築地出土例があり、ＩＡｂのみの瓦出土が知られている。

　一方、飛鳥寺造営では、もう一つの特徴をもつ瓦が作られた。それは蓮弁先端が丸く点珠を置いて反転を表現する文様（円端点珠式）で、丸瓦部が玉縁式であるのを特徴とする（第65図）。そして玉縁部凹面に布目はなく、筒部のみ模骨を使用し、玉縁部は手で粘土を巻きつけて作り出している。その他の特徴として、瓦当裏面中央が高く、その周りに同心円状の凹凸が観察でき、瓦当と丸瓦との接合に際して丸瓦先端は凹面側を片柄状に加工して接合している。この瓦をⅡと呼ぶと、ⅡＡ・Ｂ・Ｃ・Ｄ・Ｅが製作技法と胎土に共通性が認められる（大脇氏1994年）。ただし、造瓦初期の范型はⅡＡのみであり、後にⅡＢ・Ｃが加えられたのであり、ⅡＤ・Ｅは年代がさらに降るものであろう。このⅡＡが飛鳥寺伽藍造営のどの段階で導入されたかは明らかにされていないが、回廊・中門あたりで使用されたとすれば、ＩＡ導入時より数年遅れた程度のものであろう。

　このように飛鳥寺造営開始から数年を経過した頃には、ＩＡの范型を使う瓦師とⅡＡの范型を使う瓦師が同時に併存したのである。この百済から渡来した二人の瓦師が、造瓦の最初の時点から、飛鳥の漢人氏族のうちすぐれた工人を召集して造瓦を行ったと考えてよい。例えば、弁端切込式のものは鞍作氏の坂田寺で使用[76]（大脇氏ＩＧ：ＩＧ以外に４種の酷似した文様がある）されており、坂田寺独自の造瓦を考えてよい。

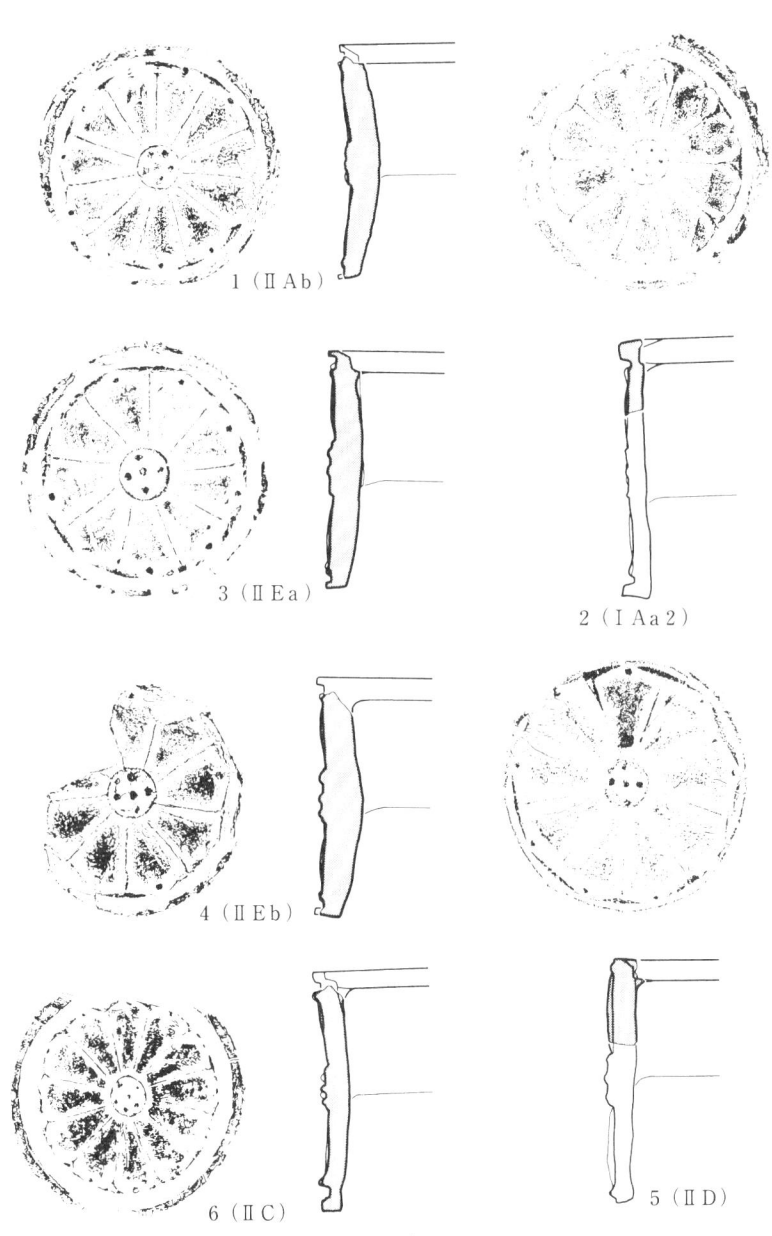

第66図　豊浦寺の軒丸瓦　(縮尺 1：5)
図は『古代瓦研究Ⅰ』(2000年)、番号は註(75)による

2　豊浦寺金堂の造瓦

　豊浦寺（とゆうでら）は最古の尼寺であり、『日本書紀』では飛鳥寺より古い由来が記されている。しかし、本格的な寺院への移行は飛鳥寺より遅れたらしい。1985年の発掘[77]では、飛鳥時代の講堂と推定される基壇建物の層位より下から、瓦の廃棄土坑を検出し、その瓦は豊浦寺金堂所用瓦と推定された。また瓦を一切伴わない土層（豊浦寺創建前）で、掘立柱建物を検出している。調査担当者の大脇潔氏は、掘立柱建物を豊浦宮（592〜603年）と関連するものと考え、検出遺構をもとにした推定が将来確認されれば「豊浦寺は、推古天皇が豊浦宮から小墾田宮に遷ったという推古十一年（603）以後、その跡地に造られたことになる」[75]としている。そして瓦の廃棄土坑からは、ⅡA・ⅡC・ⅡEa軒丸瓦が出土している。いずれも飛鳥寺と同笵の瓦であり、製作技法と胎土に共通点があることから、ⅡA（第66図1）の笵型を使う瓦師の一群によって、豊浦寺金堂の造瓦が行われたことが判明する。

　ここで注意すべきは、ⅡA（第66図1）・ⅡC（第66図6）は「円端点珠式」とも言うべき軒丸瓦で百済の故地に類例があるのに対し、ⅡEa（第66図3）は蓮弁先端が角張り点珠を置く文様の「角端点珠式」であり、日本へ渡来して10数年で百済の文様にはないものへと変化していることである。ただしⅡEaはⅡDと同じく9弁であり、ⅡA〜Cが11弁であるのと同じく多数弁・奇数弁にこだわっているのであり、ⅡEaの笵型製作時にⅡAの笵型を使う瓦師の指導性があったかどうかは微妙なところであろう。この後、ⅡAの系列をひく瓦群は偶数弁へと大きく変化していく。

3　若草伽藍の造瓦

　若草伽藍（わかくさがらん）とは法隆寺消失以前の前身寺院であり、法隆寺内の実相院と普門院の裏庭に位置し、昭和14・43・44年に発掘された[78][79]。『日本書紀』では斑鳩（いかるが）寺と記す。斑鳩寺の創建を厳密に規定できる文献および銘文は存在しないが、軒丸瓦の笵の前後関係からみて、豊浦寺金堂より新しく、四天王寺の創建より古いということは確実である。

ⅡEb

206 A

206 A

206 B

206 C

206 C

206 D

206 D

207 A

207 A

第67図　若草伽藍の瓦（縮尺 1：5）

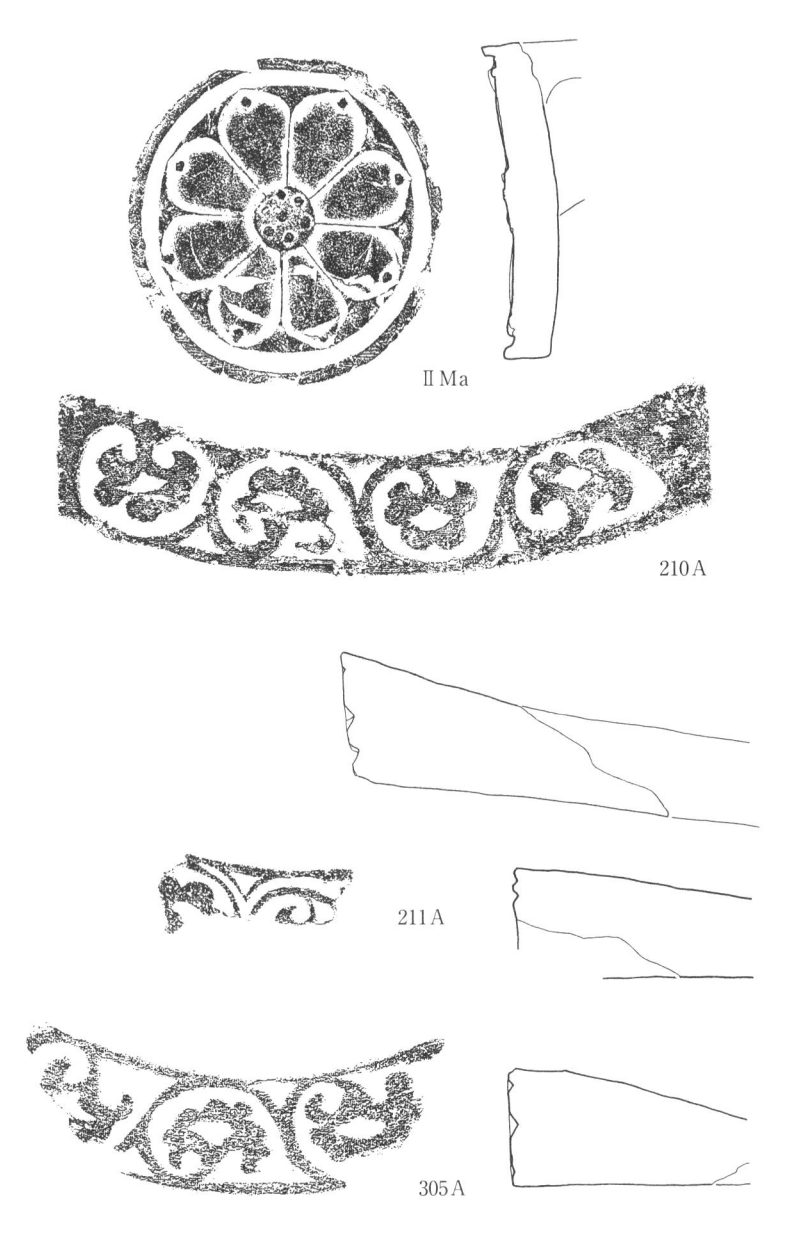

II Ma

210 A

211 A

305 A

第68図　若草伽藍の瓦（縮尺 1：4）

　『日本書紀』では推古十四年（606）の是歳条、聖徳太子が法華経を岡本宮で講じられ、天皇は大いに喜ばれ、播磨国の水田百町を太子に施されたので、太子はそれを斑鳩寺に納められたと記す。「是歳」に行われたのは法華経の講経と太子への水田施入であり、606年に斑鳩寺がすでに存在した根拠にはならないだろう。また法隆寺金堂の薬師如来坐像には、丁卯年（推古十五年：607）に製作されたことが記されているが、この像は法隆寺火災後の再興像であるとの説が有力であり、銘文内容全体をそのまま信頼することはできないのである。このようにみると、若草伽藍の金堂造営の年代は、豊浦寺金堂造営期（603〜607年）以降で、四天王寺創建期（623〜630年代：第10章参照）より古い年代であり、607〜620年のうちでは、607〜615年頃にあるのではないか、という程度のことしか言えないだろう。

　若草伽藍金堂所用の軒丸瓦はⅡEb（第67図）とⅡMa（第68図）を主体とするものである。この両者の微妙な製作技法の差および胎土の差から、別の製作地から運ばれたものと考えられている。まず、両者の共通点を述べると、軒丸瓦の瓦当裏面中央が高く、その周りに同心円状の凹凸が観察できること、丸瓦部接合に際して丸瓦先端を片柄状に加工すること、丸瓦部は玉縁式で玉縁部凹面に布目がないこと、さらに手彫り忍冬唐草文軒平瓦と組み合うことである。

　次に両者の相違点を述べると、第一に瓦当文様の差があり、第二に丸瓦先端の片柄状加工の細部の差、第三に手彫り忍冬文軒平瓦の製作時の細部手法の差である。第二の片柄状加工の差は、丸瓦先端が面をもつか尖るかの差であり、第三の忍冬文軒平瓦は型紙を使って文様を毛描きし、地の部分を彫り取るか、フリーハンドで文様を手彫りするかの違いである。

　そして第一の瓦当文様の差をみると、ⅡEb軒丸瓦（第67図）は豊浦寺金堂で使用した笵の再使用であり、「角端点珠式」の軒丸瓦で奇数弁の軒丸瓦である。一方、ⅡMa軒丸瓦（第68図）は若草伽藍金堂のために新調された笵型であるが、文様は「円端点珠式」となって、その点では先祖帰りしているが、その文様はきわめて平板であって、ⅡAの時の蓮弁にみられたような弁端の反転表現がほとんど認められなくなっている。ⅡEbの「角端点珠式」もⅡMaの「円端点珠式」の文様も、祖型のⅡAの省略型式であり、ⅡAとは異なったものとなってきているのである。

　豊浦寺金堂の造瓦段階では、まだⅡＡの瓦笵を使い、Ｅａのような省略化した文様の瓦笵使用を許しながらも、ⅡＡの瓦笵を使う瓦師（あるいは布陵貴苜麻帝彌か）によって統率されていた瓦工たちは、若草伽藍金堂造営の時には、すでに瓦製作で10年、20年の経験を有しているのであり、さらにこの頃にはⅡＡの瓦笵を使う瓦師はいなくなったと考えてよいだろう。だから、その造瓦技術を伝達された瓦工たちは、すでに同じ系列の中から、さらに二分したことを知るのである。そして、百済の故地では考えられないような手彫り忍冬唐草文軒平瓦を日本で発案したのは、単なる模倣では終わらない、飛鳥の漢人氏族の工人たちにみられるすぐれた発想力を示しているのである。

註

(73)　福山敏男「飛鳥寺の創立」『日本建築史研究』改訂版　墨水書房　1972年

(74)　奈良国立文化財研究所『飛鳥寺発掘調査報告』1958年

(75)　大脇潔「飛鳥時代初期の同笵軒丸瓦―蘇我氏の寺を中心として―」『古代』第97号　1994年

(76)　奈良国立文化財研究所『飛鳥・藤原宮発掘調査概報』5　1975年

(77)　奈良国立文化財研究所『飛鳥・藤原宮発掘調査概報』16　1986年

(78)　奈良文化財研究所『法隆寺若草伽藍跡発掘調査報告』2007年

(79)　毛利光俊彦・佐川正敏・花谷浩『法隆寺の至宝　瓦』昭和資財帳第15巻　小学館　1992年

第10章　日本における瓦生産の進展
―多様化の時代（620年代・630年代）―

1　はじめに―須恵器編年と瓦年代

　飛鳥時代において、幡枝窯期の須恵器を出土する窯の中に、瓦が併焼されている例がかなり多い。山城幡枝窯（北野廃寺へ瓦を供給）、山城隼上り窯（豊浦寺へ瓦を供給）、河内楠葉窯（四天王寺へ瓦を供給）、播磨高丘窯（豊浦寺・奥山廃寺へ瓦を供給）があり、出土須恵器の内容は知らないが備中末ノ奥窯（豊浦寺・奥山廃寺へ瓦を供給）もこの時期のものであろう。それぞれの窯から出土した須恵器が幡枝窯期に限定できるかどうか、須恵器の諸型式と瓦の諸型式との前後関係の問題など、最初から個々の細かな点を議論すると、収拾がつかなくなる可能性がある。まずは、私自身が考える須恵器編年とその実年代について説明しておきたい。なお、この編年は基本的に西弘海編年[80]に従っており、1985年の山崎信二『横穴式石室構造の地域別比較研究―中・四国編―』[81]の註（351）で説明した通りである。古墳時代以来の蓋受けのためのたちあがりをもつ杯身とその蓋のセットを杯Ｈとしてそれを細分すると、飛鳥寺下層の須恵器から飛鳥水落遺跡出土須恵器まで、次のように編年できる。

　飛鳥期直前　飛鳥寺下層から出土した土器を標式とする（第69図1）。陶邑ＴＫ43出土土器併行。牧野古墳出土土器[82]もこれと併行。杯Ｈの口径（たちあがり上端径）12.4cmで、杯身の底部、蓋の頂部とも丹念なヘラケズリを行う。ヘラキリのままの部分はない。飛鳥寺は『日本書紀』に、飛鳥衣縫造の祖である樹葉家をこわして、始めて飛鳥寺を造るとあるが、図示した須恵器は崇峻元年に限りなく近いものと考えられる。牧野古墳の横穴式石室の形態は、崇峻天皇陵と考えられる赤坂天王山古墳の横穴式石室構造に酷似し、崇峻天皇は592年没。

　飛鳥Ⅰ-1段階　小墾田宮推定地の溝ＳＤ050下層土器[83]。杯Ｈの口径は

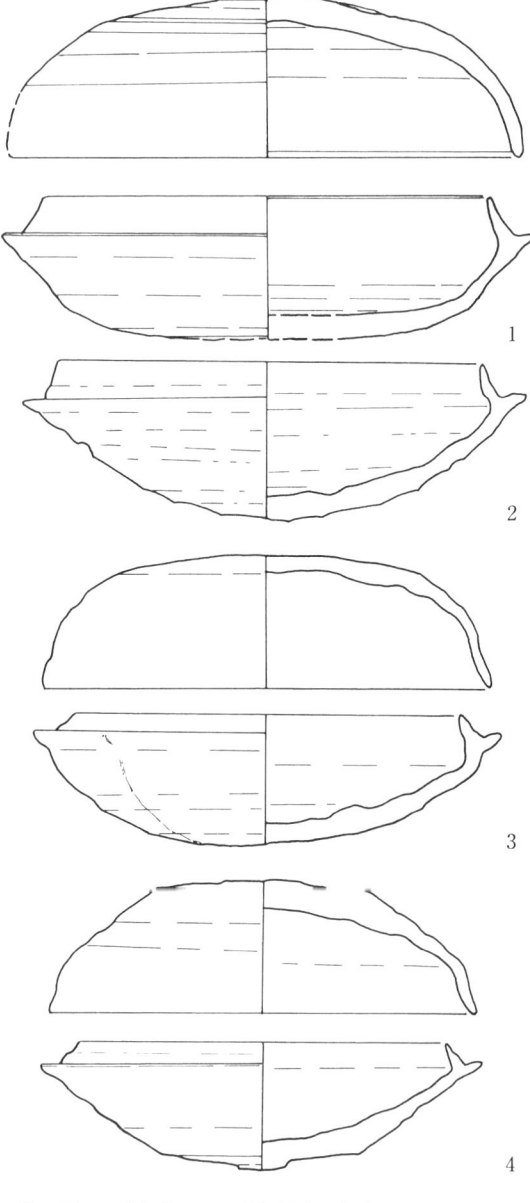

第69図　6世紀末から7世紀前半の須恵器（縮尺 1：2）

11.8cmで、ヘラケズリを行うが、ヘラキリのままの部分が若干みえている（第69図2）。

飛鳥Ⅰ-2段階　小墾田宮推定地の溝SD050中層土器。杯Hの口径は10.7cmで、ヘラケズリを行うが、底部の3cmほどはヘラキリのまま（第69図3）。

飛鳥Ⅰ-3段階　幡枝窯期[84]。杯Hの口径は10.3cmで、ヘラケズリは全く行われず、ヘラキリのままとなっている（第69図4）。

飛鳥Ⅱ段階　坂田寺の池SG100出土[85]の杯Hは、口径が8.6〜9.5cmで、底部はヘラキリのまま（第70図）。水落遺跡出土の杯Hは、口径8〜9.5cmで、SG100と同じか、やや小さくなる。

飛鳥Ⅱの最後の段階の須恵器が水落遺跡[86]から出土しているが、この飛鳥の水時計である水落遺跡は667年の近

江に都を移す際に廃絶したものと考
えられる。したがって飛鳥Ⅱの坂田
寺の池ＳＧ100出土の須恵器は650年
から665年頃のもの、飛鳥の水時計
出土の須恵器のうち、最も新しいも
のが667年頃のものと考えられる。

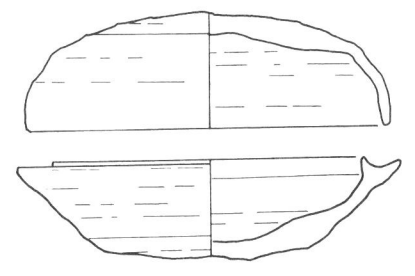

第70図　7世紀後半初頭の須恵器(縮尺 1：2)
坂田寺の池ＳＧ100出土

　以上のようにみると、飛鳥Ⅰの須
恵器がほぼ600年から650年の間にあ
って、それがⅠ-1、Ⅰ-2、Ⅰ-3に細分されることになる。この小さく分け
た三期の期間を15年ずつ配分すれば、飛鳥Ⅰ-1が600〜614年、飛鳥Ⅰ-2が
615〜629年、飛鳥Ⅰ-3が630〜644年になるし、17年ずつ配分すれば、飛鳥Ⅰ-
1が600〜616年、飛鳥Ⅰ-2が617〜633年、飛鳥Ⅰ-3が634〜650年となる。即
ち、飛鳥Ⅰ-3の幡枝窯期の須恵器の実年代は、630年から644年頃か、または
634年から650年頃までということになる。

2　隼上り窯と豊浦寺の瓦

　1982年に京都府宇治市の隼上り瓦窯から、須恵器と共に6種の軒丸瓦が出土
し、そのうち5種が南へ50km離れた大和豊浦寺の瓦と同笵であることが判明し
た。その内容は『隼上り瓦窯跡発掘調査概報』(1983年)[87] として出版された。
1986年には菱田哲郎氏が論考「畿内の初期瓦生産と工人の動向」[88] の中で、隼
上り窯出土須恵器の編年を行い、須恵器の年代、瓦の年代について論じている。
その後、国史跡のための保存工事中に新たに1基の窯（4号窯）が上面検出[89]
されている。発掘担当者の杉本宏氏は2007年に「隼上り瓦窯跡発掘二五年目の
検証」[90] として、これまでの総括を行っている。以下では2007年の杉本氏の論
を主にとりあげ、必要に応じ1983年の発掘調査概報と1986年の菱田氏の論考に
ついてふれておきたい。
　第一に須恵器編年である。1983年の杉本氏[87]は第1段階（杯Ｈ口径9.0〜10.5cm）、
第2段階（8.5〜9.5cm）、第3段階（8.5〜9.0cm）とし、1986年の菱田氏[88]はⅠ段階
（杯Ｈ口径12cm前後）、Ⅱ段階（10cm前後）、Ⅲ段階（10cm以下）とし、第1段階（Ⅰ

段階）には、身の底部にヘラケズリがなされていると過去に説明していた。とこ
ころが2007年の杉本氏は、最古の須恵器である１期の須恵器は「小さいもので
10センチ、大きいもので10.5センチ程度」で、それは幡枝窯の須恵器に「相当
する」と述べている。隼上り窯の発掘期間中に、奈良国立文化財研究所に持参
された須恵器および実測図を西弘海氏と私と見る機会があったが、西氏は隼上
り窯の須恵器の古式のものは基本的に幡枝窯期と同じという見解であり、それ
を杉本氏にも伝えたはずである。ところが1983年の調査概報、1986年の菱田氏
の論考では幡枝窯期より古いものがあるような書きぶりである（現に、菱田氏は
隼上りⅡ段階が幡枝窯期としている）。これはおそらく、隼上り窯発掘の頃は豊浦
寺の創建瓦がどれであるのか判明していなかったし、出土した高句麗系（ある
いは新羅系）軒丸瓦が漠然と創建瓦であり、７世紀のごく初頭と考えられてい
たので、灰原出土の須恵器の中からできるだけ古い須恵器を探し出そうという、
杉本・菱田両氏の考えの表現であろう。しかし「幡枝窯期」より古い型式の須
恵器が隼上り窯出土品にあるかどうかは、須恵器の実年代を云々する前に、ま
ず第一に「検証」されなければならないだろう。

　第二に隼上り窯出土の軒瓦の製作順である。2007年の杉本氏は１期に軒丸瓦
Ａ（第71図１・３）・Ｅ（第71図４）が４号窯で生産され、２期に軒丸瓦Ｂ（第71
図５・６）・Ｃ（第71図７）・Ｄ薄手（第71図２）が３・４号窯で生産され、３期
のある段階から軒丸瓦Ｂ・Ｄ厚手（第71図８）が１・２号窯で生産され、４・
５期には軒丸瓦Ｂ（厚手）が１号窯で生産されたとする。軒瓦の製作順につい
ては、上述の杉本宏氏の考えに従って、豊浦寺所用瓦について考えてみたい。

　隼上り窯出土Ａ１・Ａ２・Ｂ・Ｃ・Ｄ・Ｅの軒丸瓦のうち豊浦寺（平吉遺跡出
土例も含む）で現在確認できるのはＡ１・Ａ２・Ｂ・Ｃ・Ｅの５種であるが、次
のように考えてはどうであろうか。即ち１期にＡ１・Ａ２・Ｅが焼成され豊浦
寺に運ばれる、２期にＢ・Ｃ・Ｄ（薄手）が焼成され豊浦寺に運ばれる（Ｄ薄手
は将来豊浦寺で出土するだろうと推定）、３期以降軒丸瓦Ｂ・Ｄ（厚手）が焼成され、
未発見寺院へ運ばれるという考え方である。

　次に豊浦寺の側から瓦使用の順番を考えてみよう。豊浦寺金堂ではⅡＡ・Ⅱ
Ｃの「円端点珠式」とⅡＥａの「角端点珠式」の軒丸瓦が使用されたが、その
後しばらくの年月をおいて、伽藍全体が本格的に造営されるようになる。まず

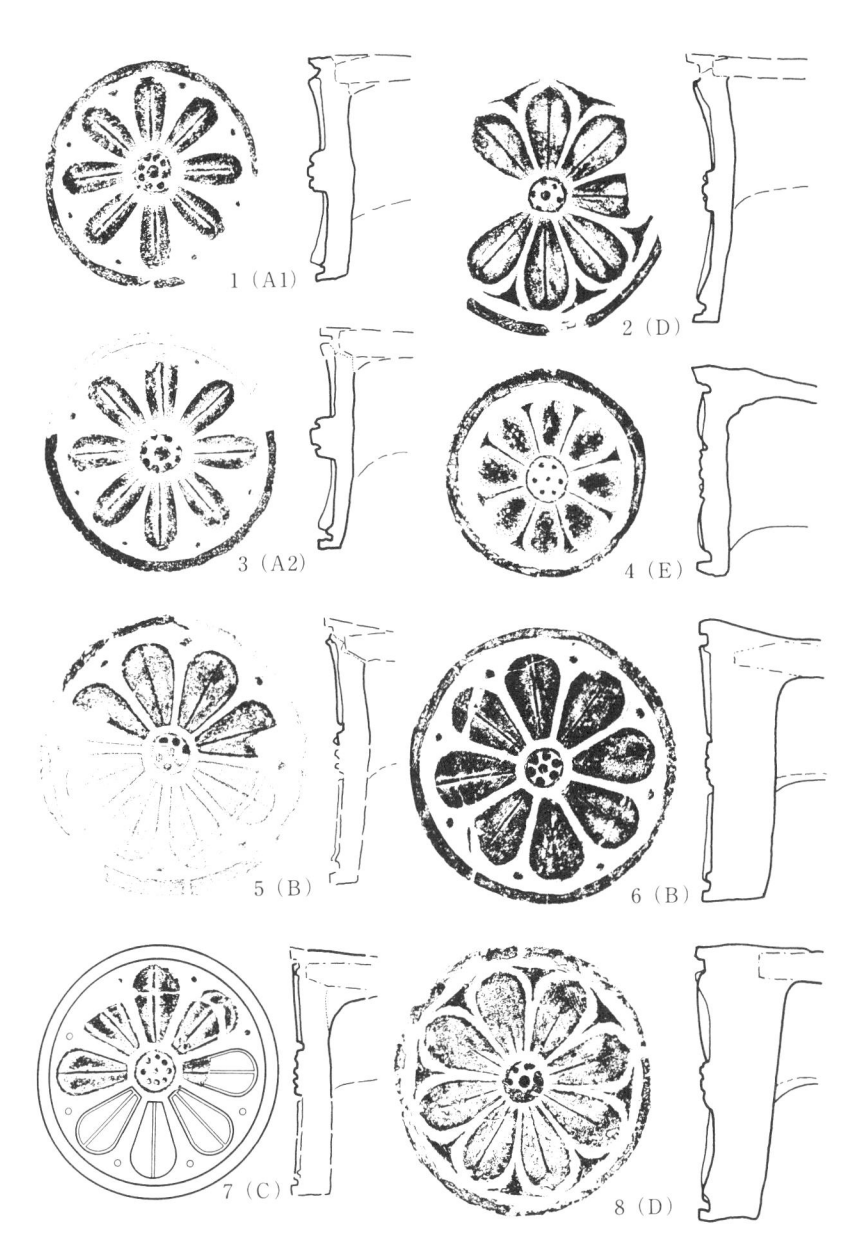

第71図　隼上り瓦窯出土軒丸瓦（縮尺 1：5）

隼上り窯からＡ１・Ａ２軒丸瓦とＥ軒丸瓦が豊浦寺に運ばれる。これらの軒丸瓦の直径は15〜16cmで、豊浦寺回廊・中門などに使用されたものと考えられる。次に隼上り窯からＢ・Ｃ・Ｄ（薄手）軒丸瓦が豊浦寺に運ばれる。これらの軒丸瓦の直径は18cmで、豊浦寺塔に使用されたものと考えられる。さらに大型の軒丸瓦（20cm）があり、この大脇分類ⅣＦ（第72図8）とⅣＢ（第72図6）の軒丸瓦が未発見の窯から豊浦寺に運ばれ、これは豊浦寺講堂に使用されたものと考えられる。

　このうち豊浦寺塔については、聖徳太子伝暦の舒明天皇六年（634）条に「春正月十五日、建豊浦寺塔心柱」の記述がある。したがって豊浦寺回廊・中門が630年頃の造営、塔が634年、講堂が630年代後半頃の築造と考えられる。そして、少なくともこれらの時期に隼上り窯で焼成された須恵器は幡枝窯期のものであり、630〜644年の間にあるものと考えてよい。

　隼上り窯出土の6種の軒丸瓦文様を大きく分類すると、円端有稜単弁で間弁が珠点のもの（Ａ１・Ａ２・Ｂ・Ｃ）と、尖端有稜単弁で間弁が楔形のもの（Ｄ）、円端反転単弁で蓮弁と間弁が連続した面にあるもの（Ｅ）に分けられ、前者は中房周辺に溝のないもの（Ａ１・Ａ２）と溝のあるもの（Ｂ・Ｃ）に細分できる。

　隼上り窯から出土した丸瓦および軒丸瓦の丸瓦部は全て行基式であるが、粘土板巻きつけのものと、粘土紐巻きあげのものと両者がある。丸瓦の形態と凸面の縦方向のナデ調整など仕上げは共通しているので、粘土板巻きつけのものの判別（上手な糸切りはその痕跡がみえない）が難しいが、おそらく軒丸瓦Ｅとそれに伴う丸瓦が粘土紐巻きあげ（これは平吉遺跡出土例で確認できる）で、他の軒丸瓦に組むのは粘土板巻きつけであろう。

　平瓦は確認できる範囲では模骨桶粘土板桶巻作りであるが、凹面を縦方向にヘラケズリするものが相当数あるので、軒丸瓦Ｅと組む平瓦が粘土紐である可能性は否定できない。平瓦の中には凹面に縦方向のハケ目を施すものがあり、軒丸瓦Ｄには少なくとも1点は瓦当裏面にハケ目の痕跡を残すものがあり、これは後述の幡枝窯と共通する要素である。

　軒丸瓦6種の瓦当は外縁の上面・内面をヘラケズリすること、瓦当裏面下半を周縁方向にヘラケズリすることが共通し、また瓦当と丸瓦の接合に際し、丸

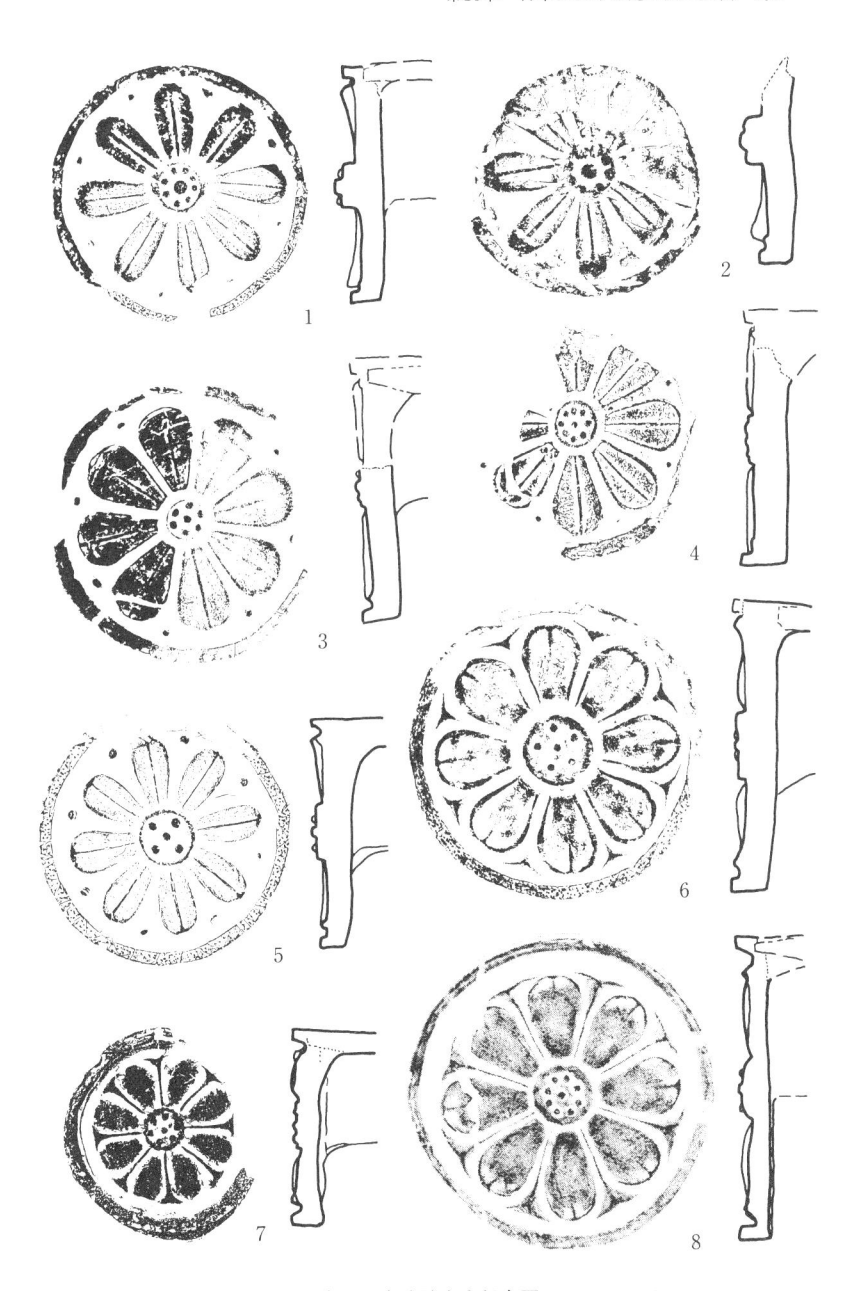

第72図　豊浦寺・平吉遺跡出土軒丸瓦（縮尺 1：5）

瓦先端側凸面のみヘラケズリするものと、凹凸両面をヘラケズリするものがある点は共通している。ただし、軒丸瓦E種には外縁の内面をヘラケズリしないものがある。

　以上のように軒丸瓦6種は全体としては共通した特徴をもつが、軒丸瓦A1・A2・B・Cのもの、軒丸瓦Dのもの、軒丸瓦Eのもので、それぞれ個性をもっているようである。これは個々の工人がもつ、その出自が異なることを示しており、また個々の操業期間において共通した仕上がりを目ざした点があったことも示しているのである。

3　北野廃寺と四天王寺の瓦

　日本と新羅とは600年から630年代にかけて親密な関係が生じたようである。『日本書紀』によると、610年に新羅から日本への使者、奈末（新羅十七等官の第十一）竹世士が来た。616年に新羅は再び奈末竹世士を日本に派遣し、仏像を献上した。622年、聖徳太子は斑鳩宮に没した。623年、新羅は奈末智洗爾を、任那は達率奈末智を派してともに来朝し、仏像一具および金塔と舎利をたてまつった。また大きな勧頂幡一具と、小さい幡十二条とをたてまつった。そこで「仏像をば葛野の秦寺に居しまさしむ。餘の舎利・金堂・勧頂幡等を以て、四天王寺に納る」としている。この時、大唐にいた学問僧の恵斉・恵光それに医恵日・福因らが、みな（新羅の）智洗爾等に従って帰国している。帰国した4名のうち3名は、いつ中国に渡ったかは不明だが、最後の福因は608年の裴世清の帰国に伴い隋に渡った倭漢直福因であり、新羅の使いと共に15年ぶりに日本に帰国した。これは日本から隋への渡航・帰朝に際し、隋朝成立以降頻繁に隋への朝貢を行ってきた新羅の援助・道案内があったことを想定させる。そして二番目の恵光については、嘉禄（1225～1226年）の頃四天王寺で作られたらしい『太子傳古今目録抄』に、「大同縁起云」、「二重金堂一基　阿彌陀仏像一軀幷脇侍菩薩像二軀　右恵光法師従大唐請坐者」とある恵光法師であることは、福山敏男氏がかつて指摘した[91]通りである。つまり四天王寺金堂の本尊と考えられる阿彌陀仏像は推古三十一年に恵光法師が唐より請来したものであるから、もしこの阿彌陀仏像がこの寺の創立以来の本尊であるなら（その可能性はき

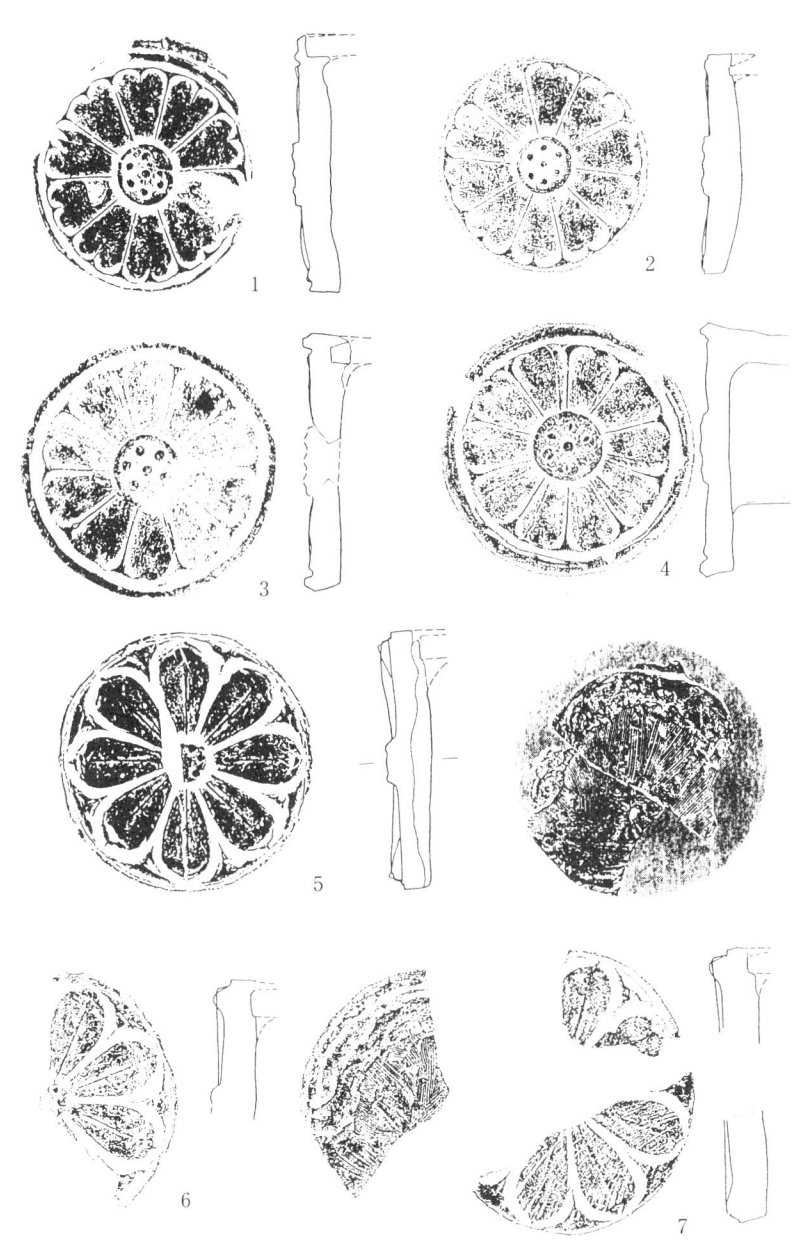

第73図　北野廃寺・幡枝窯の軒丸瓦（縮尺 1：5）
1・3・5幡枝窯、2・4・6・7北野廃寺

わめて高い)、四天王寺は当然推古三十一年以降の創立としなければならない。そして新羅の奈末智洗爾が持ち来たる仏像も、請来後において、その仏像を本尊として寺の造営が行われ、葛野の秦寺に納めたとみることは充分に可能であると思う。

そして、これらのことは別々のものとみるより、623年の新羅の遣使の目的が、聖徳太子の死を弔うことにあったとみるべきであろう。そして、太子の菩提を弔うために、若草伽藍を完成させ（塔を造営し、寺観を整える）、葛野に秦寺、摂津に四天王寺を造営したのである。ただし、個々の寺院造営の中で瓦がいつ製作されはじめたかという問題は個別に検討する必要がある。

さて、摂津の四天王寺も移築説があるが、6世紀末まで遡る瓦は存在しないので、7世紀前半代に現在の地に造営されたと考えてよい。一方、葛野の秦寺については、北野廃寺と広隆寺の両者が考えられるが、『広隆寺縁起』には推古十一年紀の「仏像」が述べられ、『広隆寺資財校替実録帳』の弥勒菩薩像も推古十一年紀の「仏像」と考えられ、また『広隆寺由来記』の救世観音像は推古二十四年紀の「仏像」と考えられるが、推古三十一年紀の「仏像」を保持するとする強い主張は広隆寺関係の文書にはないこと、推古三十一年に最も近い年代の瓦を出土するのは北野廃寺であるから、葛野の秦寺とは北野廃寺をさすものと考えたい。

さて、前置きが随分長くなった。北野廃寺の創建瓦[88][92][93]は幡枝窯（幡枝元稲荷窯）で焼成（第73図）されており、1963年の発表要旨[84]によると、出土軒丸瓦は3種あり、弁端切込式の10葉素弁のもの（a・b）、有稜単弁のもの（c）があり、「窯内各層から瓦・須恵器の両方が出土する。したがってこの窯は、活動期間の全部を通じて瓦陶兼業であった」とする。また「瓦当a・b類は焼成室第Ⅲ層（第1次床面）から、c類は同第Ⅰ層（最終床面）から発見された」とする。

幡枝窯のc類は隼上り窯の軒丸瓦Dと同笵であるが、この両者を実は1982年に現物照合したことがある。この時、「隼上り窯出土例の文様にシャープさがみられることにより、隼上り窯から幡枝窯への瓦笵の移動の可能性が最も高い」[94]と私は考えたのであるが、発掘担当者の杉本宏氏は発掘調査概報[87]で、丸瓦接

合法と瓦当厚が増大することから「幡枝瓦窯跡より隼上り瓦窯跡への范の動き
を推定」したのである。言い訳になるが、現物照合では私も杉本氏も同じもの
を見たのだが、この時は隼上り窯出土品の見本瓦をもって、飛鳥・藤原宮跡発
掘調査部・天理参考館・京都大学・京都市埋蔵文化財センターを一日でまわり
照合したのであり、充分な時間をかけて議論することができなかったのである。
今では、隼上り窯の軒丸瓦の范傷進行を細かく観察できるだろうし、充分な時
間をとって観察できるだろう。したがって再度の現物照合をお願いしておきた
い。

　とはいえ、本書ではこの点について逃げるわけにはいかず、私は現時点で次
のように考えている。隼上り窯Ｄ（瓦当厚1.8cmで丸瓦接合がａ２技法）→幡枝窯ｃ
（瓦当厚2.6cmで丸瓦接合がｂ技法）→隼上り窯Ｄ（瓦当厚3.5〜4.5cmで丸瓦接合がｂ技法）
である（丸瓦接合ａ２・ｂ技法については杉本氏の文章を参照のこと）。

　即ちまず、推定豊浦寺塔の所用瓦として隼上りＢ・Ｃと共に隼上りＤが焼成
された（634年前後）、その後幡枝窯に范が運ばれ、もってきた范型が目的の瓦
と比べやや大きいので、外縁のない軒丸瓦が製作・焼成され、北野廃寺へ運ば
れた。その後再び隼上り窯へ范型が戻り、瓦当の分厚い軒丸瓦Ｄが製作された。
この時の瓦当范は、中房部分の摩耗が著しくなっていた。このようにみた場合
問題となるのは、幡枝窯ｃの瓦当裏面にハケ目があるのに、隼上り窯Ｄの瓦当
裏面にはほとんどハケ目が認められないことである。しかしこれをもって直ち
に瓦工は移動しなかったと言い切ることはできない。この当時にあっては、１
個の范型を１人の瓦工が保有する関係ではないだろう。隼上り窯で、複数の瓦
工が複数の范型をもつ時、１個の范型をたずさえて１人の瓦工が幡枝窯に行き、
幡枝窯ｃの軒丸瓦を作った。自分の得意な方法で瓦を製作する。しかし、隼上
り窯の時には、范型Ｄをあまり使用したことはない。「范型の深い彫り込みに
粘土が丁寧に充填できておらず、花弁の先端付近で皺が入っていたり、あるい
は間弁が不整形になったものが多い」[95]。おそらくこの欠点を直そうとして瓦
当裏面にハケ目を入れて、粘土を押さえつけたのであるが、充分な効果をあげ
てはいない。北野廃寺例ではすべてにハケ目があるわけではなく、瓦当裏面が
丁寧なナデ調整だけのものもある。さらに范型が隼上り窯に戻ってきた段階で
もハケ目は全くないわけではなく、范型Ｄの瓦当裏面にハケ目状の痕跡を残す

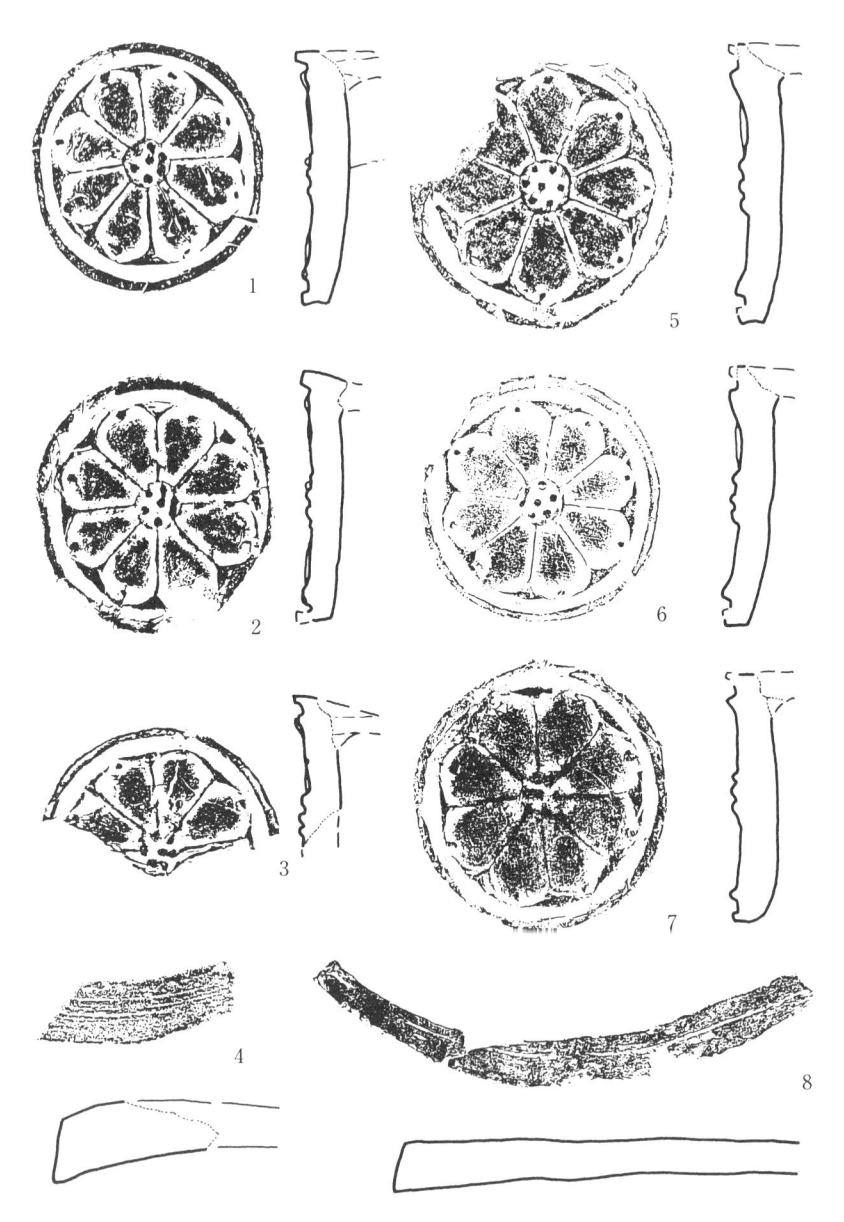

第74図　楠葉平野山瓦窯・四天王寺出土瓦窯（縮尺 1：5）
1～4 楠葉平野山瓦窯、5～8 四天王寺

ものが少なくとも１例はある。瓦工１人での瓦製作と複数の瓦工による共同作業とは、仕上がりに若干の差があってもおかしくはないだろう。さて以上のようにみると、北野廃寺の瓦は幡枝窯を生産地としてまず弁端切込式のａ・ｂ軒丸瓦が作られ、その後、隼上り窯から范と工人が移動して、有稜単弁式のｃ軒丸瓦が製作された。ｃ軒丸瓦の年代は豊浦寺塔の年代（634年）より数年遅れるものと考えられる。そして幡枝窯の須恵器の実年代は630〜644年と考えられ、さらに幡枝窯では「活動期間の全部を通じて瓦陶兼業であった」から、弁端切込式軒丸瓦ａ・ｂの年代の上限は630年を遡らないと言えるだろう。

　次に四天王寺[96][97]の創建軒丸瓦は、楠葉平野山瓦窯で生産されたことが明らかになっている。法隆寺若草伽藍の金堂所用瓦であるⅡＭａの「円端点珠式」軒丸瓦の范型を楠葉平野山瓦窯に運び、四天王寺用の瓦を製作したが、范傷は徐々に、最後は急激に進んでいる（第74図）[98][99]。５段階の傷進行のうち、２段階から５段階目までは四天王寺で出土し、若草伽藍からは出土しない。楠葉平野山瓦窯のⅡＭａ軒丸瓦は瓦当裏面中央が高く、その周りに同心円状の凹凸が観察でき、丸瓦接合に際し丸瓦先端を片柄状に加工すること、丸瓦部は玉縁式で玉縁部凹面に布目がないことは、若草伽藍のⅡＭａと同じ作り方であり、瓦工の継続性も窺える。ただし、手彫り忍冬文軒平瓦は組み合わず、広端部が分厚い無文軒平瓦が組み合っている。

　楠葉平野山瓦窯出土の須恵器杯Ｈの口径は10〜11㎝で、底部ヘラキリのままで、これは幡枝窯期のもので、須恵器の実年代は630〜644年を示している。したがって、楠葉平野山瓦窯産のⅡＭａ軒丸瓦の大部分は630年を遡らないことになるが、この瓦窯産の最も范傷の少ない軒丸瓦が630年を遡るかどうかという点は、なお不明である。ただし、その上限が623年にあることは、前置きで述べた通りである。ところで、四天王寺も若草伽藍の塔も共に聖徳太子の菩提を弔うために造営されたのならば、なぜに斑鳩寺は四天王寺用として瓦范を渡したのであろうか。『法隆寺若草伽藍跡発掘調査報告』では、若草伽藍において、忍冬文軒丸瓦の「33Ａが塔寄りに比較的まとまりを持つ」ことが指摘されており、この軒丸瓦は年代がやや下降するものである。おそらく若草伽藍の塔造営より、四天王寺造営が先行するので、斑鳩寺は四天王寺へ瓦范を渡したと考えられる。その点では楠葉平野山瓦窯出土のⅡＭａ軒丸瓦のうち范傷の最も

少ないものは、630年を数年遡る可能性を考えた方がよいだろう。

4　穴太廃寺の軒丸瓦と新羅の瓦

　大津市にある穴太廃寺⁽¹⁰⁰⁾⁽¹⁰¹⁾では、先述の隼上り窯D軒丸瓦・幡枝窯c軒丸瓦の文様に酷似する有稜単弁式軒丸瓦が出土している（第75図1・2）。ただし隼上り窯・幡枝窯出土例とは異笵である。この穴太廃寺最古の軒丸瓦の瓦当裏面には、平行叩き目の痕跡が残る。「平行叩きをもつ資料は、全体の一割程度である」⁽¹⁰¹⁾と発表されているが、丸瓦接合部に平行叩き目が残る例がみられ、最後の仕上げの瓦当裏面の平行叩きだけでなく、笵に粘土をつめる途中にも平行叩きを行っているのは確実である。しかも、この軒丸瓦と組み合う平瓦は格子叩き目痕が残るので、平行叩き目文は軒丸瓦の瓦当裏面用の専用叩き板であった可能性は高く、この最古の軒丸瓦にはかなり高い割合で平行叩きが元来用いられていたと考えた方がよいだろう。

　ここで思い出すのは、古新羅の軒丸瓦の瓦当裏面には、Ⅲ期（590〜633年）およびⅣ期（634〜660年）に、平行叩き目文をもつものが多いという事実である。これは軒丸瓦の平面的な文様そして文様の彫りの深さを併せて考えると、穴太廃寺最古の軒丸瓦に新羅の瓦の影響が色濃く漂っているのではないかと思われるのである。そして酷似する文様の幡枝瓦窯・北野廃寺例では瓦当裏面にハケ目が顕著に認められたし、隼上り窯でも少なくとも1例は瓦当裏面にハケ目があることは先述したとおりである。そもそも瓦当裏面を叩き板で叩き締める理由は、笵型内の文様の隅々にまで粘土を詰め込み行きわたらせるためであり、新羅瓦の中で発達してきた技法である。たとえば、第8章「新羅の瓦生産」の中での図で説明すると、Ⅰ期（553〜569年）およびⅡ期（573〜584年）の皇龍寺の軒丸瓦は、中房蓮子の一個一個に対して、小さく粘土を丸めて粘土詰めを行っているわけで、丁寧な粘土の充填が特徴である。これは百済の瓦に比べると彫りが深いし、個々の文様の傾斜面（例えば蓮弁から間弁へ移行する部分）が急激に変化しているため、笵型から粘土をきれいに抜きにくいし、花弁の先端に皺が入るなどのことは、ほとんどの瓦に生じていることであった。ところが新羅におけるⅢ期（590〜633年）になると、瓦当文様全体が浅い文様となり、粘

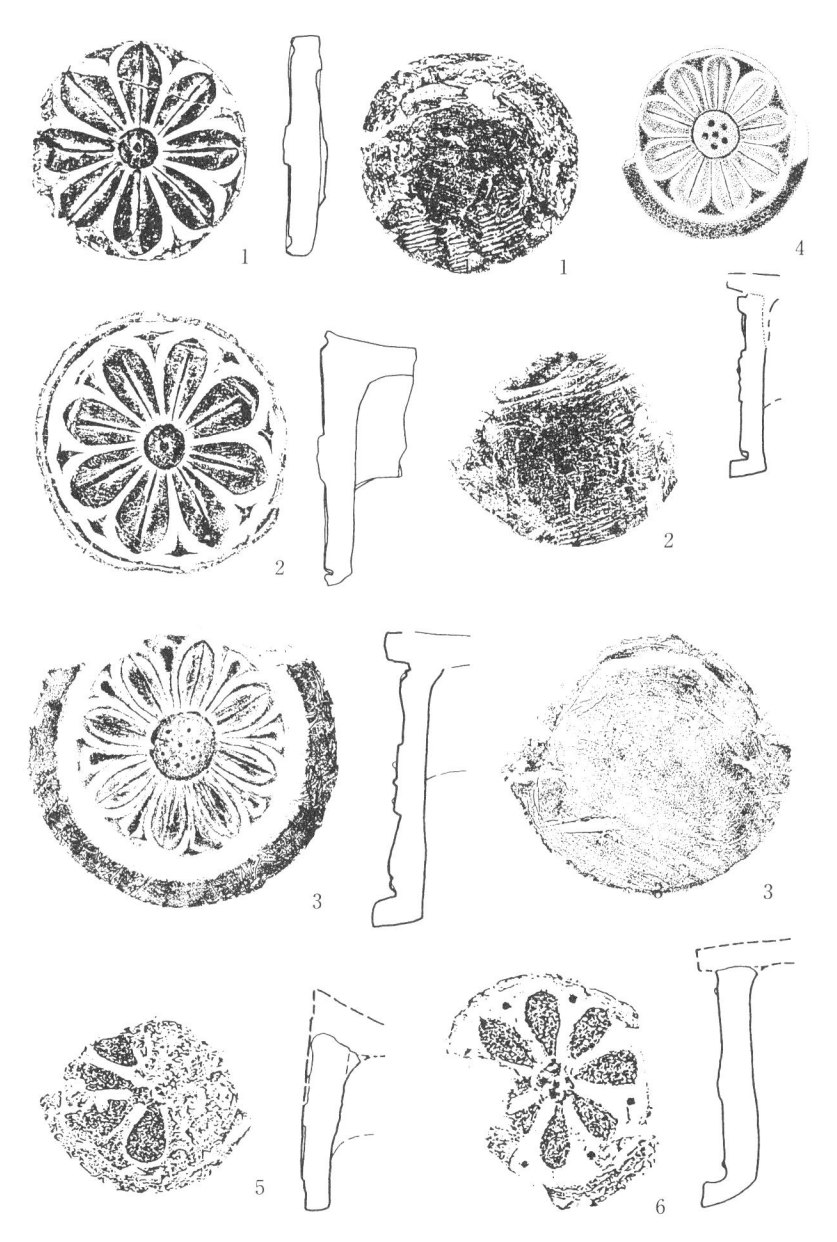

第75図　穴太廃寺と新羅の軒丸瓦（縮尺 1：5）
1・2 穴太廃寺、3 皇龍寺、4 月城、5 大田宝文山城、6 ソウル清潭洞遺跡

土の充填が雑になって、円形の粘土を一気に押しこむ（打ち込む？）方式へと変わり、その代わり、范詰めの途中および最後に叩き板で叩き込みを加えて、粘土をまんべんなく押し込む工夫をしているのである。しかし、日本に導入した「有稜単弁軒丸瓦」は、同時期のⅢ期の新羅瓦より文様の彫りは深く、Ⅱ期の新羅瓦の文様の深さに近い。ここに日本という異国で、この文様の瓦を製作した瓦工たちの苦労があると考えられる。

　次に日本の「有稜単弁軒丸瓦」と新羅の軒丸瓦の文様比較を行うが、前者を隼上り窯出土例で代表させ分類すると、円端有稜単弁で間弁が点珠のもの（A・B・C）と尖端有稜単弁で間弁が楔形のもの（D）のうち、D軒丸瓦に類似したものが新羅では多い。まずこのD軒丸瓦（幡枝窯c軒丸瓦同范）と穴太廃寺軒丸瓦との比較では、穴太廃寺例を後出すると考える説が多い。しかし、穴太廃寺例では蓮弁の先端に合わせる形で間弁の外側中央を尖らせ、間弁の個性を引き立たせている。新羅Ⅲ期の瓦においても、間弁先端を尖らせ扇形にするもの、先端が丸い間弁の外側に扇形の文様を合わせるものなど、間弁の個性はしばしば強調されている。ところが、隼上り窯D軒丸瓦の間弁は、蓮弁の間を埋めるだけの目立たない文様となっているのである。したがって穴太廃寺軒丸瓦を隼上り窯Dより新しくする必要はなく、「庚寅年」「壬辰年六月」のヘラ描きある平瓦、すなわち舒明二年（630）、舒明四年（632）と結びつけても問題はないだろう。

　ところで、新羅では間弁が点珠のものはほとんどない。即ち、隼上り窯の円端有稜単弁で間弁が点珠のもの（A・B・C）に類似したものを慶州付近に捜しても見いだせないのである。かつて藤沢一夫氏は「日鮮古代屋瓦の系譜」[65]を論じ、「高句麗様式」の特徴の一つとして、蓮弁の両脇の空間に「珠粒」を置くことを強調したが、確かに新羅や百済の中枢では点珠のあるものはみられないのである。ただし亀田修一氏が指摘するように、類似した文様が大田宝文山城やソウル清潭洞遺跡にあって（第75図5・6）、「この瓦はソウルに百済の都があった時期のものではなく、六世紀後半〜七世紀初めごろのものと考えられている。つまり新羅がソウル地域を支配していた時期の地方の瓦となる」[102]。では、なぜ新羅の地方の瓦が日本に波及したか。それはすでに前置きで述べたとおり、日本が隋へ遣使を送るとき、新羅の援助・道案内があったからである。

隋・唐の都長安への新羅の使者派遣は、おそらくソウル付近が朝貢船の主要な出帆地の一つであり、ここで季節風を待ち充分な準備を整えるのであり、日本からの遣隋使たちも、この地がなじみ深いものとなっていたのであろう。

　以上のようにみると、やはり隼上り窯の円端有稜単弁で間弁が点珠のもの（A・B・C）と尖端有稜単弁で間弁が楔形のもの（D）は、古新羅からの影響で成立したものと考えてよい。しかし、これが日本に導入される際、ソウルに祖型をもつA・B・Cと慶州に祖型をもつDとは、別々のルートで入ってきたか、同時に同一ルートで入ってきたかは微妙なところとなる。少なくともAは豊浦寺造営に際して630年頃導入され、Dに酷似した軒丸瓦は穴太廃寺造営に際して630年頃導入され、その後、両者は豊浦寺塔の造営に際して、共同の窯を用いて製作されたたものと推測される。

5　奥山廃寺の瓦

　明日香村奥山に所在する奥山廃寺（奥山久米寺）では、角端点珠式の軒丸瓦が多く、きわめて文様が酷似するもの6種（ⅢA〜ⅢF）と円形尖端式の軒丸瓦2種（ⅣB・ⅣE）が出土している。これまでⅢ式とⅣ式のすべてが金堂所用瓦か、あるいはⅢBを金堂所用瓦とする見解[103]が出されている（第76・77図）。

　おそらく金堂所用瓦はⅢB・ⅢC軒丸瓦で直径18.4cm前後、回廊・中門所用瓦はⅢA・ⅢD・ⅢE軒丸瓦で直径16.8cm前後であり、塔所用瓦はⅣB・ⅣE軒丸瓦で直径18cm前後のものであろう。回廊・中門所用瓦のⅢAは奈良県五條市の天神山瓦窯産、ⅢDは大阪府枚方市・京都府八幡市の楠葉平野山瓦窯産であり、塔所用瓦のⅣB（豊浦寺からも出土）は明石市高丘窯産であり、また同時期の豊浦寺（平吉遺跡）出土の蓮華文鬼板は岡山県末ノ奥窯産であり、この時期に遠隔地からの瓦搬入が著しいことがわかる。そしてそれは豊浦寺と奥山廃寺を主要な供給地としたものであり、多くの研究者が指摘するように、その背後に蘇我氏の存在が想定できる。

　なお、この時期の楠葉平野山瓦窯の製品、高丘窯の製品、末ノ奥窯の製品について形態および技法的な点を検討すべきであるが、充分な材料は揃ってはいない。丸瓦接合法に片柄法と先端凹凸面削り法の両者があり、瓦当裏面は平坦

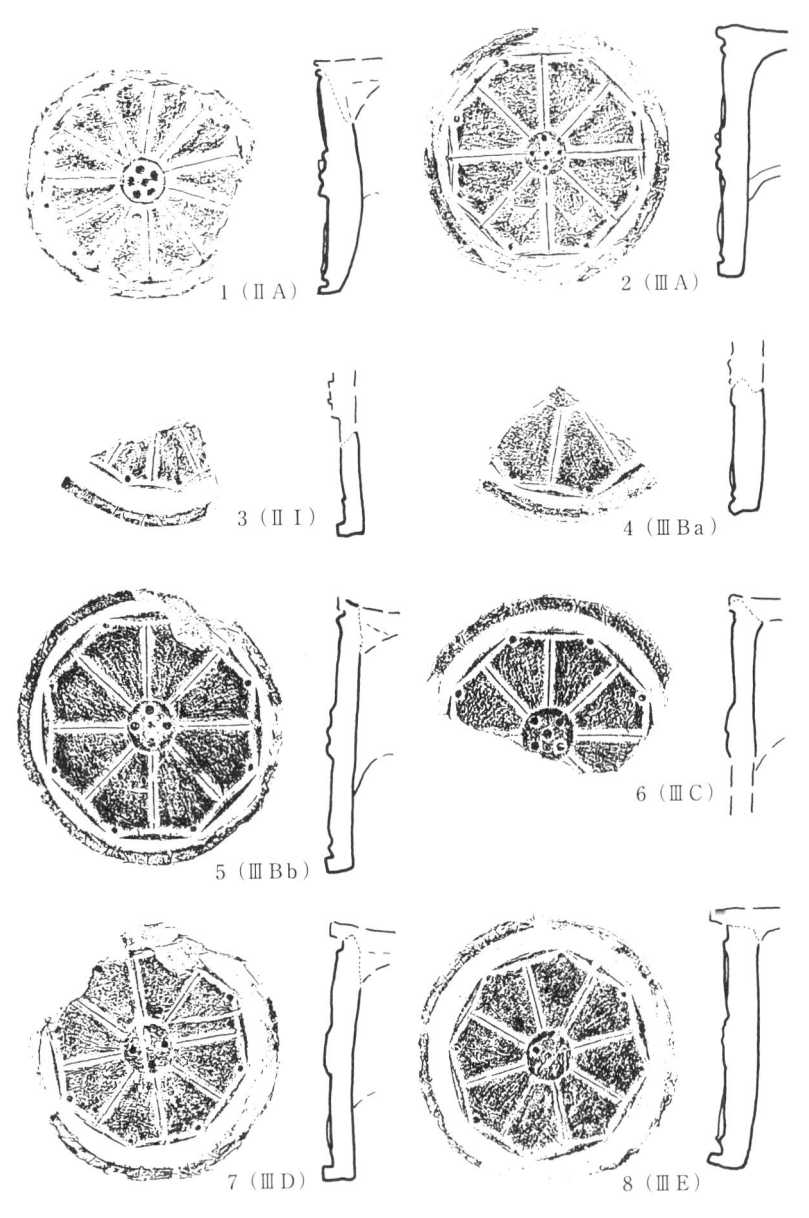

第76図　奥山廃寺の軒丸瓦（縮尺 1：5）

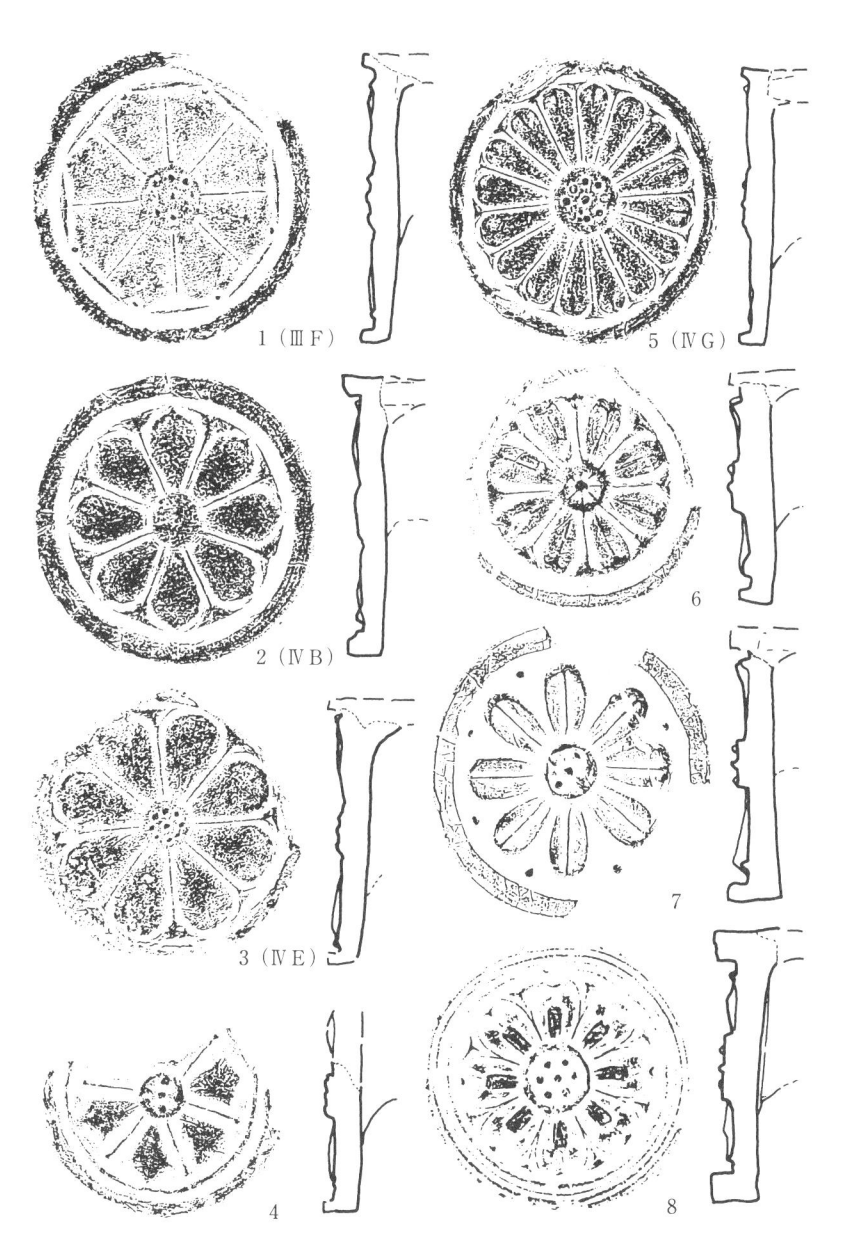

第77図　奥山廃寺の軒丸瓦（縮尺 1：5）

に仕上げ、丸瓦は玉縁式であると想定されるが、少なくとも四天王寺創建瓦ほどの純粋な「星組」の流れではなく、すでに複数の系統の混合部隊のようなものであろう。

註

(80) 西弘海『土器様式の成立とその背景』真陽社　1986年
(81) 山崎信二『横穴式石室構造の地域別比較研究―中・四国編―』1984年度文部省科学研究費印刷　1985年（『古代瓦と横穴式石室の研究』同成社　2003年に所収）
(82) 広陵町教育委員会『史跡牧野古墳』1987年
(83) 奈良国立文化財研究所『飛鳥・藤原宮発掘調査報告Ⅰ』1976年
(84) 横山浩一・吉本堯俊「京都市幡枝の飛鳥時代瓦陶兼業窯跡」『日本考古学協会昭和38年度大会研究発表要旨』1963年
(85) 奈良国立文化財研究所『飛鳥・藤原宮発掘調査概報3』1973年
(86) 奈良国立文化財研究所『飛鳥・藤原宮発掘調査報告Ⅳ―飛鳥水落遺跡の調査―』1995年
(87) 宇治市教育委員会『隼上り瓦窯跡発掘調査概報』1983年
(88) 菱田哲郎「畿内の初期瓦生産と工人の動向」『史林』第69巻第3号　1986年
(89) 宇治市教育委員会『史跡隼上り瓦窯跡』1989年
(90) 杉本宏「隼上り瓦窯跡発掘二五年目の検証」『考古学論究』小笠原好彦先生退任記念論集　2007年
(91) 福山敏男「四天王寺の建立年代」『日本建築史研究』改訂版　墨水書房　1972年
(92) 藤沢一夫「山城北野廃寺」『考古学』9巻2号　1938年
(93) 網伸也「北野廃寺・広隆寺の創建瓦」『古代瓦研究Ⅰ』2000年
(94) 山崎信二「後期古墳と飛鳥白鳳寺院」『文化財論叢』奈良国立文化財研究所創立30周年記念論文集　1983年
(95) 岸本直文「第4章遺物―瓦―」『岩倉古窯跡群』京都大学考古学研究会　1992年
(96) 文化財保護委員会『四天王寺』1967年
(97) 四天王寺文化財管理室『四天王寺古瓦聚成』1986年
(98) 瀬川芳則「四天王寺瓦窯址と出土の須恵器」『考古学と古代史』同志社大学考古学シリーズⅠ　1982年
(99) 八幡市教育委員会『平野山瓦窯跡発掘調査概報』1985年
(100) 滋賀県教育委員会・財団法人滋賀県文化財保護協会『穴太遺跡発掘調査報告書Ⅳ』2001年
(101) 仲川靖「穴太廃寺の高句麗系軒丸瓦」『古代瓦研究Ⅰ』2000年
(102) 亀田修一『日韓古代瓦の研究』吉川弘文館　2006年
(103) 佐川正敏・西川雄大「奥山廃寺の創建瓦」『古代瓦研究Ⅰ』2000年

第11章　隋・唐の瓦生産

1　はじめに

　隋（581～618年）・唐（618～907年）の時代は中国が統一されて、長安を首都、洛陽を副都とした。長安は西魏、洛陽は北魏の都であったし、隋王朝も唐王朝も北方から中国に侵入した異民族集団の発達線上にその歴史的位置があるから、瓦生産もまた、中国北朝の伝統を受け継ぐものであった。以下では、「中国の瓦と飛鳥時代の瓦」[104] を概観した佐川正敏氏の論考を参考にして、隋・唐時代の瓦の特徴をみていきたい。なお時代区分はⅠ期を595～618年、Ⅱ期を630～650年、Ⅲ期を650～700年、Ⅳ期を700～800年、Ⅴ期を800～907年として概観する。

2　7世紀前半（Ⅰ期・Ⅱ期）

　隋の仁寿宮は文帝楊堅の離宮であり、文帝は597～604年のほぼ毎年滞在し、604年にここで死去した。その後、唐の太宗李世民は631年に仁寿宮を増改築して九成宮とし、632～644年に数回滞在している。後述するように瓦の製作技法の大部分はⅠ～Ⅴ期を通して共通しているので、年代を細分するには瓦当文様を細かく検討するしかない。検討法としては蓮弁が大きく盛り上がるか平坦か（瓦当裏面から蓮弁上面までの厚さ：瓦当裏面から外区上面までの厚さ＝蓮弁高比）、外区の幅が広いか狭いか（外区幅×2：直径＝外区比）、外区内縁の珠文を密にめぐらすかまばらか（珠文数）を数値として認識し、次に瓦当文様全体の構成および細部の出来ばえも考慮して判断できる。

　第78図1・2・3は奇数弁をもつ軒丸瓦[105]で、1は有子葉単弁7弁軒丸瓦、2は複弁7弁軒丸瓦、3は複弁9弁軒丸瓦である。いずれも外区内縁の珠文帯

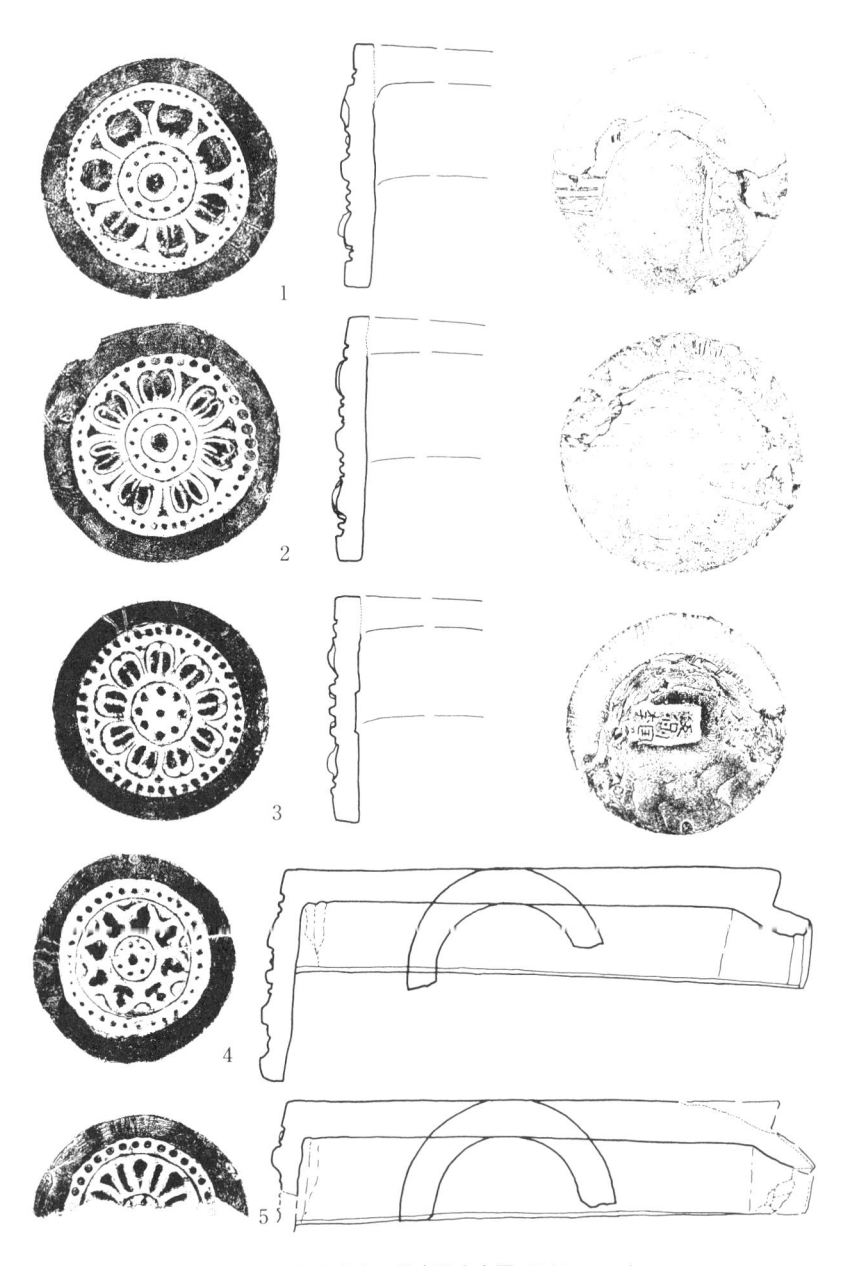

第78図　隋九成宮37号宮殿出土瓦（縮尺 1：5）

と蓮弁との間には界線をもたない。1～3の蓮弁高比1.16～1.26、外区比0.21～0.22、珠文数43～54であり、他のⅡ～Ⅴ期と全く異なるのは珠文数が40を超えることである。3の瓦当裏面には「洛州李国」の刻印がある。1～3、いずれも瓦当裏面に放射状に刻みを入れて丸瓦と接合し、外区と側縁にミガキを入れて仕上げる。以上がⅠ期（595～618年）と考えられる軒丸瓦である。

　Ⅱ期（630～650年）のものとして、佐川正敏氏によると、複弁6弁軒丸瓦があり、この段階では外区内縁の珠文帯と蓮弁との間に界線が生じている。珠文数は39。第78図4・5もⅡ期のものと考えられ、蓮弁高比1.22～1.37、外区比0.22～0.24、珠文数32～34である。

　Ⅰ・Ⅱ期を通しての軒平瓦・平瓦・丸瓦についての九成宮出土例をみると、軒平瓦はまず押し引きの四重弧文を作り出し、次に中央（二重弧目）下端、軒平瓦（四重弧目）下端を指で押さえて波状文を作り出す（第79図1）点は、東魏・北斉の軒平瓦と共通している。軒平瓦・平瓦の凹面には縦方向のミガキをかける。丸瓦は玉縁式で、玉縁部凹面に布目が残る点も、北朝の丸瓦と同一である。

　次にⅠ期の洛陽の瓦[106]として、隋唐洛陽城応天門出土および隋唐洛陽城出土例がある。ともに単弁9弁軒丸瓦。第79図4は蓮弁高比が1.57、外区比0.26、珠文数46前後、第79図5は蓮弁高比1.36、外区比0.18、珠文数42前後である。

3　7世紀後半

　長安城北の禁苑の中に位置する大明宮は貞観八年（634）に建設されはじめるが太宗の死で中断、再び竜朔二年（662）から修築されて翌663年に完成、高宗はここで政治を執った。大明宮の正殿を含元殿といい、次に含元殿出土2種の軒丸瓦について述べる。まず複弁7弁丸瓦（第79図2）は、蓮弁高比1.64、外区比0.13、珠文数39で蓮弁の盛り上がりが強く、佐川氏が述べた九成宮出土例に似ており、貞観八年（634）頃のものであろう。瓦当裏面に丸瓦接合用の刻みを放射状に入れる。次に、複弁6弁軒丸瓦（第79図3）は蓮弁高比1.32、外区比0.18、珠文数30で竜朔三年（663）修築時のものであろう。文様は大振りで珠

148

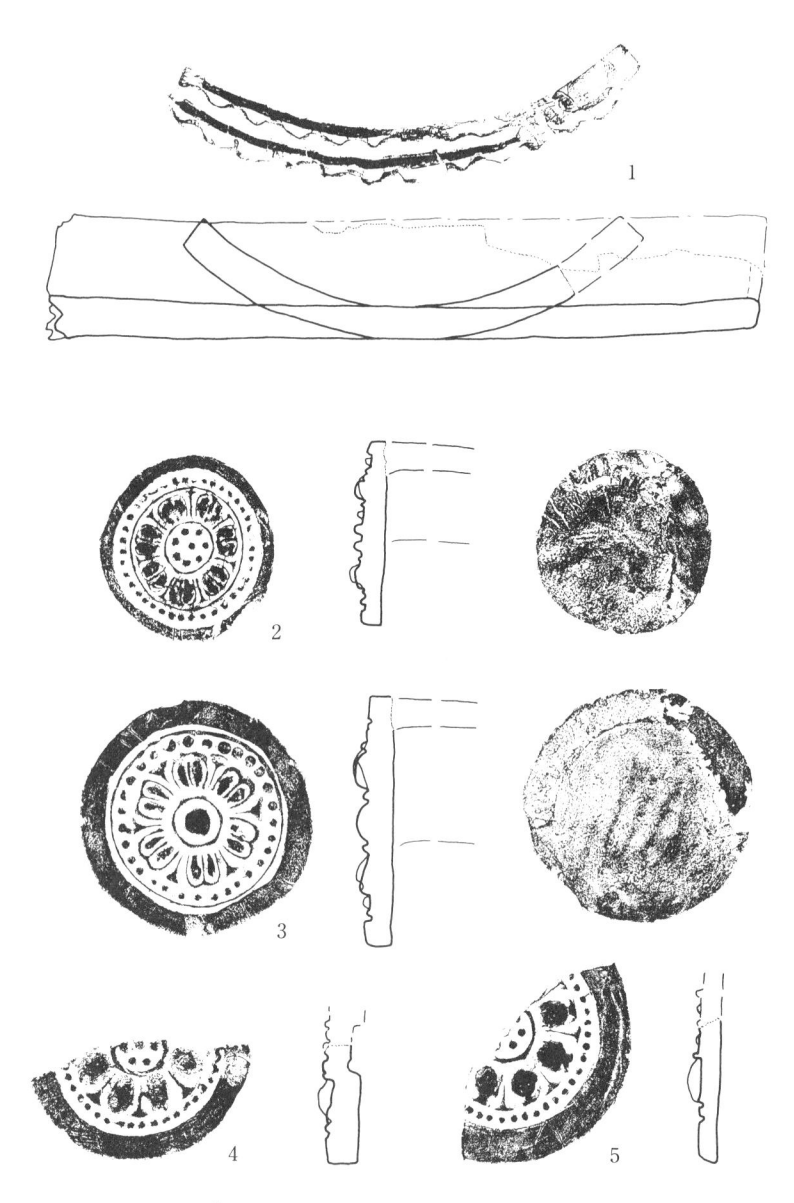

第79図　隋および唐初期の瓦（縮尺 1：5）
1 隋九成宮、2・3 大明宮含元殿、4・5 隋唐洛陽城

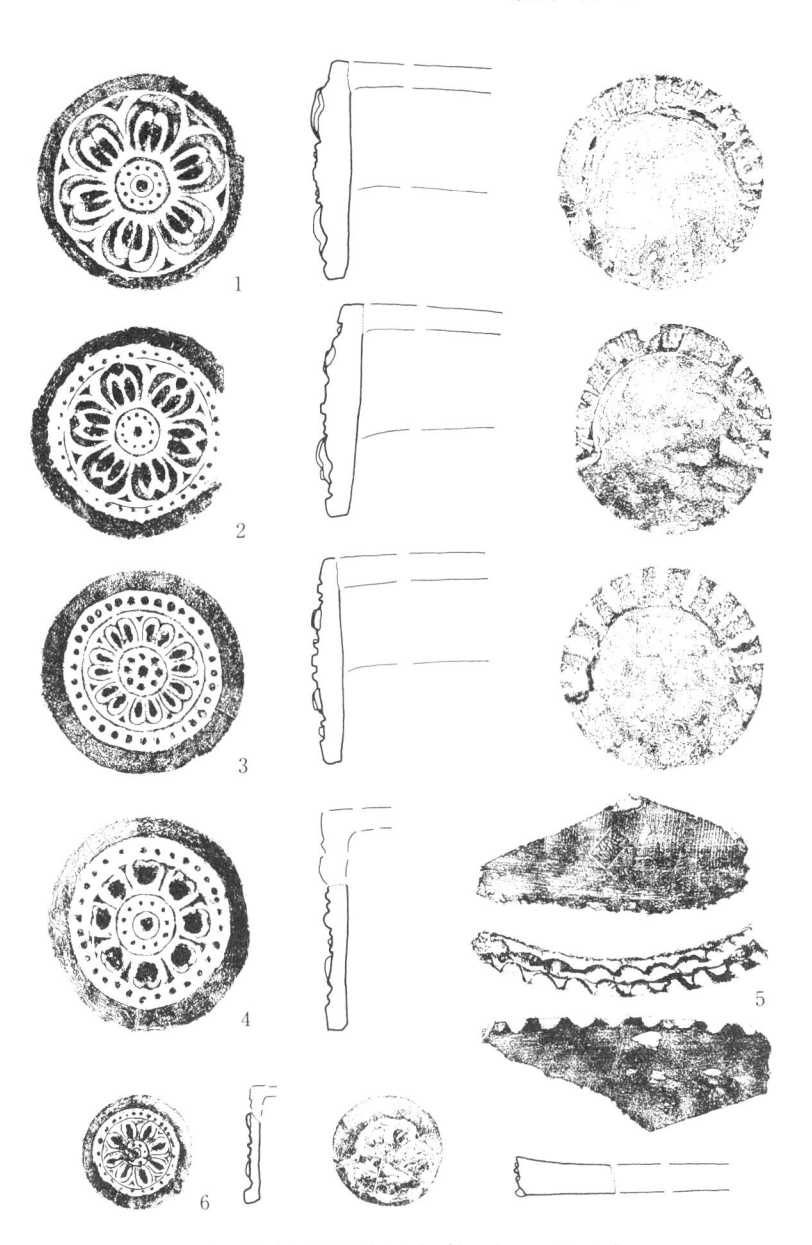

第80図　西明寺と東城内瓦窯の瓦（縮尺 1：5）
1〜3 唐長安城西明寺、4〜6 隋唐洛陽城東城内瓦窯

文数は減少している。

　長安城右街（西）にある西明寺[105]は、顕慶元年（656）に高宗によって建立された。次の３例（第80図１～３）は瓦当面に対する蓮弁の占める割合が大きく、創建期の軒丸瓦であろう。１は蓮弁高比1.69、外区比0.15、２は蓮弁高比1.53、外区比0.16、珠文数36、３は蓮弁高比1.61、外区比0.2、珠文数33で、丸瓦と瓦当の接合に際して１は瓦当裏面に細い刻みを放射状に入れ、２は瓦当裏面と丸瓦先端の両方に刻みを入れ、３は瓦当裏面に太い刻みを放射状に入れる。

　洛陽での７世紀後半代から８世紀初頭の資料[106]としては、東城内瓦窯遺跡（第80図４～６）がある。４は瓦当文様からみると、先の含元殿や西明寺創建瓦ほどの文様の勢いはないが、それに後続するものであり、７世紀後半から７世紀末の年代を与えることができる。蓮弁高比1.13、外区比0.22、珠文数は29前後。次に、６は単弁８弁軒丸瓦で蓮弁高比0.9と蓮弁が平坦になり、外区比0.23である。この軒丸瓦は８世紀に入るかもしれない。ただし、開元十九年（731）以降、城内で瓦塼を焼成することを禁じており、それ以前の瓦である。丸瓦では、瓦当部が完全に剥落したもがあり、丸瓦広端部に十数本の刻みを入れる。玉縁式のもので、玉縁部凹面に布目痕を残す。軒平瓦（第80図５）では、まず押し引きの四重弧文を作り出し、二重弧目、四重弧目の下端をひねり、波状文を作り出す。凹面に布目痕が残る。平瓦は模骨桶で粘土紐桶巻作りで作り、平瓦部凹面はナデを行うことなく布目痕をそのまま残す。

4　8世紀以降

　唐後半代の瓦として、隋唐洛陽城[106]の宮城正門である応天門遺跡出土瓦（第81図２～６）をみよう。まず２・３は佐川正敏氏が述べた長安城大明宮含元殿の747～749年の修理瓦に類似するものである。２は蓮弁高比1.0、外区比0.33、珠文数36前後、３は蓮弁高比0.92、外区比0.23、珠文数31。両者ともに瓦当裏面の刻みと丸瓦端面の刻みを有する。

　４～６の軒丸瓦は、蓮弁の形が楕円形に退化し、中房も円形１個のみとなる。この時期は文様が退化するとともに、中房・蓮弁が突出してくるのが特徴であ

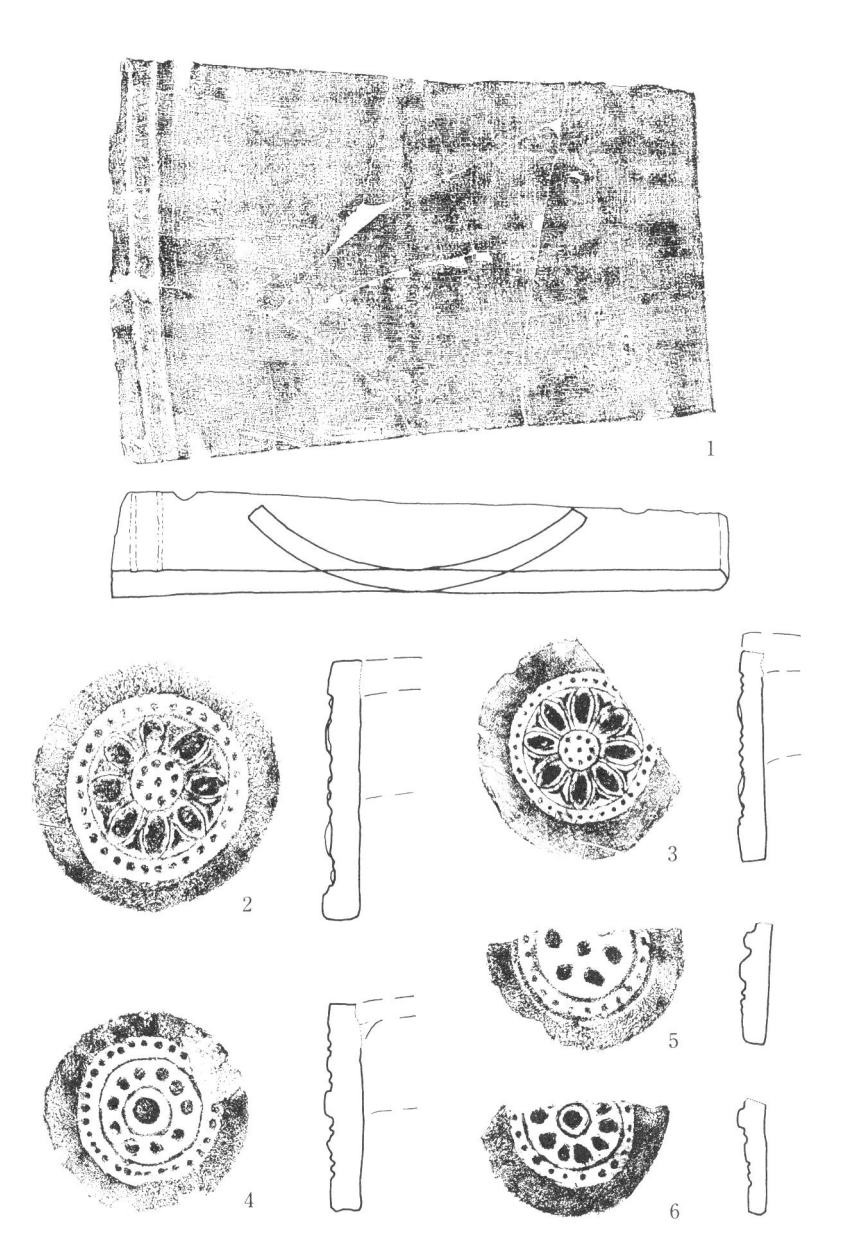

第81図　隋唐洛陽城の瓦（縮尺 1：5）
1 隋唐洛陽城東城内瓦窯、2〜6隋唐洛陽城応天門

り、蓮弁高比1.28〜1.46の数値を示す。4〜6の軒丸瓦は、外区比0.23〜0.26、珠文数22〜32で、瓦当裏面に丸瓦接合用の刻み目を入れる。唐末（9世紀）の瓦であろう。

　なお、隋唐洛陽城出土の平瓦は、模骨桶で粘土紐桶巻作りである点は共通するが、仕上げに二通りある。一つは宮城内全体から出土するもので、凸面をヨコナデで仕上げるが、凹面に布目痕を残すもの（第81図1）。他の一つは大型の宮殿に使用されるもので、凹面に縦方向のミガキをかける。後者は全体に黒色を呈し、かなり光沢がある。

註

(104) 佐川正敏「中国の瓦と飛鳥時代の瓦」『古代瓦研究Ⅰ』2000年
(105) 何歳利・龔国強・李春林「唐大明宮太液池出土瓦磚の基礎的研究」『古代東アジアにおける造瓦技術の変遷と伝播』2009年
(106) 石自社・韓建華「隋唐洛陽城出土瓦の製作技法」『古代東アジアにおける造瓦技術の変遷と伝播』2009年

第12章　日本における瓦生産の拡散
—7世紀中葉から7世紀後半代—

1　はじめに

　日本における瓦生産が始まった時、百済から新たに渡来した瓦工とそれ以前に日本に渡来していた飛鳥漢人氏族とが動員されて瓦工組織が編成されたが、これら渡来系氏族を統括する立場にあったのが蘇我氏であり、蘇我氏の主導のもとで飛鳥寺の造営、豊浦寺金堂、斑鳩寺金堂の造営などの造寺・造瓦が行われたのであった。斑鳩寺金堂の造瓦では、すでに日本独自の文様ある軒平瓦を発案するなど、優れた才能をもつ渡来人を登用していた。

　630年代になると、豊浦寺伽藍の整備が行われたが、ここでは飛鳥漢人とは異なる渡来系秦氏からの瓦工が選抜され、その瓦工の系譜は新羅に連なるものであった。そして、聖徳太子の菩提を弔うために葛野の秦寺、摂津四天王寺、若草伽藍の造瓦が行われたが、前者は新羅系秦氏瓦工、後二者は畿内百済系漢人瓦工によって行われ、また奥山廃寺や豊浦寺の伽藍整備に際しては、摂津・播磨・備中から大和へ瓦が運ばれたが、これらの瓦工は、いずれも蘇我氏によって最終的な統括がなされていたのである。

　ところが、蘇我氏本宗家が滅亡する数年前から新たな動きが起き、やがて7世紀中葉から後半にかけて、政府直属瓦工とも言うべき組織が生まれる。政府直属瓦工とも言うべきものは百済大寺や川原寺造営の時に設立され、政府準直属瓦工とも言うべきものは山田寺・四天王寺・法隆寺造営の時に設立された。しかし全国の膨大な寺院の数に見合う造瓦を行うためには、政府直属組織とは別の、7世紀前半代に育成された飛鳥漢人瓦工の活動が必要であり、さらに畿内渡来系瓦工を中心として全国的な造瓦が指揮されたのであった。しかし、それは統一的な指揮ではなく、個々の事情に応じた場当たり的なものであり、造

瓦の結果として生まれたものは瓦がもつさまざまな要素が複雑に入り組んだ姿を示しており、それを系統的に解き明かすことはきわめて難しい。そして、畿内渡来系瓦工と在地で登用された瓦工とが共同で造瓦を行った後、次の段階では在地で登用された瓦工のみの単独の造瓦から、さらに在地登用瓦工が造瓦を指揮して近隣の在地瓦工を新たに生み出すという形をとっていくのである。しかもその流れは、複数の流れとして諸要素がからみあって推移していく。しかし、それにもかかわらず7世紀後半代の全国の瓦が古代後期の全国の古代瓦に比べて、みなぎる溌剌さを示しているのは、先の在地での人材登用が個々人の情熱を引き出しうるほどの将来性を呈示していたからであろう。

2　百済大寺と山田寺の瓦

百済大寺[107]と山田寺[108]の造営については、その年代的位置付が相互に微妙な関係にある。即ち百済大寺については、『日本書紀』によると、舒明十一年（639）、「今年、大宮及び大寺をつくらしむ」と述べ、西の民は宮を造り、東の民は寺を作った。書直縣を以て、大匠（造営長官）とした。12月に、百済川の側に、九重の塔を建てた。皇極元年（642）9月、天皇は「朕、大寺を起し造らむと思欲ふ。近江と越との丁をおこせ」（百済大寺）と大臣に述べた。そして大化元年（645）に、「恵妙法師は百済寺の寺主に任命」されている。以上からみると大寺の計画は639年に始められ、その年の末には塔の造営が始まった（金堂造営も始められているだろう）。しかし、舒明崩御によって中断。再び皇極天皇は大寺の造営を大臣に命じて再開し（東の民と、近江と越の丁とは同義語であろう）、645年頃には寺観が整ったとみてよいだろう。即ち百済大寺は二代にわたる天皇の勅願寺であり、蘇我氏に対抗する巨大な寺院造営を目論んだものであった。そして、それを「百済大寺」と呼んだのは、舒明十三年（641）に百済王子豊璋＝翹岐をはじめとする百済王氏一族が日本に質として送り込まれたからである。「質」とは百済王の身代わりのことで、その代わりに日本は外交関係における百済との共同作戦を要請されるものであった。即ち、百済大寺は天皇家自身のもの、および天皇の客分としての百済王氏のための寺院であったと考えられる[109]。

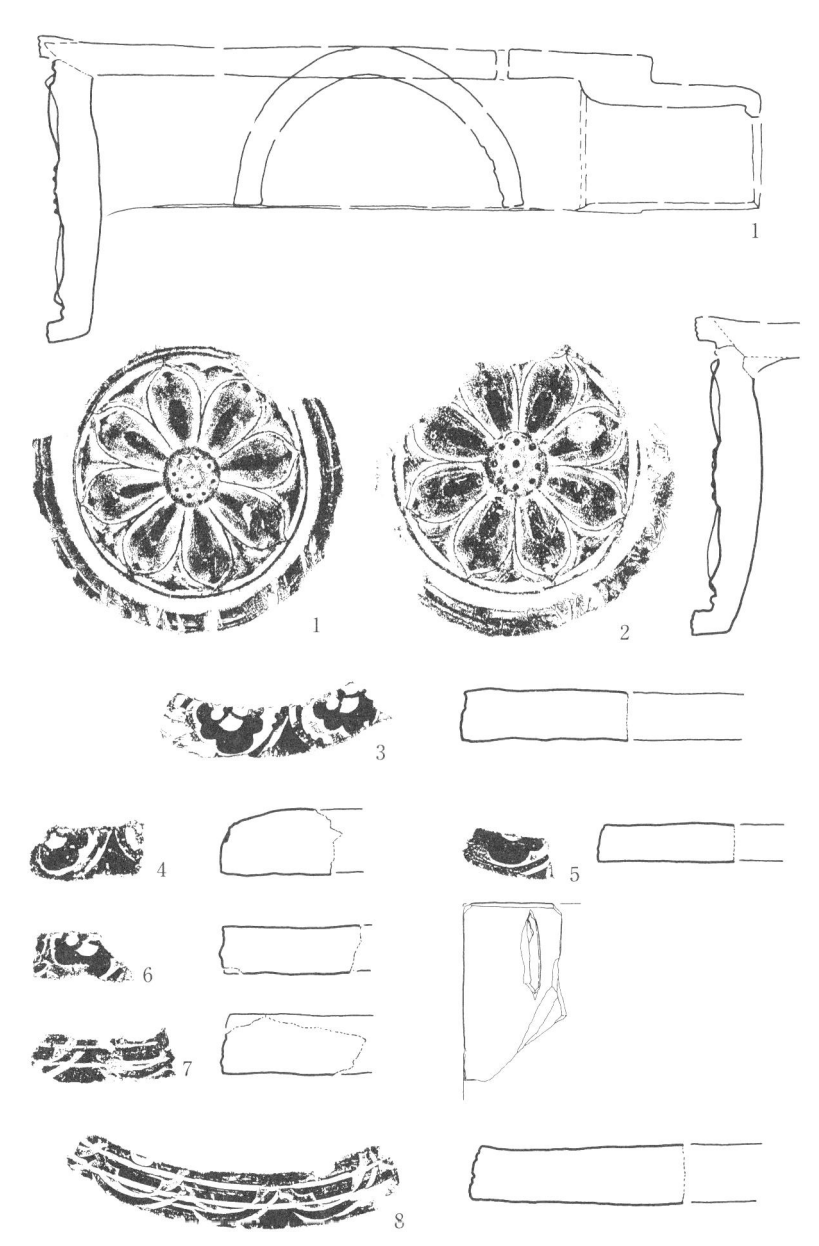

第82図　百済大寺の瓦（縮尺 1：5）
1・3〜7 吉備池廃寺、2・8 木之本廃寺

　次に山田寺については『上宮聖徳法王帝説』裏書によると、「辛丑年（舒明十三：641）に始めて地を平らし、癸卯年（皇極二：643）に金堂を立つ。戊申年（大化四：648）に始めて僧住む。己酉年（大化五：649）に大臣（蘇我倉山田石川麻呂）、害に遇う。癸亥年（天智二：663）に塔を構え、癸酉年（天武二：673）に塔の心柱を建つ。丙子年（天武五：676）に露盤を上ぐ。戊寅年（天武七：678）に丈六の仏像を鋳る。乙酉年（天武十四：685）仏眼を点ず。山田寺これ也」とある。

　以上のように百済大寺の造営と山田寺初期の造営年代を比較してみて、もちろん百済大寺の造営が山田寺より若干先行するのであるが、642〜644年頃は両寺の造営は併行していると考えた方がよく、そのあたりの事情が瓦の中にも反映されていると考えられる。

　以下では、百済大寺の瓦（第82図）と山田寺の瓦（第83図・84図）とを比較してみよう。

　まず百済大寺と山田寺金堂の瓦とが、7世紀前半代の瓦と異なる点について述べよう。軒丸瓦の瓦当文様では、蓮華文の蓮弁に子葉が付くようになる（有子葉単弁）。それ以前の蓮弁は子葉がない（無子葉単弁、素弁）ものであった。また外縁に圏線がめぐるようになった。これらの特徴をもつものを、外縁圏線式の有子葉単弁蓮華文軒丸瓦とし、これを「山田寺式軒丸瓦」と呼んでいる。また、軒平瓦が出現し、軒丸瓦の外縁の圏線文様に対応した文様として重弧文軒平瓦が作られている。製造技法で新たな点は、丸瓦の玉縁式で、玉縁部凹面に布目をもつようになり、丸瓦型木が変化したことがわかる。

　次に百済大寺と山田寺金堂の瓦とが、7世紀前半代の瓦と共通する点を述べよう。瓦当文様では軒丸瓦が単弁蓮華文の文様である点が同じである。製作技法では平瓦が模骨桶粘土板桶巻作りで作られ、軒丸瓦では瓦当と丸瓦の接合に際して、瓦当裏面には刻みを入れないことが共通している。この点は、巨視的にみると百済大寺・山田寺金堂瓦が百済から由来した瓦の延長線上にあって、隋・唐瓦からの直接の影響を受けたものではないことを示す。

　さらに、百済大寺の瓦と山田寺金堂の瓦とが相互に異なる点を述べよう。軒丸瓦の瓦当文様では、蓮弁は百済大寺例が最も長く、先が尖っており、次いで山田寺金堂例が長いが、蓮弁先端を丸めている。山田寺塔所用瓦では蓮弁はさ

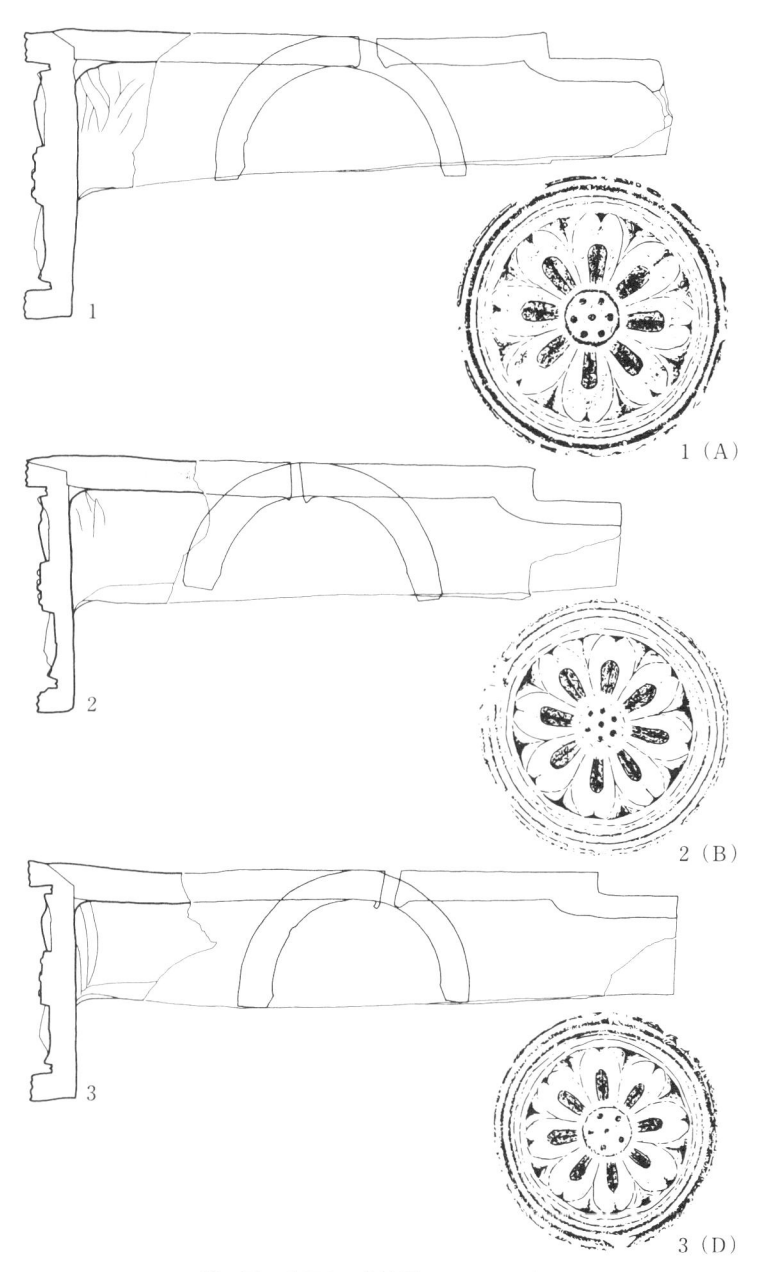

1（A）

2（B）

3（D）

第83図　山田寺の軒丸瓦（縮尺 1：5）

らに短くなる。この順番は、年代の古いものからの順位を示している。そして、軒平瓦の文様では、百済大寺は型押し忍冬唐草文軒平瓦と、押し引き三重弧・型押し忍冬唐草文軒平瓦の２種（第82図３～８）があり、山田寺では四重弧文軒平瓦（第84図）である。百済大寺の型押し具は、若草伽藍出土の213Ｂと同じ型であり、百済大寺例の方が傷が多く、新しい段階のものである。百済大寺の軒丸瓦は２種あって、それは両方とも、後の四天王寺で使用され、四天王寺には三重弧文軒平瓦があるから、百済大寺・山田寺金堂・四天王寺の軒平瓦を比較すると次のようになるだろう。即ち、百済大寺型押し忍冬唐草文軒平瓦（Ａ）→百済大寺押し引き三重弧・型押し忍冬唐草文軒平瓦（Ｂ）→四天王寺押し引き三重弧文軒平瓦（Ｃ）の順である。これを（Ａ）が639年からの大寺造営に伴うもの、（Ｂ）が642年からの大寺造営再開に伴うもの、（Ｃ）が大化改新以降の難波遷都に伴うものと考えた時、（Ｂ）の重弧文軒平瓦の採用と、山田寺金堂の皇極元年（642）の軒平瓦の導入とが同一年にあることが意味をもつように思われてくる。そして丸瓦の玉縁式で玉縁部凹面に布目のある新式のタイプが639年の百済大寺で初めて導入されているが、それが３年後の山田寺金堂で採用されている点は、両者の造瓦の技術交流はかなり密であるといってよいだろう。そして、「百済大寺」と華々しく打ち上げたにもかかわらず、軒平瓦については若草伽藍の使用型を再使用している点でやや受け身の姿勢がみえるし、重弧文軒平瓦の採用も山田寺金堂所用瓦の影響を受けたのではないか、と考えられるのである。

次に山田寺[108]出土の外縁圏線有子葉単弁蓮華文軒丸瓦の年代と技法について述べよう。この山田寺タイプの軒丸瓦はＡ～Ｆの６種（第83図）が出土しているが、Ａが1,014点、Ｂが644点、Ｃが370点、Ｄが1,666点の出土で、Ｆが74点、Ｅが４点と少ない。出土量の多い４種のうちＡが金堂用、Ｂが塔用で、Ｃが塔と宝蔵用、Ｄが回廊・中門用であることはほぼ間違いあるまい。そして瓦当と丸瓦の接合に際して、４種とも片柄状（　　　）に作り出しており、片柄の作り方が、丸瓦先端からのカット面が大きく、凹面側からのカット面が小さいもので、片柄状端面は瓦当外縁端に達しないもの＝片柄形Ⅰのものと、凹面側からのカット面が大きくなり、片柄状端面は瓦当外縁端に達するもの＝片柄形

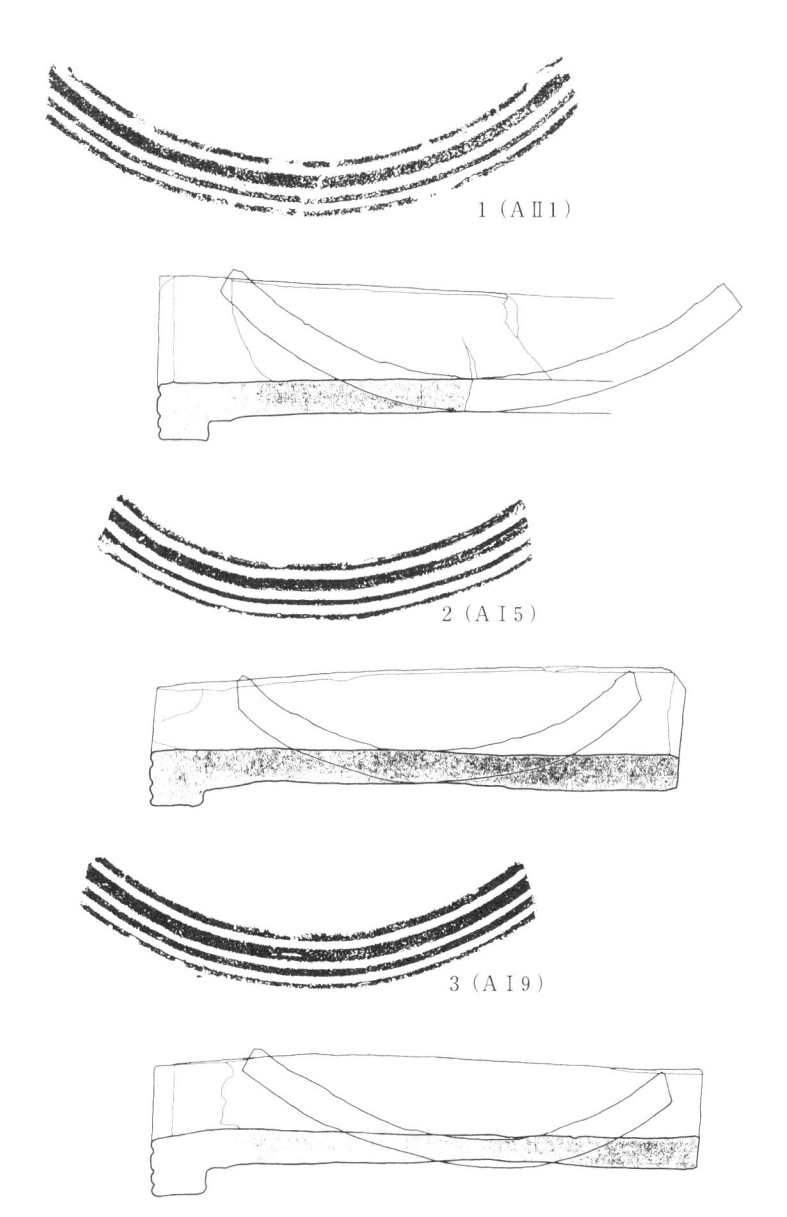

1（AⅡ1）

2（AⅠ5）

3（AⅠ9）

第84図　山田寺の軒平瓦（縮尺 1：5）

Ⅱのものに大きく分かれる。金堂所用瓦Ａの圧倒的多数は片柄形Ⅰであり、回廊・中門所用瓦Ｄもすべて片柄形Ⅰである。次に塔所用瓦Ｂはすべて片柄形Ⅱであり、塔と宝蔵所用瓦Ｃは片柄形Ⅱと丸瓦先端楔形加工や丸瓦先端未加工がある。これを『上宮聖徳法王帝説』裏書に対比させると、片柄形ⅠのＡ種が癸卯年（643）の金堂造営期のもので、片柄形Ⅰの回廊・中門所用瓦Ｄ種も、己酉年（649）の大臣害に遇う頃までには作られていると考えられる。その後、造営の中断があって、癸亥年（663）から癸酉年（673）に塔が建てられはじめ、その時に片柄形Ⅱの軒丸瓦ＢとＣが製作されたと考えてよいものである。

　ところが2002年出版の『山田寺発掘調査報告』で、軒丸瓦の報告者の佐川正敏氏は、「瓦を含む塔の建築資材の準備は、その一部が石川麻呂造営期にすでに始まっていた」[108]とし、塔所用瓦Ｂは石川麻呂造営期のものと言うのである。この考えは誤りである。第一に、大和では片柄形Ⅱの加工を施す軒丸瓦は浦坊廃寺出土複弁蓮華文軒丸瓦[110]（石川廃寺式）にあり、弁の平板さからみて天智朝には遡らず、天武朝のものである。佐川氏は片柄形加工が天武朝にはないという先入観によって考えをまとめているのである。第二に、年代幅の問題である。辛丑年（641）に初めて地を平らし、癸卯年（643）の金堂を立つから、己酉年（649）の大臣害に遇うまで8年間弱である。この間に金堂・回廊・中門瓦を完成させ、さらに塔用の片柄形ⅡのＢ種軒丸瓦まですべて造瓦し終えたというのであろうか。しかも、この8年間の間に、片柄形Ⅰから片柄形Ⅱへ変化したとする理由は何か。そして、山田寺の遺構全体からみても、金堂・回廊の礎石は蓮華座をもつのに、塔・宝蔵・講堂の礎石は蓮華座をもたないなど、両者は画然とした差があるのだ。「塔の建築資材の準備」が石川麻呂の時に行われていたのなら、塔の礎石が蓮華座をもたないのはなぜか、という問いに答えられないだろう。

　この項の最後に、百済大寺・山田寺金堂瓦が隋・唐瓦から、どの程度の影響を受けたか考えてみよう。一つ目は、丸瓦の玉縁式で、玉縁部凹面に布目をもつようになる丸瓦型木の変化であり、二つ目は重弧文軒平瓦出現の問題である。

　丸瓦の玉縁部は北朝および隋・唐代を通して凹面に布目をもち、百済では弥勒寺からみると610年代には移行していると考えられ、新羅では少なくとも芬皇寺瓦（634年）以前に遡るものである。このように新式の玉縁部への移行は、

百済・新羅・日本が揃って隋・唐化の方向に向かっているが、三国の中では日本が一番遅いことは間違いない。日本に影響を与えた新羅系秦氏瓦工の丸瓦が行基式であることを考えると、百済か唐からの影響を考えた方がよいと思う。

　次に重弧文軒平瓦出現の問題だが、これは中国での見聞が大きな影響を与えているのだと思う。即ち波状重弧文軒平瓦は5世紀末の明堂で出現し、押し引き重弧文軒平瓦（波状）は、東魏・北斉（534～577年）の時代に出現し、隋・唐代に継続する。東魏・北斉の四重弧文は三つの溝のうちの中央が最も深いのに対し、隋・唐代では溝の深さは均一になってくる。日本の四重弧文軒平瓦は隋・唐代の例に近い。ただ、中国では波状のひねりを二重弧目と四重弧目に加えるのだが、日本の初期の重弧文軒平瓦では全くひねりを行わない。この点と、重弧文に対応させて軒丸瓦の外縁に重圏文を施した点に、日本独自の発案があると考えてよかろう。ただし押し引き重弧文は、日本だけで独自に開発したかというと、そうではない。押し引き重弧文の完成まで、中国でも50年間の歳月が必要であって、日本ではその試行錯誤がないままに、突然押し引き重弧文があらわれている。これは、中国での見聞が、最低限必要であると思う。

3　山田寺式軒丸瓦の拡散

　前節で述べたように外縁圏線有子葉単弁蓮華文軒丸瓦を「山田寺式軒丸瓦」と呼んでおり、この文様をもつ瓦が全国に波及する事例を二、三みてみよう。

　まずは、百済大寺と同笵の四天王寺・海会寺の瓦について述べよう。百済大寺の軒丸瓦はⅠA・ⅠBの2種があったが、この2種は摂津四天王寺[111]でも出土している（第85図）。このうちⅠA軒丸瓦は楠葉平野山瓦窯から出土しており、三重弧文軒平瓦と組むものと考えられる。また、丸瓦も玉縁部凹面に布目をもつ新式の玉縁式が組み合うものと考えてよい。したがって四天王寺のⅠA軒丸瓦（NMⅡa1）と組む軒平瓦・平瓦・丸瓦は、ほぼ百済大寺例と同一の特徴を示すと考えてよいだろう（ただし、軒平瓦ではすでに型押し忍冬唐草文が欠落している）。それ故、百済大寺の瓦生産に従事した工人の少なくとも一部は、楠葉平野山瓦窯の瓦生産に従事したと考えてよいものである。

　そして、四天王寺の造瓦が終了した後で、ⅠB軒丸瓦（NMⅡa2）の笵型は

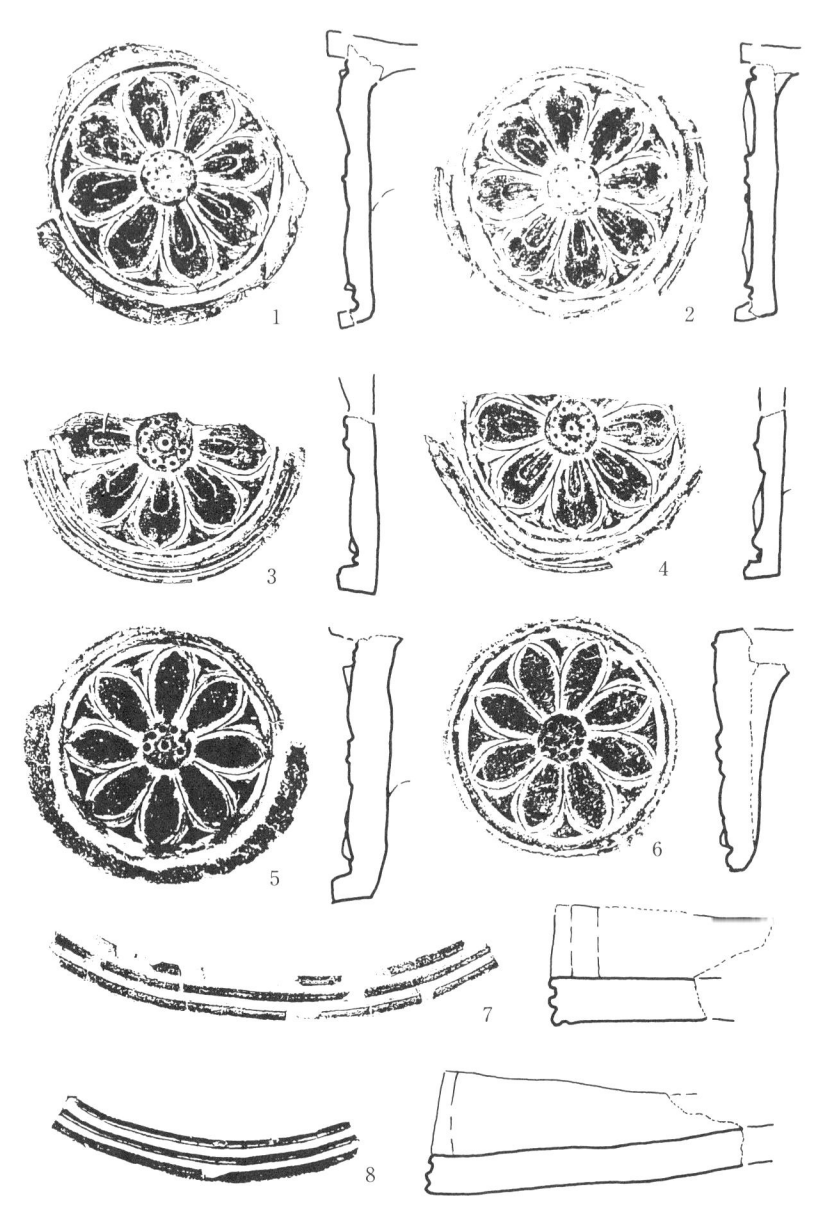

第85図　四天王寺の瓦（縮尺 1：5）
1・2はＩＡ軒丸瓦（NMⅡa1）、3・4はＩＢ軒丸瓦（NMⅡa2）

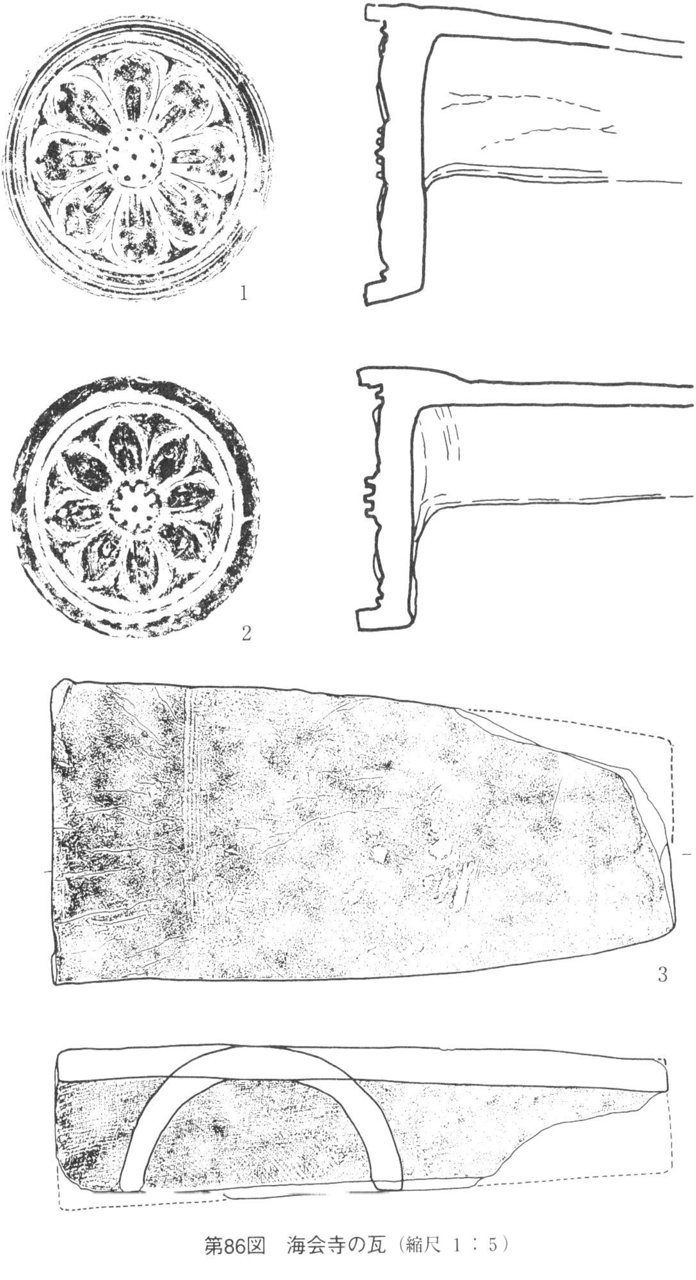

第86図　海会寺の瓦（縮尺 1：5）

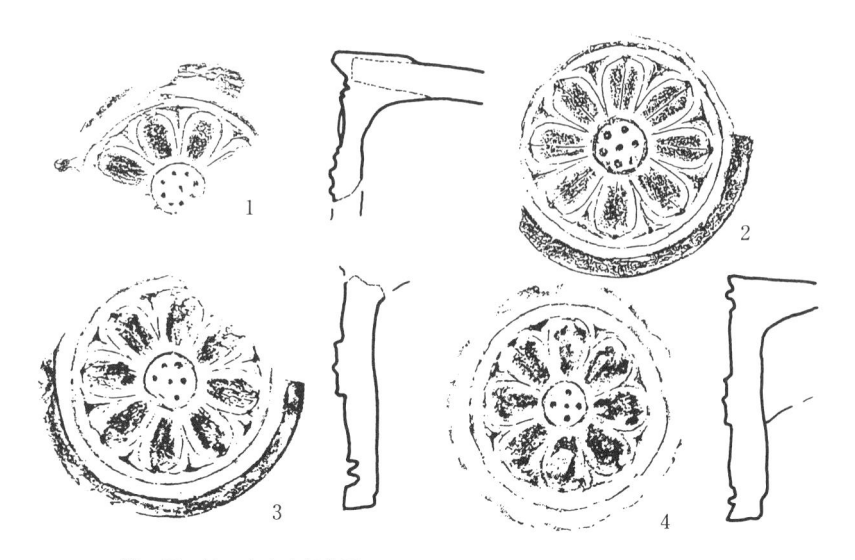

第87図　池田寺出土軒丸瓦（縮尺　1：5）　ただし1の個体は和泉寺出土

和泉海会寺[112]の造瓦において再使用された。海会寺創建期の軒丸瓦はA（第86
図1）とB（第86図2）の2種あって、軒丸瓦Aが百済大寺ⅠB、四天王寺NM
Ⅱa2と同笵であり、海会寺例が最も笵傷が多い。海会寺B軒丸瓦は有子葉単
弁の8弁蓮華文軒丸瓦で蓮子が1＋8である点、内外区境界に一重の圏線をもち、
蓮弁先端を尖らす点など、A軒丸瓦を模倣した文様であることは明らかである。
ただしA軒丸瓦と比べて、間弁の面積が拡大しており、外区に重圏文をもたな
いなど、あまり上手な模倣の仕方ではない。海会寺ではA軒丸瓦が金堂周辺で
出土し、B軒丸瓦が塔周辺で出土し、前者の瓦当の直径が19.5cm、後者が17cm
の大きさであり、金堂造営の時に四天王寺NMⅡa2の笵型が海会寺に移動し
て軒丸瓦Aが製作され、塔造営の時にBの笵型が新たに製作されたと考えてよ
いものである。
　ところで海会寺のAとBの軒丸瓦は共に行基式の丸瓦部をもち、重弧文軒平
瓦を伴わない点、また笵型の瓦当粘土の詰め方など、製作技法はきわめて共通
している。一方、この海会寺のA・Bは、四天王寺所用瓦や楠葉平野山瓦窯で
の製作技法と比べると、全く異なるものと言ってよい。即ち海会寺A軒丸瓦の
製作では、四天王寺からの笵型の移動であって、瓦工の移動は考えられないの

である。そしてA軒丸瓦の范型で瓦を製作し、B瓦范を製作した海会寺の瓦工によって、その軒丸瓦の文様の特徴が外区が素文縁で内外区境界に一重の圏線をもつ有子葉単弁蓮華文軒丸瓦の文様を生み出し、それが池田寺・和泉寺（第87図）などの和泉地域の諸例[113] を派生させているのである。

　これを年代順に追うと次のようになるだろう。まず四天王寺でのⅠA・ⅠB軒丸瓦の製作開始年代は、645年の難波遷都を遡ることは、まずないだろう。なぜなら百済大寺の造営開始は642年であり、政治の動きを予見して瓦范が先に難波に動くなどありえないからである。四天王寺の造営はかなり本格的で、大化四年（648）の「阿倍大臣、四衆を四天王寺に請せて、仏像四軀を迎えて、塔の内に坐せしむ」は、その一端を示すものである。

　次に、四天王寺でのⅠB（NMⅡa2）軒丸瓦の製作終了年代は、少なくとも百済大寺での范使用期間（639〜645年）と同程度は必要であり、651年頃より以降と考えるのが妥当である。とすれば、孝徳が難波に没し、都が飛鳥に戻る654・655年以降に范型が海会寺に移ったと考えるのが無理がない。そして海会寺瓦工はAの范型で金堂用瓦を製作し、Bの范型で塔用瓦を製作したが、その時期は畿内でも重弧文軒平瓦がまだ広く波及していない660年代のことであったと考えてよいだろう。その後この海会寺瓦工を起点として、和泉池田寺・和泉寺などに類似した文様が波及していく。

　以上を「はじめに」の項に対応させると、百済大寺の造瓦は政府直属瓦工であり、四天王寺の造瓦は政府準直属瓦工であり、いずれも日本最新の造瓦技術を駆使したものであった。海会寺瓦工は畿内の渡来系瓦工と考えられるが、最新の造瓦法は伝授されておらず、十数年来に取得した造瓦法によるものであった。この海会寺瓦工の指揮によって、池田寺・和泉寺の造瓦の際に在地の瓦工を登用するという形をとったものと考えられる。

　次に大和檜隈寺と安芸横見廃寺を起点とする一群の瓦について述べよう。楔形の毛羽を子葉にそってめぐらす有子葉単弁蓮華文軒丸瓦（ⅠA）は、大和檜隈寺・呉原寺で出十（第88図）し、それは安芸横見廃寺[114]・正敷殿廃寺・明官地廃寺[115] と同范である（第89図）。この文様の軒丸瓦が起点となって、安芸ではⅠAに類似した毛羽のある8弁蓮華文軒丸瓦（正敷殿廃寺：ⅠB）、毛羽のな

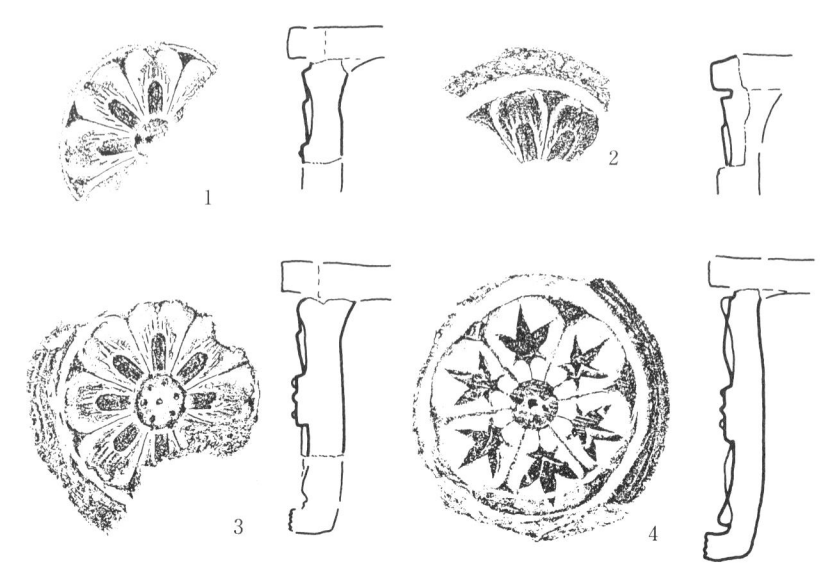

第88図　安芸の山田寺式軒丸瓦関連資料 (縮尺 1：5)
1 呉原寺、2 檜隈寺、3 伝山田寺、4 横見廃寺

い有子葉単弁蓮華文軒丸瓦 (明官地廃寺：Ⅱ)、毛羽をもつ7弁の有子葉単弁蓮華文軒丸瓦 (明官地廃寺：Ⅲ)、毛羽をもつ有子葉単弁と無子葉有稜単弁を交互に配する蓮華文軒丸瓦 (明官地廃寺：Ⅳ) の4種の范の軒丸瓦が新たに生み出されている[116]。

　まず大和の檜隈寺・呉原寺そして伝山田寺と称する天理参考館所蔵例 (第88図) では、外縁の重圏文は一周するものと考えられ、丸瓦接合に際し、范に粘土を詰めて弧状の接合溝を設け、丸瓦をさし込む通常の接合式であると考えられる。檜隈寺では7世紀中葉頃の重弧文軒平瓦は出土していないので、このⅠA軒丸瓦は外縁に重圏をもちながら、重弧文軒平瓦と組み合わない重圏文有子葉単弁蓮華文軒丸瓦となる。組み合う丸瓦は、おそらく行基式であろう。

　次に安芸の同范例であるⅠA軒丸瓦では范傷が大和の諸例より多くなっており、さらにいずれも、外縁の丸瓦取り付け部の圏線がみえなくなっている。これは明官地廃寺で出土量の多いⅣ軒丸瓦と同じく、「まず最初に范の上に丸瓦を立て、それに連続する瓦当下半部の周縁の粘土紐を詰める。次に瓦当面の粘土塊を押し込んで、丸瓦の接続部を粘土で補強する」[115]方法によって作られた

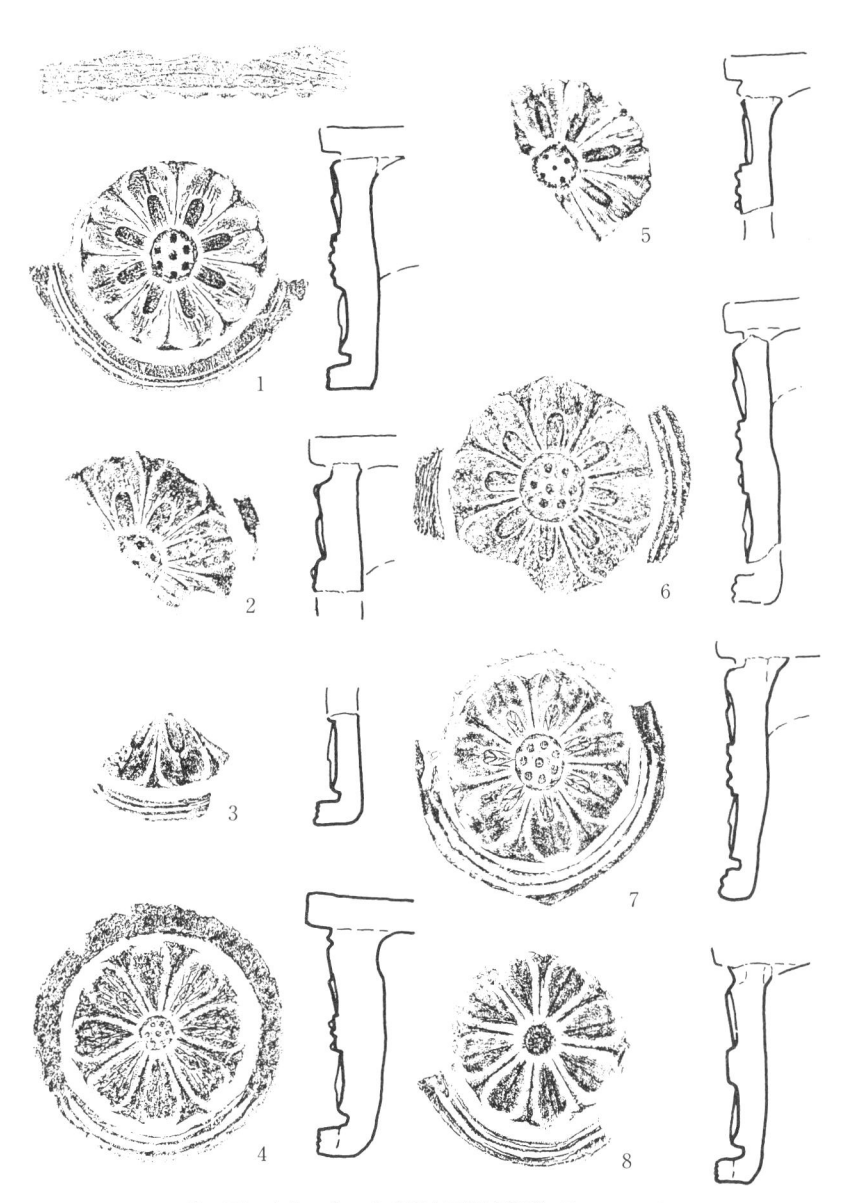

第89図　安芸の山田寺式軒丸瓦関連資料（縮尺 1：5）
1 横見廃寺、2・4・6〜8 明官寺廃寺、3・5 正敷殿廃寺
1・2・3はＩＡ、4・8はⅣ、5はⅠＢ、6はⅡ、7はⅢa

からである。これは范型の外縁の端まで文様を描いているのに、その范型文様の外縁上半に、直接に半乾燥の丸瓦端を押し込んだために文様がうまく表出されていないのである。これは瓦当范と製作法とが寄せ集めのために生じたものである。その後、ⅠAに類似したⅠB軒丸瓦、毛羽をもたないⅡ軒丸瓦が作られ、やがて毛羽をもつ有子葉単弁と無子葉有稜単弁を交互に配するⅣ軒丸瓦が生み出されていく。Ⅳの時期になっても、范型の文様の外縁には重圏文が描かれ、かつ重弧文軒平瓦と組み合わず、瓦当外縁上半は文様がうまく表出されない状態が続いているのは、造瓦工人とは無関係に范型文様の作成が行われていることから生じるものであろう。

　以上の瓦は次のように考えられるだろう。

　まず『日本書紀』の白雉元年（650）是歳条には「倭漢直縣、白髪部連鐙、難波吉士胡床を、安芸国に遣して、百済船二隻造らしめたまふ」とある百済大寺の造営長官であった倭漢直縣を安芸国に遣したのは、遣唐使船を作るのを急いでいたからであり（遣唐使船は653年に二隻、654年に二隻、659年に二隻出航している）、倭漢氏の氏寺である檜隈寺の瓦范を安芸に移動したのも、この安芸での大型船建設と無関係ではない[117]。この造船に必要な労働力の動員は、沼田郡・高田郡・高宮郡にまたがるものであり、三郡での6世紀末から7世紀前半にかけての群集墳の多さも、この三郡での潜在的な労働力の蓄積を示すものである。そして、檜隈寺と同范の瓦が沼田郡の横見廃寺だけでなく、高田郡の正敷殿廃寺、高宮郡の明官地廃寺（内部寺）から出土していることは、横見廃寺に近接する造船組織主導の造寺援助を考えてよい。そして、皇極元年（642）九月には、「宮室を營らむと欲ふ。国々に殿屋材を取らしむべし。然も東は遠江を限り、西は安芸を限りて、宮造る丁を發せ」とのたまふとされ、労働力動員の新たなスタイルは安芸においても行われたのであり、これをふまえて650年以降の船造る丁が安芸の中心部に発せられたと考えられる。

　そして、造船事業が一応の落ち着きを示す659年頃に、安芸国の主要な三郡で造寺が行われはじめた。この時に使用された范型は、毛羽をもつ有子葉単弁蓮華文軒丸瓦の范と、忍冬葉単弁蓮華文軒丸瓦の范であり、いずれも飛鳥漢人瓦工が製作した、百済色の濃いものであった。そして安芸国の造瓦を指揮した瓦工は、吉備在住の渡来人瓦工か畿内在住の渡来人瓦工かは不明だが、飛鳥漢

人瓦工とは系譜の異なる瓦工であった。それは、丸瓦先端が瓦当笵にまで達するものは百済や新羅にあるが、7世紀代では新羅に類例が多いこと、Ⅳ軒丸瓦の段階では瓦当裏面下半がだらしなく丸まっていくこと、Ⅳ軒丸瓦でははじめ毛羽をもつ有子葉単弁を無子葉有稜単弁と交互に配していたが、最後は毛羽をもつ有子葉単弁部の文様を削り取って、8弁すべてを無子葉有稜単弁に変えており、最後はまさに新羅瓦の文様に変えている（第89図8）のである。この軒丸瓦Ⅳの段階では、笵型は瓦工所属または明官地廃寺所属のものとして、本来の瓦工の出自を表現できるようになっていたのであろう。

　以上、二つのケースで明らかなように、これらの瓦の文様を「山田寺式」と呼んでいるにもかかわらず、山田寺を起点として全国に瓦が波及するという形をとるものは少ないようである。「山田寺式」と研究者たちが呼んでいるからといって、あたかも山田寺と全国の瓦が関係あるかのような（実際そのような論考が数多い）錯覚を起こさせているとすれば、あまりいい傾向ではないだろう。1981年の飛鳥資料館の『山田寺展』の図録[118]では、小林謙一氏が全国の「山田寺式」の軒丸瓦を細分して三群に分けている。第一群は山田寺の「山田寺式」「西琳寺式」「四天王寺式」「浄泉寺式」「日吉廃寺式」、第二群は「横見廃寺式」「平川廃寺式」「竜角寺式」「上植木廃寺式」、第三群は「善正寺式」としている。そして、文様から言えば狭義の「山田寺式」は、第一群のうちの「日吉廃寺式」を除いたものに用いるべきであると提唱している。残された山田寺式のうち百済大寺同笵の「四天王寺式」を除けば、「西琳寺式」と「浄泉寺式」しか残らず、この二式が山田寺の「山田寺式」と直接関係があるかどうかは、軒平瓦・丸瓦・平瓦を組み合わせて考えるべきであろう。第二群での「横見廃寺式」＝「檜隈寺式」と「竜角寺式」などとの関係、「平川廃寺式」と「上植木廃寺式」などとの関係などがきめ細かく検討されなければ、諸地方への造瓦の伝播の実態解明はできないだろう。

4　川原寺の瓦

　川原寺は[119]、天武二年（673）三月の条に「書生を聚へて、始めて一切経を川原寺に写したまふ」とあって、これ以前の創建は確実である。そして福山敏

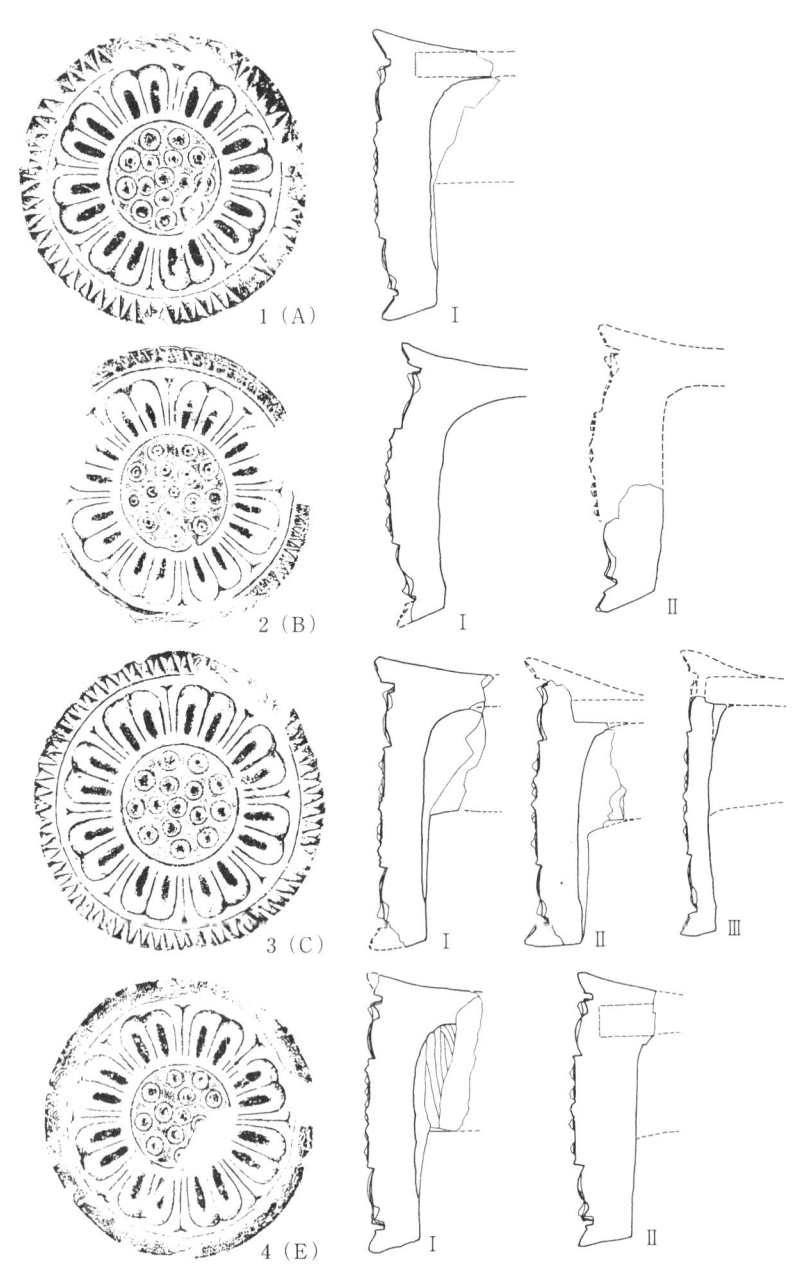

第90図　川原寺の軒丸瓦（縮尺 1：5）

男氏が指摘[120]するように、斉明七年（661）十一月の条「天皇の喪を以て飛鳥の川原に殯す」の地が、斉明元年から二年にかけての川原宮と同所とすれば、それ以降に寺が造営されはじめ、そして天智天皇勅願とすれば大津遷都以前に寺が創建されたと考えられる。即ち川原寺は天智元年（662）頃以降創建され、天智六年（667）の近江遷都で工事中断に近い造営の縮小があり、天武二年（673）以降再び造営が本格化したと考えてよいものである。天武十四年、天皇は八月十二日に浄土寺（山田寺）、十三日に川原寺に行幸している。山田寺はこの年三月に、丈六仏像の仏眼を点じており、その伽藍完成に対する行幸であり、川原寺への行幸も同じ性格をもつものと考えてよいだろう。

　川原寺の創建軒丸瓦はA・B・C・Eの4種（第90図）があって、いずれも面違鋸歯文縁の複弁8弁の蓮華文軒丸瓦である。この軒丸瓦を分析した金子裕之氏[121]は、瓦当厚と瓦当裏面の状態から、Ⅰ型は瓦当裏面に中凹みをつくるもの、Ⅱ型は瓦当を厚く裏面を平らにつくるもの、Ⅲ型は瓦当を薄く裏面を平らにつくるもの、の三つの型に細分し、軒丸瓦AはⅠ型のみ、軒丸瓦BとEはⅠ型とⅡ型、軒丸瓦CはⅠ型・Ⅱ型・Ⅲ型とし、Ⅰ型からⅡ型へ移行し、Ⅱ型からⅢ型へ時間の経過によって移行するとした。軒丸瓦Aは創建軒丸瓦として問題なく、軒丸瓦BもAに次いで古く、この2種の軒丸瓦は中房が突出する特徴をもつ。一方瓦当面が平坦なC種とE種は年代がやや遅れて使われはじめ、主な製作時期は金子氏のⅡ型・Ⅲ型の時期（天武二年以降）と考えてよいだろう。これら4種の軒丸瓦の瓦当側面は削られているため枷型の存在は明瞭でないが、A種軒丸瓦の同范例が高麗寺にあって、そこでは側面に枷型の痕跡が認められるから、川原寺A種、さらにはA・B・C・Eの4種とも枷型が使われたと考えた方がよい。枷型を使って粘土を文様端まで詰め込み、最後の瓦当裏面調整で中央部を強く削ることによって粘土を締めるために、造営初期の瓦では「瓦当裏面を中凹み」にしたと考えた方が合理的に解釈できよう。

　軒丸瓦4種の瓦当と丸瓦の接合に際しては、丸瓦広端近くの凹凸面と側面にタテの刻み目、丸瓦広端面に円弧状の長い刻みを入れ、A種では瓦当裏面側にも刻みを入れた例がある[122]。丸瓦の玉縁式丸瓦で筒部と玉縁を一体の粘土で成形し、肩部の段差は別の粘土を付加する。玉縁部凹面には布目が残り、段部凹面側の屈曲が強く、丸瓦凸面をナデまたはヘラミガキ調整している。軒平瓦

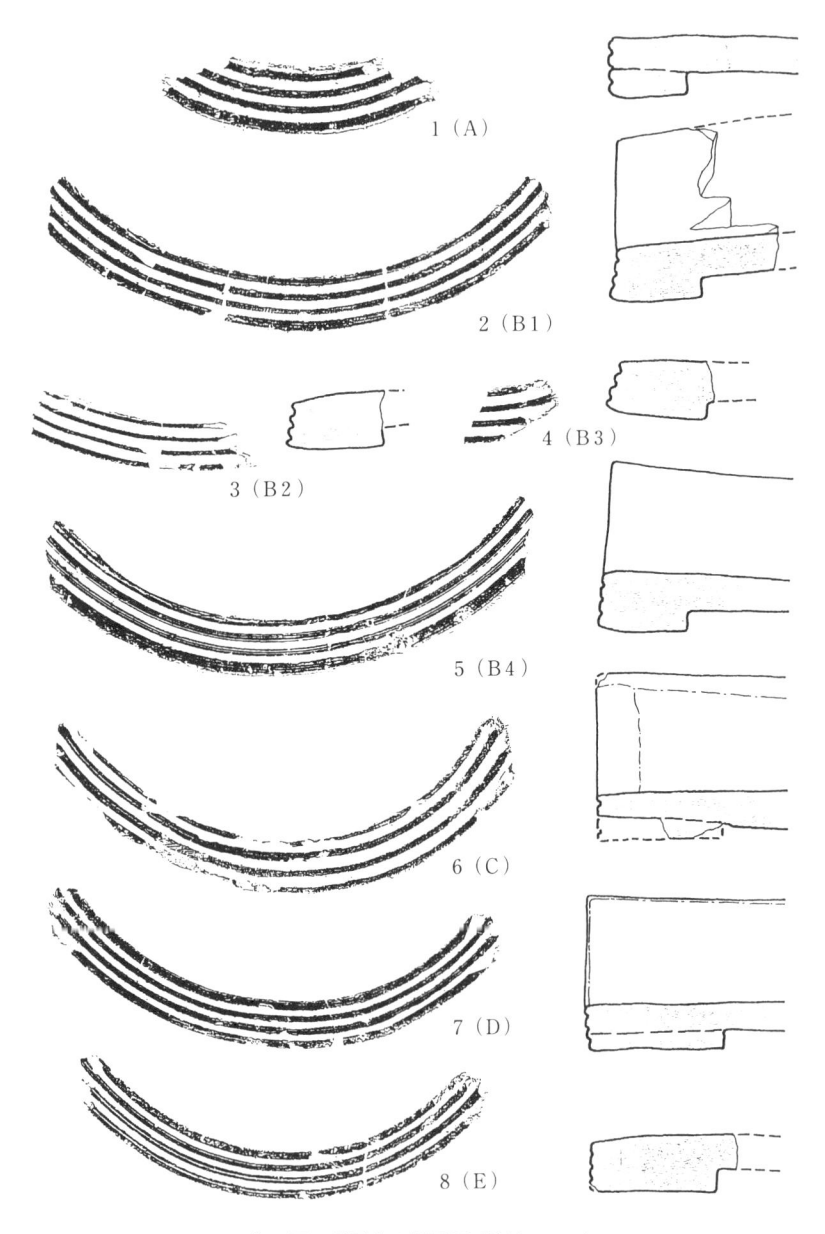

第91図　川原寺の軒平瓦（縮尺 1：5）

は段顎の四重弧文軒平瓦で、凹凸面をスリ消し布目や叩き目を残さず、側面を
二方向から削って断面が剣先形になるよう加工している。平瓦は凸面にほとん
ど叩き目を残さず、凹面をナデまたはヘラミガキ調整している。平瓦の側面は
剣先形になるよう加工する[123]。以上の川原寺創建時の瓦を山田寺創建時の瓦
と比較すると次の点が異なる。

　（1）軒丸瓦に複弁蓮華文の文様を採用した。

　（2）軒丸瓦の外縁に鋸歯文（面違鋸歯文）の文様を採用した。

　（3）軒丸瓦作成に枷型を使用した。

　（4）軒丸瓦の瓦当と丸瓦の接合に際して、丸瓦の接合部に刻みを加える部
　　　分が山田寺より多くなり、さらに軒丸瓦Aでは瓦当裏面にまで刻みを入
　　　れるものがあらわれた。

　（5）二次調整加工がきわめて丹念である。丸瓦凸面、軒平瓦、平瓦凹面に
　　　ケズリ、ナデ、ヘラミガキなどの調整加工が行われている。

　以上、5つの新たに採用された点を隋・唐の瓦と比較してみると、（1）（4）
（5）の3点は、山田寺段階よりさらに隋・唐の瓦の影響をよりいっそう受け
ているといってよいだろう。ただ、瓦当文様からいえば、隋唐のものより川原
寺の軒丸瓦の方が上出来といえるほどの見栄えはしている。そして平瓦におい
ては粘土板桶巻作りで粘土紐桶巻作りは採用していない点でこれまでと変わら
ず、また瓦を黒色に燻すことはない点で、中国からの直接の影響ではないこと
がわかる。これは中国瓦を一面的に模倣するのではなく、唐瓦に対する情報収
集と日本での工夫とが入り混じった、瓦製作法の改善と考えてよいだろう。し
かしこの新式の瓦製作法は日本各地に直ちに波及するのではなく、政府直属瓦
工の工房の中で保持されていたものと考えられる。

5　川原寺式軒瓦の拡散

　前節でみたように面違鋸歯文縁複弁蓮華文軒丸瓦を「川原寺式軒丸瓦」と呼
んでおり、この文様をもつ瓦が全国に波及する事例を二、三みてみよう。

　まず川原寺創建軒丸瓦Aは山背へ笵が移動し、次に近江に笵が移動している。
山背高麗寺[124]では面違鋸歯文縁複弁蓮華文軒丸瓦が8種出土しており（1989年

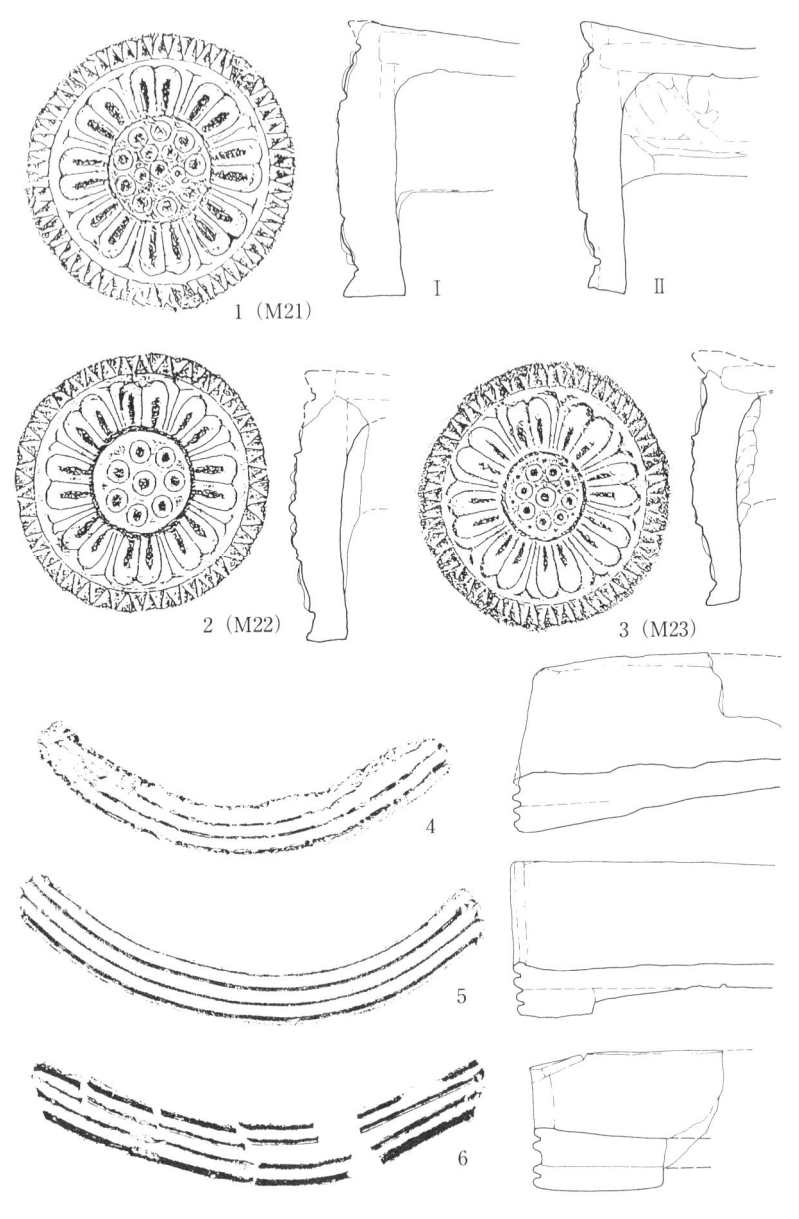

1 （M21） Ⅰ Ⅱ

2 （M22） 3 （M23）

4

5

6

第92図 高麗寺の瓦（縮尺 1：5）

の報告までに総計750点出土）、そのうち軒丸瓦M21（第92図 1 ）が川原寺軒丸瓦A
と同范であり、750点中302点（40％）出土している。このM21は金堂のほか
塔・回廊・中門・南門でも使用されたと考えられ、短期間ではない、ある一定
幅の期間に造瓦が行われたことを示している。次に軒丸瓦M22（第92図 2 ）が
高麗寺で製作されている。瓦当文様の中心に位置する中房において、M21では
1 ＋ 5 ＋ 9 の蓮子を有していたが、M22では 1 ＋ 7 に変化している。しかし中
房の半径を蓮弁の長さに合わせる点ではM21と同じ特徴を保っている。M22は
塔や講堂・回廊・南門で多いから、塔造営の時に製作されはじめたと考えられ、
講堂造営時では主要な所用瓦となっている（総計194点出土で26％）。

　高麗寺軒丸瓦M21は同范の川原寺軒丸瓦Aと比べて、次の点が異なる。

（ 1 ）丸瓦が玉縁式ではなく行基式である。

（ 2 ）瓦当裏面が平坦で、ケズリのままのものが多い。

（ 3 ）瓦当と丸瓦の接合では、丸瓦広端近くの凸面側に刻みを入れ、凹面側
　　　にも刻みを入れるものがある。しかし、丸瓦に刻みを入れないものもあ
　　　り、高麗寺の方が刻みの入る箇所は少ない。

（ 4 ）丸瓦部凸面にケズリはあるが、ミガキ調整は行わない。

（ 5 ）組み合う軒平瓦が段顎の四重弧文軒平瓦である点は川原寺例と共通す
　　　るが、側面を垂直に削る点が異なる。二次調整加工が川原寺の方が入念
　　　である。

　以上をみると、丸瓦型木が異なる点、瓦全体の二次調整加工が異なる点が大
きな差である。この点から、川原寺軒丸瓦Aの製作工人が高麗寺に移動したの
ではなく范が移動したと理解されているのは、従来指摘の通りである。ただ、
范型が移動する際に范型と組み合う枘型がセットで移動している点、また四重
弧文軒平瓦をいち早く採用している点は評価してよいだろう。この高麗寺M21
の後、M22〜28の「高麗寺式軒丸瓦」が製作され、また周辺地域へ拡散するの
であるが、この点は後述する。

　さて、川原寺軒丸瓦A・高麗寺M21と同范の軒丸瓦は近江大津廃寺[125]・崇
福寺[126]・南滋賀廃寺例[126]があり、三者とも高麗寺例の初期のものより范傷が
多く、高麗寺より後で製作されたことが明らかになっている。ただし、近江の
三例よりもさらに范の消耗したものが、高麗寺に存在するとされている。

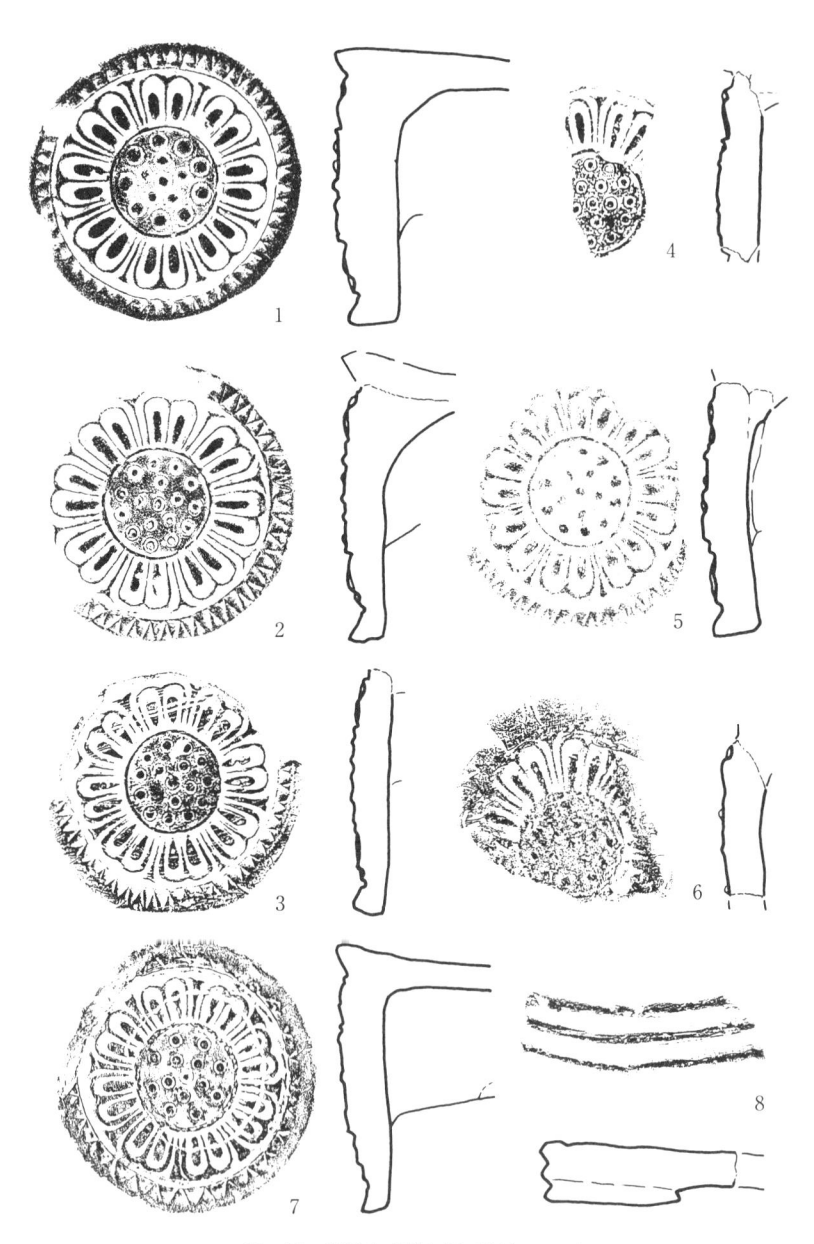

第93図　川原寺式軒丸瓦（縮尺 1：5）

1・2 大津廃寺、3 宝光寺跡、4 観音堂廃寺、5 手原廃寺、6 新庄馬場廃寺、7・8 武井廃寺

　以下では笵移動の年代を考えていきたい。まず川原寺軒丸瓦Ａは天智元年(662) から製作されはじめたとして、近江遷都まで５年足らずであり、何か大きな理由が急に生じて、川原寺の瓦の笵型を高麗寺に移動することになったと考えてよいだろう。その理由の一つは、667年の近江遷都によると考える場合。他の一つは、高麗寺のもつ、この時点特有の性格によるものと考える場合である。まず、近江遷都を契機として、大和川原寺の笵型が他所へ移動したと考えるのは、大和の側からは理解しやすい解釈である。そしてそれが近江へ先に笵が移動し、その後山背高麗寺へ笵が移動したのならば、ほぼ申し分のない結論といえる。しかし実際は、川原寺から高麗寺へ先に笵が移動しているのであり、笵移動の直接の契機は近江遷都とは少し異なると考えた方がよいのではないだろうか。

　そこで、高麗寺から想定される高句麗の情勢をみてみよう。645年、唐は従来の対高句麗政策を変え、武力による侵略策をとるようになったが、その年から高句麗は調を日本に送るようになった。斉明五年 (659)、是歳条では高麗書師子麻呂（白雉四年の狛堅部子麻呂と同一人物であろう）が高句麗からの使者を招いて日本側との調整を図っている。是歳条では、単に熊皮一枚の値段のみの話だが、実際には、660年代において高句麗救援、使節の対応、亡命者の受け入れ等の役割が、かつて高句麗から渡来した氏族狛氏に課せられたものと考えられる。そして666年10月の高句麗の使節の中に若光がおり、それは大宝三年紀の「従五位下高麗若光、王姓を賜ふ」の人物と考えられるし、高句麗滅亡の翌年の天智八年 (669) からは高句麗遺民は、新羅の援助を得て５年にわたる叛乱をおこしており、天武朝に入っても高句麗からの使いは（新羅からの送りと共に）、日本にやって来ているのである。

　ところで、山背高麗寺は狛氏によって建立された寺院と考えられるが、高句麗との現実の対応の中で、狛氏の役割が高められ、寺観を整えることが急務とされたのであろう。だから、川原寺の笵が高麗寺に移動したのは、高句麗の実質的な支配者泉蓋蘇文が死んだ665年か666年のことで、その時点から高麗寺は高句麗危機に対処する寺院としての性格が強められ、そして造営が急がれ、また高句麗遺民政府への援助および高句麗からの亡命者受け入れ等の中核として、天武朝になってもその重要性は低下しなかったものと考えられる。

　以上のようにみると、山背高麗寺から近江の大津廃寺・崇福寺・南滋賀廃寺
への瓦笵の移動による造瓦は、近江大津京の時代（667～672年）であったと考
えることができる。近江の三寺院の瓦のうち、発掘で出土したのは大津廃寺で、
崇福寺・南滋賀廃寺は共に採集品１点があるのみだから、以下大津廃寺例につ
いて述べよう。大津廃寺出土軒丸瓦(125)は、高麗寺M21と同笵の大津廃寺軒丸
瓦Ａ（第93図１）５点と面違鋸歯文縁複弁８弁蓮華文軒丸瓦Ｂ（中房の蓮子１＋
５＋11）が18点出土（第93図２）している。大津廃寺軒丸瓦Ａ・Ｂは共に枷型の
痕跡を残し、中房の半径を蓮弁の長さに合わせるなどの点は共通しているが、
丸瓦のとりつき位置・角度などで軒丸瓦ＡとＢは差があるようで、製作工人に
微妙な差があるかもしれない。微妙な差があったとしても、大津廃寺の中で軒
丸瓦Ａをモデルとして軒丸瓦Ｂが作られたことはほぼ間違いないであろうし、
軒丸瓦Ｂは草津市の宝光寺例（第93図３）と同笵(125)で、また草津市花摘寺廃
寺・長浜市新庄馬場廃寺例（第93図６）とも同笵の可能性が高い(127)とされてい
る。また、蓮子数は異なるが、中房・蓮弁の突出などは栗太郡手原廃寺例(127)
（１＋５＋10：第93図５）も、大津廃寺からの二次的派生と考えてよいだろう。

　ところでこれらの軒丸瓦は大部分が枷型の痕跡をもつものばかりで、文様の
波及と共に枷型の波及が伴っていることに意味があると考えられる。そして、
群馬県太田市の寺井廃寺(128)では蓮子が１＋５＋８の面違鋸歯文縁複弁８弁蓮
華文軒丸瓦（第93図７）が出土している。瓦当側面に枷型の痕跡が残り、中房
および蓮弁の突出は大津廃寺軒丸瓦Ｂの影響を思わせるものがある。武井廃寺
では段顎の三重弧文軒平瓦が伴っている。このように、大津廃寺軒丸瓦Ｂを起
点とする「川原寺式軒丸瓦」は軒丸瓦Ｂと共にその年代が天武朝にあることを
想定させるし、高麗寺から始まった笵型と枷型のセットの移動が各地に文様と
枷型の波及をもたらし、さらに重弧文軒平瓦の波及をもたらした点で大きな意
味があったと考えてよいだろう。

　次に山背における「高句麗式軒丸瓦」波及の様相をみていこう。高麗寺(129)
では川原寺Ａ軒丸瓦と同笵の軒丸瓦M21が生産され、次にそれをモデルとして
M22が生産された。瓦当文様および製作技法で異なるのは蓮子の数と、面違鋸
歯文の斜面の作り方、瓦当と丸瓦との接合における刻みの省略化である。いっ

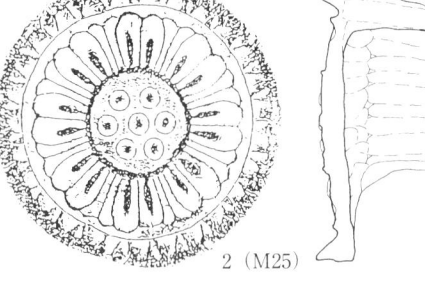
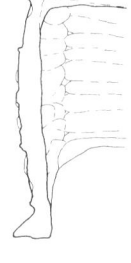
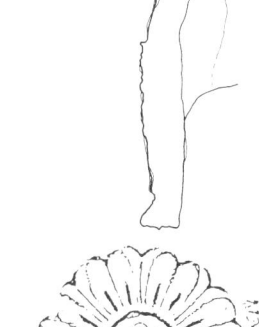
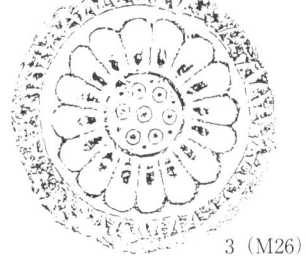
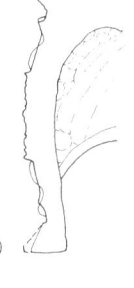
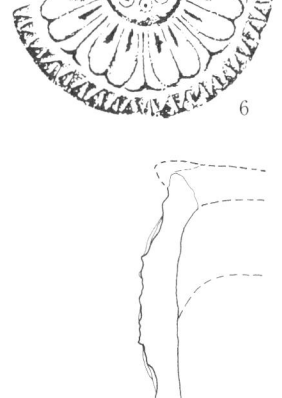
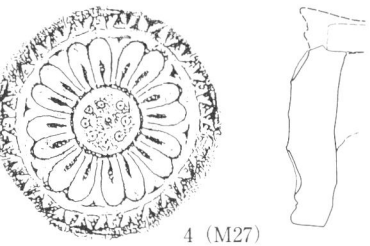

第94図　高麗寺式軒丸瓦（縮尺 1 : 5）
1～4 高麗寺、5 里廃寺、6 正道廃寺

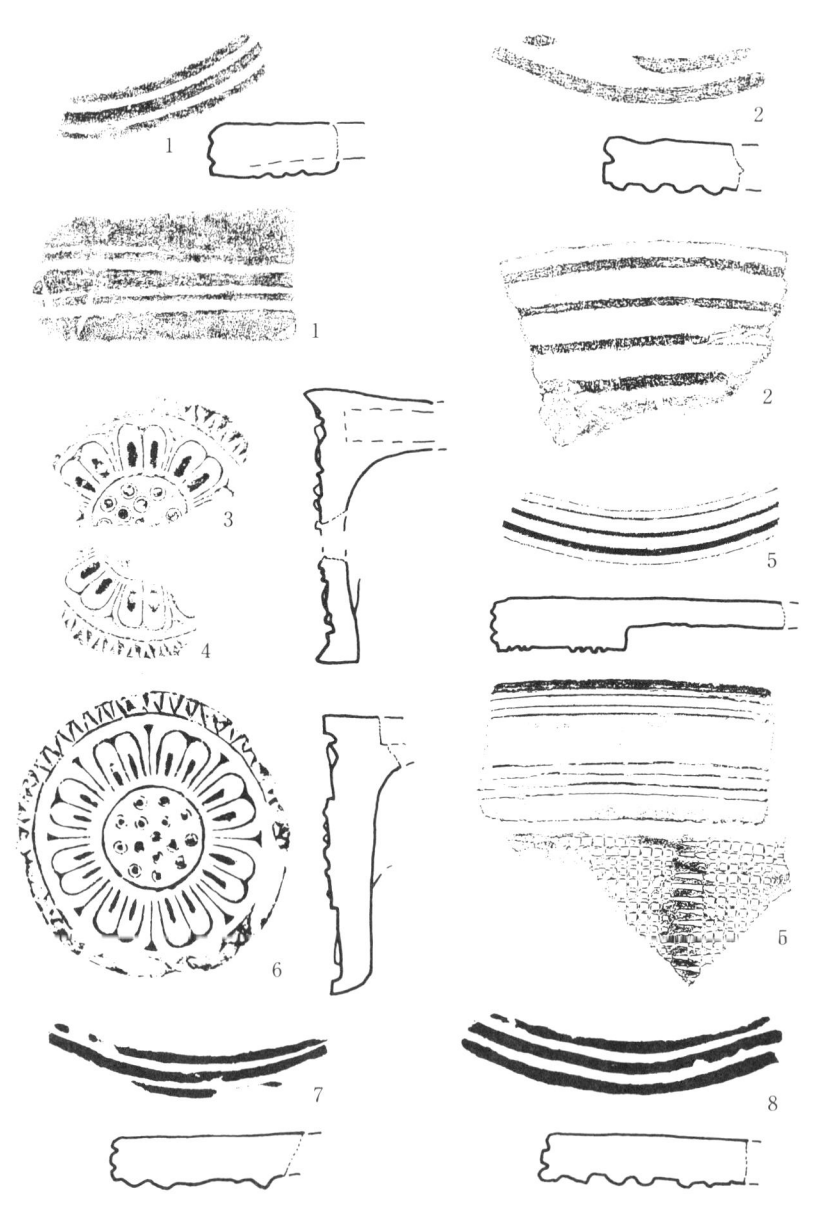

第95図　川原寺式軒丸瓦と顎面施文軒平瓦（縮尺 1：5）
1 里廃寺、2 正道廃寺、3〜5 上総大寺、6〜8 平川廃寺

たんM22が生産されると、今度はこのM22がモデルとなり、M23からM28まで
の軒丸瓦を高麗寺において生み出している（第92、94図）。M23以降は文様の彫
りが浅くなるが、一方では中房・蓮弁部分の突出が極端に半球状になるものが
あらわれ（M23・M26）、これも祖型としてのM21・M22からの展開を追えるも
のである。また鋸歯文の斜面の作り方（右側に傾斜をもってあがる）も、M22で
はM21の製品を真似て逆上がりに范を彫り込んだため、M23以降ではM21に戻
そうとする努力がみられる。このように高麗寺では、M22を起点として一連の
軒丸瓦を生み出しており、これを「高麗寺式軒丸瓦」[129]と呼んでいる。いずれ
も枷型の痕跡をもつ。そして、このM23〜28に類似した軒丸瓦が山背では里廃
寺・下狛廃寺・正道廃寺・蟹満寺、そして近江では雪野寺、大和では比曽寺・
和田廃寺・石上廃寺で出土している。このうち山背における里廃寺（第95図
1）・下狛廃寺・正道廃寺（第95図2）・蟹満寺では顎面施文軒平瓦が出土し、
それは四重弧または五重弧文軒平瓦の顎部に四条から七条の直線凸帯を型挽き
で施文したものである[129]。

　厳密な意味での軒丸瓦と軒平瓦の組み合わせはわからないが、山背平川廃寺[130]
では二重弧・三重弧文軒平瓦で顎面施文をもつ軒平瓦（第95図7・8）が30点出
土し、それは平川廃寺の重弧文軒平瓦の43%を占め、平川廃寺出土の1＋5＋
9の蓮子をもつ面違鋸歯文縁の「川原寺式軒丸瓦」と組み合う可能性は高い。

　ここで注意されるのは、上総大寺廃寺[131]の「川原寺式軒丸瓦」が1＋5＋
9の蓮子をもち、組み合う軒平瓦は三重弧文軒平瓦で顎部に三条から七条の直
線凸帯を型挽きで施文している点である（第95図3〜5）。この点については、
平川廃寺の蓮弁が長すぎるとか、上総大寺の蓮華文の方が立派という考え方も
あるが、それを認めるにしても、なお山背と上総の「川原寺式軒丸瓦」が軒丸
瓦の瓦当文様と三重弧文軒平瓦の顎部凸帯の型挽き施文という点で共通する点
は、両者が密接な関係をもって相互に影響を与えたのであり、大和から上総へ
影響を与えたのではないだろう。ところで平川廃寺の軒丸瓦は、中房および蓮
弁部分が半球状にならず平坦であり、川原寺の軒丸瓦との類似を求めればCに
近いだろう。川原寺の軒丸瓦B・C・Eは天智朝でも天武朝でも川原寺用とし
て製作されたと考えられるが、その瓦全体の組み合わせがある程度まとまりを
もったセットとして波及したと判断できる例が全くないため、波及の具体的な

年代と、その波及の実態を詳しく提示するのは難しい。川原寺の天智朝から天武朝前半にかけての造瓦技法が全国へ波及しなかったのは、川原寺の造瓦が政府直属瓦工の工房内で保持されていたからであろう。

6　法隆寺の瓦と法隆寺式軒瓦

「天智八年（669）、是の冬に、高安城を修りて、畿内の田税を収む。時に、斑鳩寺に災けり。（中略）天智九年（670）、夏四月の癸卯の朔壬申に、夜半之後に、法隆寺に災けり。一屋も餘ることなし」。

若草伽藍の焼失後、法隆寺西院伽藍が建てられるが、その所用瓦は線鋸歯文縁複弁8弁蓮華文軒丸瓦と忍冬唐草文軒平瓦の組み合わせ（第96図）である[132]。ただし、複弁蓮華文とはいっても、川原寺軒丸瓦では1単位の蓮弁が2つの子葉とその中間に切り込む稜線をもち左右に分離するのに対し、法隆寺軒丸瓦では1単位の丸い蓮弁が2つの子葉を上にのせるものを原則とする点が異なっている。法隆寺西院出土のこの軒丸瓦を37A・37B・37Cとし、組み合う忍冬唐草軒平瓦を216A・216B・216Cなどと番号付けしている。37A－216Aの組み合わせは金堂・塔で多く出土し、37B－216Cは塔・金堂で多く出土し、37C－216Bは回廊で出土している。軒丸瓦の直径をみると、37Aで20㎝、37Bで18㎝、37Cで16.5㎝であり、もともとは37Aが金堂用、37Bが塔用、37Cが回廊の一部に使用されたと考えた方がよいだろう[132]。

金堂所用軒丸瓦37Aは中房を突出させ、次いで蓮弁部分を高くし、外区の鋸歯文部を最も低い位置におき、やや半球状の断面をもつ。これに対して、塔・回廊所用37B・Cは平坦・平板な断面をもっている。軒丸瓦37Aは瓦当と丸瓦の接合に際し、丸瓦凹凸両面を斜めにケズリ、両面に刻みを入れて接合している。これととりつく丸瓦は玉縁式で、胴部から玉縁までを1枚の粘土板で巻きつけ、段部に粘土を付加して成形する。玉縁部凹面に布目痕を残す。金堂所用の軒平瓦216Aは、中央外廓に宝珠形、内廓の外側を丸くし内側をハート形にした中心飾りを付け、その中心飾りの左右に忍冬唐草文を3回反転させている。この軒平瓦の製作法は、2枚の分厚い粘土板を巻きつける粘土板桶巻作りの軒平瓦で、模骨桶をはずした粘土円筒を上下反転させ、上から范型を打ち込

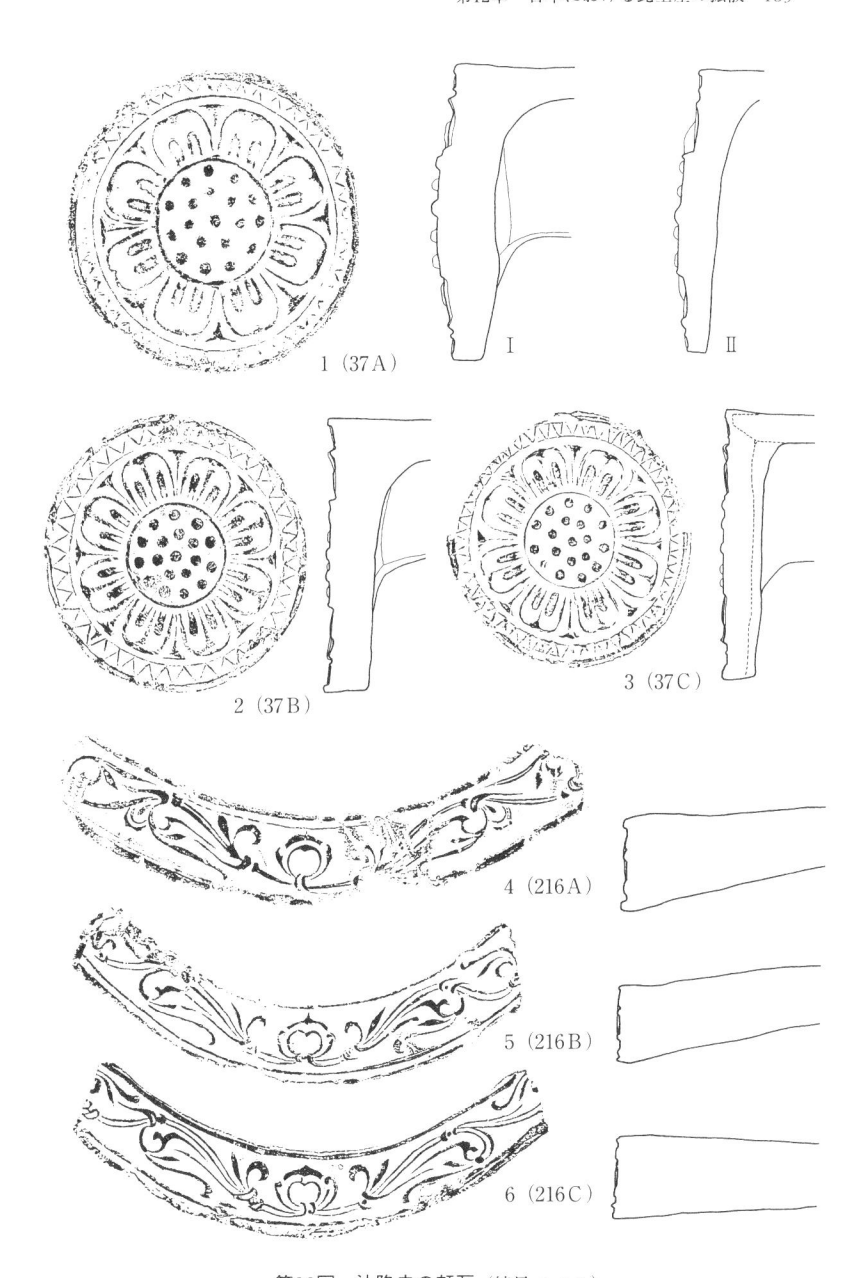

第96図　法隆寺の軒瓦（縮尺 1：5）

み、その後四分割するものである。

　以上の法隆寺再建瓦を川原寺創建瓦と比較すると、

　（１）　川原寺の軒丸瓦で使用された枷型が法隆寺の軒丸瓦で使用されない。

　（２）　川原寺の押し引きの軒平瓦に対して、笵型により文様を付ける忍冬唐

　　　　草文軒平瓦を生み出している。

　（３）　法隆寺は川原寺ほど二次調整加工が丹念ではない。

　以上三点が大きく異なっている。この三点のうち（１）の枷型を使用しない

点は法隆寺の方が古式であるが、（２）の文様笵による軒平瓦の施文は、法隆

寺が最新のものであり、（３）の二次調整加工の入念さは、川原寺に及ばない。

以上のように法隆寺再建の瓦は、新式の瓦製作のスタイルを、総体として、あ

る程度保有していると考えてよいものである。

　ところが、「法隆寺式軒丸瓦」と称される他寺院の軒丸瓦で玉縁式の丸瓦を

もつものは、これまで報告されていないのである。まず、面違鋸歯文縁複弁８

弁蓮華文軒丸瓦である平隆寺式軒丸瓦(133)（第97図１）は行基式の丸瓦部をもつと

考えられるし、同じく長林寺(134)の面違鋸歯文縁複弁８弁蓮華文軒丸瓦（第97図

３）も行基式の丸瓦部をもつと考えられる。また山背の小栗栖瓦窯出土(135)の

線鋸歯文縁複弁蓮華文軒丸瓦も行基式の丸瓦部をもつと考えられるのである。

法輪寺・法起寺の「法隆寺式軒丸瓦」(136)の丸瓦部がどのようなものか不明だが、

少なくとも現在判明している法隆寺式軒丸瓦で玉縁部をもつのは法隆寺のみ

で、他の「法隆寺式軒丸瓦」「平隆寺式軒丸瓦」は、行基式丸瓦をもつことは

注目してよいと思う。

　ところで、法隆寺金堂の組み合わせである軒丸瓦37Ａ－軒平瓦216Ａは、摂

津勝山南遺跡と堂ヶ芝廃寺で216Ａと同笵の軒平瓦が出土し、37Ａによく似た

軒丸瓦が勝山南遺跡(137)で出土し、阿波の西原瓦窯(138)では軒丸瓦37Ａと同笵の

軒丸瓦が出土（第98図１）している。阿波の西原瓦窯出土の37Ａ同笵軒丸瓦は、

行基式丸瓦と組み合う可能性が高い。ここでは、法隆寺金堂所用の軒丸瓦の笵

が四国へ移動した時に、行基式丸瓦と組んで用いられているのである。そして、

西原瓦窯の軒丸瓦は顎段の四重弧文軒平瓦と共に焼成されている。西原瓦窯と

は距離があるが、伊予の来住廃寺(139)や上吾川古泉廃寺(140)など道後平野の寺院

では「法隆寺式軒丸瓦」と四重弧文軒平瓦がセット（第98図３～９）として用い

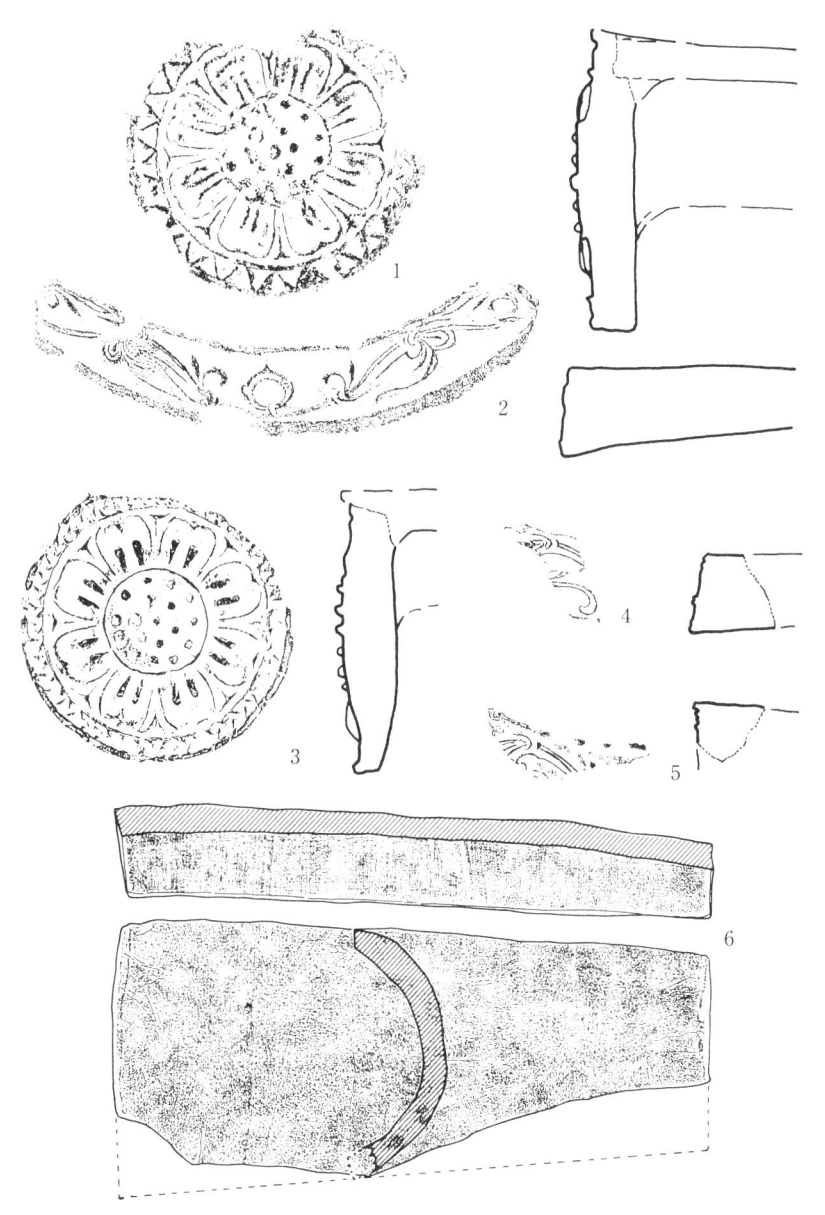

第97図　平隆寺と長林寺の瓦（縮尺 1 : 5）
1 ・ 2 平隆寺、3 〜 6 長林寺

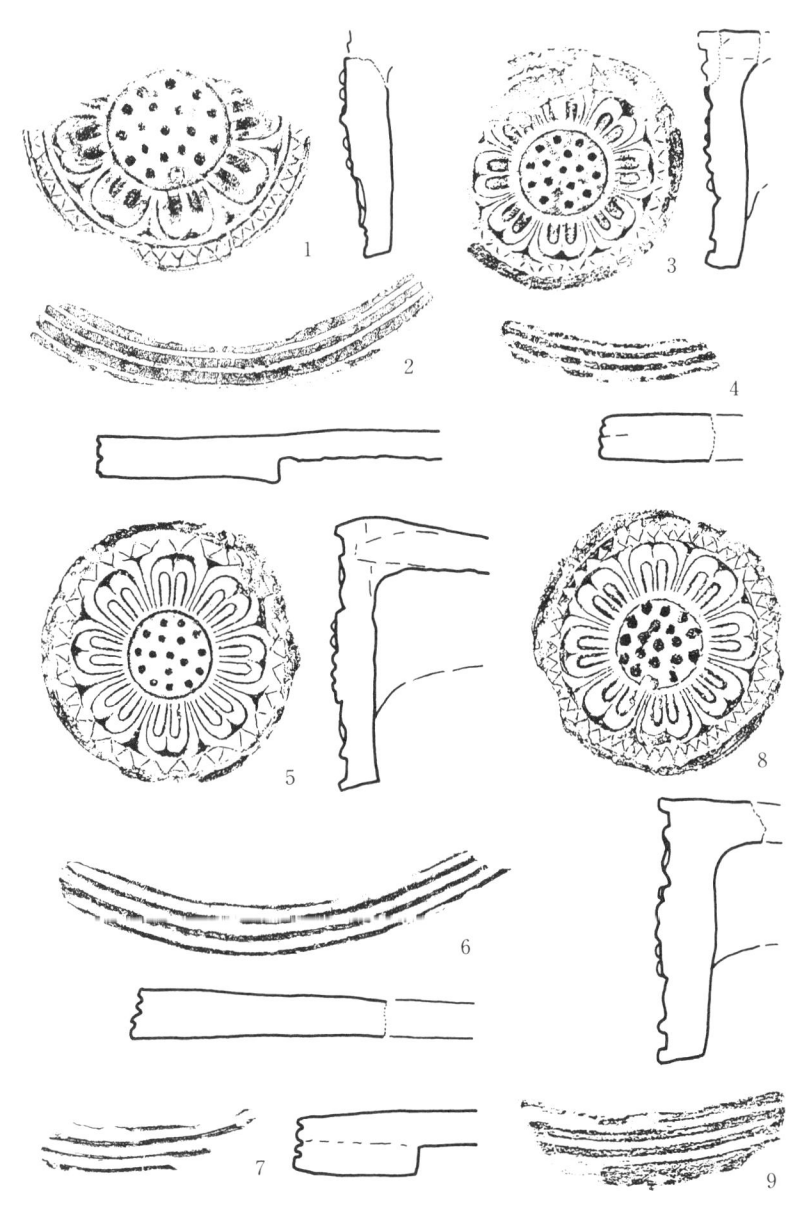

第98図　四国の法隆寺式軒丸瓦（縮尺 1：5）
1・2 西原瓦窯、3・4 法安寺跡、5〜7 上吾川古泉廃寺、8・9 来住廃寺

られ[138]、西原瓦窯例と同じ蓮子 1 + 7 +11を配し、線鋸歯文の数も比較的近いもの（法隆寺37Aは47、来住廃寺は49）がある。道後平野の来住廃寺・湯之町廃寺・上吾川古泉廃寺、今治平野の他中廃寺、道前平野の法安寺跡の「法隆寺式軒丸瓦」がいずれも揃って四重弧文軒平瓦と組み合う（当然行基式丸瓦が伴う）ことは、かなり強い影響力をもった標式例（起点）があったことを示しており、それは西原瓦窯をおいて他にないだろう。

　以上、再建法隆寺の瓦と法隆寺式軒丸瓦について述べたが、法隆寺再建年代と造営主体については、田中嗣人氏[141]が指摘するように、天武八年（679）の法隆寺食封停止は、法隆寺造営費用と寺院経営費用を一括して政府予算から出したことを意味するとする解釈を支持したい。瓦からみた製作年代および瓦製作における政府準直属瓦工的性格からみて、この説が一番合致している。

7　重弁蓮華文軒丸瓦

　7 世紀後半代には多様な文様をもつ軒平瓦が製作されているが、有子葉単弁蓮華文軒丸瓦のうち、子葉の外側にそって輪郭線を描き、あたかも子葉を二重に配したような蓮弁をもつものを重弁蓮華文軒丸瓦と呼び、その文様の中から以下では樫原廃寺の例と湖東式軒瓦の例について述べよう。多様な文様から二者の瓦をとりあげるのは、樫原廃寺は新羅との関係、湖東式軒瓦は高句麗との関係からである。

　樫原廃寺[142]は京都市西京区樫原に所在する。樫原廃寺出土の軒丸瓦は重弁蓮華文でⅠ類とⅡ類に分類できる[143]。Ⅰ類軒丸瓦（第99図 1 ）は文様が立体的で、直線顎の素文軒平瓦（第99図 2 ）と組む。Ⅱ類軒丸瓦（第99図 3 ）は蓮弁・子葉が線表現で、顎部に押し引きの 2 条の弧線を施す段顎の素文軒平瓦（第99図 5 ）と組む。樫原廃寺の軒瓦は新羅との直接的な関係において充分理解できるものであり、それは次の理由によっている。

　（1）軒丸瓦文様の類似性である。慶州仁旺洞556・566番地遺跡[144]の軒丸瓦は中央に稜線をもち、間弁が独立する点で樫原廃寺の軒丸瓦に類似する。樫原廃寺例は重弁であるのに対し、仁旺洞例は中央に稜線を有する単弁であるが、瓦当の基盤面・基底面が平坦で、その上に隆起した蓮弁・間

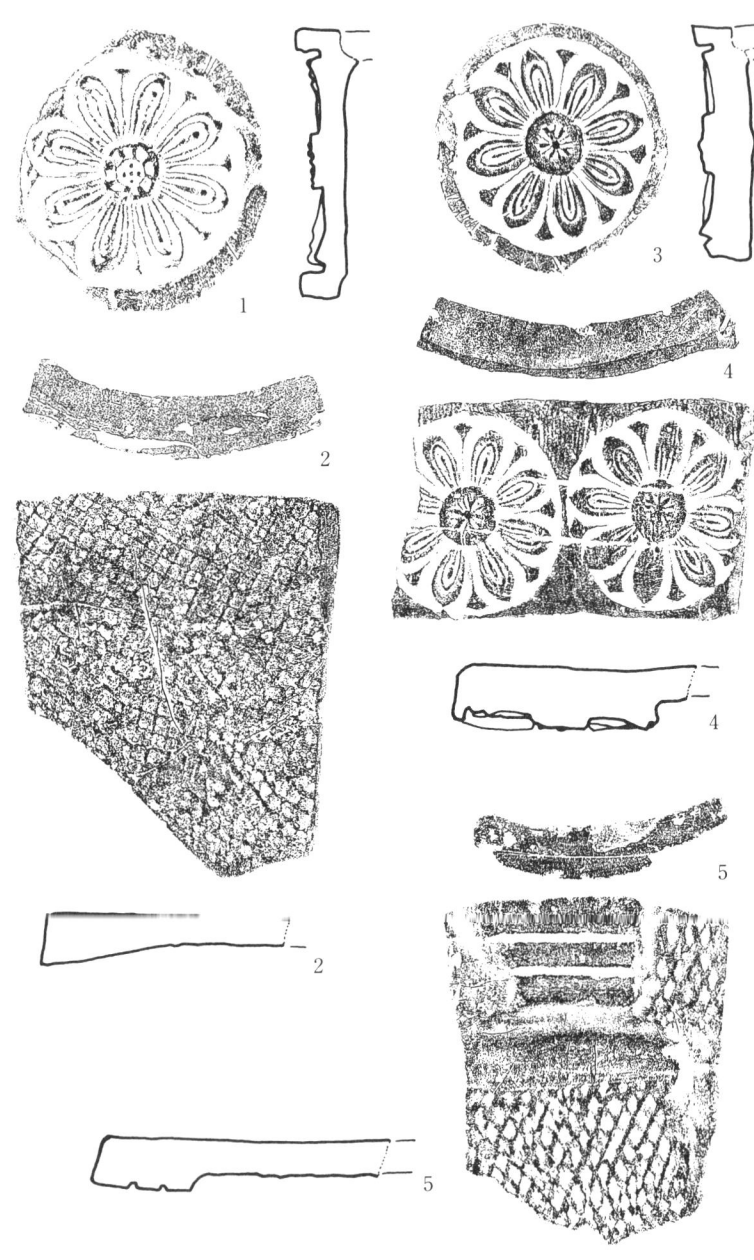

第99図　樫原廃寺の軒瓦（縮尺 1：5）

弁・中房が個々に配されるなどの要素は共通している。

（2）軒丸瓦の瓦当裏面の叩き文である。樫原廃寺軒丸瓦Ⅰ類・Ⅱ類には瓦当裏面に格子叩きを有する。仁旺洞遺跡の軒丸瓦には瓦当裏面の叩きはないが、皇龍寺の軒丸瓦においては、Ⅲ期（590〜633年）には瓦当裏面に平行叩き文、Ⅳ期（634〜660）の芬皇寺では格子叩き文がある。瓦当裏面の叩き文は、新羅と全く共通する要素である。

（3）瓦当と丸瓦の接合法である。樫原廃寺の軒丸瓦は瓦当裏面最上部に接合用の段を作り、丸瓦と接合する。新羅瓦は古新羅段階では丸瓦先端は瓦当笵にまで達するものが多いが、皇龍寺図245−⑥軒丸瓦[145]（第60図1：Ⅲ期前半）など接合用の段をつくるものも、少数だが存在する。

（4）軒平瓦の顎部の文様である。樫原廃寺Ⅰ類軒丸瓦と直線顎の素文軒平瓦の組み合わせの年代は、重弧文軒平瓦が出現してはいるが、畿内においてもなお普遍的に波及を示していない時期である650年頃から660年頃としてよいと思う。一方、樫原廃寺Ⅱ類軒丸瓦と顎部に押し引きの二条の弧線を施す段顎の軒平瓦は、押し引き重弧文平瓦が広く普及した時期のものであり、670年代から680年代と考えてよいと思う。樫原廃寺軒平瓦の顎部に型引きの線刻と軒丸瓦の同一の瓦笵の文様を押すものは、顎部文様を施す統一新羅瓦の影響と考えてよいであろう。

（5）平瓦の製作法である。樫原廃寺の平瓦・軒平瓦は模骨桶の粘土板桶巻作りであるが、新羅でも仁旺洞遺跡で模骨桶の粘土板桶巻作りが用いられたことが明らかとなった。

以上からみると、粘土素材としての糸切り、丸瓦の行基葺、平瓦模骨桶巻作り、軒丸瓦文様、瓦当と丸瓦の接合、瓦当裏面の叩き、軒平瓦における顎部文様など新羅と親密な関係があることは明らかである。

ところで樫原廃寺の軒丸瓦は、第10章で述べた山背隼上り窯D（尖端有稜単弁で間弁が楔形のもの）、北野廃寺の有稜単弁式軒丸瓦（c）、近江穴太廃寺の有稜単弁式の軒丸瓦がもつ特徴に類似している。特に穴太廃寺軒丸瓦の間弁がもっている間弁外側を尖らせる特徴が樫原廃寺軒丸瓦の間弁に引き継がれていることは両者の強い連続性をうかがわせる。このようにみると樫原廃寺の瓦は630年代からの新羅系秦氏瓦工の伝統を受け継ぐものであり、新羅での新しい

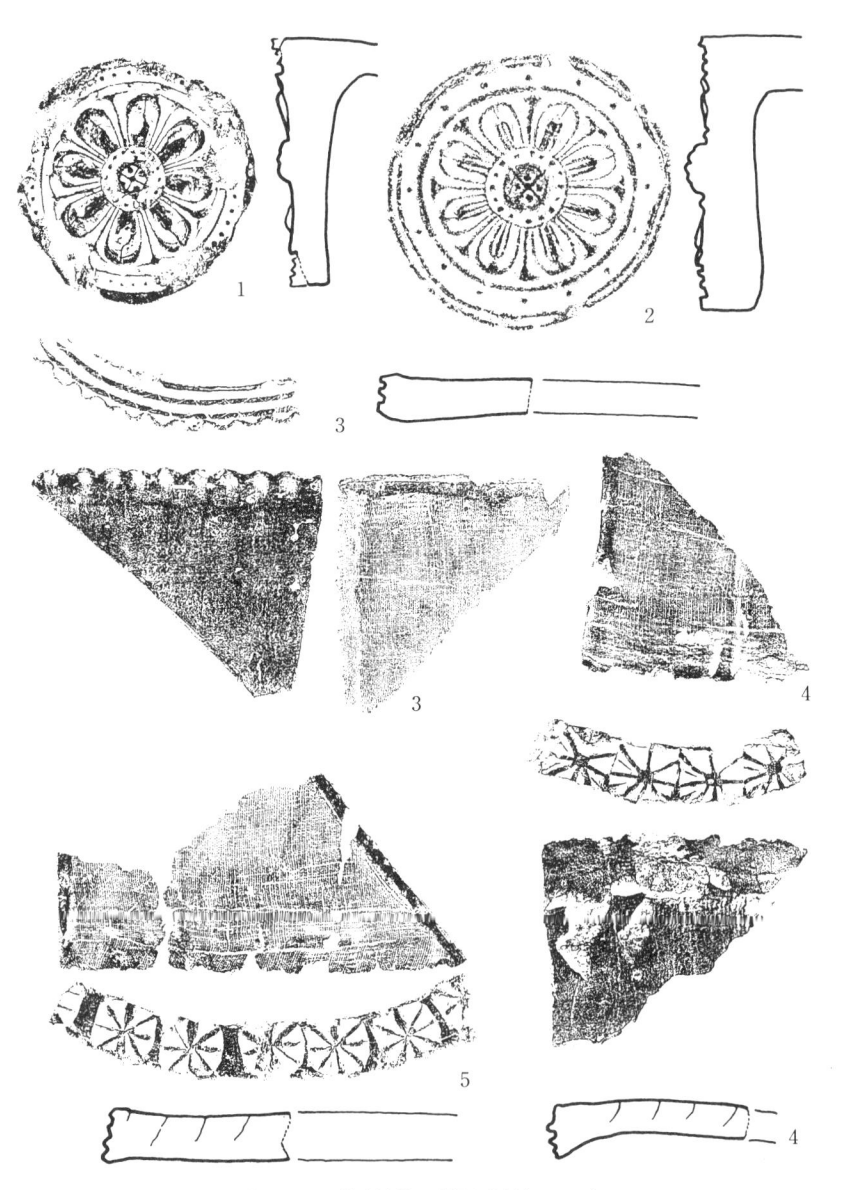

第100図　華寺遺跡の軒瓦（縮尺 1：5）

瓦の動きにも対応しているのである。

　次に湖東式軒瓦について述べよう。ここで湖東とは、琵琶湖の東地域のこと
だが、それは分布域の一方の中心が湖東にあるだけで（他方の中心は湖北にある）、
湖東地域だけに分布しているわけではない。軒丸瓦は中心蓮子突出形の珠文縁
有子葉単弁蓮華文をもち、波状重弧文軒平瓦と組み合うのを基本とする。

　湖東式軒丸瓦の最古のものは二つの流れがあるようであり、有子葉単弁の蓮
華文軒丸瓦で中房に十字区画をもつもの（A）と、重弁蓮華文軒丸瓦で中房に
十字区画をもたないもの（B）に分けられる(146)。今、軒丸瓦で外区に珠文の多
い順番から並べると、有子葉単弁の蓮華文軒丸瓦（A）では、犬上郡の長寺遺
跡例(147)が56〜64個の珠文を有し、次いで伊香郡の華寺遺跡例(148)が47〜48個の
珠文を有し、愛知郡の野々目廃寺例(146)では42個の珠文を有している。一方、
重弁蓮華文軒丸瓦（B）では軽野塔ノ塚廃寺例(149)が51個の珠文を有し、次いで
同廃寺の軒丸瓦が36個の珠文を有している。このうち瓦全体としての資料があ
る程度揃うのは、華寺遺跡と軽野塔ノ塚廃寺の瓦である。

　華寺遺跡(148)の有子葉単弁蓮華文軒丸瓦は３種の笵があるが、いずれも中房
が突出して十字区画をもつものである（第100図）。組み合う丸瓦は行基式で、
粘土紐を巻きあげたものと粘土板を巻きつけたものの両方がある。また、組み
合う軒平瓦は無文軒平瓦と波状重弧文軒平瓦などがある。無文軒平瓦は模骨桶
の粘土紐桶巻作りで作られており、波状重弧文軒平瓦は模骨桶の粘土紐桶巻作
りが多いが、粘土板桶巻作りも存在している。華寺遺跡の湖東式軒丸瓦の瓦当
と丸瓦の接合法については報告されていない。一方、重弁蓮華文軒丸瓦（B）
を出土する軽野塔ノ塚廃寺（第101図）では珠文51個を有する軒丸瓦が最古と考
えられており、この軒丸瓦には瓦当裏面に刻みを入れて、丸瓦と接合している
点が注目される。これと組み合う軒平瓦は波状重弧文軒平瓦である。

　以上からみて、湖東式軒瓦の最古のものは、これまでの日本の瓦作りの伝統
から逸脱した点が多いことが指摘できる。それは次の４点である。

　（１）軒丸瓦の中房が半球状に突出すること。

　（２）瓦当と丸瓦の接合において、瓦当裏面に刻みを入れること。

　（３）丸瓦・平瓦の製作において、粘土紐巻きあげの技法がみられること。

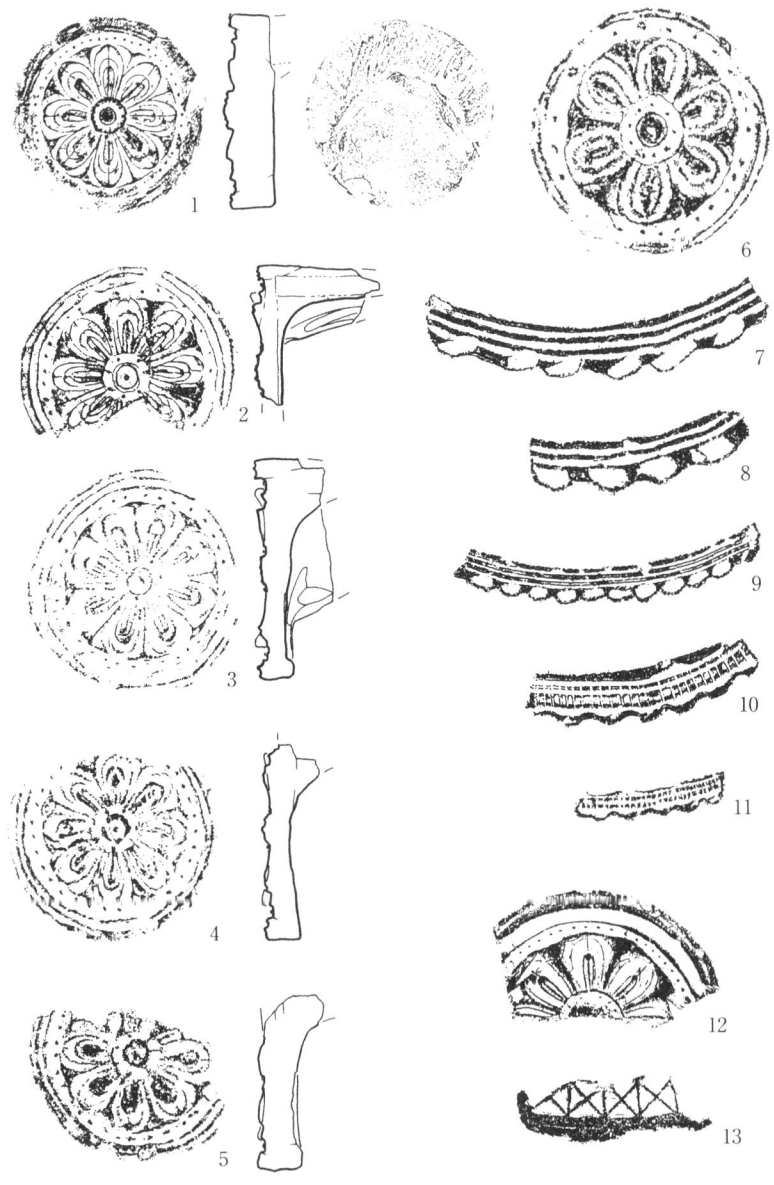

第101図　湖東式軒瓦（縮尺　1：5）
1〜11 軽野塔ノ塚廃寺、12・13 長寺遺跡

（4）中国北朝で成立し、隋・唐代にも続く波状重弧文軒平瓦が、はじめて
　　日本に導入されたこと。

即ち、中国南朝由来の瓦技法が百済および新羅を経由して日本に入って約90年後に、中国北朝起源の瓦の技法がはじめて日本へ入ってきたのである。そして、日本へ波及した原因としては高句麗滅亡が関係あると考えられる。

ここで改めて、湖東式軒丸瓦に類似する瓦を中国・朝鮮地域から捜し出すと、東魏・北斉時代の都である鄴城の例が最も似ている。鄴城の軒丸瓦は外区が素文縁の無子葉単弁の奇数弁の軒丸瓦が古く、有子葉単弁の偶数弁の軒丸瓦が新しいと考えられ、後者の中に、点と円で圏まれた中房をもち、中房周辺に13個の珠文があり、外区内縁に43個の珠文を配する（第41図2）湖東式軒丸瓦に類似した瓦がある。この軒丸瓦が北斉（550〜577年）の末年までに収まるのか、あるいは7世紀のものなのかは不明であるが、後者の可能性が高いのではないかと思う。そして先述したように鄴城には押し引きの波状重弧文軒平瓦があり、丸・平瓦は粘土紐で作られており、湖東式軒丸瓦に類似した軒丸瓦の瓦当裏面には、丸瓦接合のためのヘラによる刻みがある。このように、鄴城（鄴南城西郊）出土の軒丸瓦は湖東式軒丸瓦ときわめて類似すると言ってよいが、日本の湖東式軒丸瓦の年代と中国側が北斉時代のものとすれば100年程度の間隔があるが、一方で隋代または唐代の瓦の影響とすれば、類似した軒丸瓦の文様はないし、また、湖東式の丸瓦が行基式である点も唐代直伝の瓦と解することができないことを示している。やはり、中国北朝系・高句麗系の湖東式類似の瓦が660年頃に高句麗領域かその隣接地にあって、高句麗の亡命者と共に文様および製作技法が日本に渡来したと考えた方がよいだろう。

註

（107）　奈良文化財研究所『吉備池廃寺発掘調査報告―百済大寺跡の調査―』2003年
（108）　奈良文化財研究所『山田寺発掘調査報告』2002年
（109）　山崎信二「七世紀後半の瓦からみた朝鮮三国と日本との関係」『日韓文化財論集Ⅰ』奈良文化財研究所学報77　2008年
（110）　奈良文化財研究所『古代瓦研究Ⅳ』2009年　p.285〜286参照
（111）　網伸也「四天王寺の『百済大寺式』軒丸瓦」『古代瓦研究Ⅰ』2000年
（112）　泉南市教育委員会『海会寺』1987年
（113）　上田睦「摂河泉の山田寺式軒瓦」『古代瓦研究Ⅱ』2005年
（114）　広島県教育委員会『安芸横見廃寺の調査』Ⅰ〜Ⅲ　1972〜1974年

(115) 小沢毅「V　出土遺物―瓦類」『明官地廃寺跡試掘調査概要』1985年
(116) 妹尾周三「横見廃寺式軒丸瓦の検討」『古代』第97号　1994年
(117) 山崎信二「後期古墳と飛鳥白鳳寺院」『文化財論叢』奈良国立文化財研究所創立30周年記念論文集　1983年
(118) 奈良国立文化財研究所飛鳥資料館『山田寺展』1981年
(119) 奈良国立文化財研究所『川原寺発掘調査報告』1960年
(120) 福山敏男『奈良朝寺院の研究』綜芸舎　1978年（原本1948年発行）
(121) 金子裕之「軒瓦製作技法に関する二、三の問題―川原寺の軒丸瓦を中心として―」『文化財論叢』奈良国立文化財研究所創立30周年記念論文集　1983年
(122) 花谷浩「飛鳥の川原寺式軒瓦」『古代瓦研究Ⅲ―川原寺式軒瓦の成立と展開』2009年
(123) 小谷徳彦「川原寺の丸・平瓦」『古代瓦研究Ⅲ―川原寺式軒瓦の成立と展開』2009年
(124) 山城町教育委員会『史跡高麗寺跡』1989年
(125) 田中久雄「大津廃寺・山ノ神遺跡の出土遺物」『古代瓦研究Ⅲ―川原寺式軒瓦の成立と展開』2009年
(126) 林博通「大津京の川原寺式軒瓦」『古代瓦研究Ⅲ―川原寺式軒瓦の成立と展開』2009年
(127) 北村圭弘「琵琶湖東岸域の川原寺式軒瓦」『古代瓦研究Ⅲ―川原寺式軒瓦の成立と展開』2009年
(128) 高井佳生「上野寺井廃寺の川原寺式軒瓦」『古代瓦研究Ⅲ―川原寺式軒瓦の成立と展開』2009年
(129) 中島正「高麗寺式軒瓦の様相」『古代瓦研究Ⅲ―川原寺式軒瓦の成立と展開』2009年
(130) 城陽市教育委員会『城陽市埋蔵文化財調査報告書』第1集　1973年
(131) 宮本敬一「上総大寺廃寺の川原寺式軒瓦」『古代瓦研究Ⅲ―川原寺式軒瓦の成立と展開』2009年
(132) 毛利光俊彦・佐川正敏・花谷浩『法隆寺の至宝　瓦』昭和資財帳第15巻　小学館　1992年
(133) 大西貴夫「平隆寺と長林寺の法隆寺式軒瓦」『古代瓦研究Ⅳ』2009年
(134) 河合町教育委員会・奈良県立橿原考古学研究所『長林寺』1990年
(135) 財団法人古代学協会『小栗栖瓦窯跡発掘調査報告』1985年
(136) 平田政彦「斑鳩とその周辺の法隆寺式軒瓦」『古代瓦研究Ⅳ』2009年
(137) 上田睦・近藤康司「摂河泉の法隆寺式軒瓦」『古代瓦研究Ⅳ』2009年
(138) 山崎信二「後期古墳と飛鳥白鳳寺院」『文化財論叢』奈良国立文化財研究所創立30周年記念論文集　1983年
(139) 松山市教育委員会『来住廃寺』1979年
(140) 伊豫市教育委員会『上吾川・森埋蔵文化財調査報告書』1991年
(141) 田中嗣人『聖徳太子信仰の成立』古代史研究選書　吉川弘文館　1983年
(142) 佐藤興治「樫原廃寺発掘調査概報」『埋蔵文化財調査概報』京都府教育委員会　1967年
　　　杉山信三・佐藤興治「樫原廃寺跡の発掘調査」『仏教芸術』66号　1967年
(143) 林正憲・垣内拓郎「樫原廃寺の出土瓦」『古代瓦研究Ⅴ』2010年
(144) 国立慶州文化財研究所『慶州仁旺洞556・566番地遺蹟発掘調査報告書』2003年
(145) 文化財管理局・文化財研究所『皇龍寺』1984年
(146) 重岡卓「『湖東系軒丸瓦』に関する基礎的考察」『滋賀県文化財保護協会紀要』第10号　1997年
(147) 滋賀県教育委員会・滋賀県文化財保護協会『長寺（横枕古墳群）遺跡』1989年
(148) 北村圭弘・下田真里子「華϶遺跡の屋瓦」『北近江』第2号　北近江古代史研究会　2005年
(149) 滋賀県教育委員会・滋賀県文化財保護協会『は場整備関係遺跡発掘調査報告書』Ⅳ-4　1979年

第13章　中国揚州の瓦生産

1　はじめに

　揚州は春秋時代の前486年に、呉王夫差が邗城を築いたのが最初で、その後楚の懐王の十年（前319年）に改めて広陵城を築き、前漢時代には高祖の兄の子、呉王劉濞（前215〜154年）の領地である広陵国となって、その後の発展の基礎がつくられた。後漢時代には広陵郡となり、三国時代には呉の支配下に置かれた。

　隋の煬帝は大運河を開き、揚州に豪華な宮殿（江都宮）を営み、南北を結ぶ水陸交通によって商工業が発達した。煬帝は揚州を好み、運河が全通した大業元年（605）揚州へ向かい、また大業十二年（616）から洛陽を離れて揚州に住んだ。唐代には国際的な大都市に成長し、長安・洛陽と並ぶようになり、またそれに伴い、揚州城の規模も拡大されたらしい。

　本章でとりわけ揚州の瓦をとりあげるのは、揚州は中国南朝の都南京の東北120kmの比較的近い位置にあって、7世紀段階は中国南朝系の瓦を存続させていたものが、8世紀のある段階で軒瓦は中国北朝系＝唐中央系の瓦に急激に変化するからである。日本の瓦に類似した点も多く、日本の瓦を考える上で参考になるからである。

2　中国南朝系の瓦

　揚州城出土[150]の中国南朝系の軒丸瓦は次の4つの特徴がある。
（1）笵の文様がシャープで、木製笵型を用いていること。
（2）瓦当の裏面を渦巻状の回転ナデで仕上げていること。
（3）瓦当裏面の丸瓦接合部の端に指頭圧痕（指おさえの痕）が残ること。
（4）瓦当と丸瓦の接合に際し、瓦当裏面および丸瓦部に刻みを全く施さな

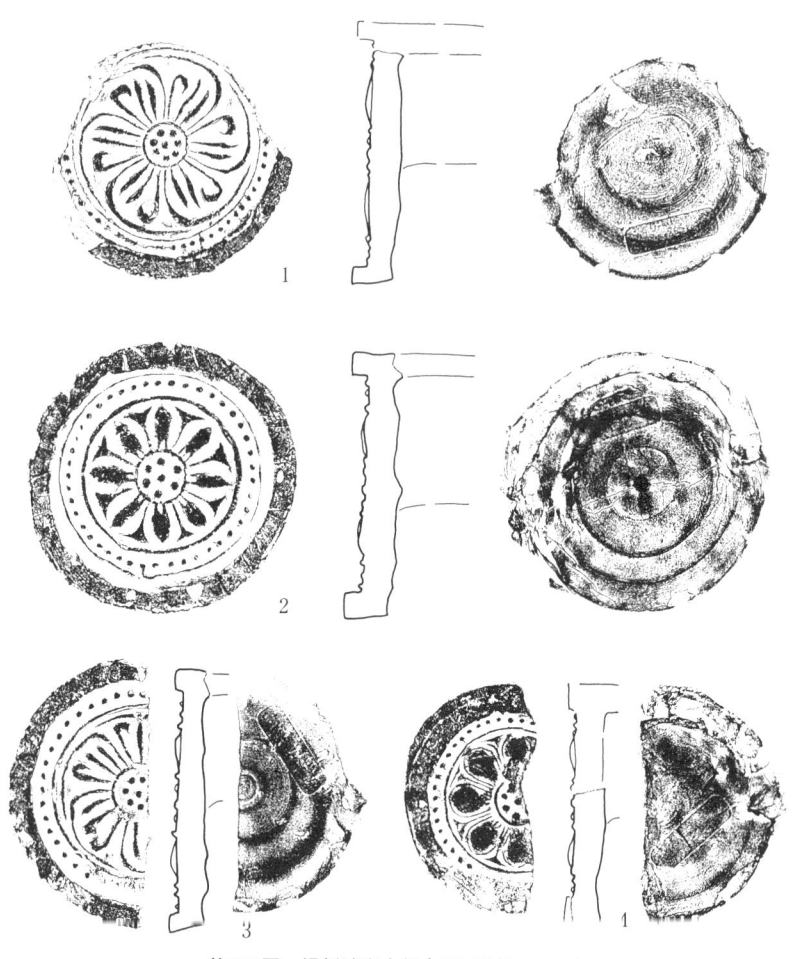

第102図　揚州城出土軒丸瓦（縮尺 1：4）

いこと。

　この中国南朝系の瓦は大きくはI〜Ⅲ期に区分できると考えている。I期の瓦には、回転形四葉六単位文軒丸瓦2種（第102図1・3）と、単弁8弁蓮華文軒丸瓦2種（第102図2・4）がある。珠文数は43〜56個と多く、中房部分は平坦である。Ⅱ期の瓦には、単弁8弁蓮華文軒丸瓦4種（第103図1〜4）があり、外区内縁が珠文縁のものと圏線文縁のものがある。珠文縁の軒丸瓦の珠文数は31〜38個で、中房部分は突出する。珠文縁も圏線文縁の軒丸瓦も瓦当裏面下端

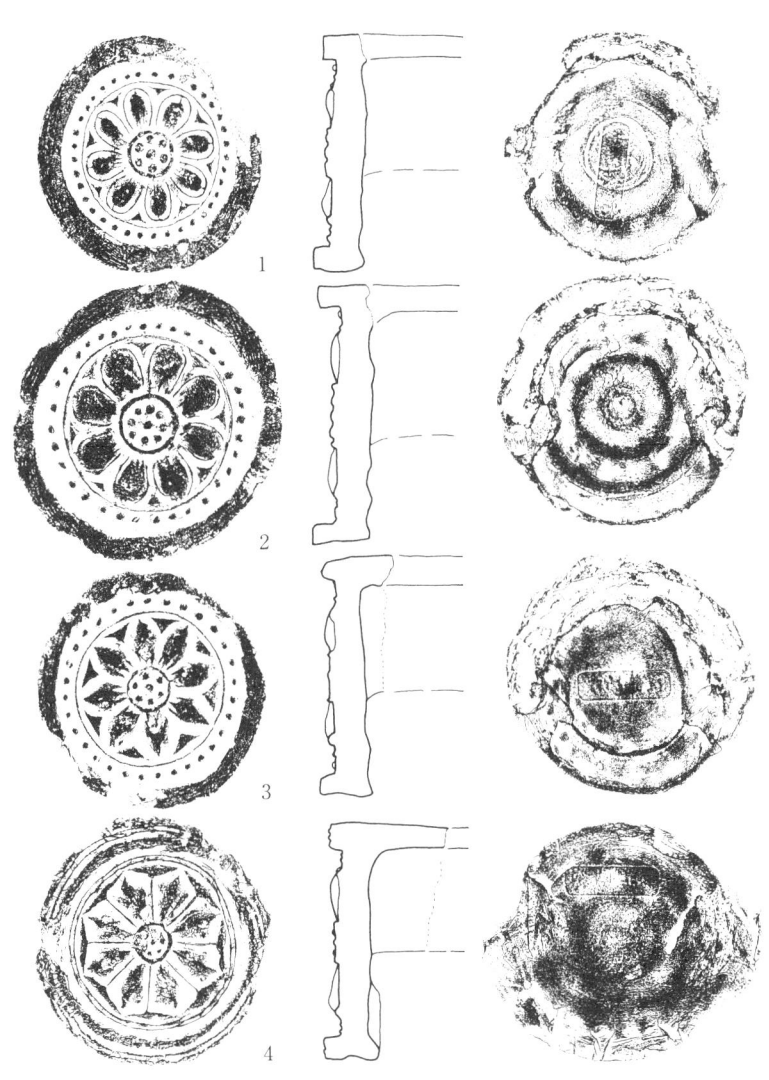

第103図　揚州城出土軒丸瓦（縮尺 1：4）

の回転ナデが強く、瓦当裏面下端が突出する傾向にある。Ⅲ期の瓦には、単弁
8弁蓮華文軒丸瓦3種（第104図1〜3）があり、珠文数は31〜38個で、中房部
分は平坦だが、珠文縁基部に比べると中房・蓮弁基部は高い位置にある。瓦当
裏面下端の回転ナデは強いが、下端がとりわけ突出することはない。以上のⅠ

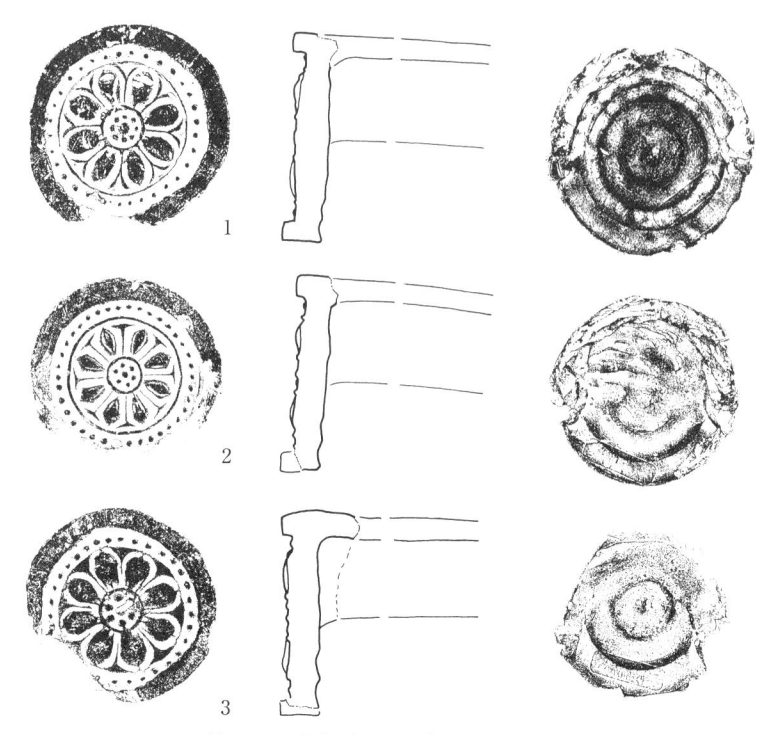

第104図　揚州城出土軒丸瓦（縮尺 1：5）

～Ⅲ期の年代は、Ⅰ期は7世紀前半、Ⅱ期は7世紀後半、Ⅲ期は8世紀前半と
考えている。なお、以下に記す丸・平瓦は文昌広場出土の丸・平瓦であり、Ⅰ
～Ⅲ期に属するものと考えられる。丸瓦は粘土板巻きつけで作られる。また玉
縁式で、玉縁部凹面に布目はなく、ヨコナデで仕上げている（第105図1・2）。
平瓦は模骨桶使用の粘土板桶巻作りである。

3　唐中央系の瓦への変化

　揚州城出土の中国北朝系＝唐中央系の軒丸瓦には次の4つの特徴がある。
（1）笵の文様が鈍く、おそらく陶製の笵型を用いていること。
（2）中房が突出し、次いで蓮弁部分が大きく前に迫り出す半球状の断面形
　　態をなすこと。

第105図　揚州城出土丸瓦（縮尺 1：6）

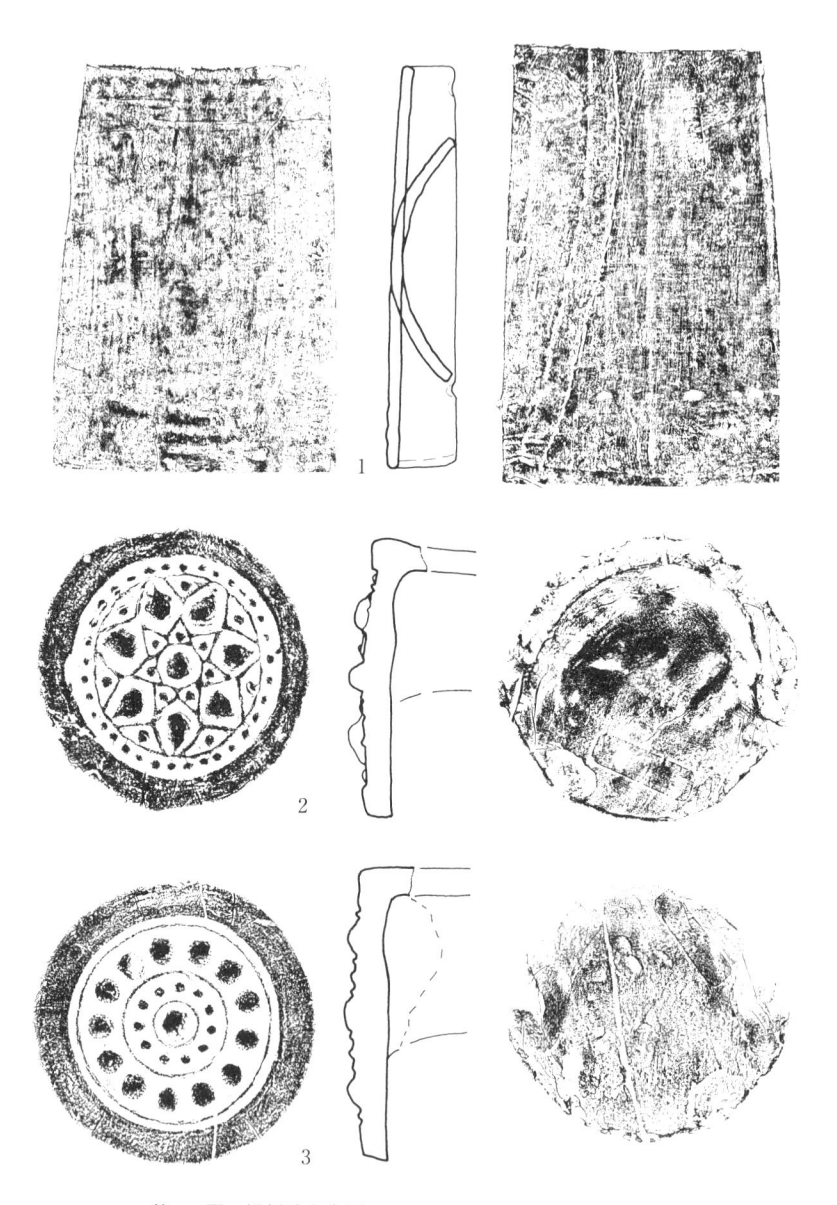

第106図　揚州城出土瓦（縮尺　1は1：7、2・3は2：7）

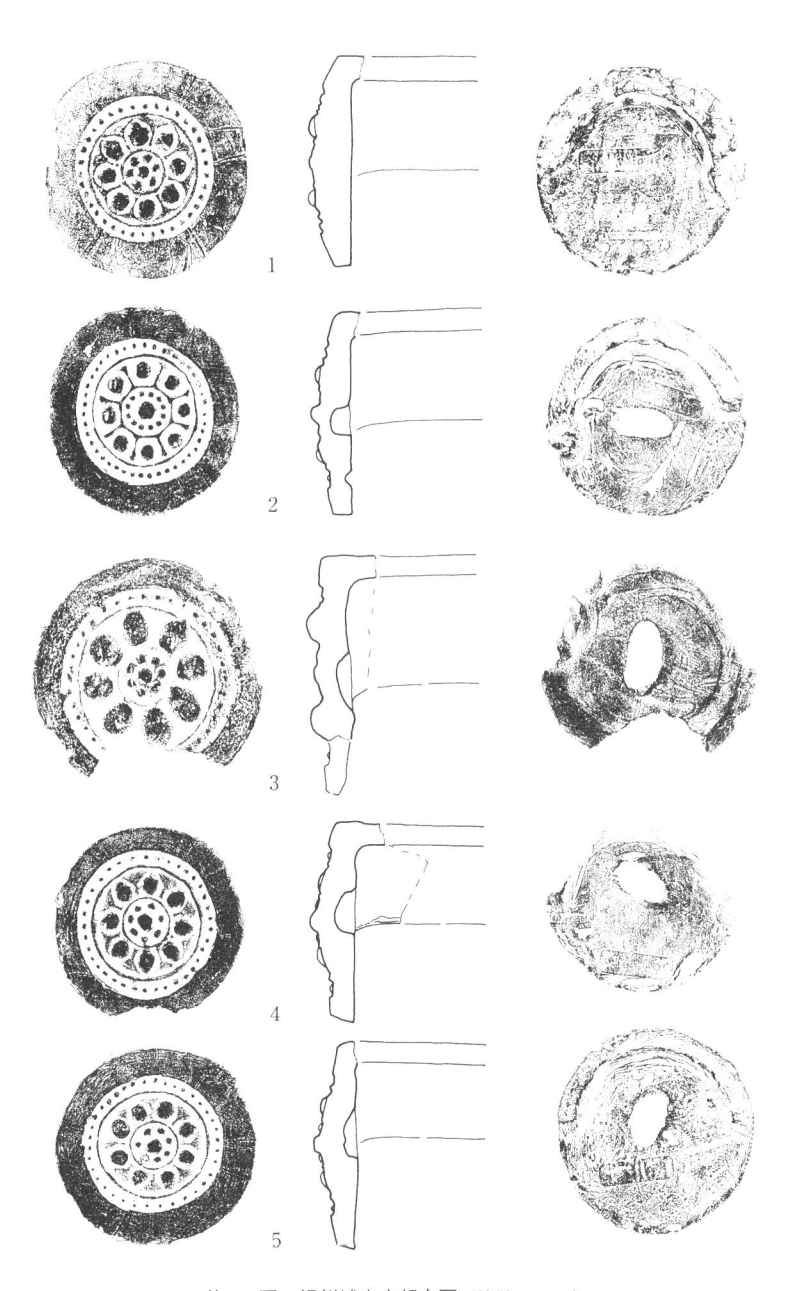

第107図　揚州城出土軒丸瓦（縮尺 1：5）

（3）瓦当裏面はナデ・ケズリによって平坦に仕上げ、裏面中央に指で小穴を開ける。焼成後の製品の持ち運びに便利なためらしい。

（4）瓦当と丸瓦の接合に際し、瓦当裏面に刻み目を入れて丸瓦と接合すること。

　この唐中央系の瓦はⅣ・Ⅴ期に区分できる。Ⅳ期の瓦には単弁7弁蓮華文軒丸瓦1種（第106図2）と、単弁13弁蓮華文軒丸瓦1種（第106図3）がある。この段階では陶製の笵に変化して文様は鈍くなっているが、瓦当断面は半球状に突出してはいない。瓦当裏面は平坦で、ナデて仕上げる。瓦当と丸瓦の接合に際しての刻みの有無は不明である。

　次にⅤ期の瓦には単弁8弁蓮華文軒丸瓦5種（第107図1～5）と単弁9弁蓮華文軒丸瓦1種とがある。珠文数は32～42個だが、36個のものが最も多い。いずれも瓦当の断面形が半球状に突出し、瓦当裏面は平坦で、瓦当と丸瓦の接合に際し瓦当裏面に刻み目を入れる。このⅤ期になると外区の素文縁が幅広くなり、瓦当半径に対する素文縁幅が22～32％を占めている（ちなみにⅠ期では13～20％、Ⅱ期では15～21％、Ⅲ期では17～20％、Ⅳ期では21～22％である）。Ⅴ期の軒丸瓦の大部分には瓦当裏面中央に指で小穴を開けるが、1例だけ穴を開けていないものがある。以上の年代は、Ⅳ期は8世紀後半、Ⅴ期は9世紀と考えている。

　なお、この時期の丸・平瓦についてはよくわからない。「揚州城における近年の出土瓦」では、唐代後期の丸・平瓦として玉縁式丸瓦で玉縁部凹面に布目痕のないものおよび模骨桶使用の粘土板桶巻作りの平瓦をあげている。揚州のⅣ・Ⅴ期の丸・平瓦はⅠ～Ⅲ期と比べて大きな変化はないのか、あるいは唐代後期の丸・平瓦が宋代の瓦と区別がつきにくく、資料の抽出が不十分なのかは、よくわからない。ただし佐川正敏氏[151]によると、南宋の瓦（浙江省杭州市の雷峰塔遺跡の瓦）は粘土板桶巻作りであり、揚州の丸・平瓦は唐代には大きく変化せず、宋代へと連続する可能性は高いといえよう。

註
（150）李久海・劉濤・王小迎「揚州城における近年の出土瓦」『古代東アジアにおける造瓦技術の変遷と伝播』2009年
（151）佐川正敏「中国における造瓦技術の変遷」『古代東アジアにおける造瓦技術の変遷と伝播』2009年

第14章　統一新羅の瓦生産と日本瓦への影響

1　はじめに

　新羅が唐の遠征軍に協力して、まず660年に百済を滅ぼし、次いで668年に高句麗を征服したが、唐は新羅をも支配下におさめようとしていたので、高句麗復興軍が唐軍と戦ったのを契機（670年）に、新羅は唐と対立するようになった。新羅軍と唐軍との戦いの結果、676年に唐の都護府は平壌から遼東郡に後退し、新羅は平壌以南の全朝鮮の大半を手中におさめた。三国時代の新羅も統一時代の新羅も、首都は慶州にあって、統一から2世紀半にわたり文化の中心地として独特の文化を創りあげている。

　とりわけ統一時代の新羅瓦は軒丸瓦・軒平瓦・鬼瓦・塼の豊かな種類の文様において、またその華麗で繊細の限りを尽くした点において、これまでにも注目されてきた。軒丸瓦における珠文帯の採用、宝相華文の採用などに唐瓦の影響はみられるが、さらに多くのデザインを駆使しており、瓦当文様の製作では中国も日本も新羅に遠く及ばないといえる。ただ中国では、華麗で繊細の限りを尽くした軒丸瓦が、かつて北魏の洛陽永寧寺造営の際に製作されたのであるが、平面的な繊細さと立体的な彫刻性を併せて追求したものであったがために、笵出し後の軒丸瓦の文様にさらにヘラで彫り加えるというきわめて時間のかかる製品であり、出来栄えも手間の割には秀れたものとなっていなかった。これに対し、新羅では笵型とセットで栀型を使用し、繊細な文様では彫りを深くしない、立体的な文様を要求される箇所では文様斜面の幅を充分に取るなどの工夫がなされており、さらに瓦を下から見上げる際の軒丸瓦・軒平瓦の顎部にまで文様が施されており、笵型はまさに専門家の製品である。

　統一新羅の軒瓦の編年については、かつて「瓦面の構成はまるで変化のないものともいえる。したがって、その編年はいささか困難である」[152] と指摘され

たことがあり、そのためかその後の研究はあまり進展していないようにみえる。しかし現在においては多くの発掘資料があり、編年に足る資料は充分揃っているであろう。以下では不充分ながら、一応の年代細分を行っておきたい。

2　7世紀後半の新羅瓦

　660年代以降700年までの瓦で、統一初期のもの（660〜685年）と7世紀末のもの（685〜700年）に分かれる。

　統一初期のものは、皇龍寺[153]の忍冬文軒丸瓦（第108図1）・忍冬唐草文軒平瓦、雁鴨池[154]の宝相華文軒丸瓦・忍冬唐草文軒平瓦（第108図4〜8）、感恩寺[155]の宝相華文軒丸瓦（第108図10）・宝相唐草文軒平瓦（第108図11）などがある。軒丸瓦はいずれも珠文帯を有し、珠文自体は大きく、数が多く、64〜84個が配されている。軒丸瓦の文様は繊細で、さらにみなぎる力強さが感じられる。軒平瓦は皇龍寺・雁鴨池の忍冬唐草文軒平瓦のように珠文帯をもたないものと、感恩寺の宝相唐草文軒平瓦のように珠文帯をもつものがある。前者の忍冬唐草文軒平瓦は1単位の唐草が4本の支葉を反転させるのを原則としている。忍冬唐草文軒平瓦は、この段階では珠文帯をもたず、また直線顎に限られる。月城例など大部分は包み込み式で製作されているが、雁鴨池例のように平瓦を包み込んだ痕跡のない軒平瓦もある。また、感恩寺の宝相唐草文軒平瓦は段顎である。感恩寺の軒丸瓦・軒平瓦は宝相華および唐草表現が肉彫りで、文様上端面を数条の線と面とにカーブさせ、動的な立体表現に成功している。

　7世紀末のものには、新羅王京[156]の忍冬文軒丸瓦（第109図1）・忍冬唐草文軒平瓦（第109図2・3）、天官寺[157]の重弁文軒丸瓦（第109図4）・宝相唐草文軒平瓦（第109図5）がある。両軒丸瓦の珠文数は58個。新羅王京の忍冬文軒丸瓦には顎部に唐草文様を配し、枘型を使用している。忍冬唐草文軒平瓦には直線顎のほかに、段顎が出現している。直線顎のものは包み込み式の軒平瓦である。天官寺の重弁文軒丸瓦は内区の内側と外側に蓮華文を合わせ表現するが、この段階までは同じ文様の複合花文としている。天官寺の宝相唐草文軒平瓦は外区に珠文帯がなく、段顎の軒平瓦で、包み込み式で作られている。平瓦部の観察できる個体では模骨痕跡はなく、平瓦は円筒桶粘土板桶巻作りと考えられる。

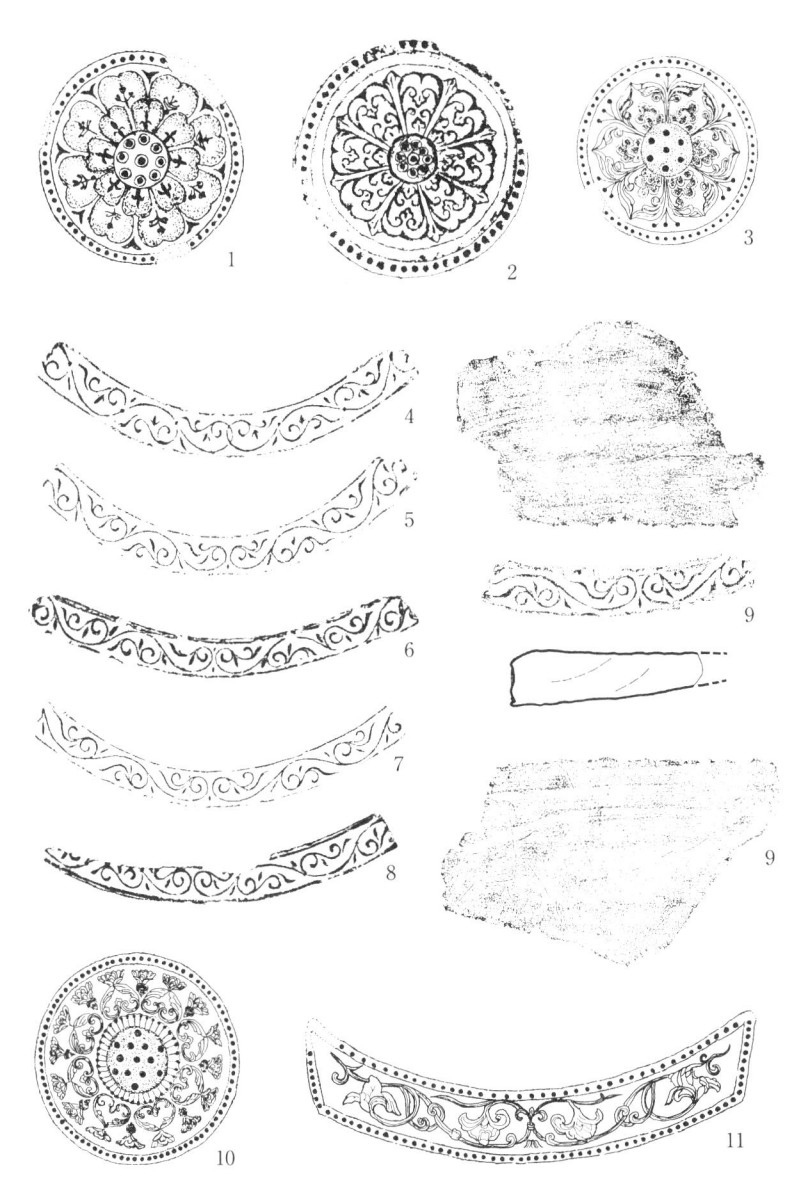

第108図　統一新羅初期の軒瓦（縮尺 1：5）
1 皇龍寺、2 ～ 9 雁鴨池、10・11 感恩寺

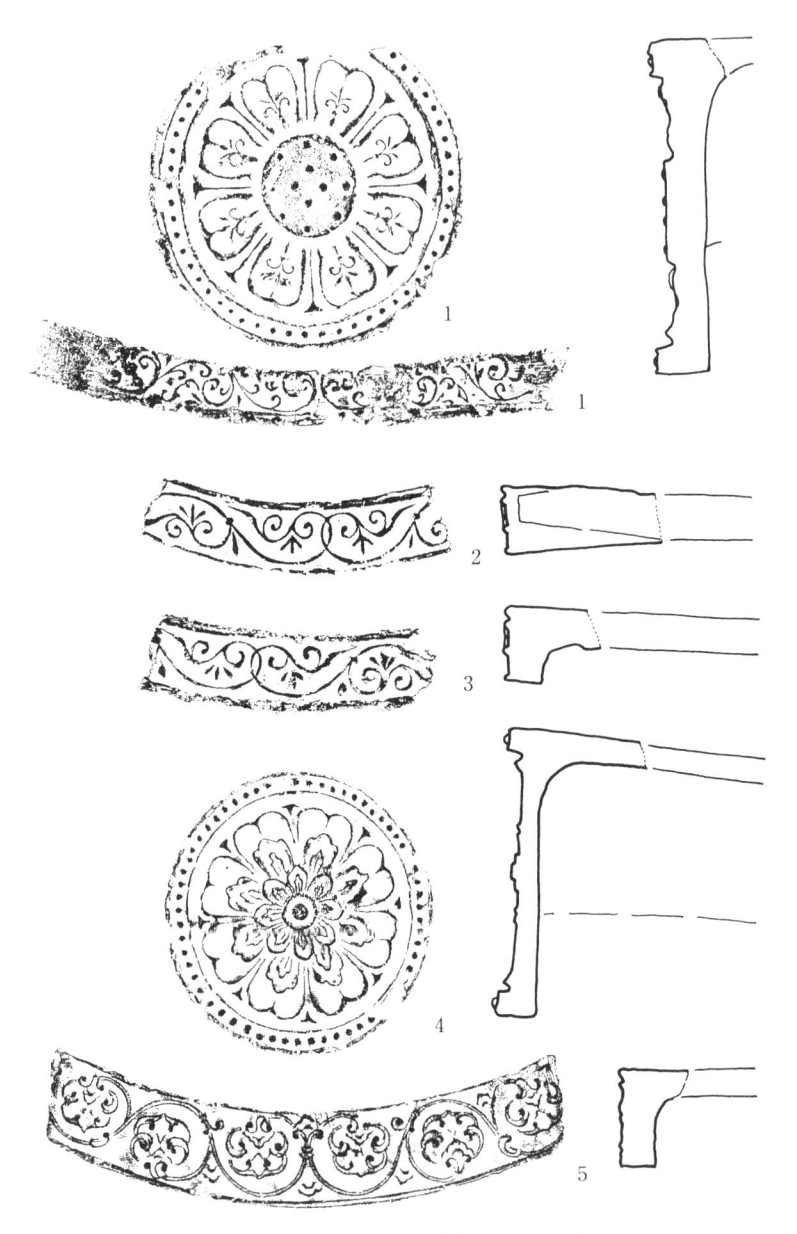

第109図　7世紀末の軒瓦（縮尺 1：4）
1〜3 新羅王京、4・5 天官寺

3　8世紀の新羅瓦

　8世紀の新羅瓦の変遷[158][159]を考える手がかりとして、軒丸瓦における忍冬文や宝相華文の変化の様子をとらえて、その新旧を考えたい。この二つの文様を検討の対象とするのは、8世紀の軒丸瓦の大部分が、忍冬文か宝相華文の文様をもつからである。

　雁鴨池の忍冬文2種は五葉文で相互に接続して葉の反りも良く（Ⅰ段階：第110図1）、次いで雁鴨池・皇聖寺（第110図3）の忍冬文では三葉文になるが、まだ反り表現がある（Ⅱ段階）。次に、雁鴨池の忍冬文では三葉文の先端が尖らず点珠をもつようになるが、この段階ではまだ三葉は相互に接続している（Ⅲ段階：第110図5は仁旺里廃寺）。次いで三葉は三つの点珠表現となり完全に分離するが、左右の支葉は茎を有している（Ⅳ段階：第110図6）。次に、三葉は三つの点珠表現で、一本の茎があるにすぎない（Ⅴ段階：第110図7）。

　以上の変遷の中で、掘仏寺出土の忍冬文軒丸瓦（第110図8の普門寺跡例では掘仏寺の忍冬文に類似した箇所が2・3弁ある）は、三葉文の先端は点珠化し、三葉は接続から完全分離への移行途中（ⅢとⅣの中間形）であり、掘仏寺は景徳王代（742〜764年）に建立されたと考えられているので、Ⅰ〜Ⅴ段階をそれぞれ20年ずつとれば、ⅢとⅣの中間年代が750〜770年頃となり、ちょうどよいのではないかと思う。もちろん、Ⅰ段階20年で配分したものが、厳密にその年代を必ず示すとは考えていない。しかし、Ⅰ・Ⅱ段階のものは8世紀前半代を示し、Ⅳ・Ⅴ段階のものは8世紀後半代を示すことは、ほぼ間違いないと思う。

　次に宝相華文の変化を考えていきたい。

　まず雁鴨池の宝相華文は、上に巻き込む対葉花文と下から上に派生する三葉文とで構成されているが、対葉花文の表現が入念で、文様上端面を数条の線と面とでカーブさせている（Ⅰ段階：第110図9は排盤里）。次に、四天王寺・月城・雁鴨池の宝相華文では、対葉花文が単線の肉彫り表現へと変化していくが、三葉文は三つの連続した花形としての形をまだ保っている（Ⅱ段階：第110図10・11）。次いで、芬皇寺[160]（第111図2）・禅房寺・雁鴨池の宝相華文では三葉が崩れた形を示すか、または三葉が三つの点珠で表現されるが中央点珠は若干の茎をもつもの（Ⅲ段階）になり、次に、雁鴨池・興輪寺・芬皇寺の宝相華文

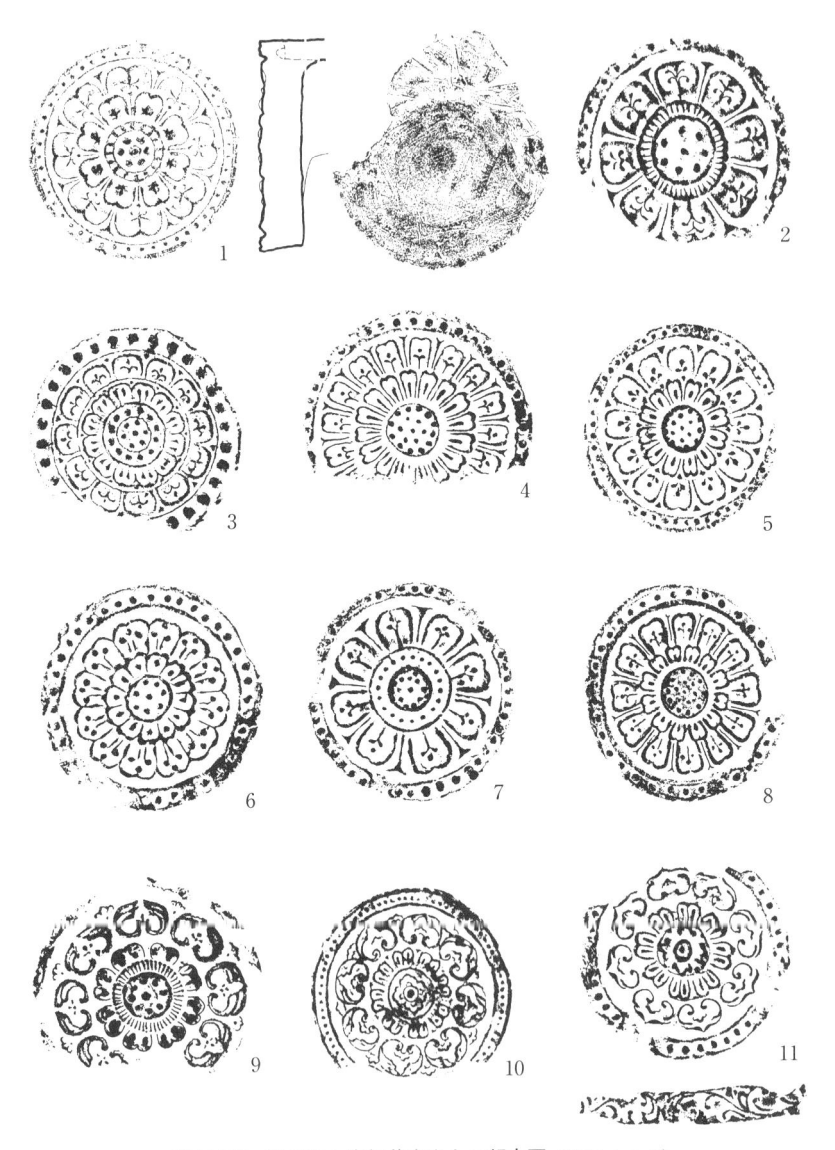

第110図　忍冬文と宝相華文をもつ軒丸瓦（縮尺 1：5）
1 雁鴨池、2・11 臨海殿跡、3 皇聖寺跡、4 芬皇寺、5 仁旺里廃寺、
6・7・10 慶州、8 普門寺跡、9 排盤里

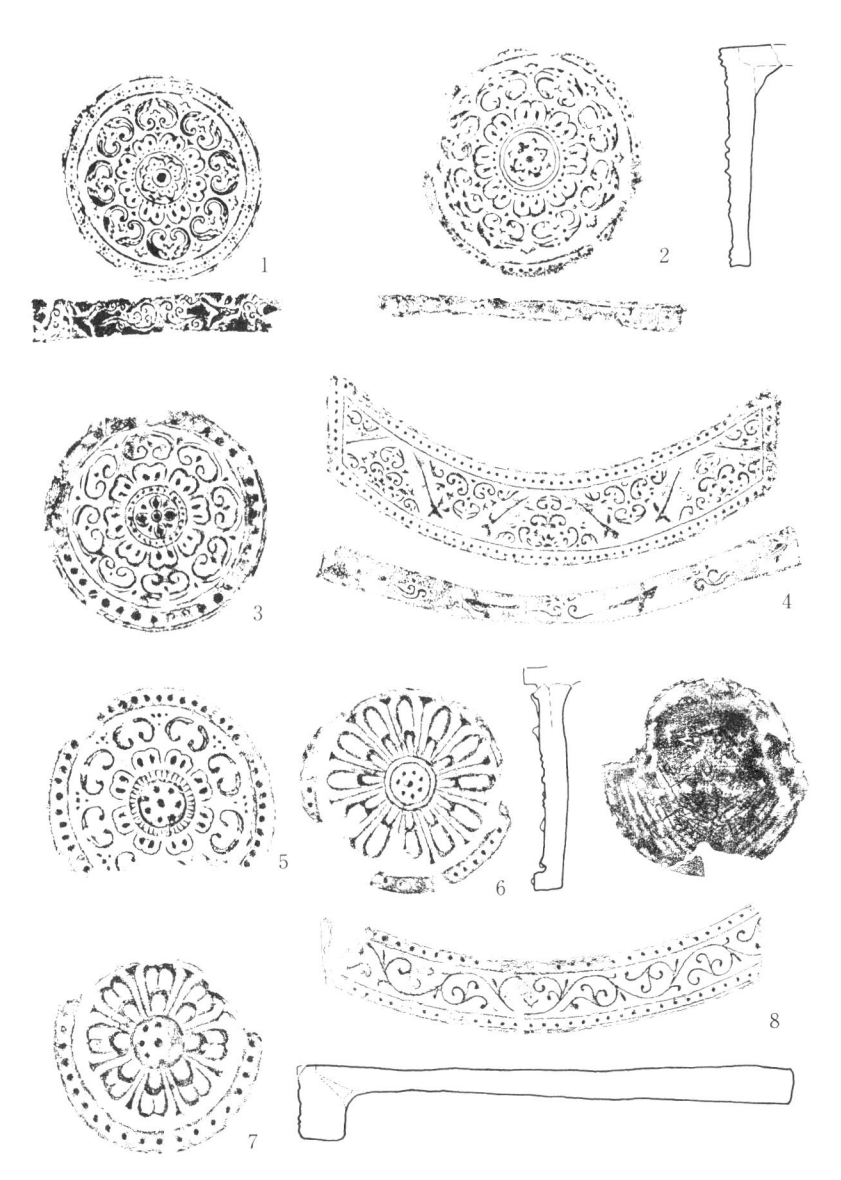

第111図　芬皇寺・天官寺などの軒瓦（縮尺 1：5）
1 南潤廃寺、2〜4 芬皇寺、5 普門寺跡、6〜8 天官寺

では三葉文が消失するか、三葉文が三つの点珠のみのものに変化（Ⅳ段階：第111図3）していく。Ⅳ段階の興輪寺例（本書で図示していない）では、中房の突出、中房周縁の珠文帯は忍冬文のⅤ段階のものに類似するので、宝相華文のⅠ～Ⅳ段階をそれぞれ25年ずつとればよいのではないかと思う。Ⅰ・Ⅱ段階のものは8世紀前半代を示し、Ⅲ・Ⅳ段階のものは8世紀後半代を示している。

　この節の最後に、天官寺出土の8世紀の瓦について述べておきたい。まず有子葉単弁12弁蓮華文軒丸瓦（第111図6）や有子葉単弁8弁蓮華文軒丸瓦（第111図7）は、中心飾りをもつ忍冬唐草文軒平瓦（第111図8）と組み合う。有子葉単弁12弁蓮華文軒丸瓦の瓦当裏面には叩き文の痕跡を残し、三国時代新羅からの伝統を示している。忍冬唐草文軒平瓦は、平瓦広端に近い凸面側から斜めにカットした平瓦と瓦当とを接合する包み込み式である。以上は8世紀前半代に属するものである。次に、忍冬・単弁複合16弁軒丸瓦は三葉文の先端が点珠になるが、三葉は相互に接続しており（Ⅲ段階）、顎部にも唐草文様を有す（第112図1）。この軒丸瓦は中心飾りをもつ忍冬唐草文軒平瓦（第112図2）と組み合うと考えられ、反転する各単位の唐草文は相互に分離している。これらは、8世紀中頃の軒瓦と考えられる。

4　9世紀の新羅瓦

　新羅の8世紀の軒丸瓦は、中房が内区半径の三分の一以下の半径をもつ円で区画されていたが、なお1＋8などの蓮子を配し、中房の外の内区の内側と外側に異なる文様の二重の蓮弁を配するのを原則としていた。

　これに対し9世紀の軒丸瓦は、中房の蓮子は消失して中房は1個の小さな円点となり、内区は内区半径の二分の一の円によって内・外に分けられ、内区の内・外側に同じ文様をめぐらすものが主流を占めたが、9世紀末から10世紀前半には16弁から32弁の細弁をめぐらすものが主流になったと考えられる。

　9世紀の軒瓦を天官寺出土例[157]でみると、内区の内・外側に重弁をめぐらすもの（第112図3）があり、これは9世紀前半代の軒丸瓦と考えられる。行基式の丸瓦をもち、粘土板の合わせ目がある。次に、内区の内・外側に同じ単弁をめぐらすものがあり、内側が8弁、外側が13弁の細弁をもつ（第112図4）。

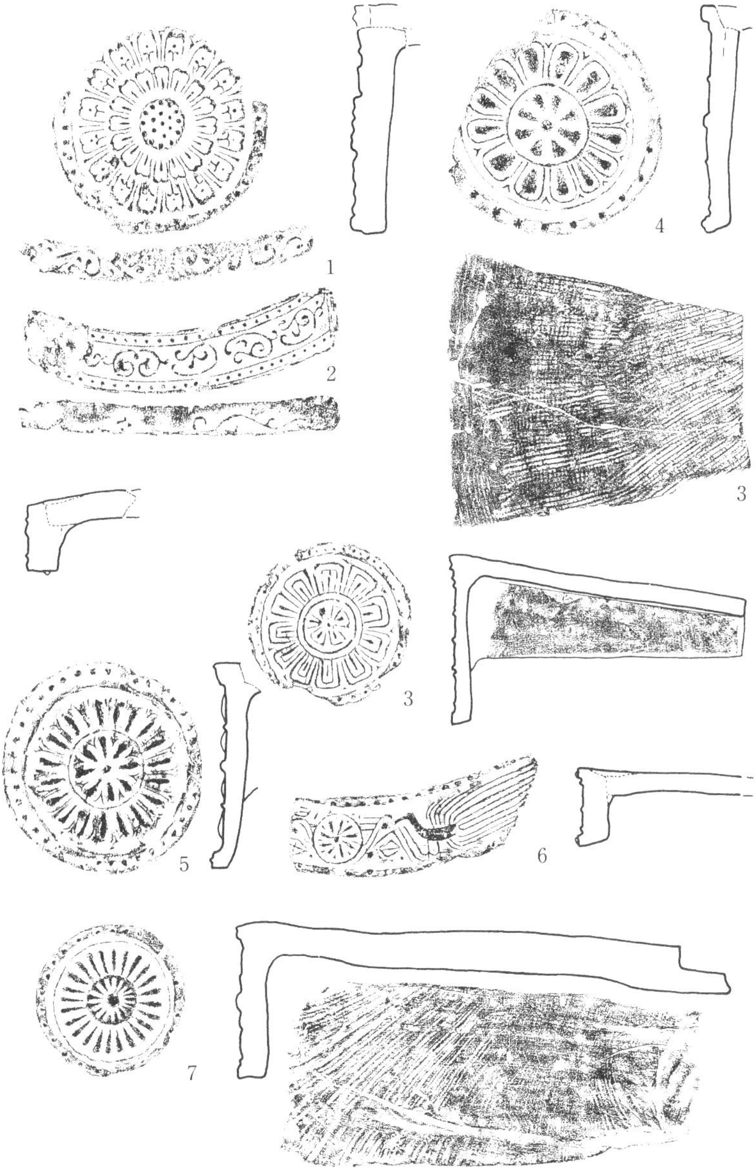

第112図　天官寺出土の軒瓦（縮尺 1：5）

この軒丸瓦に類似する崇福寺[159]出土例では、内側が8弁、外側が14弁の細弁をもつものがあり、この寺は9世紀後半代の造営と考えられており、天官寺例も9世紀後半代の瓦であろう。次いで、内区の内側が8弁、外側が19弁の細弁をもつもの（第112図5）があり、これは9世紀末の瓦であろう。これと組み合う軒平瓦が、中央に9弁の細弁蓮華文を配し、左右に鳥文を配する軒平瓦（第112図6）である。瓦当と平瓦を接合する包み込み式の軒平瓦である。次に、内区の内側が17弁、外側が24弁の細弁をもつもの（第112図7）があり、これは玉縁式の丸瓦をもつ。10世紀前半の軒丸瓦であろう。

5　7世紀後半の日本瓦への影響

　7世紀後半における統一新羅の瓦が、日本に影響を与えた実例としては、紀伊上野廃寺[161]の瓦が代表的なものである。
　上野廃寺出土の軒瓦は2種の組み合わせ（第113図）があり、1種は斜線鋸歯文縁複弁蓮華文軒丸瓦と忍冬唐草文軒平瓦の組み合わせ、他の1種は珠文・鋸歯文縁複弁蓮華文軒丸瓦と珠文縁均整唐草文軒平瓦の組み合わせである。
　前者の忍冬唐草文は統一新羅初期の忍冬唐草文軒平瓦と茎・支葉・蕾の組み合わせと反転する文様形態などの点で同じ構成になっている。ただし中心飾りは宝珠形の外廓をもち、内廓は円形をなす法隆寺式軒平瓦の最古式の文様要素をも併せてもっているのである。また軒丸瓦の外区は複線鋸歯文縁であるが、新羅では鋸歯文縁の軒丸瓦は全くないから、軒丸瓦の文様は全体として日本的なものといってよい。また忍冬唐草文軒平瓦の製作技法は包み込み式で新羅的であるが、平瓦は枠板痕を残し、模骨桶の粘土板桶巻作りによって製作されたらしい。平瓦製作法は日本的である。以上の軒瓦の組み合わせが、軒丸瓦では全体の97%、軒平瓦では78%を占めている。
　次に後者の軒瓦の組み合わせでは、ともに外区外縁に珠文帯を配する点が特徴である。しかも、外区を内区よりも高く突出させ、その上に珠文を配しているのである。これは典型的な統一新羅型の文様といってよい。しかし、軒丸瓦文様では外区内縁に鋸歯文帯を配する点で、日本的な文様も同時に併せもっているのである。また軒平瓦では、唐草の反転文様は日本の唐草文に通有のもの

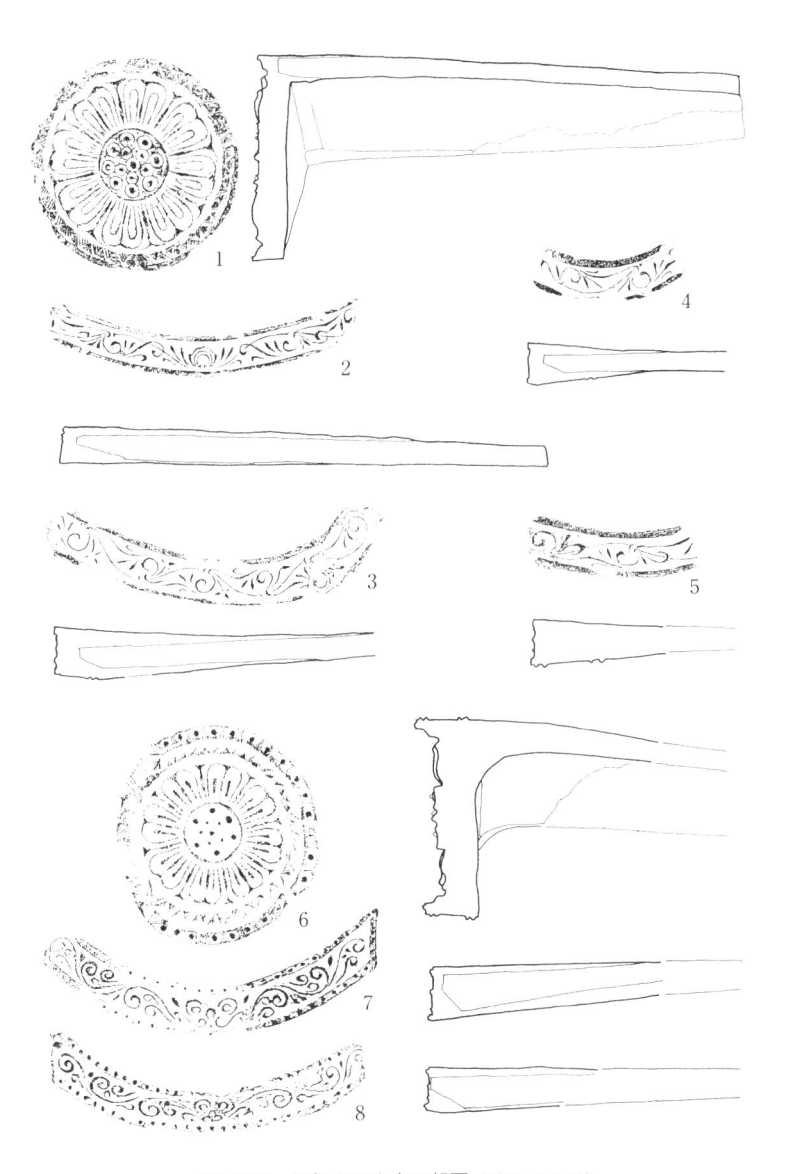

第113図　紀伊上野廃寺の軒瓦（縮尺 3：20）

であるが、3回反転目の蕾の表現は新羅的といえる。そして中心飾りは見方によっては鬼面文のようにみえる文様配置をしており、益山帝釈寺の忍冬唐草文で中心に鬼面文をもつ軒平瓦を想起させるものがある。

このように新羅的な要素がきわめて強いが、古式の宝珠の中心飾りをもつ軒平瓦、複弁8弁蓮華文軒丸瓦などに大和的な要素を色濃くもっているのである。そしてその実年代は、統一新羅の瓦編年でみると、前者の組み合わせが統一初期のもの（660〜685年）に相当し、後者の組み合わせが7世紀末（685〜700年）から8世紀のごく初頭に位置付けられるものとみてよいだろう。

紀伊上野廃寺は『日本霊異記』下巻第三十にみえる能応寺（弥勒寺）と考えられ、それは老僧観規、俗姓を三間名干岐の祖先が造った寺であるという。『新撰姓氏録抄』未定雑姓、右京に「三間名公。弥麻奈国王、牟留知王の後なり」「意富加羅国の王子、名は都努我阿羅斯等」とある。都努我は新羅や金官加羅の最高官位号「角干」をツヌカ（ン）と訓んだものかとする。即ち紀伊上野廃寺は新羅・金官加羅系の寺院であると考えてよいだろう[162]。

新羅は、百済や高句麗が滅亡した後の、670年以降唐と対立するようになり、唐との対抗策として高句麗や百済の復興軍を支援し、日本に対しては親交を強く求め、日本側が求める日本への朝貢という形を受け入れた。かくして、「貢調」「進調」のための新羅使の来日は、天武朝の前半ではほぼ毎年、後半から持統朝にかけては二年に一回くらいの割合で『日本書紀』に記されている。使節の往来はきわめて頻繁に行われたのであり、また日本から新羅へ派遣する遣新羅使の人選にも大きな変化がみられた。即ち、6世紀末から7世紀の天智朝までは難波吉士を中心とする吉士集団が遣新羅使を務めていたが、天武朝から天平期にかけては、都努臣牛甘・角朝臣家主・紀朝臣必登のような紀臣族か、持統九年の伊吉連博徳、養老三年の白猪史広成、養老六年の津史主治麻呂のような渡来氏族が遣新羅使を務めているのである。

このような紀臣族である都努臣と深く関わっていた新羅・金官加羅系の渡来氏族三間名干岐が、日本と新羅との使節交流に大きな役割を果たし、その結果、新羅の新式の文様の瓦が上野廃寺においてきわめて迅速・敏感な形で出現したものと考えられる。しかし、それは新羅と紀伊との地域間交流にとどまらず、新羅と日本との国交の過程でもたらされたものである。軒平瓦における宝珠文

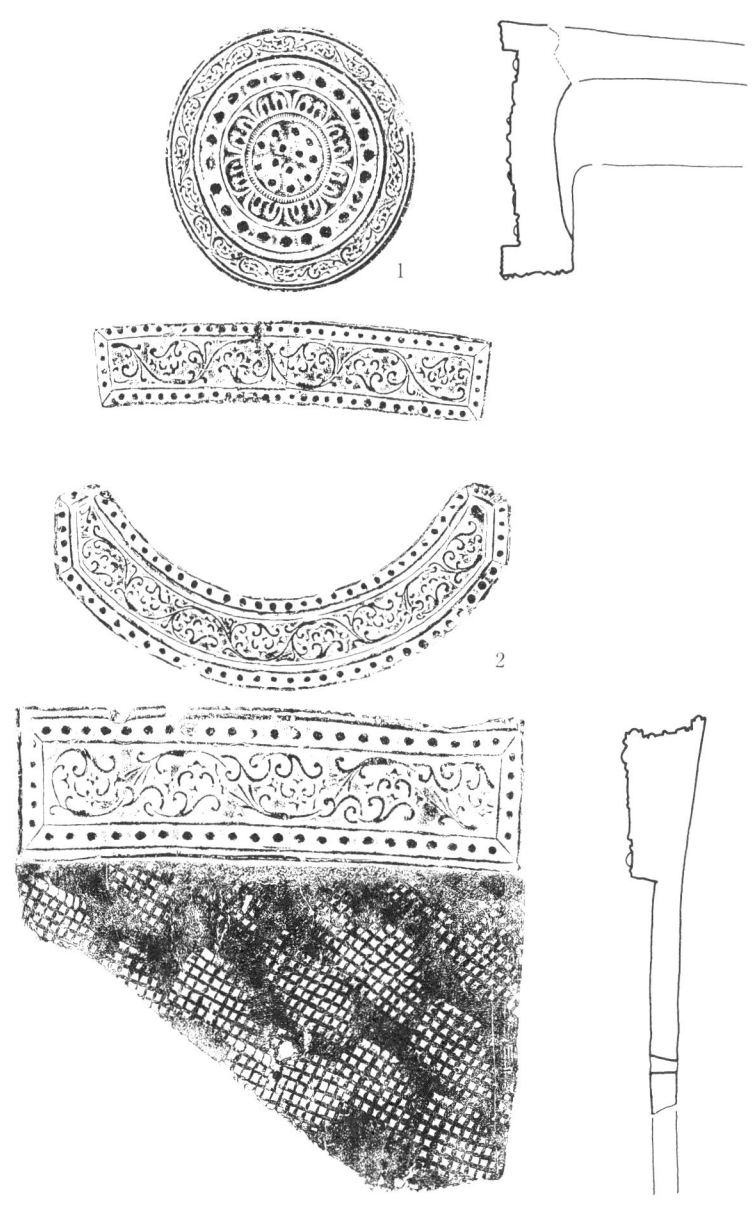

第114図　天台寺跡・同瓦窯出土軒瓦（縮尺 1：6）

中心飾り（第113図2）の大和的な要素は、このことを雄弁に物語るものだろう。

6 8世紀の日本瓦への影響

　8世紀初頭から8世紀前半にかけての日本における新羅的な瓦の代表は、太宰府から豊前に至る官道にそう寺院群、即ち筑前伏見駅に近い大分廃寺(163)、豊前田川駅に近い天台寺跡(164)、下毛駅に近い垂水廃寺(165)などの出土例を代表とするものである。この3寺に椿市廃寺(166)、虚空蔵寺(167)を加えて、5箇寺出土の新羅系軒瓦は軒丸に2種、軒平に3種の范型があるようである。最古の組み合わせとみられる天台寺跡出土（第114図）のものをみると、軒丸瓦は中房の外に接して蕊が配されること、外区外縁が直立縁になり、その上に唐草文様が配されること、顎部に文様をもつことが新羅的で日本瓦にはみられない点であり、軒平瓦の文様では扇形花波状唐草文の文様で顎部に文様を配するなど、軒平瓦は特に新羅的といってよい。5箇寺のうち4箇寺が所在する豊前には、秦氏が多く居住していること、オンドル住居址や陶質系土器などの朝鮮系考古資料の多さ(168)が指摘されている。しかしそのことは、「新羅系古瓦」を受け入れる素地がこの地にあることを示すだけで、この地域にこの時期にのみ典型的な新羅瓦が波及した説明にはなっていないだろう。

　文武朝から聖武朝初期までの新羅使の来日は、だいたい三年に一度ほどの割合で行われているが、和銅二年（709）では、「海・陸の両道を取りて、新羅使金信福らを喚す」とし、新羅使はまず筑紫に来て太宰府から中央政府への進退を伺い、迎えと共に陸路東行して豊前に行き、そこから船に乗って難波へ向かうものと考えられる。『万葉集』第十五の天平八年（736）では、京から新羅へ向かう遣新羅使は佐婆郡の海上で逆風風浪に遭い漂流した後に、順風を得て豊前国下毛郡分間浦に到着している。分間浦は中津市田尻から今津にかけての海辺であり、この地の近くに垂水廃寺がある。遣新羅使の場合は、この後筑紫の館に向かっているが、新羅使の場合はいったん太宰府へ来るのであるから、北部九州を陸行する必要がある。この段階において、豊前における新羅系渡来氏族秦氏と新羅使一行とが交流する充分な環境が揃ったのではないだろうか。

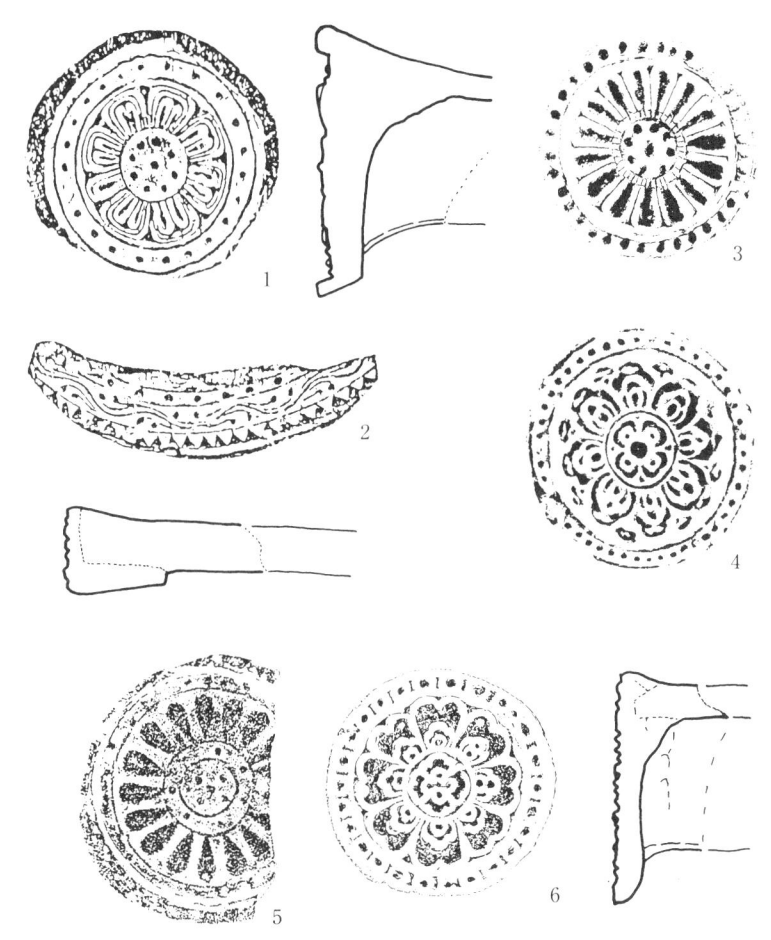

第115図　新羅と九州の瓦（縮尺 1：5）
1・2 薩摩国分寺、3 慶州鬼橋里、4 慶州付近、5 太宰府、6 太宰府天満宮

7　9世紀の日本瓦への影響

　太宰府出土の軒平瓦・平瓦は七世紀後半以降模骨桶の粘土板桶巻作りであっ
たものが、8世紀中頃から一枚作り [169] となり、8世紀末以降に新羅式の円筒
桶粘土板桶巻作り技法を採用し [170]、粘土円筒を四分割した平瓦と瓦当粘土を
接合する包み込み式軒平瓦に変化することが栗原和彦氏によって提示された。

これまで紀伊上野廃寺や豊前天台寺跡などでもみられなかった円筒桶粘土板桶巻作りが、九州の地に8世紀末に、はじめて導入されたのである。この技法は導入後直ちに、九州の広い地域に広がるようである。例えば、平安京初頭の軒丸瓦に酷似する軒丸瓦を出土する薩摩国分寺[171]では、それと組み合う偏行唐草文軒平瓦は円筒桶粘土板桶巻作りの技法を示している。この軒瓦の組み合わせ（第115図1・2）にもみられるように、軒瓦の文様はあまり新羅的ではない。軒瓦の文様、特に軒丸瓦において新羅瓦に類似したものが太宰府に現れるのは9世紀中頃から10世紀初頭にかけてのことである[172][173]。

ところで、8世紀末から9世紀初めにかけての新羅式平瓦導入の背景には、多数の新羅人の日本移住が考えられると思う。瓦当文様にあまり影響を及ぼさず、根本的な製作技法で新羅的であるというのは、民間の人的交流が活発であり、底辺の労働力としての新羅人が九州で働いたということであろう。

註

(152) 藤沢一夫「日鮮古代屋瓦の系譜」『世界美術全集』第2巻　角川書店　1961年

(153) 文化財管理局・文化財研究所『皇龍寺』1984年

(154) 文化広報部文化財管理局『雁鴨池発掘調査報告書』1978年

(155) 金載元・尹武炳『感恩寺跡発掘調査報告書』国立博物館特別調査報告第2冊　1961年

(156) 国立慶州文化財研究所『新羅王京』2002年

(157) 国立慶州文化財研究所『慶州天官寺址発掘調査報告書』2004年

(158) 浜田耕作・梅原末治『新羅古瓦の研究』1934年

(159) 国立慶州博物館『新羅瓦塼』2000年

(160) 国立慶州文化財研究所『芬皇寺I』2005年

(161) 和歌山県教育委員会『上野廃寺跡発掘調査報告書』1986年

(162) 山崎信二「十世紀後半の瓦からみた朝鮮三国と日本との関係」『日韓文化財論集I』奈良文化財研究所学報77　2008年

(163) 筑穂町教育委員会『大分廃寺』1997年

(164) 田川市教育委員会『天台寺跡（上伊田廃寺）』1990年

(165) 新吉富村教育委員会『垂水廃寺』1976年

(166) 行橋市教育委員会『椿市廃寺II』1996年

(167) 大分県教育委員会『法鏡寺　虚空蔵寺跡』大分県文化財調査報告　第26集　1973年

(168) 亀田修一『日韓古代瓦の研究』吉川弘文館　2006年

(169) 栗原和彦「九州における平瓦一枚作り」『九州歴史資料館研究論集』15　1990年

(170) 栗原和彦「大宰府史跡出土の軒平瓦」『九州歴史資料館研究論集』25　2000年

(171) 川内市教育委員会『国指定史跡薩摩国分寺跡環境整備事業報告書』1985年

(172) 太宰府天満宮『太宰府天満宮』1988年

(173) 栗原和彦「大宰府出土瓦に見られる朝鮮半島統一新羅時代文化の影響」『九州歴史資料館研究論集』26　2001年

第15章　初めての宮殿瓦多量生産に対する造瓦体制
―藤原宮造瓦とその前後―

1　はじめに

　持統天皇朝の694年から元明天皇朝の710年まで16年間、藤原宮の都が営まれた。藤原宮造営に際しては、大極殿院から朝堂院へかけての諸建物など多くは瓦葺きであった。多量の屋根瓦使用は、宮殿としては藤原宮が最初の事例である。藤原宮造営に際し、従来の1寺院の1堂宇に必要な瓦の数量に比べ、数十倍の瓦が必要であった。しかも、それは短期間のうちに製作しなければならない。このような多量の瓦の製作に際し、後の平城宮造営用に設定された奈良山官瓦窯跡群のごとき一大生産地を開拓する方法をとっていない。

　藤原宮造瓦に際しては、大和各地の生産地で瓦を製作しただけでなく、畿内および畿内周辺地域からも瓦を運ばせている。そして、大和各地の生産地で製作した瓦が粘土紐桶巻作りで偏行唐草文軒平瓦を主流とするのに対し、他地域からの搬入瓦は粘土板桶巻作りで変形偏行忍冬唐草文軒平瓦を主流としている。また、藤原宮内での使用状況は、前者が宮の中枢部で使用されているのに対し、後者は宮を囲う大垣・門に使用されているという大きな差がある。

　このような藤原宮における2つのグループの存在の差を、年代の差によって把握する傾向が多いが、それで事足れりとするのであれば、藤原宮の造瓦体制のもつ意味、ひいては律令的瓦生産へ到る過渡的な造瓦体制の本質を充分に理解することはできないであろう。

2　大和国内主要生産地の藤原宮所用瓦

　大和国内における藤原宮用の主要な瓦の生産地は、高台・峰寺瓦窯と安養寺

瓦窯と西田中・内山瓦窯および日高山瓦窯の4箇所で、他に7箇所の生産地が推定されるが、これらは文様・技法の異なる瓦を生産する窯跡か、小規模生産地であるので後述し、まずは大局的な把握を行うために、前四者の生産地および瓦について述べていきたい。

この4箇所の瓦窯の所在地[174]は次のようである（第116図）。

高台・峰寺瓦窯　　高市郡高取町から御所市今住にかけて

安養寺瓦窯　　　　生駒郡平群町

西田中・内山瓦窯　大和郡山市西田中町

日高山瓦窯　　　　橿原市飛騨町

次に、藤原宮内での瓦の使用場所からみると、大極殿および大極殿院は高台・峰寺瓦窯産の瓦が多く、朝堂院は高台・峰寺瓦窯産、安養寺瓦窯産、西田中・内山瓦窯産の瓦が多い。一方、日高山瓦窯産の瓦は宮を囲う大垣・門地区で使用されている。

これら4箇所の瓦窯産の瓦に共通するのは次の点である[174][175]。

（1）軒丸瓦文様は複弁8弁蓮華文で外区内縁には珠文帯がめぐる。中房にある蓮子に明確な周環を残すものはない。

（2）丸瓦はいずれも玉縁式のものである。粘土紐巻きあげの丸瓦が存在する。

（3）軒平瓦文様は偏行唐草文で上外区には珠文帯がめぐる。

（4）平瓦の凸面に縄叩きの痕跡を残す。模骨桶使用の粘土紐桶巻作りの平瓦が存在する。

次に4箇所の瓦窯産の瓦のうち、2・3箇所の瓦窯産の瓦に共通する点、もしくは、1箇所の瓦窯産の瓦に特有な点をあげよう。

①　軒丸瓦文様では、外区外縁に凸鋸歯文をめぐらす（6273A・6273B）のは高台・峰寺瓦窯産（第117図1・2）のみで、外区外縁が素文縁であるのは日高山瓦窯産（6233Aa・Ab・Ac）と高台・峰寺瓦窯産（6233Ba）がある。これ以外はすべて外区内縁に珠文帯、外区外縁に線鋸歯文をもつ。

②　中房の蓮子が二重にまわるのが大部分で、1＋8または1＋6の一重のものは日高山瓦窯（6279Aa：第119図5）と高台・峰寺瓦窯（6279Ab：第117図4・6279B）にあるだけである。

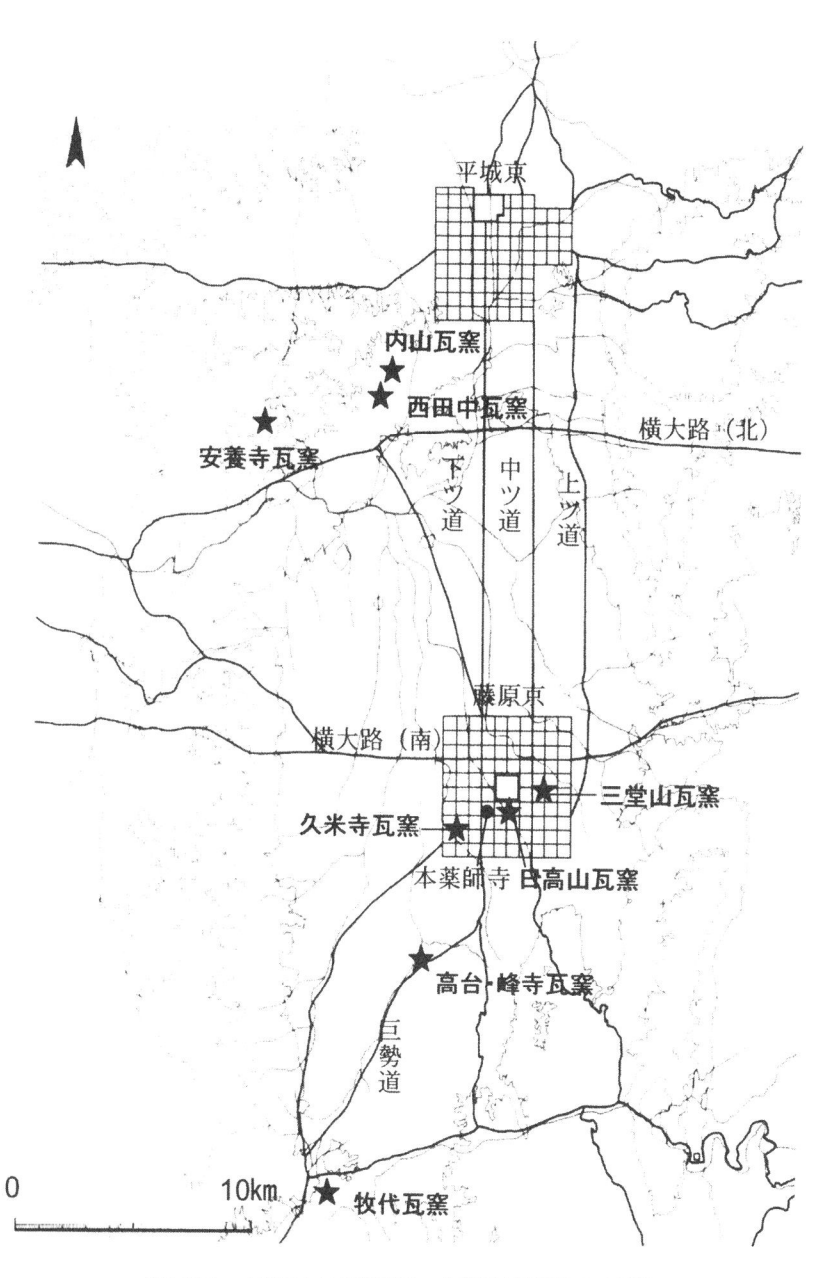

第116図　大和における藤原宮・本薬師寺所用瓦の生産地

③　蓮弁の構成としては、高台・峰寺瓦窯産、日高山瓦窯産の軒丸瓦は間弁
　　が独立するのに対し、安養寺瓦窯産、西田中・内山瓦窯産の軒丸瓦は間弁
　　が連続する（6281Ａ・6281Ｂ：第118図１・４）。

④　枷型を確認できるのは、6273Ｂ（高台・峰寺瓦窯産）のみである。

⑤　丸瓦部凸面もしくは玉縁部凸面にハケ目を確認できるのは高台・峰寺瓦
　　窯産（6273Ａ・6273Ｂ：第117図１・２）と日高山瓦窯産（6274Ａｂ：第119図１）
　　のみで、安養寺瓦窯産や西田中・内山瓦窯産のものにはない。

⑥　高台・峰寺瓦窯産、安養寺瓦窯産、日高山瓦窯産の丸瓦は粘土紐巻きあ
　　げの丸瓦であるが、内山瓦窯産の丸瓦には粘土紐巻きあげと粘土板巻きつ
　　けの両者がある。

⑦　瓦当と丸瓦の接合に際しては基本的には丸瓦部に刻みを入れないものが
　　主流で、ある段階から刻みを入れるものが出現すると考えてよいだろう。
　　高台・峰寺瓦窯産では6273Ｂと6275Ａには、丸瓦端面などに刻みのある例
　　が、ある段階から出現する。日高山瓦窯産では6233Ａなどの丸瓦に刻みは
　　ない。6273Ａｂには刻みを付けるグループが存在するが、これは先行する
　　和泉瓦窯産の6273Ａａの影響を受けたものであろう。安養寺瓦窯産の6281
　　Ａの笵の摩耗が若干進んだものに丸瓦凹面に刻みを入れるものが出現す
　　る。6281Ａ・6275Ｄとも、ある段階から丸瓦凸面にも刻みを入れるように
　　なる。西田中・内山瓦窯産の6281Ｂは、丸瓦部に刻みを入れるものはない。

⑧　軒平瓦文様では、上外区・下外区とも珠文のものは日高山瓦窯、高台・
　　峰寺瓦窯のものにあり、上外区珠文、下外区線鋸歯文のものは、安養寺瓦
　　窯、西田中・内山瓦窯、高台・峰寺瓦窯のものにある。前者の唐草文は左
　　右両端を左右対称に揃えるのに対し、後者の鋸歯文をもつ唐草文は、両端
　　を左右対称にするものはない（４瓦窯産以外の6641Ａのみ両端が左右対称）。

⑨　高台・峰寺瓦窯、安養寺瓦窯、日高山瓦窯の軒平瓦・平瓦は模骨桶使用
　　の粘土紐桶巻作りであり、西田中・内山瓦窯産の藤原宮出土軒平瓦（6641
　　Ｆ）は粘土板桶巻作りで、内山瓦窯産の平瓦には粘土紐のものと粘土板の
　　ものとがある。

⑩　高台・峰寺瓦窯の6641Ｅ（第117図５）には顎部にハケ目を残す例がある。
　　高台・峰寺瓦窯と日高山瓦窯の平瓦には凸面にハケ目を残す例がある。

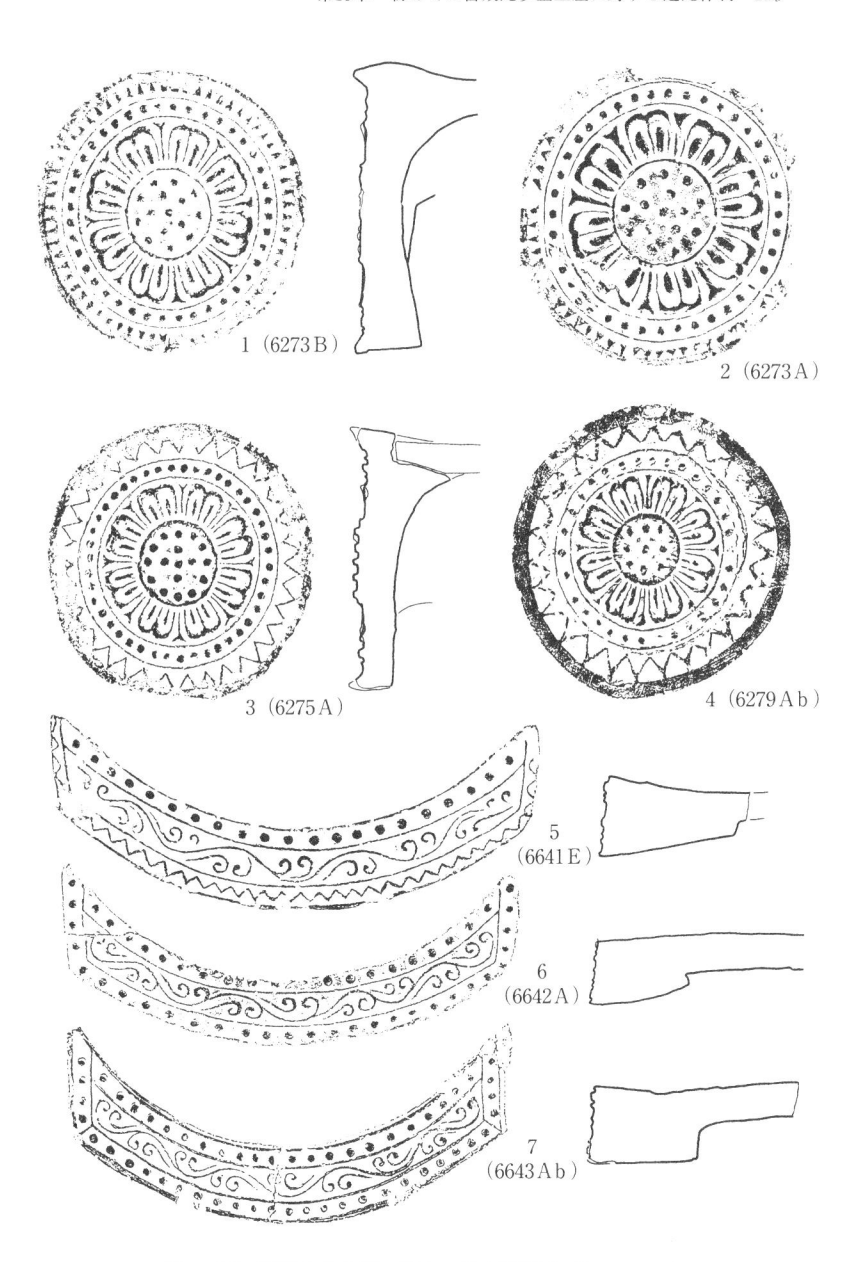

1 (6273 B)

2 (6273 A)

3 (6275 A)

4 (6279 A b)

5 (6641 E)

6 (6642 A)

7 (6643 A b)

第117図 藤原宮出土瓦、高台・峰寺瓦窯産(縮尺 1:5)

⑪　顎はすべて段顎で、高台・峰寺瓦窯産、安養寺瓦窯産、日高山瓦窯産の軒平瓦では「貼り付け削り出し段顎」で、西田中・内山瓦窯産の軒平瓦では「叩き締め前、平瓦凸面に粘土を貼りつける段顎」である。前者では厚い平瓦に顎部用の粘土紐をさらに巻きあげ曲線顎状にして、縦縄叩きを平瓦部・顎部に行い、その後平瓦部と顎部の境目を付けるために断面三角形に粘土を切り取るのである。切り取るための切り込みが大部分の軒平瓦に残っている。一方、後者の軒平瓦では顎部粘土を貼り付けて、叩き締めるので、顎部を接合する前には叩きを行っていない。後述する大和外の粘土板桶巻作り軒平瓦では、平瓦部全体を叩き締めた後、顎部を貼り付けるので、顎部粘土が剥がれた軒平瓦では接合面に叩き締めの痕跡が残っている。西田中・内山瓦窯産の軒平瓦では、接合面に叩き締めの痕跡はない。したがって、西田中・内山瓦窯産の軒平瓦は粘土板桶巻作りとはいっても、軒平瓦の製作工程からみると、大和外の諸例より、高台・峰寺瓦窯産、安養寺瓦窯産、日高山瓦窯産の軒平瓦に近いといえる。

⑫　高台・峰寺瓦窯産の軒平瓦6642Ａ（第117図6）・6643Ｂ・6643Ｃ・6643Ｄでは、平瓦部凸面に凹型台の圧痕が残る（また4瓦窯以外だが、大和郡山の窯と推定される6641Ａａにも凹型台の圧痕が残る）。この4型式のうち6643Ｃでは瓦当面に縄叩き痕が明瞭に残り、6642Ａ・6643Ｂでも瓦当面にかすかに縄叩き痕が認められる。この4型式は主に朝堂院回廊に使用されているが、おそらく高台・峰寺瓦窯産の中では新しいグループの軒平瓦であろう。なお、凸型台の圧痕については、4瓦窯出土の軒平瓦の中で、その痕跡の認められる例はない。

⑬　最後に色については、大極殿所用瓦6273Ｂ−6641Ｅ（第117図）は、表面が黒色で、断面が灰色のものが多い。また大極殿院回廊の6273Ａも表面黒色を呈する。他の大極殿院所用瓦や朝堂院所用瓦にも表面が黒色で断面が灰色のものもあるが、大極殿所用瓦ほど表面黒色のものは揃っていない。おそらく、大極殿所用瓦は、意図的に表面を黒色処理したものと思われる。

　以上、大和国内における藤原宮用の主要な瓦の特徴をあげてきたが、これをまず唐の瓦と比較してみよう。

（ⅰ）軒丸瓦では複弁蓮華文で外区内縁に珠文を有する点は共通するが、藤

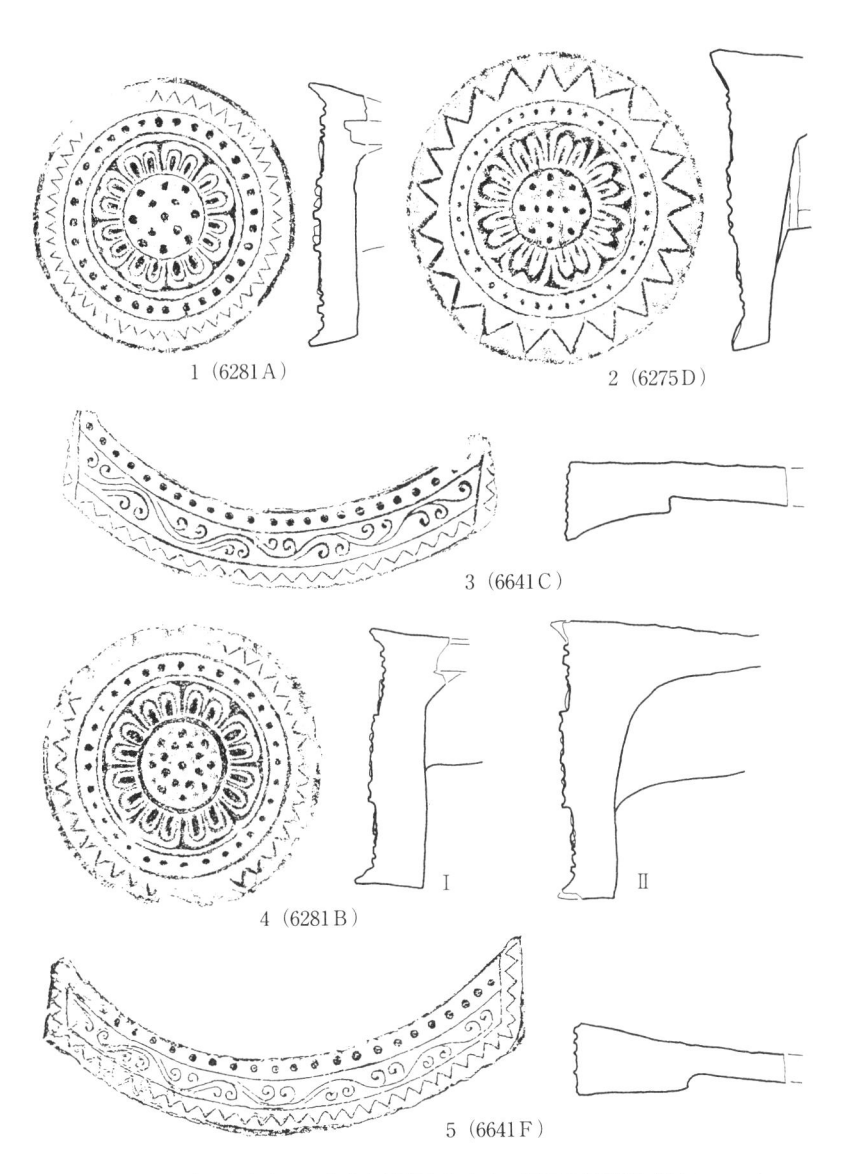

1（6281A）　　　　　　2（6275D）

3（6641C）

4（6281B）　　I　　II

5（6641F）

第118図　藤原宮出土瓦、安養寺瓦窯産と内山・西田中瓦窯産（縮尺 1：5）
1～3 安養寺瓦窯産、4・5 内山・西田中瓦窯産
4-Iは丸瓦粘土板作り，4-IIは丸瓦粘土紐作り

原宮では中房の蓮子が二重となり、また外区外縁に鋸歯文縁を有する点が唐の瓦と異なる。鋸歯文縁および二重の蓮子は川原寺の段階で採用されたものを受け継いでいるのである。

（ii）軒平瓦の文様では、藤原宮は笵型を使用した偏行唐草文軒平瓦で、中国唐代の波状重弧文軒平瓦とは異なっている。

（iii）しかし、平瓦・軒平瓦、そして丸瓦・軒丸瓦が模骨桶の粘土紐桶巻作りである点は、唐の長安や洛陽の瓦と完全に一致する。また、4つの瓦窯産の瓦が全体としての規格性をもっていることからみて、それぞれの瓦窯において単に、「土器製作工人が造瓦作業に従事する中で生み出された」と説明するのでは不充分で、組織の長からの指示による粘土紐桶巻作りであったことは、ほぼ間違いない。即ち、この組織の長は、中国唐代の粘土紐桶巻作りの製作法を、理屈上は知っていたものと考えられる。

（iv）さらに、大極殿所用瓦が黒色処理されていることも重要である。隋唐洛陽城出土の平瓦には2種あり、1つは凸面にナデを行うが、凹面は布目をそのまま残すものと、他の1つは凹凸両面にミガキをかけ黒色処理するものがある。後者の多くは、大型の宮殿に使用されている。藤原宮の大極殿瓦はミガキはかかっていない。しかし黒色処理をしたことは事実であり、中国唐代の瓦を日本流に模倣したとみてよいだろう。

（v）唐の軒丸瓦は瓦当と丸瓦の接合に際して、瓦当裏面に刻みを入れて接合している。一方、藤原宮の4瓦窯産の軒丸瓦の最初期の瓦は、丸瓦部にすら刻みを入れていない。むしろ、粘土板桶巻作りグループからの影響を受けているとみられる（例えば軒丸瓦6274ＡａからＡｂへの変化をみよ）。この点からも藤原宮造瓦に中国系の瓦工の直接の指導は考えられない。

次に、この4つの瓦窯産の瓦の製作年代と造瓦組織の人的構成についてふれておきたい。まず藤原宮の地鎮祭が行われたのは、「浄廣肆難波王等を遣して、藤原の宮地を鎮め祭らしむ」の記載から持統六年（692）五月であり、藤原宮の瓦を遷都以前から作り始めたとしても、宮の地鎮祭を遡って宮の中枢部の瓦製作を行うことはないだろう。持統八年（694）十二月に藤原宮に遷都するが、翌年正月七日に「公卿大夫に内裏に饗たまふ」とあって、内裏はすでに完成して

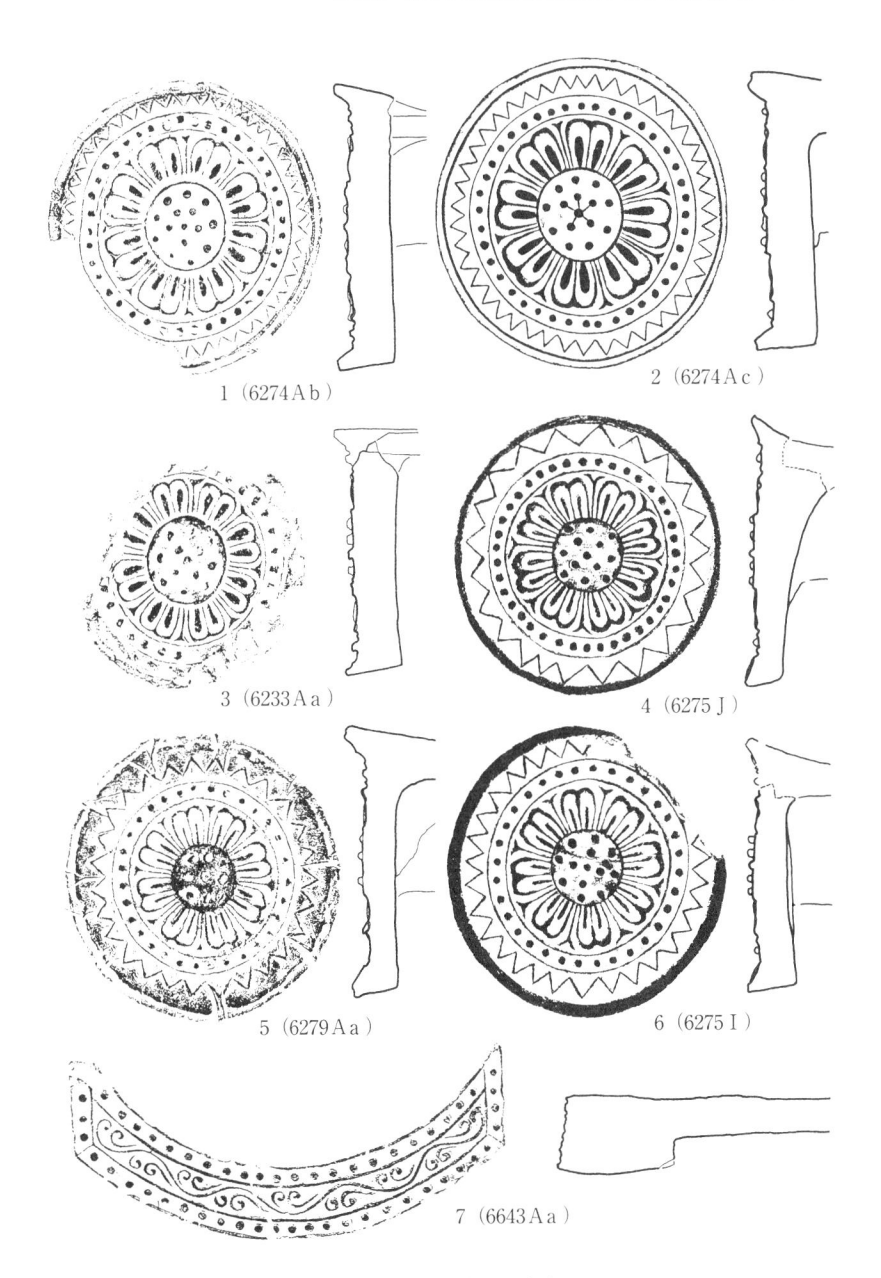

1（6274Ab）

2（6274Ac）

3（6233Aa）

4（6275J）

5（6279Aa）

6（6275I）

7（6643Aa）

第119図 藤原宮出土瓦、日高山瓦窯産（縮尺 1：5）

いたことが知られる。しかし藤原宮の大極殿は文武二年（698）の正月が初見で、前年八月の文武即位にも大極殿の名が見えないから、宮地鎮祭からほぼ5年数ヶ月で大極殿が完成したものと考えられる。即ち、692〜698年頃が藤原宮中枢部の造瓦の生産量が最も多い時期であり、高台・峰寺瓦窯産の凹型台使用の軒平瓦（朝堂院回廊所用）は、これより5〜6年程度遅れるものと推測される。

ところで、藤原宮の主要建物の造営は造宮官が行ったものと考えられ、大宝元年（701）七月には、「太政官処分すらく、造宮官（みやつくるつかさ）は職に准（しき）へ、造大安・薬師二寺官は寮に准（なずら）へ、造塔・丈六二官は司に准へよ」とし、大宝二年正月には造宮職（くうしき）の名がみえる。この造宮官が藤原宮中枢部の建物の屋根瓦を製作させた上部組織であると考えてよいだろう。そして、藤原宮中枢部の瓦を製作した高台・峰寺瓦窯、安養寺瓦窯、西田中・内山瓦窯そして大垣の瓦を製作した日高山瓦窯の人的構成を考える時、まず参考になるのは日高山瓦窯と尾張勝川廃寺（高蔵寺瓦窯）との同笵軒丸瓦の存在である。

（ⅰ）　尾張勝川廃寺・高蔵寺瓦窯の造瓦と藤原宮の造瓦とが深い関係をもつことは、1981年以来再三論じた。まず、1981年[176]に論じた要点を述べよう。

第一に、尾張勝川廃寺・高蔵寺瓦窯出土軒丸瓦は藤原宮6233Acと同笵である。藤原宮では日高山瓦窯で焼成。大和と尾張の瓦で胎土・焼成が異なり、両地域の瓦窯が判明しているので、大和から尾張へ笵型が移動したのである。

第二に、藤原宮同笵軒丸瓦と組む軒平瓦は偏行唐草文軒平瓦であり、粘土紐桶巻作りである。また組み合う鬼瓦も重弧文鬼瓦で藤原宮例に類似する。「かくして、軒丸・軒平・鬼瓦が三者一体となって、勝川廃寺＝高蔵寺瓦窯例とが、セットとして関連をもつことになる」。

第三に、日高山瓦窯は「日乾しレンガを用いた平窯であり、これも高蔵寺瓦窯に類似する」。一方、1983年には「単に笵型が移動しただけでなく、工人も移動したことを示している」[177]と指摘した。

さらに、1993年には「日高山瓦窯で使用した笵型を尾張高蔵寺瓦窯へ移動したことが確実である以上、笵型が移動した時期は、日高山瓦窯の操業を終えて以降、つまり藤原宮から平城宮へ都が移った後で、しかも軒平瓦に桶巻作りと凸型台上での整形法を併用することが定着した頃、尾張へ笵型が移動したと考えた方が妥当であろう」[178]と論じた。

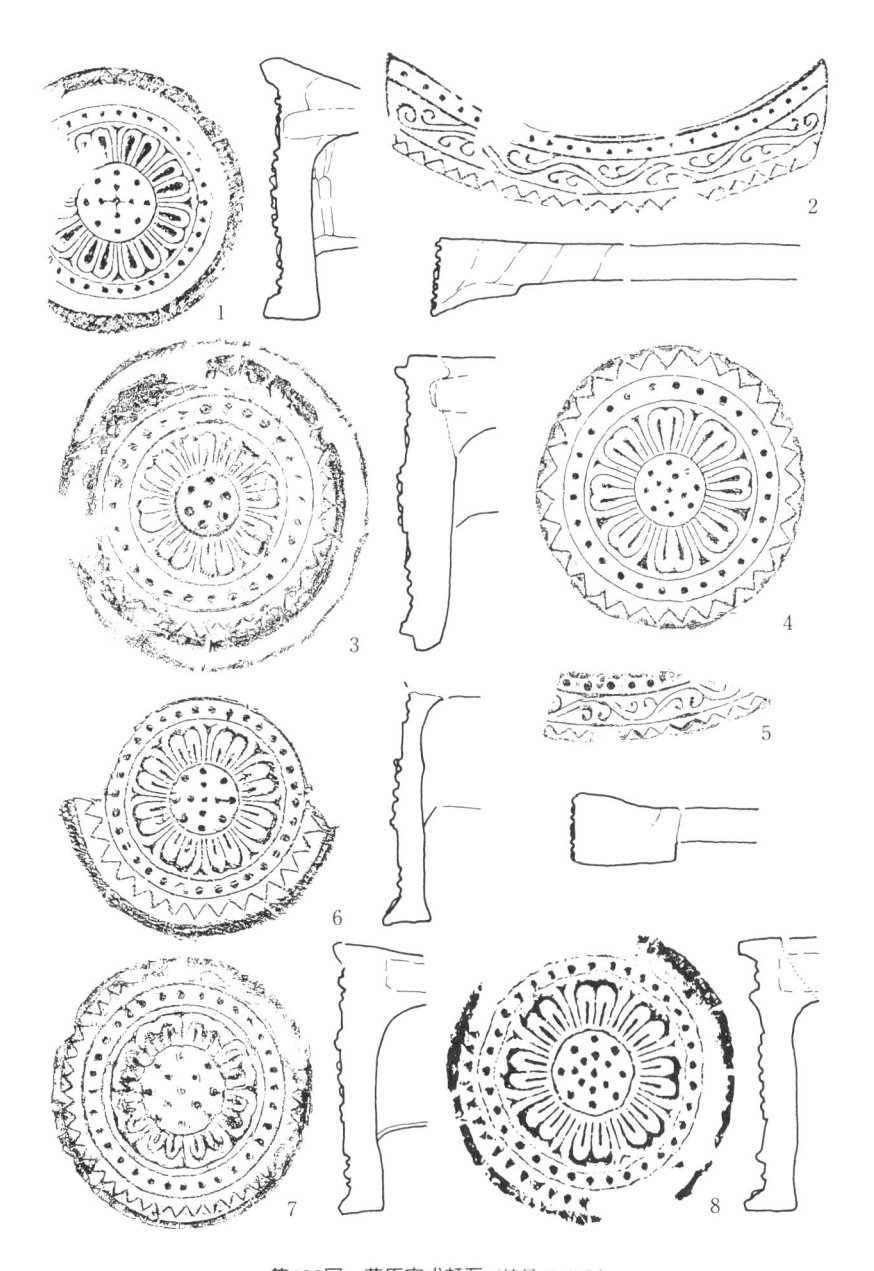

第120図　藤原宮式軒瓦（縮尺 1：5）

1・2 勝川廃寺、　3 志筑廃寺、　4・5 坂本寺跡、　6 法通寺跡、　7 片山廃寺、　8 小山池廃寺

　ところで、1983年に述べた工人の移動とは具体的にどのような人たちであるのか、以下で考えてみよう[179]。まず、尾張から大和へ徴発される前は、高蔵寺瓦窯西方約15kmの地点から採集された川原寺式軒丸瓦およびこれと組み合う三重弧文軒平瓦からみて、粘土板桶巻作りで瓦製作を行っていた尾張の瓦工であったと考えられる。ところが、大和における長期の瓦製作、即ち日高山瓦窯での瓦製作およびその後の高台・峰寺瓦窯または安養寺瓦窯での瓦製作に際しては粘土紐による瓦作りを継続したものと考えてよい。この工人は藤原宮の造瓦の任が終わって、しばらく後、軒丸瓦6233Aの笵型（この段階では、平城宮にとっては不用の笵型となっている）を分与され、尾張へ帰国した。尾張での瓦製作において、紐作りを採用しているのは、工人の大和での経験からして当然のことであろう。しかし軒平瓦の文様において、藤原宮例と細部において異なる、左偏行唐草文＋珠文＋鋸歯文のタイプであり、唐草文の巻きに精彩を欠くのは、彼が大和において瓦当笵の製作に関与しなかったことを示すものであり、尾張帰国後の瓦笵製作時には、漠然と軒平瓦6641のイメージで文様を作成したのであり、出来上がった軒平瓦は結果として左右逆の6640タイプのものとなった。

　このように日高山瓦窯には尾張からの瓦工人の徴発が考えられ、またハケ目を有する丸・平瓦の存在から土器製作工人の徴発が考えられる。

　（ⅱ）　高台・峰寺瓦窯における瓦工の人的構成には軒丸瓦6279Bの同笵瓦から、淡路もしくは河内との関係、軒瓦文様から備後との関係が考えられる。

　まず淡路島の志筑廃寺[180]では高台・峰寺瓦窯と同笵の6279Bの軒丸瓦が出土しているが、丸瓦部が行基式で粘土板巻きつけ法によるなど、技法的には大和との直接の関係は認められない。そして志筑廃寺では綾杉文叩きの平瓦が出土し、それは大阪府八尾市・柏原市を中心とする中河内にもみられることから、中河内地域の瓦製作集団の志筑廃寺への関与が考えられている。河内[181]では、東大阪市の法通寺・石凝寺で6275Bに酷似する文様（異笵）が出土し、法通寺例では枹型使用が想定されている。

　備後[182]では、伝吉田寺跡や小山池廃寺で外区外縁に凸鋸歯文縁をもつ軒丸瓦があり、高台・峰寺瓦窯産の6273A・Bに類似する。また、康徳寺廃寺では6641に類似する軒平瓦が出土している。しかし、備後での藤原宮式軒平瓦の中に、粘土紐桶巻作りの技法をもつものは、今のところ報告されていない。

　和泉[181]では、坂本寺出土の軒瓦が高台・峰寺瓦窯例に近い。線鋸歯文縁複弁8弁蓮華文軒丸瓦は、後に面違鋸歯文縁に彫り加えられている。最初の軒丸瓦と組む軒平瓦は右偏行の唐草文軒平瓦で、これは粘土紐桶巻作りで作られているようである。

　以上のように高台・峰寺瓦窯では河内・備後・和泉からの瓦工の徴発が考えられるが、大和から在地への帰国後、粘土紐桶巻作りを行った痕跡は今のところ和泉だけで確認できるようである。帰国後は再び、粘土板桶巻作りに戻ったのであろうか。なお、高台・峰寺瓦窯でもハケ目を有する丸・平瓦が存在し、土器製作工人の徴発が考えられる。

　（ⅲ）　安養寺瓦窯における瓦工の人的構成には軒丸瓦6281Ａとの同范瓦から、河内もしくは和泉との関係が考えられる。

　安養寺瓦窯産の6281Ａは范傷進行によって1段階から3段階への変遷を追えるが、范傷がさらに多くなったものが大阪府柏原市の片山廃寺と岸和田市の別所廃寺で出土しており、おそらく大和の范が河内、そして和泉へ移動したものと考えられる。片山廃寺では軒平瓦の出土は少なく、藤原宮式軒丸瓦と組み合う軒平瓦はなかったと考えられる。

　以上のように大和国内主要生産地の藤原宮所用瓦は、日高山瓦窯では尾張の瓦工人および土器製作工人、高台・峰寺瓦窯では河内・備後・和泉の工人および土器製作工人、安養寺瓦窯では河内・和泉の工人の徴発が考えられる。この工人の徴発は全体として造宮役夫としてよいが、その人的構成は三段階に分かれるものと考えられる。最上位は、各瓦窯での責任者。中央政府に属する高級技能者であろう。次の段階は瓦工。日高山瓦窯での尾張から徴発された瓦工は、この位置に属するものと考えられる。自ら保持していた粘土板桶巻作りの技法を組織の長の指示によって、粘土紐桶巻作りに変えた。これらの瓦工は技術的な製作能力を評価されて徴発された役夫と考えられる。最下位は、多数の労働力を期待される役夫である。おそらくこの工人たちにも、瓦范を与えることはあったのではないだろうか。片山廃寺での軒丸瓦6281Ａにおいて、組み合う軒平瓦が存在しないが、このような場合は、宮造営で習得した技術は発揮されていないようであり、比較的短期の肉体労働のみに従事したのであろう。これらの労働力徴発の地域的範囲は、技術者としての瓦工は遠方、即ち西は備後より

東で、東は尾張より西で徴発し、肉体労働者としての役夫の徴発は大和・河内・和泉より求めたものと考えられる。

中央政府は飛鳥漢人以外の技能者を求めるのがこの時代の流れであったが、地方の瓦工・陶工はその前代において飛鳥漢人からの技能を伝達されて成長していたのだから、その絆を断ち切るためにも新式の造瓦法の発案は必要なことであった。思い切って粘土紐桶巻作りに変え、瓦表面の黒色処理を試みたのも、中国瓦の模倣ではあるが、新たな意味があったのである。

3 大和国外生産地の藤原宮所用瓦と大和国内生産地との関連性

大和国外における藤原宮用の瓦の生産地は淡路土生寺瓦窯産[179]、讃岐宗吉瓦窯産[183][184]、そして讃岐東部産[179]、和泉産[185]、近江産[177]の5箇所の生産地が考えられる。このうち讃岐宗吉瓦窯（三豊市三野町）は発掘調査で位置が確認され、淡路土生寺瓦窯（洲本市大野地区）も瓦の採集できる位置が限定できるので発掘を行えば確認できると考えてよい。しかし、讃岐東部産、和泉産、近江産の瓦は在地の寺院に供給された瓦からの推測であり、在地寺院に近接した場所に瓦窯が存在するのであろう、と考えているのである。だから、推定和泉産とか推定近江産とか呼んでいる。このようなわずかの同笵瓦から推測した産地がかなりの信頼性をもつのは、1978年に大脇潔氏が製作技法と胎土から藤原宮の瓦をグループ分けした時、その分類が的確だったからである。5箇所の生産地における同笵瓦は次のとおりである。

淡路土生寺瓦窯　軒平瓦6646E・F（第121図7・8）が採集されている。

讃岐宗吉瓦窯　軒丸瓦6278B、軒平瓦6647D（第121図5・6）が出土した。

讃岐東部産　大川郡長尾町の願興寺跡から軒平瓦6647E（第121図10）が採集されている。

和泉産　堺市浜寺石津町東遺跡から軒平瓦6647A（第121図9）が出土した。陶邑窯跡群内で生産された可能性が高い。

近江産　大津市光が丘町石山国分寺（国昌寺）からは軒丸瓦6278A・6278Fと軒平瓦6646A（第121図1～3）が採集されている。そして草津市下物町

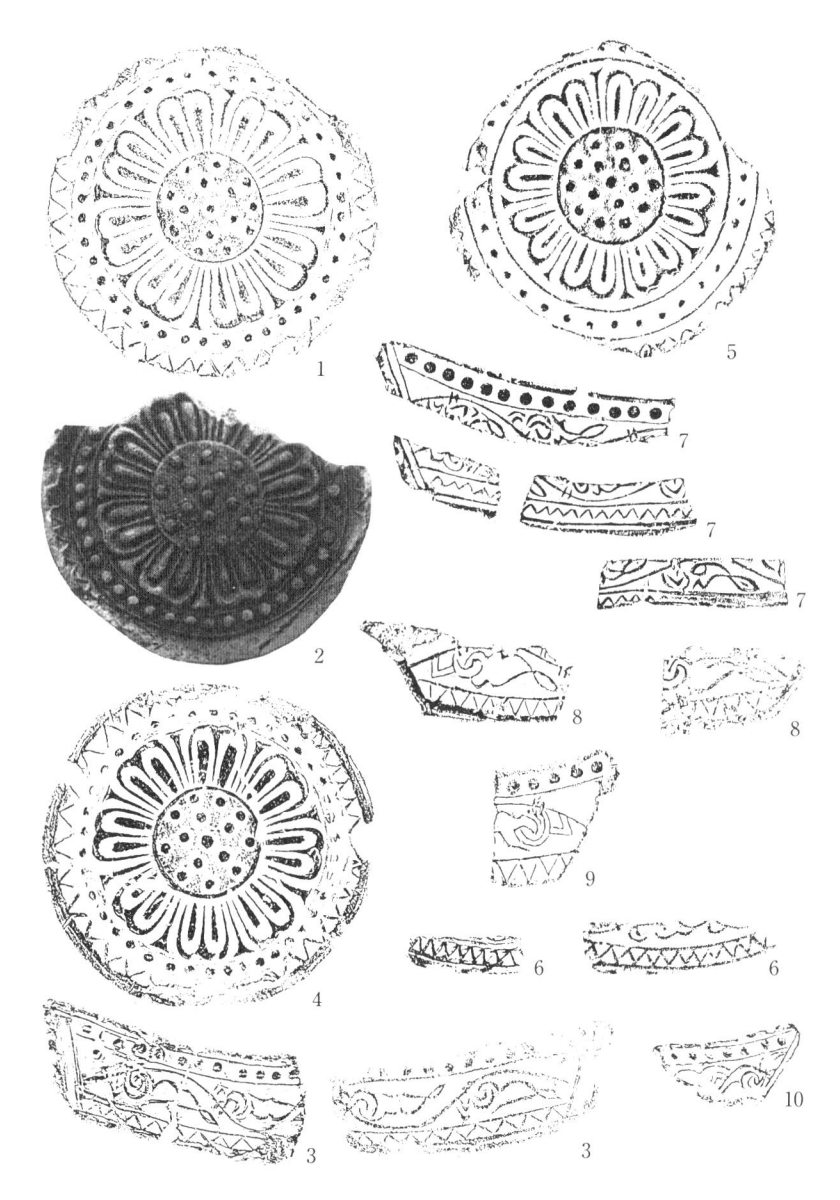

第121図　藤原宮と同范の軒瓦（縮尺 1：4）
1 石山国分寺6278A、 2 石山国分寺6278F、 3 石山国分寺6646A、 4 花摘寺6278D、
5 宗吉瓦窯6278B、 6 宗吉瓦窯6647D、 7 土生寺瓦窯6646E、 8 土生寺瓦窯6646F、
9 浜寺石津町東遺跡6647A、10 願興寺跡6647E

花摘寺からは軒丸瓦6278D（第121図4）と軒平瓦6646Bが採集されている。また、大津市膳所廃寺から軒丸瓦6278D、安土町安土廃寺から軒丸瓦6278Aが採集されている。

以上の同笵瓦と大脇氏およびその後の花谷氏のグループ分けによる軒瓦を示すと次のようになる。（　）内はグループ分けによる推定。（　）なしの番号は実際に出土または採集された瓦。

淡路土生寺瓦窯　花谷氏[185]Lグループ　（軒丸瓦6274B）、軒平瓦6646E・F（第122図1～3）

讃岐宗吉瓦窯　花谷氏[185]Kグループ　軒丸瓦6278B、軒平瓦6647D（第122図4・5）

讃岐東部産　大脇氏[174]Fグループ　（軒丸瓦6278C・E）、軒平瓦6647E（第123図1～3）

和泉産　花谷氏[185]Mグループ　（軒丸瓦6274Aa）、軒平瓦6647A・（6647B）（第123図4～6）

近江産　大脇氏[174]Gグループ　軒丸瓦6278A・D・F、軒平瓦6646A・B（第126図）

次に、この5箇所の生産地の瓦の特徴の共通点、相異点について述べよう。

まず共通点は次のとおりである。

（1）軒丸瓦の文様は珠文縁・線鋸歯文縁の複弁8弁蓮華文で、中房にある蓮子は二重にめぐる。

（2）丸瓦はいずれも玉縁式のもの。丸瓦は粘土板巻きつけで作られている。

（3）軒平瓦文様は変形偏行忍冬唐草文で、上外区には珠文帯、下外区には線鋸歯文帯を配する。

（4）いずれの軒平瓦・平瓦も模骨桶の粘土板桶巻作りで作られている。

次に5箇所の生産地の瓦のうち、2～4箇所の生産地の瓦に共通する点、もしくは1箇所の生産地の瓦に特有な点をあげよう。

①　軒丸瓦文様では、中房の蓮子に周環のあるもの（淡路産・讃岐東部産・和泉産）と、周環のないもの（讃岐宗吉瓦窯産・近江産）がある。

②　軒丸瓦文様では、珠文帯と線鋸歯文帯の間に二重の圏線をもつもの（和泉産6274Aa）がある（第123図4）。

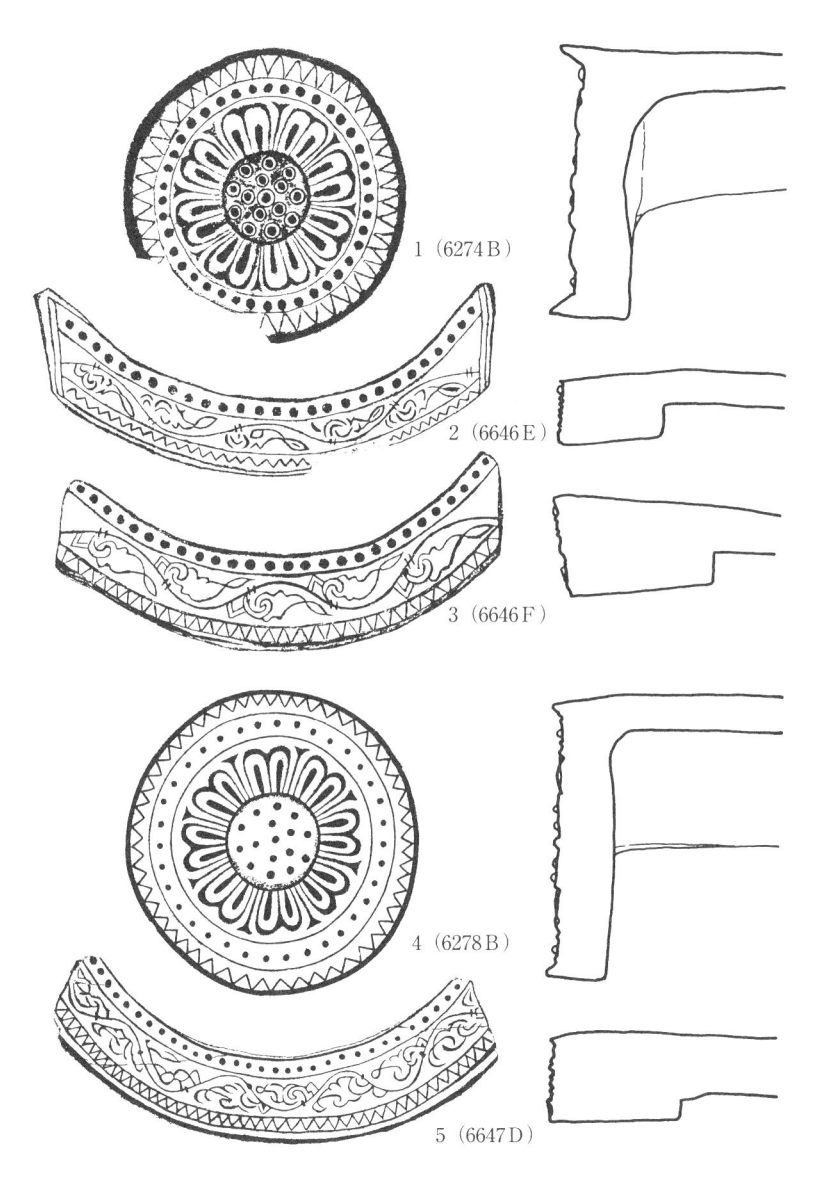

1（6274B）

2（6646E）

3（6646F）

4（6278B）

5（6647D）

第122図　藤原宮出土、淡路産と讃岐産の瓦（縮尺 1：5）
1〜3 淡路土生寺瓦窯産、4・5 讃岐宗吉瓦窯産

③　瓦当と丸瓦の接合に際しては、讃岐宗吉瓦窯産の6278Ｂ（第122図４）は
　　丸瓦の凹凸両面に平行する刻み目を入れ、和泉産の6274Ａａ（第123図４）
　　は丸瓦の凹凸両面に斜格子の刻み目を入れる。讃岐東部産の6278Ｃａ・Ｅ
　　には丸瓦部に刻み目はないようである。淡路産の6274Ｂと近江産の6278
　　Ａ・Ｄ・Ｆには丸瓦部に刻み目はない。

④　軒平瓦の文様の細部、およびその系列、文様からみた新旧については後
　　述する。ここでは、変形偏行忍冬唐草文軒平瓦である6646・6647の中には
　　５回反転するものと８回反転するものがあり、８回反転するものは変形忍
　　冬文の中でもとりわけ独特の文様単位をもつもので、6647Ｄ（讃岐宗吉瓦
　　窯産：第122図５）、6647Ｅ（讃岐東部産：第123図３）そして6647Ｇ（大和本薬
　　師寺出土：第127図２）の三者は、文様上からは相互に関係がなければ描け
　　ないような独特の文様となっていることだけを記す。

⑤　軒平瓦・平瓦の凸面での叩き痕跡は、讃岐宗吉瓦窯産の6647Ｄでは確認
　　できていないが平瓦から平行叩きと考えられ、讃岐東部産の6647Ｅでも確
　　認できていないが平瓦から平行叩きと考えられる。淡路土生寺窯産の
　　6646Ｅ（第122図２）には平瓦部凸面に平行叩き痕が確認できる。一方、和
　　泉産の6647Ａ（第123図５）では平瓦部凸面に縦位の縄叩き痕が残り、近江
　　産の6646Ａ・Ｂ（第126図４・５）でも平瓦部凸面に縄叩き痕が残る（以上は、
　　いずれも藤原宮および平城宮出土例での観察による）。

⑥　軒平瓦は、いずれも粘土（板）貼りつけ段顎と考えられるが、近江産の
　　6646Ａ・Ｂでは、顎部粘土接合予定場所に叩きを行う。その後、顎部の粘
　　土（板）を貼りつけている。一方、讃岐宗吉瓦窯産・讃岐東部産・淡路
　　産・和泉産の軒平瓦では顎部粘土の剥離面に叩きの痕跡はない。即ち、顎
　　部粘土を貼りつけて、その後、叩きを行っている。

⑦　軒平瓦の平瓦部凹面の側縁を大きく削り取るものが、讃岐宗吉瓦窯産・
　　讃岐東部産・淡路産・和泉産でみられ、横断面が剣先状を呈する。これに
　　対し近江産の6646Ａ・Ｂでは削りは少なく、横断面が鋭角状を呈する。

⑧　近江産の軒丸瓦6278Ａ・Ｄでは、瓦当面・瓦当裏面に縄叩き痕を残す。

　以上のように讃岐宗吉瓦窯産・讃岐東部産・淡路産・和泉産の瓦には比較的

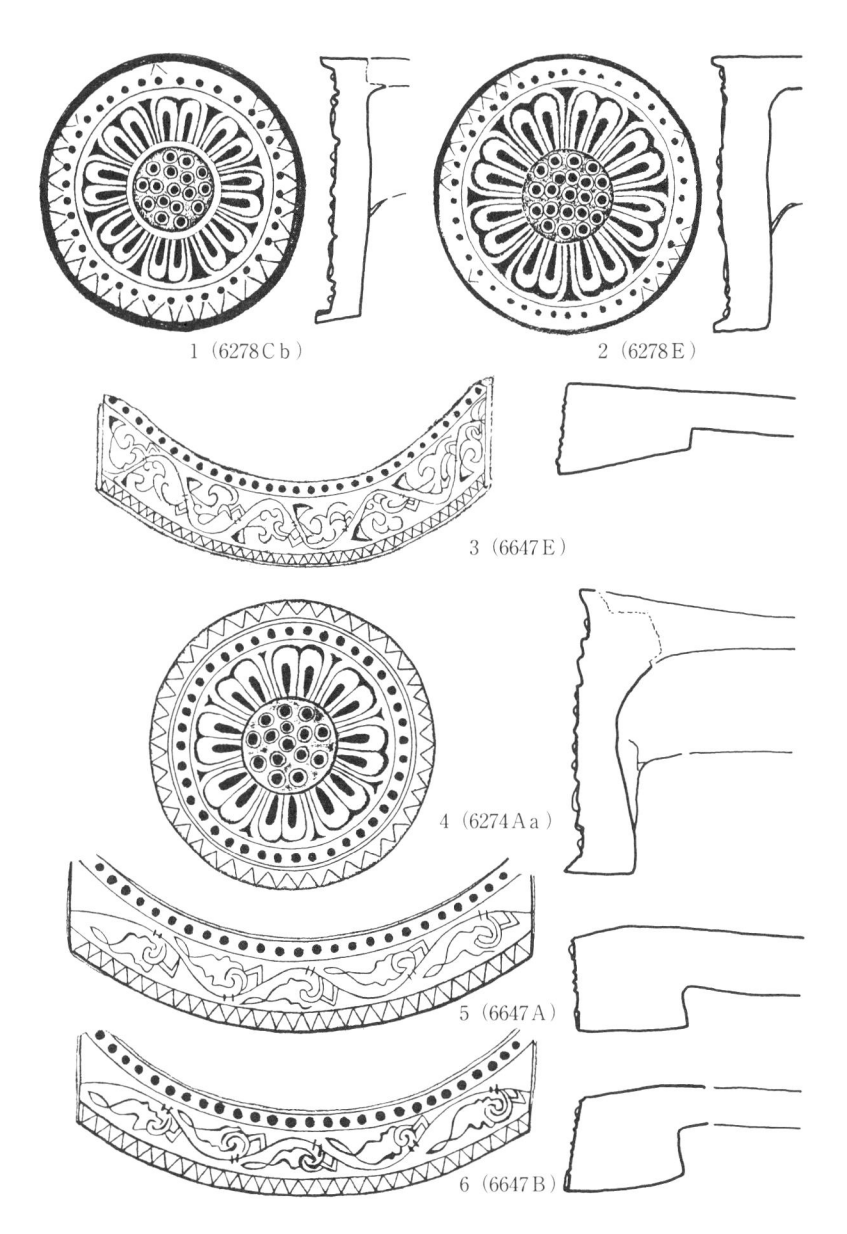

1（6278Cb）　　　　　　2（6278E）

3（6647E）

4（6274Aa）

5（6647A）

6（6647B）

第123図　藤原宮出土瓦、讃岐東部産と和泉産の瓦（縮尺 1：5）
1〜3 推定讃岐東部産、4〜6 推定和泉産

共通点が多く、近江産の瓦とはかなり異なっている。これら5箇所の生産地が
それぞれ自由に瓦を製作したものではなく、瓦范の作成や瓦製作法において大
まかな指示があったものと考えられる。この指示を現地において行ったのは、
大和の瓦工と考えられるが、この問題を解く鍵は、以下に述べる大和の瓦窯出
土の瓦の中に潜んでいるだろう。それは牧代瓦窯近接窯、高台瓦窯近接窯、久
米寺瓦窯である。

（1） 牧代瓦窯近接窯

　牧代瓦窯とは奈良県五條市所在の本薬師寺用の瓦を焼成した瓦窯である。胎
土精良で焼成灰白色の特徴をもつ。藤原宮出土の軒丸瓦6276Ｃ（第124図1）、
軒平瓦6647Ｃａ（第124図2）の組み合わせ（大脇氏Ｅグループ）は、胎土精良で
焼成灰白色の特徴をもち、牧代瓦窯産のものに類似する。しかし、胎土は微妙
に異なるようにもみえ、Ｅグループを「牧代瓦窯」「牧代瓦窯産」とするのは
正確ではない。6276Ｃ－6647Ｃの瓦窯が五條市域内に存在するであろう、と推
測できるのみである。ここでは牧代瓦窯近接窯＝藤原宮所用瓦生産＝大脇氏Ｅ
グループ、牧代瓦窯＝本薬師寺瓦窯と区分して説明しておきたい。したがって
製作技法においても、Ｅグループと本薬師寺瓦との間に若干の差が認められる
のであり、これを認識しておくことは、細かい議論には必要となってくる。両
者の瓦の特徴を、前述した大和外の5つの生産地の瓦の特徴と対比させながら
記すと次のようになる。

①　Ｅグループの6276Ｃ（第124図1）には、中房蓮子に周環はない。本薬師
　　寺の6121Ａ・6276Ａには中房蓮子に周環がある。淡路産・讃岐東部産・和
　　泉産の軒丸瓦中房蓮子に周環がある。

②　Ｅグループ6276Ｃ、本薬師寺6121Ａ・6276Ａには珠文帯と線鋸歯文帯の
　　間に二重の圏線をもつ。和泉産6274Ａａは二重の圏線をもつ。

③　軒丸瓦の瓦当と丸瓦の接合に際しては、Ｅグループの軒丸瓦6276Ｃは、
　　瓦当と丸瓦の接合に際し、丸瓦凸面に斜格子状に刻みを入れ、凹面に刻み
　　は入れない。本薬師寺6121Ａ・6276Ａでは丸瓦凹凸面、丸瓦端面に密に刻
　　みを入れる。讃岐宗吉瓦窯産・和泉産の軒丸瓦では丸瓦凹凸面刻みを入れ
　　る。讃岐東部産・淡路産には刻みはない。

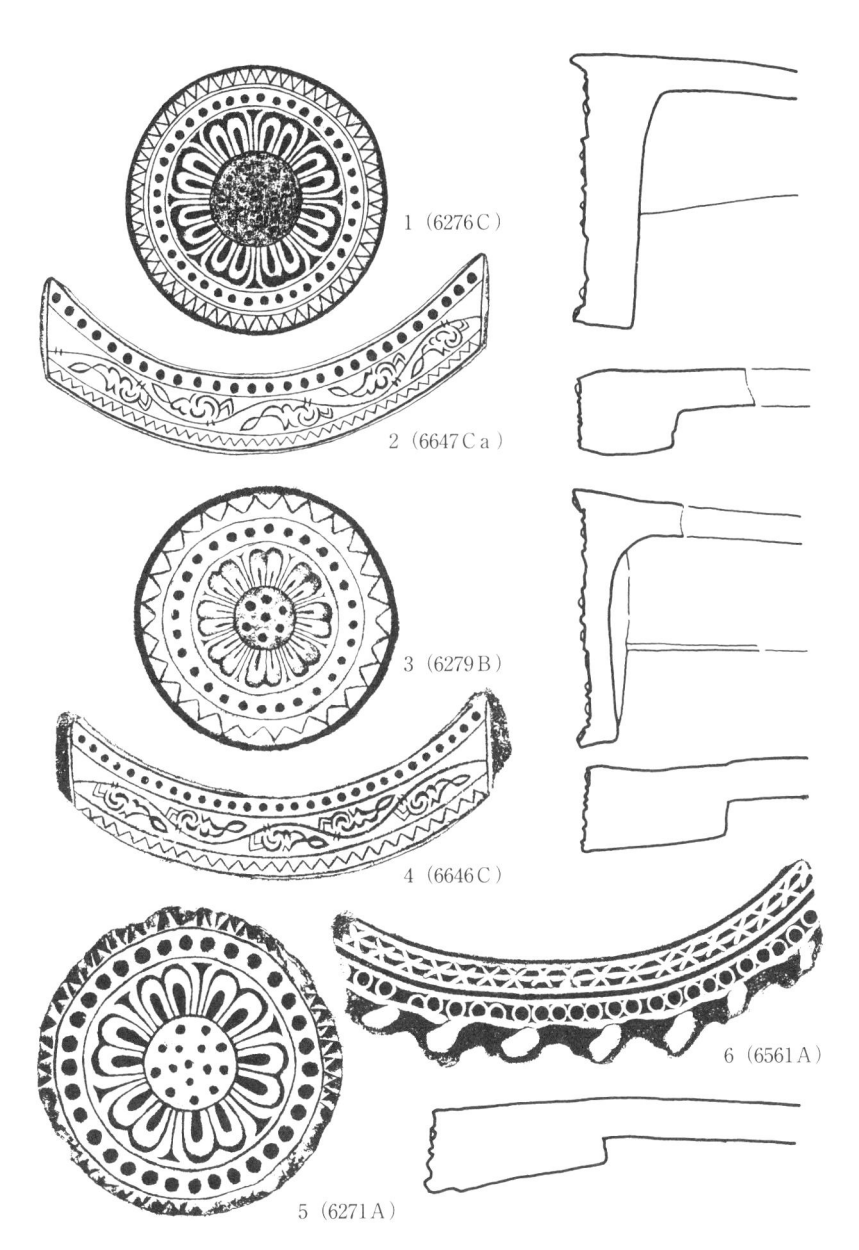

1（6276C）

2（6647Ca）

3（6279B）

4（6646C）

5（6271A）

6（6561A）

第124図　大和の瓦窯産の瓦（縮尺 1：5）
1・2 牧代瓦窯近接窯産、3・4 高台瓦窯近接窯産、5・6 久米寺瓦窯産

④　軒平瓦文様では讃岐宗吉瓦窯産・讃岐東部産が本薬師寺の6647Ｇと相互に関連があることは先述した。

⑤　Ｅグループの6647Ｃａ（第124図2）には平行叩きが残る。本薬師寺の6647Ｇ、6647Ｃｂ・ｃには縄叩きが残る。讃岐宗吉瓦窯産・讃岐東部産・淡路土生寺瓦窯産では平行叩きと考えられ、和泉産では縄叩きが残る。

⑥　Ｅグループの6647Ｃａ（第124図2）は、顎部接合予定箇所に押し引き重弧を行い、その後顎部用粘土板を貼りつけ、平行叩き文の叩き板で叩き締める。本薬師寺の6646Ｇ、6647Ｃｂ・ｃでは指で横方向に窪みを入れて接合する。讃岐宗吉瓦窯産・讃岐東部産・淡路産・和泉産では顎部接合予定箇所は未加工で顎部を接合するのが一般的だが、讃岐宗吉瓦窯産のものには指で浅い窪みを付けるものは存在する。

⑦　Ｅグループおよび本薬師寺用の軒平瓦では横断面が剣先状を呈する。讃岐宗吉瓦窯産・讃岐東部産・淡路産・和泉産の軒平瓦でも横断面が剣先状を呈する。

以上7点にわたる検討からみると、讃岐宗吉瓦窯産・讃岐東部産・淡路産・和泉産の瓦はＥグループ（牧代瓦窯近接瓦窯）の瓦より、牧代瓦窯＝本薬師寺の瓦により近いことがわかる。私は1995年に「牧代瓦窯・本薬師寺系列」を提唱したのだが、それは主として瓦当文様の分析から行ったものである。

以下に、その時の分析を示す。

藤原宮の変形忍冬唐草文軒平瓦の中で、6646Ｃ・Ｄと共に、6647Ｃ・Ｇの文様が最も祖型に近い文様をもつ瓦である。この6647Ｃ・Ｇは本薬師寺用の瓦を焼成した牧代瓦窯産である。まず、牧代瓦窯産6647Ｇ（第127図2）に類似する文様をもつ瓦は、讃岐東部産の6647Ｅ（第123図3）と讃岐宗吉瓦窯産の6647Ｄ（第122図5）であり、三者は8回反転の変形忍冬唐草文であることが共通する。また、この3種の文様は半パルメット文様が特殊な形態を取る共通性から、相互に密接な関係をもつことは間違いない。そして、半パルメット・渦巻形蕚・蕾の表現が、6647Ｇ・6647Ｅから6647Ｄへ順に崩れたものとなっている。つまり讃岐東部産の6647Ｅは、牧代瓦窯6647Ｇの范型・現物の瓦または文様見本のいずれかを手本にしなければ作成しえないであろうほど、6647Ｇの文様単位をかなり忠実に模倣しているのである。

　また、讃岐宗吉瓦窯産の6647Dは、３種の中で文様が最も崩れたものとなっている。元来、半パルメット文様は波状の茎の上・下において、それぞれ下向き・上向きと交互に配するのが原則であるが、6647Dはすべて上向きの半パルメット文様となっている。これは、文様見本の模写が１単位のみであったために、文様全体のバランスを崩すことになったのであろう。

　次に牧代瓦窯近接窯産6647Ｃａ（第124図２）を祖型として、和泉産6647Ｂ（第123図６）および6647Ａ（第123図５）が生じたものであろう。また、淡路産の6646Ｅ・Ｆでは、6646Ｅは波状の茎の右端にある２本の短線（結節）の存在から6647Ｃａの裏返しを変形したものであり、6646Ｆは和泉産6647Ａ・Ｂの裏返しと考えてよいだろう。

　以上、牧代瓦窯及びその近接窯産6647Ｃ・Ｇを祖型として、讃岐・和泉・淡路に波及した文様の系列を牧代瓦窯−本薬師寺系列と呼びたい。

　この牧代瓦窯・本薬師寺の造瓦組織は大宝元年にみえる造薬師寺官に属するもので、天武九年（680）の薬師寺発願以降のある時点から作りはじめ、持統二年（688）の無遮大会の時点でようやく金堂だけが完成したらしい。この時の造瓦はもちろん政府直属瓦工によるもので、川原寺の造瓦組織と同じ性格をもつものであった。しかし、中央政府にとって新たに瓦の多量生産が必要な時期がやってきた。藤原宮の造瓦がそれである。しかも、本薬師寺自体、他の堂塔を造営し、造瓦する必要があった。そこで実働できる臨時的造瓦組織を拡大させる一つの方策として、牧代瓦窯・本薬師寺の造瓦組織を分割・分解・解体させ、新たに造薬師寺官に属する造瓦組織に人員を補給する、牧代瓦窯から一部の人員を割いて新たな藤原宮用の瓦工組織を作る（Ｅグループの誕生）、讃岐・淡路・和泉から瓦を運ばせるため牧代瓦窯から一部の人員を割いて造瓦の指導・援助に行かせるという方法をとったものと考えられる。

　しかし、次に述べる近江産の瓦と高台瓦窯近接窯の瓦は性格が異なるようであり、牧代瓦窯系列だけで瓦の多量生産を完遂することはできなかった。

（２）近江産の瓦と高台瓦窯近接窯の瓦—大宅廃寺系列

　山城大宅廃寺[186]は1958年に発掘調査され、創建時の軒瓦として雷文縁複弁蓮華文軒丸瓦１種と、重弧文軒平瓦２種・変形偏行忍冬唐草文軒平瓦４種が出

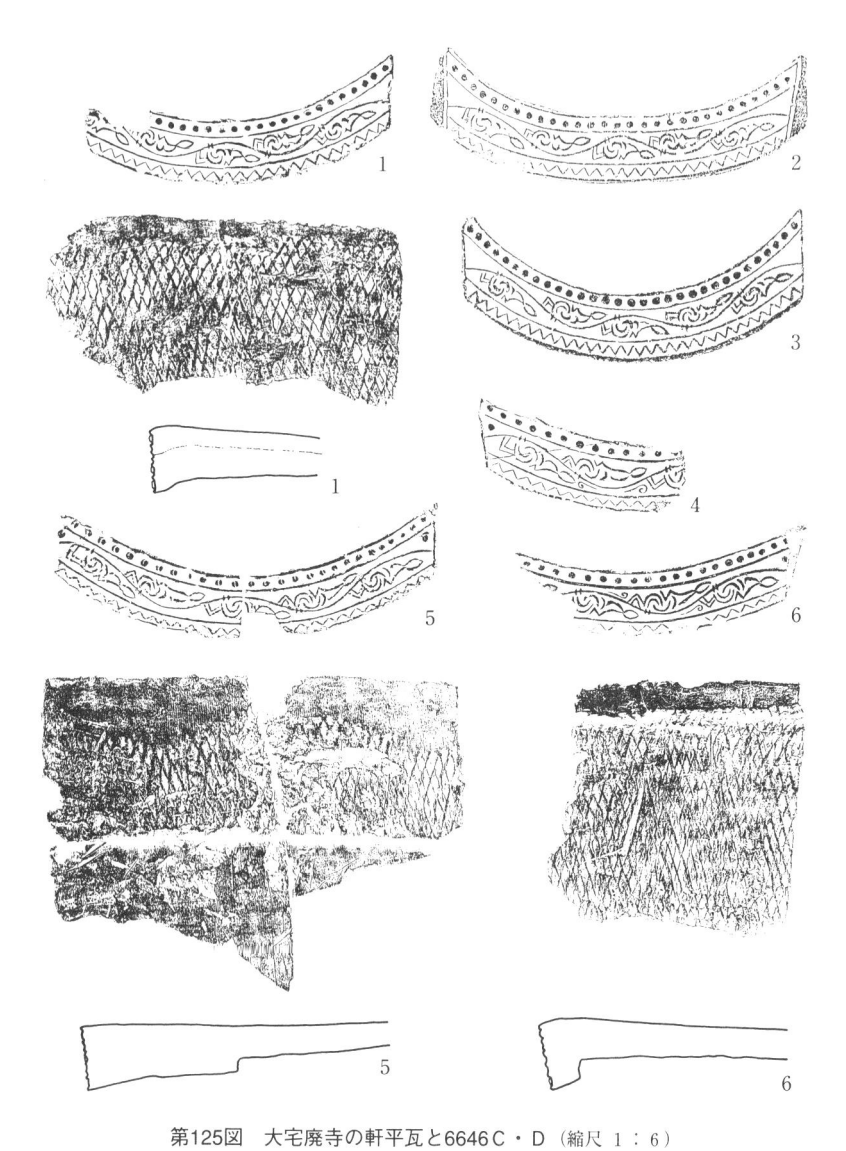

第125図　大宅廃寺の軒平瓦と6646Ｃ・Ｄ（縮尺 1：6）
　1 大宅廃寺Ⅰ類（藤原宮6646Ｃと同笵、）、2 藤原宮6646Ｃ、3 藤原宮6646Ｄ、
　4 大宅廃寺Ⅲ類、5 大宅廃寺Ⅱ類、6 大宅廃寺Ⅲ類

土している。以下、変形偏行忍冬唐草文軒平瓦4種のうち、古式の順にI類からⅢ類まで述べる。

　I類（第125図1）は半パルメットの形状をよくとどめるもの。内区左右の隅に珠文はない。藤原宮の6646Cと同笵。直線顎で、粘土板を2枚合わせる。粘土板桶巻作り軒平瓦。Ⅱ類（第125図5）はI類に比して半パルメットの形状にやや崩れがみられるが、I類の後続型式としての文様構成を保つ。内区左右の隅に珠文を置く。瓦当幅5cmに対し、顎部長12.5cmと、長大な顎部をもつ。粘土板桶巻作り軒平瓦。Ⅲ類（第125図4・6）は、Ⅱ類の笵型に4箇所唐草文を彫り加えたもの。左第2単位のみに唐草文を彫り加えなかったのは、この箇所で笵割れをおこしたためだろう。瓦当幅5.4cmに対し、顎部長は2.8cmと短い顎部をもつ。平瓦部凹面に布目と枠板痕を残すが、顎部と平瓦部の境の面の格子叩き目の部分に、叩き後に力が加わったための歪みが残り、凸型台上での笵型の押圧を想定させる。

　大宅廃寺の瓦が藤原宮の軒平瓦との関係において重要な意味をもつのは、大宅廃寺I類が藤原宮6646Cと同笵であることと、大宅廃寺Ⅱ類の文様構成の点である。

　大宅廃寺I類（第125図1）と藤原宮・平城宮の6646C（第125図2）とを現物照合したが、同笵は間違いなく、大宅廃寺I類の文様がシャープなのに対し、藤原宮・平城宮例は文様の線が太くなっており、大宅廃寺I類が先行することは間違いない。さらに大宅廃寺I類は粘土板桶巻作りで製作されているのに対し、藤原宮・平城宮の6646Cは粘土紐桶巻作りで製作されている。したがって、大宅廃寺の瓦窯で製作した6646Cを藤原宮へ運んだのではなく、大宅廃寺所用の笵型を移動して、ある場所で藤原宮用の6646Cを製作したと考えてよい。

　藤原宮東面北門（藤原宮第27次）の調査では多量の軒瓦を出土しているが、ここで問題とする軒丸瓦6279B（73点）－軒平瓦6646C（119点）の組み合わせが最も多く、次いで牧代瓦窯近接窯の6276C（38点）－6647C（45点）の組み合わせ、和泉産の6274Aa（61点）－6647A・B（10点）の組み合わせの合計が、出土総点数の軒丸瓦の76%、軒平瓦の77%を占めており、東面北門の軒瓦がこの三者の組み合わせによって葺かれていたことは、ほぼ間違いない。一番目の組み合わせ6279B－6646Cのうち、軒丸瓦6279Bは、1930年の『古瓦図鑑』[187]

（図版47-153）には大和高台瓦窯址（大和国高市郡船倉村大字市尾俗称高台）出土とあり、この組み合わせが大和高台瓦窯産か、またはその近傍の瓦窯産であることは間違いないだろう。

次に、大宅廃寺Ⅱ類の軒平瓦には、内区の左右の隅に珠文を置く（第125図5）のが特徴である。この特徴は大宅廃寺のⅢ類（第125図4）・Ⅳ類の変形偏行忍冬唐草文軒平瓦にも引き継がれている。一方、滋賀県下で出土する近江産の瓦6646A・Bにも内区の左右の隅に珠文がある（第126図4・5）。さらに文様が崩れた滋賀県高宮廃寺例も内区の左右の隅に珠文を置く。このように、大宅廃寺Ⅱ類と近江産6646A・Bとの間に、文様構成上の類似点がみられるのである。

そして、大宅廃寺軒平瓦と近江産軒平瓦との関係では、パルメットの崩し方や蕾表現の形骸化からみて、大宅廃寺Ⅰ類軒平瓦（范型は6646Cと同一）が最も祖型に近く（第125図1）、大宅廃寺Ⅱ類軒平瓦（第125図5）がこれに次ぎ、次いで近江産6646A（第126図4）があり、近江産6646B（第126図5）が最も崩れたものとなっていることは、ほぼ疑いないだろう。もちろん、この4種の順番が直ちに、4つの細かな年代差を示すものかどうか検討の余地はある。しかし、少なくとも近江産の6646A・Bを祖型として、大宅廃寺Ⅱ類軒平瓦が二次的に派生したと考えることは文様の崩し方からみて困難と言わざるをえない。

以上からみると近江産6646A・Bは、むしろ大宅廃寺Ⅱ類の文様の影響を受けたものとみた方がよいだろう。この場合の影響とは、大宅廃寺Ⅱ類の文様が直接に近江産6646A・Bに影響を与えた場合や大宅廃寺Ⅱ類の范作成にたずさわった人々が近江産6646A・Bの范作成にもたずさわった場合などが考えられよう。

かくして、大宅廃寺系列は藤原宮造瓦にとって無視できない存在であることが明確になった。その性格付けについては全体的な年代観と共に後述したいが、以下では大宅廃寺の瓦と藤原宮軒平瓦6646Cとの技法的な差、大宅廃寺の瓦と近江産6278A・F・D−6646A・Bとの技法的な差について簡単にふれたい。

藤原宮6646Cは粘土紐桶巻作りで縄叩き痕を残し段顎であるのに対し、大宅廃寺の6646C同范軒平瓦は粘土板桶巻作りで斜格子叩き痕を残し直線顎に近い形態をしている。これは一般的には、大宅廃寺の瓦工が瓦范と共に大和に移動して藤原宮の瓦を製作したと考えることを困難にさせている。この場合、瓦の

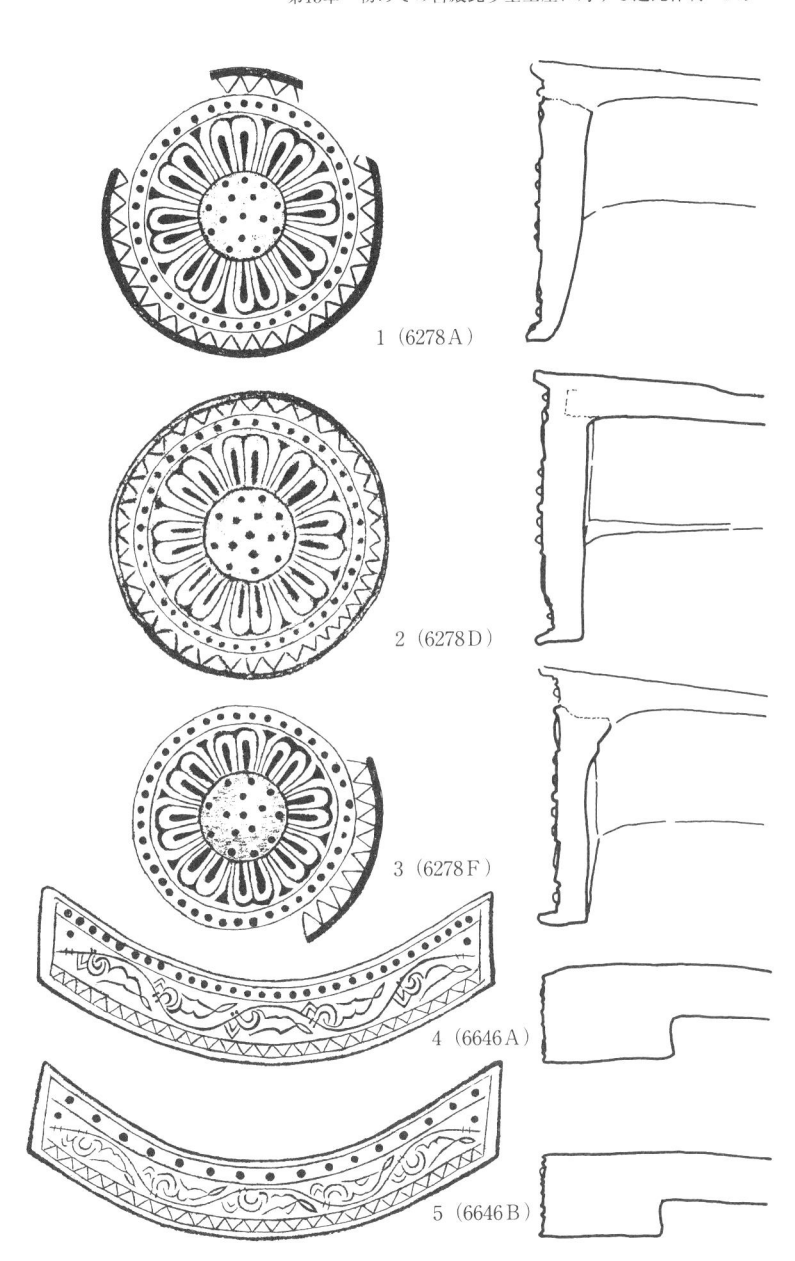

1（6278A）

2（6278D）

3（6278F）

4（6646A）

5（6646B）

第126図　藤原宮出土瓦、近江産の瓦（縮尺 1：5）

研究者は「瓦工の移動はなく、瓦笵のみの移動」と言うであろう。ところで大和に瓦製作地を移動させたのは、多量の瓦運搬には、できるだけ近くで製作した方が有利だからである。この場合、藤原宮用の瓦として、軒丸瓦は玉縁式、軒平瓦は段顎式に仕上げることは最低限必要なことであった。ところが、藤原宮直前の大宅廃寺の瓦は、雷文縁蓮華文軒丸瓦はおそらく行基式（大宅廃寺では確認できていないが、全国の雷文縁蓮華文軒丸瓦で確認できるのは行基式のみである）であり、軒平瓦は直線顎であった。

　大宅廃寺の檀越に藤原宮造瓦の依頼が来た時、彼は運搬上の利点から大和での造瓦を考え、また氏族内での大和の所有地で造瓦所を設定した。造瓦の技術的な点については、場所的に近接する「高台・峰寺瓦窯の瓦工」にその指導を依頼したのだろう。この時、大宅廃寺の瓦工が１人、２人同伴したかどうかは、わかるわけがない。少なくとも藤原宮用として製作された6646Ｃの中には、大宅廃寺で製作された時の細部の技法は少しも残されていないのである。むしろ、この大和での生産地において、近接する「高台・峰寺瓦窯の瓦工」と合体することなく、独立していたであろうことこそが重要であると考えている。

　次に大宅廃寺の瓦と近江産6278Ａ・Ｄ・Ｆ－6646Ａ・Ｂについては、大宅廃寺の雷文縁複弁８弁軒丸瓦（中房蓮子が１＋４＋８、さらに３＋８の蓮子をもつ両者）の瓦当裏面に縄叩き痕が残り、近江産軒丸瓦6278Ａ・Ｄには瓦当面にも瓦当裏面にも縄叩き痕が残る。ここで問題となるのは、網伸也氏の「大宅廃寺再考」[188]の中での、第Ⅰ～Ⅲ段階の編年において、第Ⅰ段階は縄叩き、第Ⅱ段階も縄叩きだが最後に斜格子のもの（四重弧文軒平瓦）が出現、第Ⅲ段階では軒丸瓦の叩きは不明だが、変形偏行忍冬唐草文軒平瓦ではいずれも斜格子叩き文となっていることである。一般的に言うと、第Ⅲ段階での大宅廃寺の斜格子叩きをもつ瓦工が近江へ移動して縄叩きの瓦を作り、藤原宮へ運ぶことは、瓦運搬の面からはより遠くなるのであり考え難いだろう。ただし、網氏の大宅廃寺瓦の編年も苦心の作であり、第Ⅲ段階での軒丸瓦は、あるいは縄叩きであることを想定しているかもしれないのである。そして大宅廃寺の瓦工が近江へ製作指導へ行った場合を考えた時、軒丸瓦の玉縁式、軒平瓦の段顎式という部分が、両者の技法の段差として残るのであり、技術的には近江産の瓦には、さらに第三者の介在が必要と考えられるのである。

（3）久米寺瓦窯

　橿原市久米町に所在する久米寺では、西方の瓦窯跡と想定される場所から昭和35年に瓦が出土している[189]。軒丸瓦は珠文・鋸歯文縁複弁 6 弁軒丸瓦6271Aで、丸瓦は玉縁式のものがあり、軒平瓦は 3 種あって、 1 つ目は○や×を加えた波状重弧文軒平瓦6561A、 2 つ目は小型の波状重弧文軒平瓦、 3 つ目は左偏行唐草文軒平瓦である。後二者の軒平瓦は藤原宮では出土していない。即ち、この久米寺瓦窯は久米寺への瓦供給と、藤原宮への瓦の供給の両者を行ったと考えてよい。なお、丸・平瓦とも粘土板巻きつけによって製作されている。

　ところで久米寺は藤原宮の時代の廐坂寺と考えられる。これについて坪井清足氏は1959年の興福寺食堂発掘調査報告[190]において、軒丸瓦第 6 型式（6271A）は興福寺の他「藤原宮や久米寺で発見」されており、「これが、興福寺の前身の廐坂寺において用いられた型式に関連あることを考えしめる」と述べている。久米寺ではこの軒丸瓦6271Aと○や×を加えた波状重弧文軒平瓦6561Aが組み合い、興福寺や藤原宮では同一のものが出土するのである。以上のように、平安時代以降の久米寺の下層に、興福寺の前身の廐坂寺が存在し、この廐坂寺と同一の瓦が藤原宮に運ばれていることは、藤原宮造瓦に際して藤原氏の氏寺が果たした役割は大きいとみなければならない。

　次に、上述してきた大和国外の 5 つの生産地および牧代瓦窯近接窯・高台瓦窯近接窯は、これまで一般的に、藤原宮の大垣に使用されたものであると考えられてきた。しかし、これも検討してみると、門と大垣とで文様の差があるのではないかと思われてくる。

　東面北門およびその南北に接続する大垣の調査（27次）では435点の多量の軒瓦が出土しているが、これは先述したように「高台瓦窯近接窯」「牧代瓦窯近接窯」「和泉産」の瓦が全体の76〜77％を占めており、軒平瓦は変形偏行忍冬唐草文で統一しているのではないかと思う。この地区で 4 番目に多いのは、「高台・峰寺瓦窯産」の6275A（13点）－6643C（11点）で、この瓦は東面大垣用の瓦と考えられ、27次の南の東面大垣の調査（24次）では、6275A（ 3 点）－6643C（11点）、24次の南の東面大垣の調査（29次）では、6275A（ 1 点）－6643C（ 7 点）と連続して出土しているのである。ちなみに、29次出土の軒平

瓦総計は16点であり、6643Cの出土は東面大垣では目立っている。

　次に北面中門と南面中門をみよう。北面中門とその東に続く北面大垣の調査（18次）では、「近江産の瓦」（6278A・F－6646A・B）と「淡路産の瓦」（6646E・F）が北面中門の瓦で、「高台・峰寺瓦窯産の瓦」（6279Aa－6643C）が北面大垣の瓦であると考えられる。南面中門の調査（1次）では「宗吉瓦窯産の瓦」（6278B－6647D）、「讃岐東部産の瓦」（6278Cb－6647E）が多い。

　次に門に最も遠い位置にある大垣西南隅（34次）と大垣北西隅（36次）の瓦をみよう。大垣西南隅では軒平瓦は「西田中・内山瓦窯産」の6641Fが最も多く、次いで「高台・峰寺瓦窯産」の6273B・6276G－6641Eの出土が目立っている。大垣北西隅では、「日高山瓦窯産」の6274Ab・6275E－6643Aaが最も多く、次いで「高台・峰寺瓦窯産」の6275H－6643C・6641Eが多い。

　以上からみて私は藤原宮の十二門用の瓦は、大和国外の5つの生産地および牧代瓦窯近接窯・高台瓦窯近接窯において瓦製作が行われたと考えるものである。藤原宮の大垣用の瓦は、大和国内の高台・峰寺瓦窯産のものが中心であり、それに日高山瓦窯産、西田中・内山瓦窯産、安養寺瓦窯産のものが加わるものと考えられる。

　次に大和国外での5つの生産地の瓦の製作年代と造瓦組織のあり方、および大和国内の3つの生産地（牧代瓦窯近接窯・高台瓦窯近接窯・久米寺瓦窯）の性格についてふれておきたい。

　藤原宮の造営は、まず天武五年(676)にはじめられたが中断し、それが古いほうの条坊と関係する、天武十一年(682)三月の「小紫三野王及び宮内大夫等に命して、新城に遣して、其の地形を見しむ。仍りて都つくらむとす」とあるのが、新しいほうの条坊に関係すると考えられている。天武十三年(684)三月には、「天皇、京師に巡行きたまひて、宮室之地を定めたまふ」とあり、これ以降宮の本格的造営がはじめられるようになり、宮の中央を南北に走る資材運搬用の運河が掘削される。その埋土から、天武十一年から十四年までの年代を示す木簡が出土している。しかしながら、藤原京・宮の建設は天武の死去(686)によって中断し、持統朝に入って再開されるというのが、現在の通説である。

　以上のような藤原京・宮の造営過程の中で、藤原宮の門および大垣の造営が
どこまで遡るか、である。その点について花谷浩氏は「藤原宮の変形偏行忍冬
唐草文軒平瓦の製作時期は、大極殿下層運河ＳＤ1901Ａ埋土下層から軒平瓦
6646Ｇが１点出土したこと（藤原宮第20次調査）からみて天武朝末年以前に遡る
ことが確実視できる」[191]と論じている。この点については、第20次調査発掘担
当の甲斐忠彦氏は、下層から出土の軒瓦は、瓦は重いから（運河を埋める時に）
１点下に入り込んだのであろうとの見解であった。6646Ｇは、今のところ産地
が不明であると思うが、花谷氏は別の文章[192]で淡路産の軒平瓦が運河から出
土と記している。これも理解しがたい点である。

　ところで、この運河は大極殿の北では、藤原宮北面中門の下を走っている。
この箇所の造営過程をみると、天武十三年頃とみられる運河の開削があり、そ
の後大量の木材の運搬があり、その後整地工事による運河の埋め立てがあり、
さらに北面中門の基壇が造営される。そして最後に北面中門に近江産・淡路産
の瓦を使用して門が完成するのである。このような造営過程からみて、藤原宮
の造営開始と運河の掘削は天武十三年（684）以降と考えられるから、瓦の年代
が天武死去（686）以前に遡ることが確実視と述べるのは言いすぎであろう。こ
の１点の瓦を確実視するのなら、状況証拠を提示しなければならない。

　次に、宮の造営に関する記事は、持統四年（690）十月に「高市皇子、藤原
の宮地を観す。公卿百寮従なり」とあり、十二月に「天皇、藤原に幸して宮地
を観す。公卿百寮、皆従なり」とある。10月に太政大臣と公卿百寮が藤原の宮
地を観て、２ヶ月後に持統天皇と公卿百寮全員が藤原の宮地を観たというのは、
これが単に宮の造営再開のセレモニーではなく、宮の四周の門とか大垣の一部
の建設がある程度進んだ状態を視察したということではないだろうか。とすれ
ば、十二門用の瓦の製作開始は持統二年（688）頃まで遡ると考えることができ
る。その後、持統六年（692）五月「淨廣肆難波王等を遺して、藤原の宮地を鎮
め祭らしむ」とある。以上からみると、藤原宮中枢部の建物使用の瓦が持統六
年（692）五月の宮地の鎮祭の後に製作されはじめたのに対し、藤原宮の十二門
使用の瓦の製作開始は、持統二年（688）頃まで遡る可能性があるだろう。即ち、
藤原宮の中枢部使用の瓦より藤原宮十二門使用の瓦のほうが数年遡るものと考
えられる。宮地の鎮祭以前に瓦を作りはじめたのは、この造瓦組織が造宮官に

　この造瓦組織は京の造営には深く関わっているようであり、造薬師寺官に依頼して、牧代瓦窯・本薬師寺の造瓦組織を分割・分解・解体させて、新たな藤原宮（京？）用の瓦工組織を作り、讃岐・淡路・和泉から瓦を運ばせるため牧代瓦窯から一部の人員を割いて造瓦の指導・援助に行かせるという方法をとった。しかし、なお瓦は足りなかった。即ち、藤原氏の氏寺である廐坂寺の瓦（6271Ａ－6561Ａ：第124図5・6）は、藤原宮の朝堂院や大垣西南隅で一定量出土しているし、藤原宮用に6646Ｃの笵型を供出した大宅廃寺は、藤原氏の山城にある山階寺か大宅寺と考えられるのである。

　ここで藤原氏の藤原不比等と三野王とが想起されるのである。不比等は、持統四年（690）十二月、天皇、藤原の宮地を観すの時には33歳で、その前年二月に判事となっている。

　一方、三野王は敏達帝の曾孫で、敏達帝と春日臣仲君の女との間に難波皇子が生まれ、難波皇子の子が栗隈王で、栗隈王の子が三野王である。『菅家本諸寺縁起集』には、「大宅寺　難波皇子建立寺也」とある。ただし、この大宅寺は山城にあるのではなく、白毫寺や超昇寺のように平城の地にあった。三野王は、壬申の乱（672）では父の筑紫大宰栗隈王に従って筑紫にいた。天武十一年（682）三月、宮内官大夫等とともに新城の地形をみており、この後、藤原京・宮造営に深く関わるようである。天武十二年には、縣犬養三千代との間に諸兄（橘諸兄）が生まれている。天武十三年（684）二月、「都つくるべき地を占しめたまふ。是の日に、三野王」等を「信濃に遣して地形を看しめたまふ」。閏四月に「三野王等、信濃国の図を進れり」。しかし二月から、閏四月の間の三月に「宮室之地」は藤原に定まったのである。この後三野王は、天武十四年九月に他の4人の王とともに「京及び畿内に遣して、各人夫の兵を校へしめたまふ」とあるのみで、次に紀にあらわれるのは持統八年九月で、この3ヶ月後に藤原京遷都となるのである。したがって684年以降694年までの三野王の役職は不明なのだが、藤原京・宮造営に深く関わったとみてよいのではないか。この三野王と縣犬養三千代との間には、諸兄（683年生誕）、佐爲、牟漏女王の3人の子がいるから、三千代は684年以降694年頃までは三野王夫人と考えてよいのではないだろうか。そして、三千代は藤原不比等との間に、701年光明子を生む。

三千代は文武天皇の守役として宮中に入り、権勢をふるうようになり、708年功により橘の姓を賜った。ところで、三野王・三千代夫婦時代における藤原氏との関係はわからない。しかし、三千代が後に藤原不比等の室となって光明子を生んだことからみても、これ以前から密接な関係があったのだろう。

このように藤原宮十二門の造瓦に際して、牧代瓦窯系列のような政府直属瓦工の分割・拡大方式を採用したのであるが、なお瓦は足りなかった。そこで藤原氏の氏寺である廐坂寺での瓦の製作を依頼し、山城での山階寺の檀越（藤原氏）に瓦製作の協力を求めたのであろう。このように最終的な不足分は氏族間の協力依頼によって補うところに古い部族国家的な残存形態（そのような氏族に依頼しての瓦調達法でも多量の瓦は集められたはずである）が残っているのであり、ここに藤原宮造瓦が律令的瓦生産の形態を完遂できなかった造瓦組織編成上の未熟な性格があるのだ。

そして、藤原宮中枢部の瓦と藤原宮十二門の瓦が大きく異なっているのは、造瓦組織・造瓦方法が全く異なるからであり、一方は造宮官に属するのに対し一方は他の組織に属したものであることは明らかである。これによって、初めて二つの明確な瓦の差が理解できるようになる。それでは、他の組織とは何か。一つの考えとしては大路・坊間路に面する十二門だけは「造藤原京司」のもとで臨時的に建造させた場合。他の一つは、書紀にあらわれない官職で臨時的に建造させた場合である。

4　本薬師寺の造瓦

本薬師寺[193][194]は、天武九年（680）十一月に、皇后（後の持統天皇）が病気になられたので、皇后のために誓願して初めて薬師寺を興てることにした、また一百人を得度して僧としたことがみえる。朱鳥元年（686）九月、天武天皇が死去し、十二月にはその菩提を弔うために五寺で無遮大会を行っているが、その中に薬師寺はなく、この時はまだ金堂も完成していなかったらしい。持統二年（688）正月に、無遮大会を薬師寺に設くというのは、金堂が完成して、先の年の行事に追加するという主旨であろう。薬師寺造営の工事は文武朝まで継続し、文武天皇二年（698）十月、薬師寺の構作がほぼ終わったので、衆僧に詔して、

252

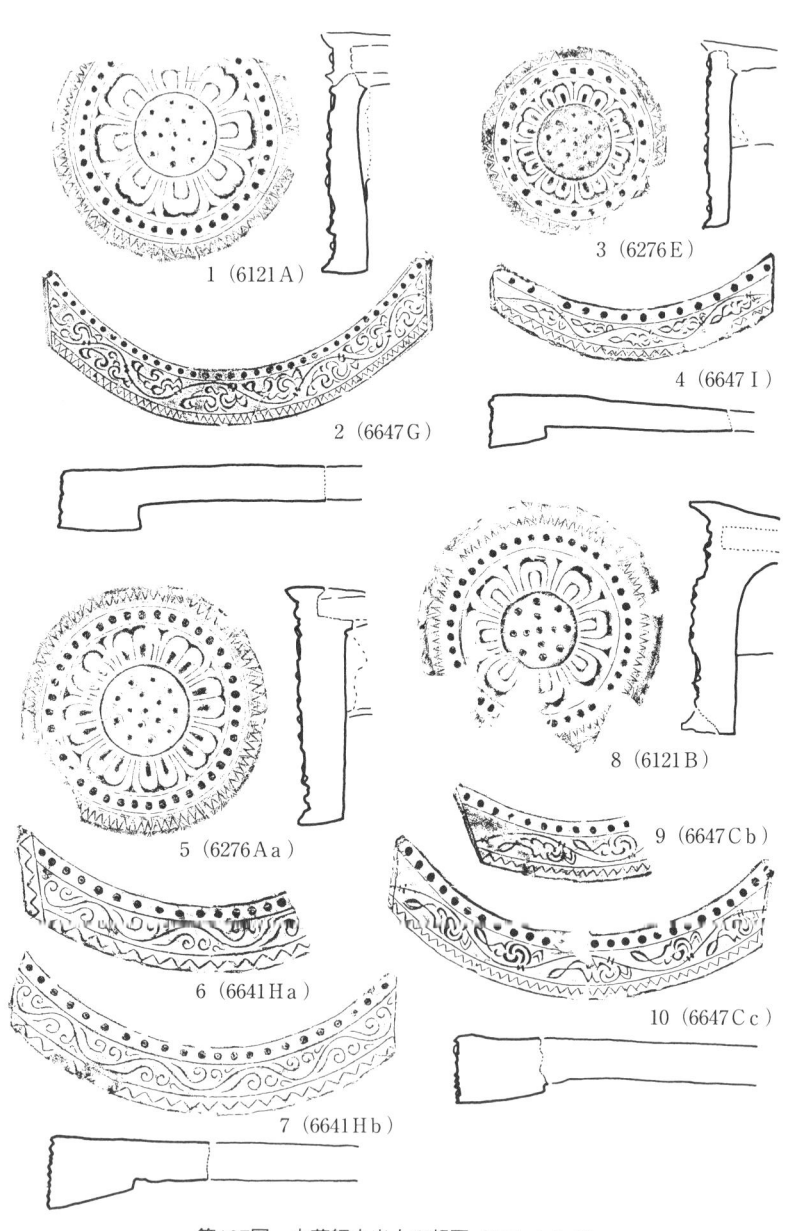

第127図　本薬師寺出土の軒瓦（縮尺 1 : 6）

その寺に止住せしめられた。

　このような中で、金堂の次に講堂・中門・回廊・東塔などが造営されたようである。花谷浩氏[193]によると、本薬師寺の創建軒瓦は、金堂は軒丸瓦6121Ａ・Ｂ・Ｃと6276Ａａ－軒平瓦6647Ｃｂ・Ｃｃ・Ｇと裳階用6276Ｅ－6647Ｉ、中門・回廊は軒丸瓦6276Ａａ－軒平瓦6641Ｈ、東塔は軒丸瓦6276Ａａ－軒平瓦6641Ｈと裳階用が6276Ｅ－6641Ｋとしている。

　以上の説では、本薬師寺金堂所用瓦の種類が多すぎ、これを全部使うことは最初のしかも最も重要な建物としては理解しがたい。おそらく金堂所用瓦は6121Ａ・6276Ａａ（同じ大きさの軒丸瓦が２種あるのは１階と２階で使い分けたからか）－6647Ｇと裳階用6276Ｅ－6647Ｉであり、講堂所用瓦が6121Ｂ・Ｃ－6647Ｃｂ・Ｃｃと裳階用6276Ｅ－6647Ｉであると考えてよい。『薬師寺縁起』では講堂に「繡の仏像一帳を安置す」「流記帳に云ふ、壬辰の年四月十二を以て」、天武天皇・持統天皇が「造り奉りて請け坐すてへり」とある。壬辰の年は持統六年であり、講堂はこの頃に完成したとみてよいだろう。

　以上からみて、私は藤原宮十二門用の軒瓦6276Ｃ－6647Ｃａは持統二年（688）から持統四年（690）までの製作、本薬師寺講堂用の軒瓦6121Ｂ・Ｃ－6647Ｃｂ・Ｃｃは持統四年（690）から持統六年（692）までの製作と考える。即ち、牧代瓦窯・本薬師寺系列の解体・再編は持統二年（688）に行われたと考える。

　ところで本薬師寺式の軒瓦は以前は和歌山県の紀ノ川流域のみに集中して分布しているとみられたが、最近では山城・近江・丹波などの資料がより明確になってきた。

　山城出雲寺例[195]（京都市上京区）　軒丸瓦では蓮子が一重だが、弁の形態からみると6121系の軒丸瓦があり、6647Ｇ同范軒平瓦が出土している。この他に6641Ｋの軒平瓦が出土している。出雲寺の瓦工は、牧代瓦窯の再編成時に徴発され、一定期間の造瓦の後、在地へ6647Ｇの范型をもって帰国したのだろう。

　紀伊西国分廃寺例[196]（岩出町西国分）・和泉大園遺跡[181]（高石市）　両遺跡とも6121Ａ同范軒丸瓦が出土している。西国分廃寺例は本薬師寺例と胎土が異なるようである。紀伊の瓦工も、牧代瓦窯の再編成時（688）に徴発され、一定期間の造瓦の後、帰国時に6121Ａの范型をもち帰ったか。

　丹波池尻廃寺[195]（亀岡市）　軒丸瓦は6121系のものと、軒平瓦は6647Ｃ系の

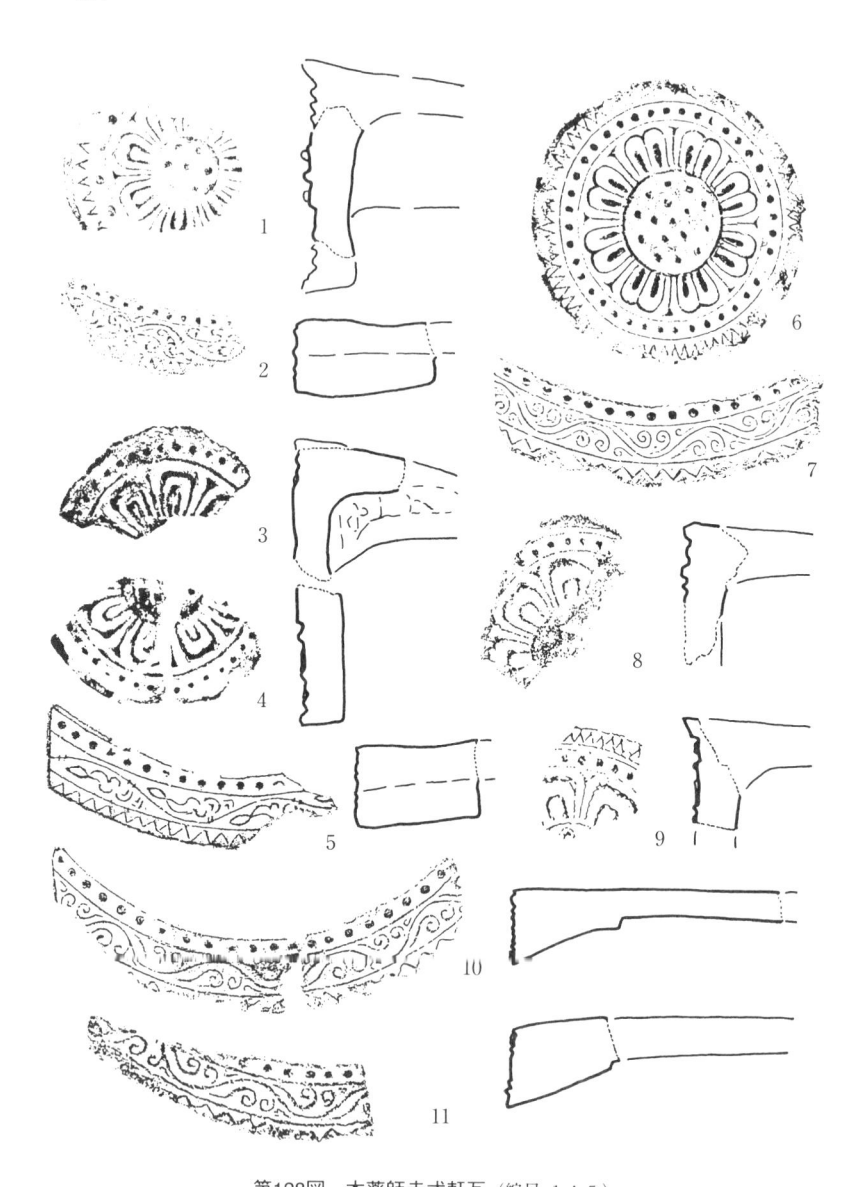

第128図　本薬師寺式軒瓦（縮尺 1：5）
1・2 出雲寺跡、3〜5 池尻廃寺、6・7 三大寺廃寺、8 西国分廃寺、
9 和泉大園遺跡、10 古佐田廃寺、11 備前尾張廃寺

ものが出土する。本薬師寺講堂の造瓦の際に、瓦工が徴発されたのであろう。

　近江三大寺[196]（米原市）　　軒丸瓦6276Ａ系、軒平瓦6641Ｈ系の瓦が出土している。本薬師寺中門・回廊・東塔造営の際に、瓦工が徴発されたのであろう。

　紀伊古佐田廃寺[196]（橋本市）　　本薬師寺6641Ｈと同笵の軒平瓦が出土している。胎土・焼成からみて牧代瓦窯からもたらされたものと考えられる。

　備前尾張廃寺[179]（岡山県邑久郡邑久町）　　本薬師寺6641Ｈと同笵の軒平瓦が出土している。胎土に砂粒を多く含み、焼成は悪く瓦質を呈し、顎部の段差が浅くなる。牧代瓦窯の胎土とは異なっている。

　紀ノ川流域の瓦は、距離的な面と水運の面で、牧代瓦窯からの運搬が比較的容易なだけに、さまざまな事例が可能になり、正確な解釈は、他よりむずかしくなっている。いずれにしても、本薬師寺造瓦に際して紀伊から多くの瓦工が徴発されたことは間違いないだろう。

5　九州の老司式軒瓦

　老司式軒瓦とは小田富士雄氏によって提唱されたもので、1957年「九州に於ける大宰府系古瓦の展開（二）」[197]において「老司式古瓦」と命名し、「福岡市老司の瓦窯跡と附近の三宅廃寺址から発見される一群の古瓦」を基準資料とした。大和では藤原宮跡、本薬師寺の例が老司式と最も近いが、大和の諸例と異なる点として、第一に外区文様は老司式が陽起鋸歯文、大和例は波線、第二に軒平瓦の唐草文は老司式が尾部を右に流し、大和例は尾部を左に流すものが多い、第三に大和例では唐草文の両端の蔓草の頭が三つでなく二つであること、を指摘している。

　この九州の老司式軒平瓦と藤原宮の軒平瓦との文様を比較すると、次のようになっている。

　　老司式　　6640　左偏行唐草文＋珠文＋鋸歯文
　　藤原宮　　6641　右偏行唐草文＋珠文＋鋸歯文
　　　　　　　6642　右偏行唐草文＋珠文＋珠文
　　　　　　　6643　左偏行唐草文＋珠文＋珠文

　このような九州と大和での文様の明瞭な使い分けは、藤原宮では使用しない

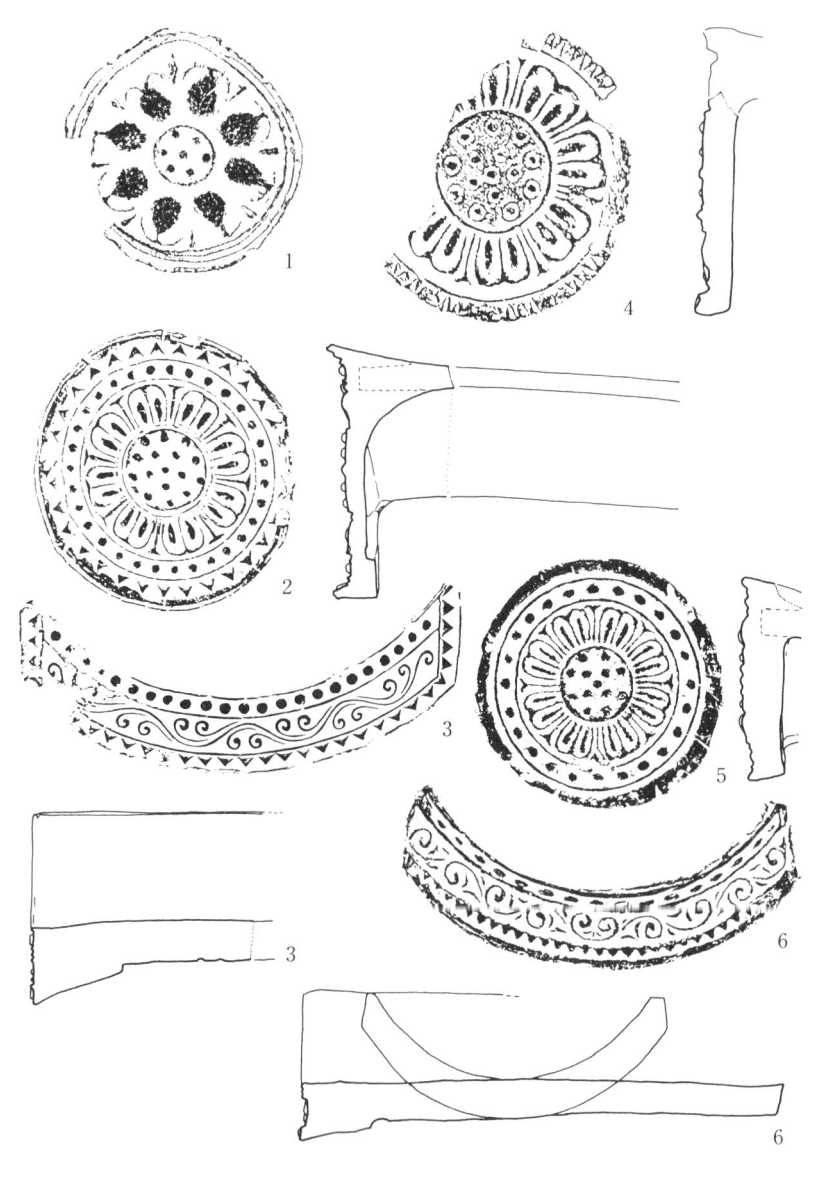

第129図　筑前の軒瓦（縮尺 1：6）
1 井尻B遺跡、2〜4 観世音寺、5・6 太宰府

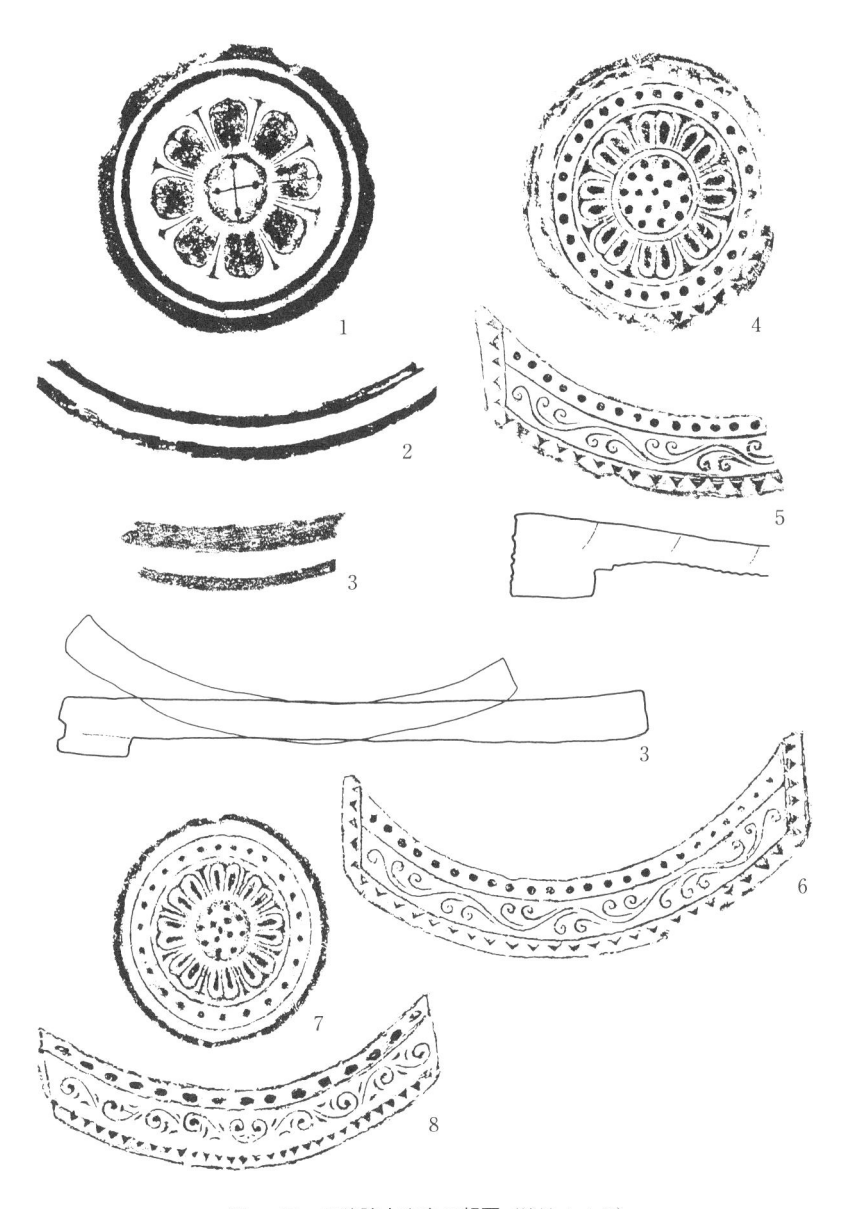

第130図　肥後陳内廃寺の軒瓦（縮尺 1：6）

九州の老司式用の独特の文様をあらかじめ用意したことを思わせる。

　これを製作技法の変遷から比較すると次のようになっている。筑前では、「老司式」軒瓦に先行する福岡市井尻Ｂ遺跡[198]の単弁８弁蓮華文軒丸瓦・丸瓦・平瓦では板作り（第129図１）であるが、観世音寺の老司式軒瓦（第129図２・３）では紐作りとなり、筑前国分寺創建期の軒平瓦（第129図６）では板作りとなる[199]。

　肥後では、陳内廃寺出土例[200]をみると、創建瓦である単弁８弁蓮華文軒丸瓦、重弧文軒平瓦では板作り（第130図１～３）であり、老司式軒瓦では紐作り（第130図４～６）となり、その後の均整唐草文軒平瓦の段階（第130図７・８）でも紐作りが存続している。

　大和では、飛鳥寺創建以来の瓦作りにおいて板作りを行っており、藤原宮の段階において、初めて偏行唐草文軒平瓦の紐作りの瓦が多量に生産される。また、藤原宮と時期的に併行する大官大寺塔・回廊所用の軒平瓦6661Ｂが紐作りによっている。

　このように筑前・肥後・大和の各地域において「老司式」「藤原宮式」軒瓦の出現とともに、従来の板作りから紐作りへ突然一斉に変化するのである。これは各地域において別々の原因で偶然に同じ変化が生じたとは考え難い。この３箇国では製作技法を含む有機的な関連が相互に生じたことは間違いないところである。

　そこで、まず大和から筑前に影響を及ぼしたとして、軒瓦文様および製作技法の点から影響を及ぼすことのできる年代を考えてみよう。軒丸瓦の鋸歯文は、一般的には面違鋸歯文（川原寺）→凸鋸歯文（藤原宮・老司式）→線鋸歯文（藤原宮・平城宮）への変遷をたどるが、これは大枠であり、細かくみると線鋸歯文のほうが凸鋸歯文より早く出現する場合（本薬師寺例）もある。そこで、凸鋸歯文の藤原宮内での使用場所をみると、大極殿か大極殿院にほぼ限られている。藤原宮大極殿の瓦は、藤原宮の地鎮祭（692年）以降の、ある段階から作られはじめ、文武元年（697）の時点頃に屋根に葺かれたものと考えられる。そして、大極殿院の瓦の製作が２～３年遅れる可能性を考慮に入れると、凸鋸歯文縁をもつ軒瓦で粘土紐作りを模倣することができるのは692年から700年までの間となる。即ち、もし大和から筑前に影響を与えたと考えると、老司式軒瓦の製作

開始は692～700年の間となるのである。

　そこで先に述べた「製作技法を含む有機的な関連」の具体像を考えてみたい。上述の692～700年の期間における筑紫大宰率（筑紫大宰帥または筑紫捴領）は689年から694年までが河内王、694年から700年までが三野王、700年以降が石上朝臣麻呂である。このうち、瓦の文様や製作法まで影響を及ぼしうる人物は三野王しかいないだろう。即ち、先述したように、三野王は684年以降694年までの役職は不明なのだが、藤原京・宮の計画に深く関わっていることからみて、藤原京・宮造営にも関わったとみられるのである。彼が、筑紫大宰率に任ぜられるのは持統八年（694）九月であり、その３ヶ月後に藤原宮遷都が行われる。しかし、持統八年の時点では、凸鋸歯文縁の大極殿の瓦は製作途中か、または準備中であった。三野王は、藤原宮造瓦についてもよく通じていたのだろう。観世音寺造営に際し造藤原宮官に属する瓦工の派遣を依頼した可能性は高いだろう。このように、老司式軒瓦の製作開始と藤原宮大極殿瓦の製作開始とは、ほぼ同時期[201]のものとみてよいのである。

6　文武朝大官大寺の造瓦

　『大安寺伽藍縁起幷流記資財帳』には、文武天皇（697～707年）「九重塔立金堂作建、並大六像敬奉造之」とし、『扶桑略記』では文武三年（699）六月に或記云「天皇於大官大寺内起九重塔」とし、和銅四年（711）に「大官等寺幷藤原宮焼亡」と記す。

　発掘調査は金堂と講堂は完成後に焼失し、塔は建物自体は完成していたが基壇化粧を施す前に焼失、中門と回廊は建設中に焼失したことを明らかにした。

　金堂および講堂所用瓦は軒丸瓦6231Ａ－軒平瓦6661Ａの組み合わせ、塔が6231Ｃ－6661Ｂ、中門・回廊が6231Ｂ・Ｃ－6661Ｂの組み合わせである[202]。このうち軒丸瓦6231Ａは瓦当と丸瓦の接合に際し、①瓦当裏面に丸瓦接合用の溝を付ける、②丸瓦凹面端縁を斜めに切る、③丸瓦部端面に数箇所Ｖ字形の刳り込みを入れる（いわゆる歯車接合）、④丸瓦部の両面先端に刻線を入れる、⑤瓦当と丸瓦部を接合する工程をとっている。6231Ｂ・Ｃでは、②～④が省略されているものがめだつ、と分析されている（金子裕之氏による）[202]。また軒平瓦

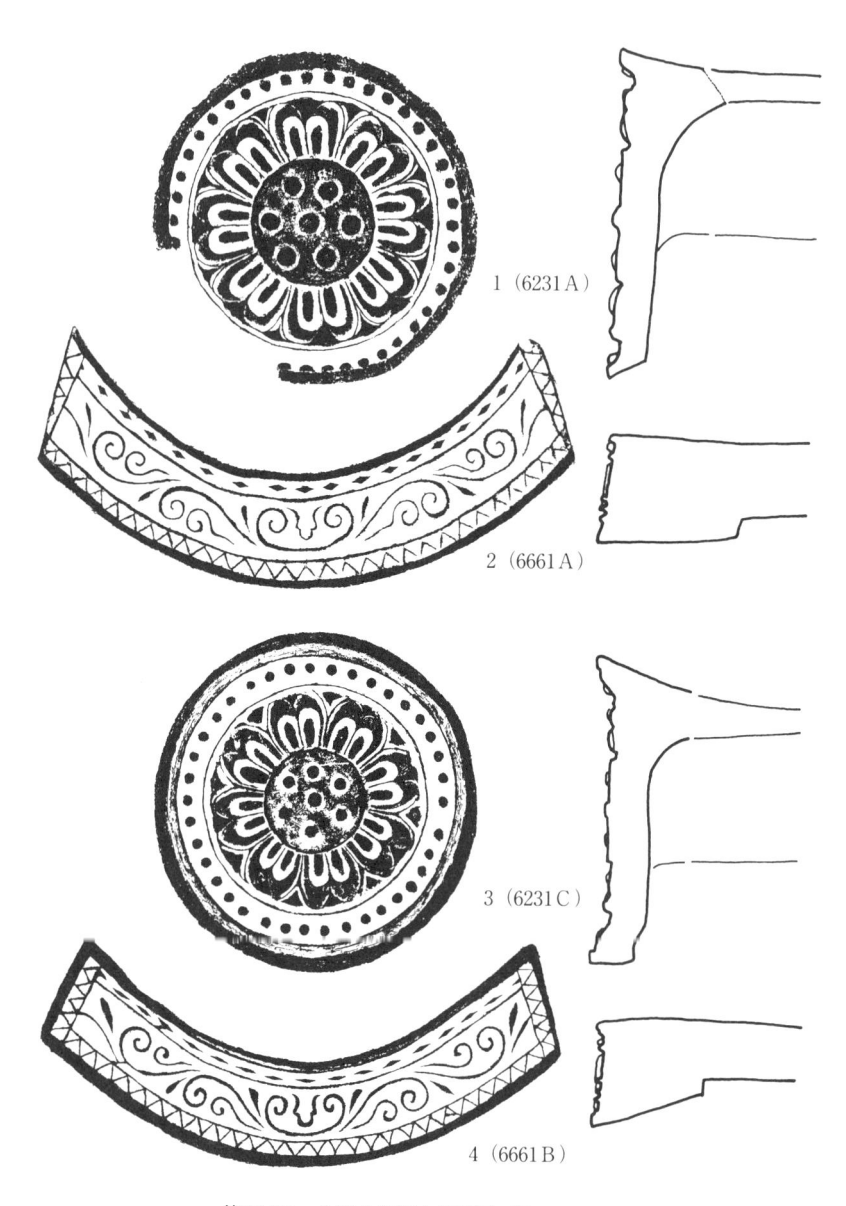

1（6231 A）

2（6661 A）

3（6231 C）

4（6661 B）

第131図　大官大寺出土の軒瓦（縮尺 1：5）

については、6661Aは粘土板桶巻作り、6661Bは粘土紐桶巻作りである。

　この文武朝大官大寺の瓦は、中国唐の瓦に最も類似するものである。これを比較すると次のようになっている。

（1）大官大寺の軒丸瓦文様は複弁蓮華文で、外区外縁が素文、外区内縁が珠文帯である（第131図1・3）。蓮子は一重にめぐる。この文様構成は唐の瓦と完全に一致する。

（2）軒平瓦文様は、大官大寺が笵型による均整唐草文軒平瓦であり、唐の軒平瓦は押し引きによる波状重弧文軒平瓦で全く異なっている。

（3）軒平瓦6661B（第131図4）は、模骨桶の粘土紐桶巻作りで、唐の軒平瓦・平瓦と製作法が同じである。

（4）大官大寺最初の軒平瓦6661A（第131図2）は、模骨桶の粘土板桶巻作りであり、唐の瓦と製作法が異なっている。

（5）軒丸瓦の瓦当と丸瓦の接合に際し、6231A（第131図1）では丸瓦端面に数箇所V字形に刳り込みを入れ、丸瓦凹凸面に刻みを入れている。一方、中国唐の瓦では、瓦当裏面側に刻みを入れるものが多い。また歯車接合に近いものは唐麟徳殿出土瓦にある。接合用の刻みを多く入れる点では、唐の瓦に近づいていると言ってよい。

（6）大官大寺の瓦は黒色処理を行っていない。唐の瓦は黒色処理をするものが多い。

（7）丸瓦はすべて玉縁式である。これは共通する。

　以上、軒丸瓦の文様は唐の瓦の忠実な模倣を試みたことは明らかであるが、最初の金堂・講堂所用瓦が粘土板桶巻作りであり、これと組み合う軒丸瓦のほうが接合用の刻みが多いなど、中国的な要素が最初に出揃うということがなく、あくまで独自のスタイルを保っており、ここでも、大官大寺造瓦に中国系の瓦工の直接の指導は考えられないことを示している。

　次に、大官大寺の瓦が示す国内での位置付けを考えよう。

　まず金堂・講堂所用瓦6231A－6661Aは灰白色を呈し、藤原宮十二門所用瓦6276C－6647Cの胎土に比較的類似する。即ち「牧代瓦窯近接窯」からそれほど遠くない所に生産地があるのだと推測できる。軒平瓦が粘土板で作られているのも、牧代瓦窯系列との関係を思わせる。また、薬師寺の構作がほぼ終わっ

たのが文武二年頃で、大官大寺の造営開始もほぼこの頃にあり、造瓦組織を造薬師寺官から造大安寺官に移動させるのに、年代的にはちょうどよい。

しかし大官大寺軒平瓦6661Aは、平瓦部の厚さが5cmほどの、きわめて重厚な瓦で、桶に2枚の粘土板を巻くもので、先に貼った粘土板の両端に指による平行線の窪みを付けて、その部分と次に巻きつける粘土板が重なり合うようにしており、本薬師寺の軒平瓦と細部で異なる部分がある。

ここで一般的に使用している「貼り付け削り出し段顎」という言葉を検討してみたい。大和国外から藤原宮へ運ばれた軒平瓦は、すべて粘土板作りであり、顎を貼り付ける前に叩きを行う（近江産）、顎を貼り付けた後に叩きを行う（讃岐・淡路・和泉産）という差はあるが、「貼り付け段顎」の典型的なものである。本薬師寺の古い軒平瓦（6647G・Cb・c・Ⅰ）や「牧代瓦窯近接窯」の6647Caも「貼り付け段顎」と言ってよい。

一方、大和国内における藤原宮用の粘土紐桶巻作り軒平瓦は、すべて「貼り付け削り出し段顎」という言葉で説明されている。これは言葉だけから言うと、「貼り付け」た後に、「削り出す」必要があるのか、と疑問を生じる言葉である。瓦当面予定地を下にして粘土紐を巻きあげる際、一回目、二回目、そして三回目に顎部を含む部分に粘土を巻きつけ、最後は平瓦部狭端面に達するまで粘土を巻きつける。そして縄叩きを行う。この時は曲線顎状になっている。その後、回転台上で顎部を削り出すための切り込みを入れ、顎部を削り出すという工程をとる。このように顎部の粘土だけ貼り付けるのを意図したわけではないのだから、「貼り付け削り出し段顎」というのは正確な表現ではない。重点を「削り出し段顎」におくべきである。ただ、藤原宮用の粘土紐桶巻作り軒平瓦では、三回目の顎部を含む部分に粘土を巻きつける際、顎部に比較的近い分量の粘土を巻きあげるので、「貼り付け」状にみえる「削り出し段顎」となるのである。「貼り付け削り出し段顎」という言葉は、以上の理解を前提にして使用すれば、そのまま用いてもよい。

しかし、粘土紐作りの大官大寺軒平瓦6661Bでは、瓦当面予定地を下にして粘土紐を巻きあげ、三回目に顎部を含む部分に粘土を巻きつける際に、その粘土は最大厚3cmの粘土で凹凸があり、瓦当面と瓦当面に近い顎部はすでに第一回目の粘土の巻きつけによって占められているので、第三回目の粘土の巻きつ

けは顎部では後方のみを占め、さらに平瓦部まで大きく達しているのであり、これはもう「削り出し段顎」としか、表現の仕様はない。

　一方、粘土板作りの大官大寺軒平瓦6661Ａでは、すでに「貼り付け段顎」の痕跡は全くなく、「削り出し段顎」となっている。これは、粘土板が瓦当面付近では、より分厚いものを最初から用意したためと考えられる。平瓦部粘土を巻きつけて、次に顎部付近の粘土を巻きつけるという工程をとらず、用意した粘土板の段階から瓦当近くは分厚いのである。この方式のものは平城宮の初期の軒平瓦（6664Ａ・Ｃ・Ｈ）にみられ、大官大寺軒平瓦の製作法が平城宮軒平瓦に受け継がれているのである（なお、平城宮軒平瓦の初期の文様が大官大寺6661の系譜をひくのはすでに指摘されているとおりである）。大官大寺軒平瓦6661Ａの顎部の削り出しは、きわめて入念であり、切り込みの痕跡はほとんど残さない。なお、粘土板作りの本薬師寺の6641Ｈｂでも「削り出し段顎」となっている。

　このように本薬師寺の6641Ｈｂや大官大寺の6661Ａは、粘土板桶巻作りで「削り出し段顎」となっているのは、先にみた藤原宮の粘土紐桶巻作りの「削り出し段顎」の影響を受けているからであろう。両技法がここで融合しているのである。即ち、全体として粘土板作りを行っているが、この時点での本薬師寺や大官大寺の瓦工の中には、粘土紐作りを経験したものが参入していることを示しているのである。

　次に6231Ｃ－6661Ｂの大官大寺の粘土紐作りの系列であるが、これと同笵の瓦の組み合わせは高市郡高取町所在の子島寺に保管されており、報告者の小林謙一氏[203]は「出土地点に誤りがなければ、付近に窯跡が存在した可能性も考えられる」とする。古代瓦研究の鬼才「浦上泰造」氏[204]は、「高台・峰寺窯から北東へ約2.7km　独立丘陵　西へ80ｍで高取川　大官大寺まで4.4km　製作技法は安養寺窯の系譜を引くか？　斜格子のヘラ傷　歯車接合　観覚寺窯？」のメモを記す。高台・峰寺瓦窯の軒平瓦では平瓦部凸面に凹型台の痕跡があり、大官大寺の6661Ｂでは凹型台の痕跡はない。この点では安養寺瓦窯と6661Ｂとは共通している。しかし安養寺瓦窯の軒丸瓦も、瓦当と丸瓦部の接合に際して最後の段階では未加工になるようである。歯車接合の点では、6231Ｃは6231Ａの系譜を受け継ぐ面もあって、実態は複雑であると考えられる。また距離からみても安養寺瓦窯まで23kmあるのに対し、高台・峰寺瓦窯までは2.7kmと近い。

いずれにしても、高台・峰寺瓦窯の瓦工か、安養寺瓦窯の瓦工か、どちらかが関わっていることは間違いないだろう。

註

(174) 大脇潔「屋瓦と製作地」『飛鳥・藤原宮発掘調査報告Ⅱ』1978年
(175) 石田由紀子「藤原宮出土の瓦」『古代瓦研究Ⅴ』2010年
(176) 山崎信二「軒瓦の考察」『尾張勝川廃寺範囲確認調査概報』1981年
(177) 山崎信二「後期古墳と飛鳥白鳳寺院」『文化財論叢』1983年
(178) 山崎信二「桶巻作り軒平瓦の製作工程」『考古論集』1993年
(179) 山崎信二「藤原宮造瓦と藤原宮の時期の各地の造瓦」『文化財論叢Ⅱ』1995年
(180) 伊藤宏幸「淡路における藤原宮式軒瓦」『古代瓦研究Ⅴ』2010年
(181) 近藤康司「摂河泉の藤原宮式軒瓦」『古代瓦研究Ⅴ』2010年
(182) 妹尾周三「広島の古瓦」『考古学から見た地域文化』1999年
(183) 白川雄一『宗吉瓦窯跡』三野町教育委員会　2001年
(184) 三野市教育委員会『宗吉瓦窯跡調査・保存整備報告』2009年
(185) 花谷浩「寺の瓦作りと宮の瓦作り」『考古学研究』第40巻第2号　1993年
(186) 坪井清足「大宅廃寺の発掘」『仏教芸術』37　1958年
　　　有光教一・坪井清足「大宅廃寺」『名神高速道路路線地域内埋蔵文化財調査報告』1959年
(187) 石田茂作『古瓦図鑑』1930年
(188) 網伸也「大宅廃寺再考」『瓦衣千年　森郁夫先生還暦記念論文集』1999年
(189) 泉森皎「久米寺旧境内隣接地の出土遺物」『橿原市千塚資料館館報1』1979年
(190) 奈良国立文化財研究所『興福寺食堂発掘調査報告』1959年
(191) 花谷浩「京内廿四寺について」『研究論集ⅩⅠ』2000年
(192) 花谷浩「藤原宮」『古代都城の儀礼空間と構造』古代都城制研究集会第1回報告集　1996年
(193) 花谷浩「本薬師寺の発掘調査」『仏教芸術』235号　1997年
(194) 高田貫太「本薬師寺の創建軒瓦」『古代瓦研究Ⅴ』2010年
(195) 堀大輔「山背・近江・丹波の藤原宮式・本薬師寺式軒瓦」『古代瓦研究Ⅴ』2010年
(196) 山崎信二「遺物－屋瓦」『薬師寺発掘調査報告』1987年
(197) 小田富士雄「九州に於ける大宰府系古瓦の展開（二）」『九州考古学』2　1957年
(198) 宮井善朗「まぼろしの古代寺院―古瓦が語る井尻B遺跡の謎」発掘調査速報シリーズ第2回　福岡市埋蔵文化財センター　1992年
(199) 石松好雄氏の教示による。なお、石松氏は「老司式軒先瓦について」（『九州歴史資料館研究論集8』1982年）において、筑前国分寺出土の老司Ⅰ式軒平瓦が粘土板を用いて作られており、それが観世音寺出土の老司Ⅰ式軒平瓦と技法が異なるのは、「范型が後世まで保管されて」いた結果であると論じている。
(200) 松本雅明「陳内廃寺調査報告」『城南町史』1965年
(201) 杉原敏之「老司Ⅰ式軒先瓦」『観世音寺―考察編―』九州歴史資料館　2007年
(202) 奈良国立文化財研究所『飛鳥・藤原宮発掘調査概報6』1976年
(203) 小林謙一「久米寺・子島寺所蔵瓦類の調査」『奈良国立文化財研究所年報』1982年
(204) 奈良文化財研究所『古代瓦研究Ⅴ』pp.378-379　2010年

第16章　日本における恒常的な造瓦組織の成立
―平城京の時代―

1　平城宮初期の造瓦

　文武朝末年の慶雲四年（707）二月遷都の議があり、七月元明天皇が即位し
た。和銅元年（708）二月、平城遷都の詔が発せられ、三月には藤原不比等を右
大臣、大伴宿禰禰手拍を造宮卿にした。九月に阿倍朝臣宿奈麻呂と多治比真人池
守を造平城京司長官とし、十二月、平城宮の地を鎮め祭った。和銅二年（709）
八月末から九月初め、元明天皇は平城行幸を行い、造宮の将領以上に物を賜っ
ている。内裏などの建物がある程度形をなしてきたのであろう。和銅三年
（710）三月平城に遷都。平城大極殿は、霊亀元年（715）正月が初見であり、
714年に完成したのであろう。

　この大極殿所用瓦は軒丸瓦6284Ｃ－軒平瓦6664Ｃの組み合わせ（第132図）で
あり、大極殿院所用瓦も全体的には同じ組み合わせのものが多い。6284Ｃ－
6664Ｃの組み合わせは中山瓦窯[205]で出土しているが、中山瓦窯出土の6664Ｃ
は、瓦当に笵傷・笵割れがあり、また瓦当面に縄叩き痕を残し、平瓦部凸面に
は横位の縄叩き痕を残している。

　この軒平瓦6664Ｃの中で、瓦当に笵傷・笵割れがなく、瓦当に縄叩きの痕跡
がなく、平瓦部凸面に斜め縄叩きを交叉させる一群が大極殿地区で出土してお
り、その中には粘土紐の継ぎ目のあるものが存在する。一方、平瓦部凸面の横
縄叩きのもので笵傷のあるものは、粘土板合わせ目があるようにみえる。軒平
瓦6664Ｃの大部分が平瓦部凹面をヨコケズリしているので判定は難しいのだ
が、同一型式の中に粘土紐と粘土板が混在するようである。

　中山瓦窯では出土した軒瓦からみると、7号窯では6231Ｂ、4号窯では6664
Ｃ・6664Ｈ、6－Ａ号窯では6284Ｃを出土し、この3基が年代的に古いと考え

られる。このうち7号窯では、大官大寺と同笵の6231Bが出土している。この6231Bの丸瓦部は大官大寺出土例では粘土紐巻きあげによって製作されており、7号窯出土の丸・平瓦も粘土紐桶巻作りによって製作されたものが相当数認められる[206]。

　一方、4号窯からは粘土板巻きつけと粘土紐巻きあげの両技法による丸・平瓦が出土しており、また1例のみの出土だが、明らかに粘土板合わせ目のある粘土板桶巻作りの軒平瓦の平瓦部が出土している。ただ、この軒平瓦は瓦当部が欠失し、瓦当文様は不明である。6-A号窯では、粘土紐または粘土板の合わせ目を残す資料は少なく、桶巻作りか一枚作りか、なお検討を要する[206]。

　以上からみると、初期の中山瓦窯では、粘土紐桶巻作りの工人と粘土板桶巻作りの工人との両者が、併存した可能性が強い。ただそれは、第一次成形での粘土の素材の差であって、側面には破面を残さず丹念に側面調整し、平瓦部凸部には縦位の縄叩きを行っており、第二次成形では共通した手法を用いている。

　大極殿所用瓦6284C-6664Cの文様構成を藤原宮の時期の瓦と比較すると、軒丸瓦は間弁が連続する安養寺窯の6281Aや西田中・内山窯の6281Bの系統を引くものであり、軒平瓦の均整唐草文では大官大寺の系統を引くものである。

　中山瓦窯での初期の瓦6284C-6664Cを総合的にみると、中山7号窯からは大官大寺と同笵の軒丸瓦6231Bを出土しているし、一方粘土紐作りと粘土板作りの同時併存は、西田中・内山瓦窯に似ているともいえる。

　しかし、平城宮の大極殿および大極殿院の瓦全体が黒色処理をしていることは、藤原宮の時期の大極殿所用瓦に通じるし、それは高台・峰寺瓦窯の製品であった。6664Cにおける瓦当面の縄叩きや顎部の削り出し段顎、また6284Cにおける丸瓦部凸面にハケ目を有するものがあることは、瓦の黒色処理とともに高台・峰寺瓦窯の系統が色濃く入っているとみなければならないだろう。先に、高台・峰寺瓦窯は藤原宮の造宮官に属するものと考えたが、中山瓦窯は平城宮の造宮省に属するものであり、藤原宮の造瓦組織の主力が、平城宮に引き継がれるのは当然のことであろう。

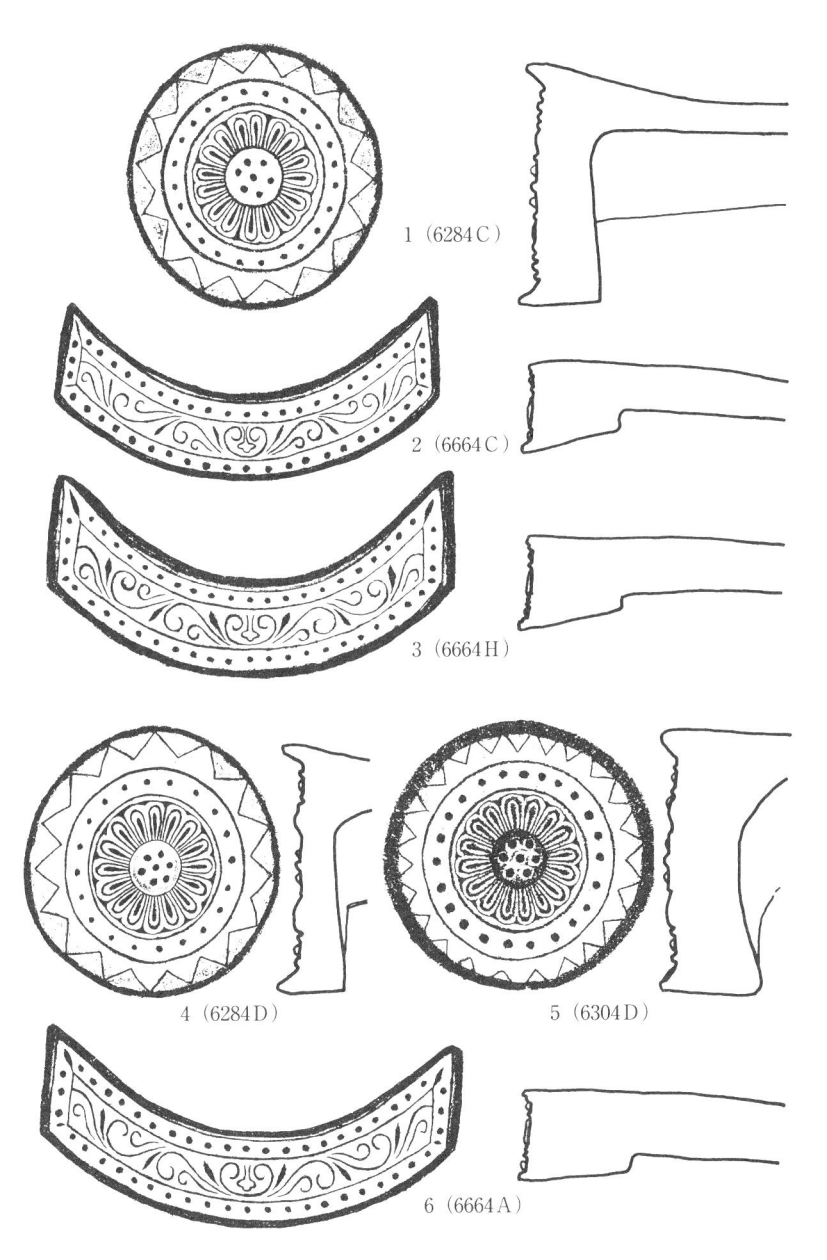

1（6284C）

2（6664C）

3（6664H）

4（6284D）　　　　　5（6304D）

6（6664A）

第132図　平城宮と大安寺の軒瓦（縮尺 1：5）
1〜3 平城宮、4〜6 大安寺

2 平城京内諸大寺の造瓦

まず、大安寺について述べよう。

　文武朝大官大寺は、平城遷都の翌年、和銅四年（711）に焼失した（『扶桑略記』等による）。その後、『続日本紀』には、霊亀二年（716）五月、「始めて元興寺を左京六条四坊に徒し建つ」とある。これは、元来「大寺を左京六条四坊に遷す」とあったのを、大安寺ではなく元興寺と誤ったものらしい。この霊亀二年五月が平城京大安寺の造営開始年代と考えられる。養老六年（722）十二月には、元正天皇が供養具20口、秘錦大灌頂幡１具を施入されており、この頃金堂は完成していたのであろう。

　大安寺出土の初期の軒瓦としては、6231Ａ（19点）・6231Ｃ（６点）－6661Ａ（８点）・6661Ｂ（69点）の「大官大寺式」の軒瓦と、6284Ｄ（６点）・6304Ｄ（82点）－6664Ａ（69点）の「平城宮式」の軒瓦とがある。このうち6284Ｄ－6664Ａ（第132図４・６）は、平城宮中央区の朝堂院で使用された軒瓦であるが、平城宮の6664Ａでは外縁が２段であるのに対し、大安寺の6664Ａでは外縁を３段にしている。おそらく、「造宮省」下の造瓦所から、平城京の「造大安寺官」下の造瓦所へ6284Ｄ－6664Ａの瓦范の貸与がなされたものであろう。ただ、大安寺側としては、もっと大きな瓦范が欲しかったので、軒平瓦6664Ａの范型は基板をさらに１枚貼って范型を大きくしたが、6284Ｄの范型は大きくすると不細工にみえるので、新たに6304Ｄの范型（第132図５）を大安寺側が作成したのだと考えられる。

　中井公氏[207]は、大安寺の初期の瓦について「最も竣工が早かっただろうと推察される金堂に『大官大寺式』が葺かれ、その後回廊などに『平城宮系』が使われた」可能性を指摘している。私は軒瓦の大きさ（特に軒丸瓦の直径）からみて、金堂に6304Ｄ－6664Ａの組み合わせ、講堂に「大官大寺式」が使用されたのではないかと考えている。なお、平城宮の6664Ａも大安寺の6664Ａも粘土板桶巻作りで削り出し段顎のようであるが、瓦当の顎部から平瓦部へ移行した部分の平瓦の厚さは、平城宮の6664Ａが４cm前後、大安寺の6664Ａが4.1～6.2cmと大安寺のほうが分厚くなっており、これは大官大寺の軒平瓦6664Ａと同一の特徴を示している。このような点からみて、藤原京の「造大安寺官」下

での粘土板桶巻作りから、平城京の「造大安寺官」下での粘土板桶巻作りへの変遷は、大きな部分では継続性があるとみてよいだろう。

　次に薬師寺について述べよう[208][209]。

　平城京の薬師寺については、東僧坊北方の井戸から霊亀二年（716）の木簡が出土し、この頃造営が始められていることを示し、『扶桑略記』では、天平二年（730）に「始建薬師寺東塔」とあり、天平年間の前半には平城京の薬師寺の伽藍は、ほぼ出来上がったとみてよいと考えられている。

　その間の記事をあげると、『薬師寺縁起』の養老二年（718）の「伽藍を平城京に移したまふ」、『続日本紀』の養老三年（719）の「始めて造薬師寺司に史生二人を置く」、養老六年（722）の「薬師寺を以て常に住居とすべし」（僧綱の住居）、および醍醐寺本『諸寺縁起集西大寺縁起』中にある「薬師寺旧流記資財帳に云く、元正天皇が養老六年（722）に金銀銅鉄銭鍬ならびに供養具などを施入された」等の記事である。

　本薬師寺所用瓦は、金堂が6121Ａ・6276Ａａ－6647Ｇと裳階用6276Ｅ－6647Ｉであり、講堂所用瓦は6121Ｂ・Ｃ－6647Ｃｂ・Ｃｃと裳階用6276Ｅ－6647Ｉであり、東塔所用瓦は6276Ａａ－6641Ｈと裳階用6276Ｅ－6641Ｋであり、中門・回廊用が6276Ａａ－6641Ｈである。本薬師寺西塔については、古い瓦と新しい瓦が出土しているとされるが、元来西塔は東塔と同じ瓦の組み合わせであったとみられる。即ち、文武二年（698）には、「薬師寺の構作略了りたるを以て、衆の僧に詔してその寺に住はしむ」とあることから、伽藍の大部分は完成したとみてよいからである。

　その後、都は平城京に遷る。平城薬師寺造営の際、本薬師寺側から運んだ瓦は6276Ａａ－6641Ｈ（第133図1・2）などであり、平城京で新造した瓦は6276Ａｂ－6641Ｇ（第133図3・4）などである。平城薬師寺出土の6641Ｈ（345点）と6641Ｇ（810点）の比率[208]からみて、約3割の瓦を運び込み、約7割の瓦を新造したとみてよいだろう。

　次に建物移建についてふれよう。まず、本薬師寺の金堂・講堂所用瓦が平城薬師寺ではほとんど出土しないことから、両建物の平城移建はありえないだろう。本薬師寺東塔については、その組み合わせが6276Ａａ－6641Ｈであり、こ

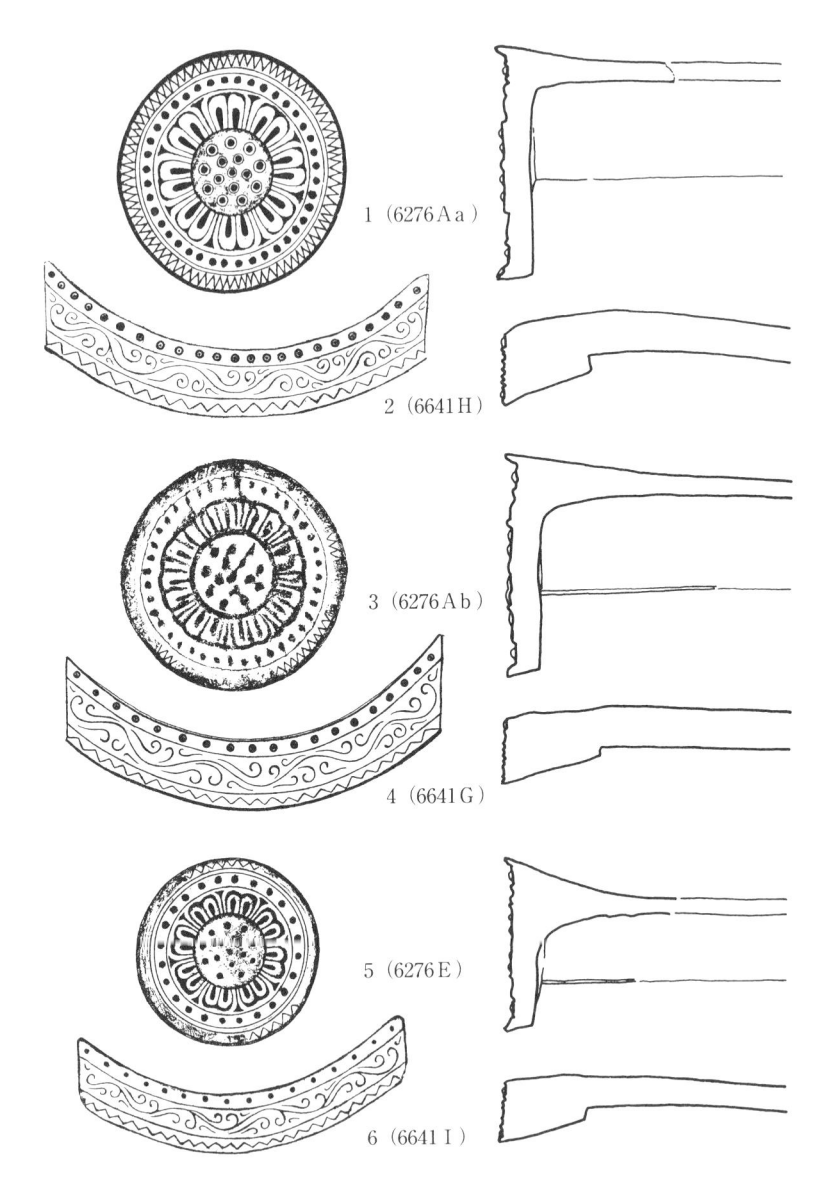

1 （6276Aa）

2 （6641H）

3 （6276Ab）

4 （6641G）

5 （6276E）

6 （6641I）

第133図　平城薬師寺出土の軒瓦（縮尺 1：6）

れだけからいえば、奈良・平安時代の塔はそのまま建っていたともいえるし、奈良時代に移建したともいえる。ただ、醍醐寺本『諸寺縁起集』にみえる「流記云、寶塔四基、二口在本寺」の流記が、「天平及び宝亀年中、注し録せる寺家の流記」（『薬師寺本薬師寺縁起』）とすれば、宝亀年中に本薬師寺東塔は存在することになり、本薬師寺東塔に再建の痕跡は全くないから、移建もなされなかったということになる。ただし、本薬師寺東塔が奈良時代には存在しないということであれば、話は別である。

　次に本薬師寺西塔であるが、これは最初は6276Ａａ－6641Ｈ、6276Ｅ－6641Ｋの組み合わせであったと考えられる。その後、平城薬師寺造営がほぼ完了した天平年間以降の宝亀年間までに、本屋根用6276Ａｂ・Ａｃ－6641Ｏ、裳階用6276Ｅ－6641Ｉ（第133図6）の組み合わせで多量に西塔に使用されたと考えてよい。これを移建とするか、移建なしの多量の屋根瓦葺き替えが必要であったのかは、回廊瓦の混入を峻別した本薬師寺西塔の6276Ａｂ・Ａｃ－6641Ｏ、裳階用6276Ｅ－6641Ｉの比率が明確にならなければ最終的な判断は難しい。私は本薬師寺西塔は移建と考えるものである。なお、参考として藤原宮から平城宮への瓦移動についていえば、藤原宮の大極殿院及び朝堂院所用瓦は平城宮では十二門、大垣に使用されているのであり、建物とその上に葺かれた屋根瓦とが同じ性格の建物に連動して移動されてはいないのである。本薬師寺回廊や僧坊がどの程度解体され、どの程度移されたのか、あるいは全く解体されなかったのかは、非常に難しい問題である。上述の建物と屋根瓦との連動性の問題や平城薬師寺金堂や西塔などの主要建物は中世瓦の出土が多く、奈良時代初期の屋根瓦の状態を想定するのは困難なこと、またそれは平城薬師寺全域の瓦分布にも言えることであり、6641Ｇの分布がすべての地域で多く、6641Ｈが全域において3割程度の比率を占めているからである。

　以上のように平城薬師寺では軒丸瓦は古い范型を使い（6276Ａａ→6276Ａｂ）、軒平瓦は新たに作范して偏行唐草文軒平瓦（6641Ｇ）を作った。裳階用軒瓦6276Ｅ－6641Ｉの范型も、古い本薬師寺での范型を再用したものであった。6641Ｇには粘土板桶巻作りのものが確認できるが、平瓦部凹面の大部分をヘラケズリしているため、粘土板合わせ目を観察できるものは少なく、6641Ｇの製作期間全体を通して桶巻作りであったかどうかは不明のまま残った。いずれに

しても、瓦文様は平城宮式の新式に変えることなく復古調のものであった。藤原京の時代の「造薬師寺官」から平城京の時代の「造薬師寺司」まで、組織体は一貫しており、その造寺の財政は、寺別に与えられた封戸の収入を基礎としていたから、平城宮の造営とは全く区別されるものであり、平城薬師寺は独自の瓦を作り続けたのである。

　次に興福寺について述べよう。

　興福寺は醍醐寺本『諸寺縁起集』の冒頭に、「食堂（金堂カ）和銅三年庚戌より寛弘三年丙午に至る二百九十七歳」とあり、和銅三年（710）創建とする説が流布している。しかし710年は平城遷都の年であり、これと同じ頃に移建の計画がもちあがったことを示すだけであろう。実際の造営は、和銅の末年から霊亀・養老の間に行われたものと考えられている。

　創建期興福寺の瓦窯は梅谷瓦窯として発掘調査が行われており、軒丸瓦6301Ａ－軒平瓦6671Ａの組み合わせが多数出土している。報告者の奥村茂輝氏[210][211]によれば、出土した平瓦の中には一枚作りがあるが、軒平瓦はすべて粘土板桶巻作りで作られており、軒平瓦6671Ａは段顎で笵傷進行から３段階（第134図２）に分けられる。Ⅰ段階のものは、「顎の長さは比較的長めで、段部の切れ込みは浅い」[210]、顎は「削り出し」[211]であり、Ⅱ段階のものは「顎の長さが比較的短く、段部の切れ込みは深い」、顎は「粘土板を貼り付け、その後に削り出し」であり、Ⅲ段階のものは「顎が10.0〜12.0㎝と非常に長く」、顎は「貼り付け」で、貼り付け前も貼り付け後も縄叩きによって叩き締められたと報告されている。

　興福寺の前身寺院は廐坂寺であり、それは藤原京に所在する現在の久米寺の位置にあると考えられ、久米寺からは藤原宮へも瓦を供出した6271Ａ－6561Ａの組み合わせが出土しており、それはまた平城京興福寺からも出土している。軒平瓦6561Ａがすべて同一技法であるかどうかは知らないが、藤原宮出土例の6561Ａでは顎貼り付けで平瓦部凸面の接合面に糸切り痕は残るが、顎貼り付け前の縄叩き痕は報告されていない。

　興福寺創建初期の6671Ａでは、はじめに「削り出し」段顎で、２段階目に「貼り付け、その後に削り出し」段顎で、３段階目には「貼り付け」段顎にな

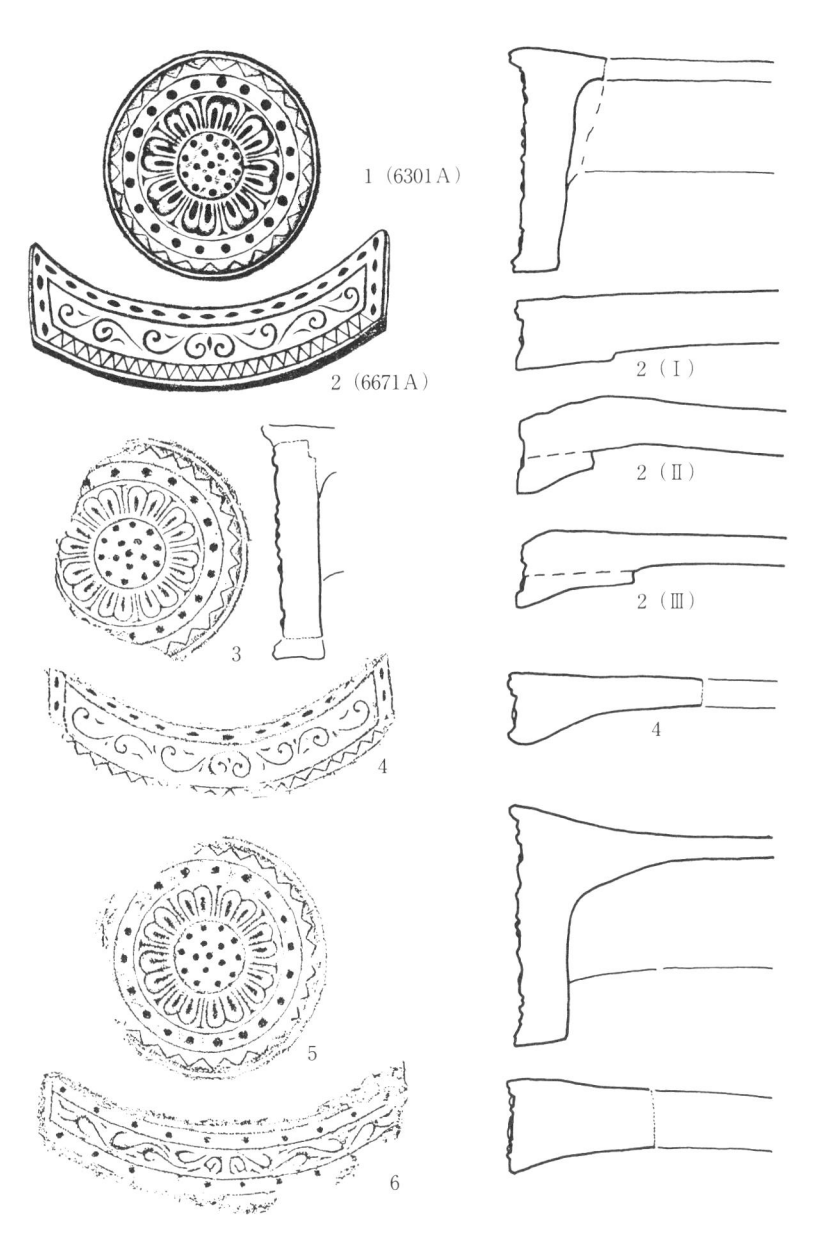

第134図　興福寺と加守廃寺の瓦（縮尺 1：6）
1・2 興福寺、3～6 加守廃寺

っており、造瓦所内の成員工人の入れ替えがかなり激しいことを物語っているようである。最初の段階が粘土板桶巻作りでありながら「削り出し」段顎である点は前代の本薬師寺の6641Hや大官大寺の6661Aと共通しているが、3段階目になると「顎の長さの特異性」と「貼り付け段顎」の点で、奥村氏の指摘するように久米寺の瓦工人の参画が、一応考えられる。しかし、顎貼り付け前にも縄叩きを残す点では、久米寺の瓦工人そのものかどうか、不明と言わざるをえないだろう。

　興福寺の造瓦所は、その後、梅谷瓦窯から荒池瓦窯へ変化すると考えられる。奥村氏の報告[210]によると、興福寺出土の軒平瓦6671Aの50点近くを観察して、1段階目のものは0点、2段階目のものは2〜3点、3段階目のものが10点前後であったという。即ち、梅谷瓦窯のものが2〜3割であって、残りは荒池瓦窯産とみてよいだろう。

3　奈良時代の軒平瓦文様と技法変化——一枚作りへの変化—

　平城宮・京の軒平瓦文様は均整唐草文が圧倒的に多い。ここでは花谷浩氏[212]に従って均整唐草文を6つに分類する。6つに分類したそれぞれの変遷の中で、文様変化・技法変化・造営組織などについてふれておきたい。
　　Ⅰ：3葉構成の3回反転均整唐草文
　　Ⅱ：興福寺式とその系統
　　Ⅲ：東大寺式とその系統
　　Ⅳ：4回反転均整唐草文
　　Ⅴ：5回反転均整唐草文
　　Ⅵ：唐草が連続する均整唐草文

（Ⅰ）3葉構成の3回反転均整唐草文
　中心には、花頭形中心飾りと上向き唐草を組み合わせた文様を置く。この祖型は大官大寺式軒平瓦にあり、平城宮ではまず中山瓦窯で[205]生産された。この瓦窯は造宮省管轄下にあることは先述した。中山瓦窯では6664C（4号窯）の後、6664H（4、18号窯）が生産される。この段階までは桶巻作り軒平瓦で、

顎は削り出し段顎である。その後、聖武天皇の内裏正殿地区の甍瓦（棟の平の部分に軒瓦を使用）に用いたものとして、6311Ｂ－6664Ｆ（4・6号窯）の組み合わせと、小型の軒瓦6313Ａ・Ｂ－6685Ａ（4・14号窯）を製作している。小型軒平瓦では、中心は十字形中心飾りと上向き唐草を組み合わせた文様に変化している。これらの軒平瓦は、すべて一枚作りに変化している。しかしまだ段顎である。次に、6308Ａ・Ｂ－6663Ａ（5・6・16号窯）の組み合わせや、6225Ａ－6663Ｃ（4・16号窯）の組み合わせが出土しているが、この段階ではすべて曲線顎となっている。なお、分類Ⅴに属する6721型式が中山4号窯の瓦溜から出土しているが、破片で型式を細分できる資料ではない。以上が中山瓦窯で製作された軒瓦である。

（Ⅱ）　興福寺式とその系統

　興福寺創建瓦を焼成した梅谷瓦窯の製品については先述した。興福寺式軒瓦の中で、年代的に最も新しいグループに属するのが掃守寺の瓦[213]である。『正倉院文書』には「掃守寺造御塔所解」の記事があり、天平二十年に東大寺写経所から掃守寺別当として出向していた伊福部男依が天平勝宝二年（750）に「掃守寺造御塔所」に出仕し、「伊賀山作所」での知識優婆塞の上日を記している。男依は事務官人ではあるが、造寺別当として掃守寺造御塔所に必要な造瓦の采配をも行っていたと考えてよいだろう。

　どのような采配をしたかは全く記録に残らないが、結果として加守廃寺北遺跡塔に使用した軒瓦は興福寺式軒瓦の組み合わせであった。そしてその瓦の年代が750年頃というのが判明するのである。ここで不思議なのは、軒丸瓦・軒平瓦（第134図3・4）とも715～720年頃の年代を彷彿とさせる興福寺創建瓦に酷似することである。これはおそらく、梅谷瓦窯から荒池瓦窯に製作地を移動させた興福寺創建瓦が740年頃まで使用されており、その文様を模刻して加守寺の軒瓦范が製作されたからであろう。そして出来上がった製品は、軒平瓦では曲線顎に仕上げており、750年頃の年代に位置付けて問題ないものである。

　さらに興味深いのは、范傷の進行した同じ范の軒丸瓦（第134図5）は、9世紀後半の平安時代の軒平瓦（第134図6）と組み合っているのである。つまり、750年頃に製作された軒丸・軒平瓦の范型は、掃守寺造御塔所指定の范型であったために、造塔時の瓦納入後は范型も掃守寺に納入されて保管されたが、軒

平瓦の范型はいつしか失われてしまった。しかし軒丸瓦の范型は880～890年頃に、平安時代の軒平瓦と共に使用され、製品として製作されたのである。興福寺創建瓦の開始年代からみると、実に170年も経過しているのである。

（Ⅲ）　東大寺式とその系統

後の節において、詳しく論じる。

（Ⅳ）　4回反転均整唐草文

中心飾りの左右にある唐草文が4回反転するものである。花頭形中心飾り6667A・C、6691Aと、針形・対向二重C字形中心飾りの6767A・B、6768A～Dなどに細分できる。

6667Aは大きく3段階[214]に分けることができ（第135図2・3）、第1段階は桶巻作りで顎部は長い段顎で、法華寺下層で出土する。藤原不比等邸で使用された瓦と考えられる。第2段階では一枚作りになっており、顎部は短い段顎で、法華寺下層で出土する。旧藤原不比等邸で使用された瓦と考えられる。第3段階は曲線顎である。このうち6667A第2・第3段階の瓦は、歌姫西瓦窯で製作された。

6667C（第135図4）は、6667Aに酷似した文様をもつ軒平瓦で、古市廃寺で出土している。森郁夫氏によると、この寺の瓦の中に「僅か一点ではあるが、「□野」銘をもつものがあったという」[215]。そして、森氏は造平城京司次官としての小野朝臣広人と小野朝臣馬養をあげ、「たとえば造瓦について、小野氏掌握下の郷民の負担」の可能性を考えた。確かに、「平城遷都は主として右大臣藤原不比等の計策によりて完成したものであった」[216]とかって喜田貞吉氏は論じ、岸俊男氏は「小野朝臣広人と小野朝臣馬養の二人が一族からそろって造平城京司次官となっているのはやや異例とすべきであろうから、これを小野氏と関係深い平城の地（添上郡）への遷都」[217]と考えることができるかもしれないと述べている。6667A・Cの旧不比等邸等の造瓦に小野氏が携わり、6667Aの文様に酷似した6667Cの軒平瓦を自らの氏寺である古市廃寺用に使ったということは充分考えられることである。

次に6691Aの変遷については佐川正敏氏の分析[218]が詳しい。

6691Aの第1段階では、范傷がなく、法華寺下層から出土するものである。旧不比等邸使用の瓦である。

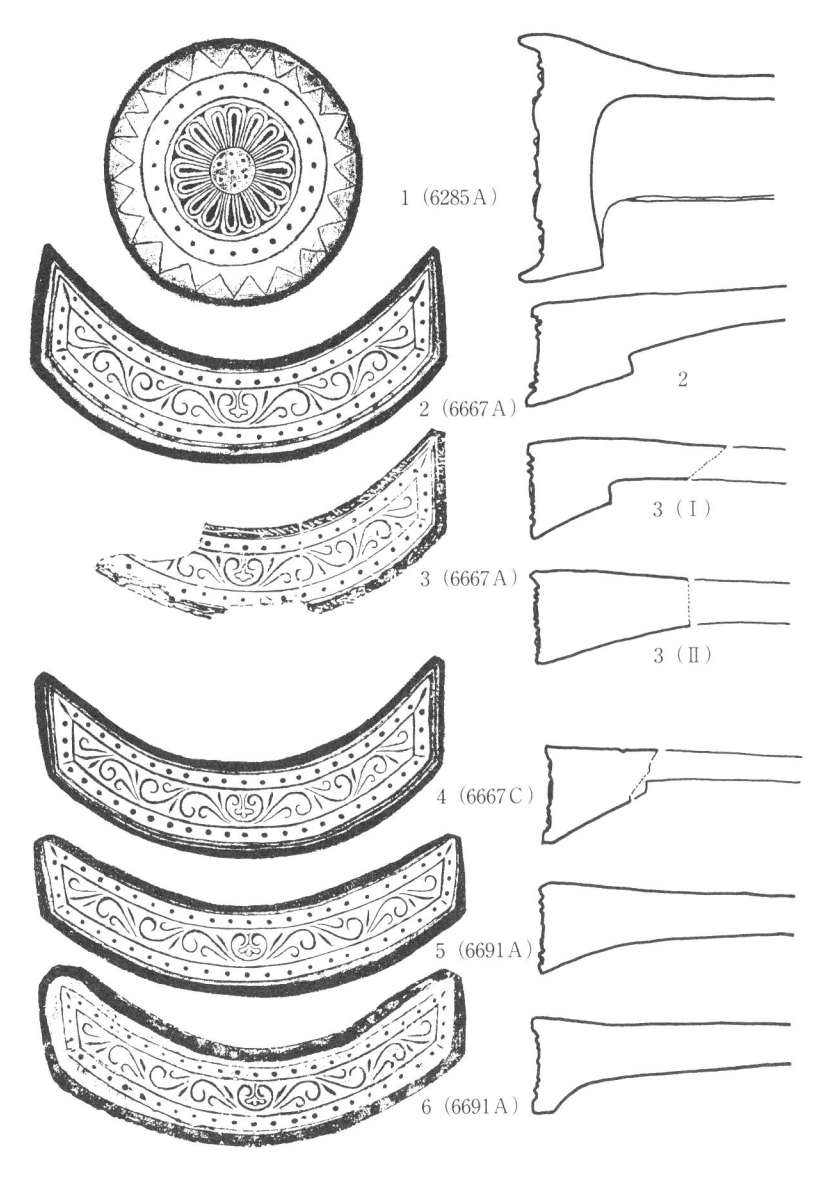

1（6285A）

2（6667A）

2

3（I）

3（6667A）

3（II）

4（6667C）

5（6691A）

6（6691A）

第135図　花頭形中心飾りをもつ4回反転均整唐草文軒平瓦など（縮尺 1：5）
1・3 法華寺下層、4 平城京、5 法隆寺、6 平城宮

6691Aの第2段階は、法隆寺東院で出土する（第135図5）。東院の創建は、『法隆寺東院縁起』に記す天平十一年（739）ではなく、『法隆寺縁起幷資財帳』に天平九年（737）に皇后が経779巻と『法華経』の経櫃を奉納したと記す年代まで遡ると考えられている。このような不比等邸の6285A－6667A、旧不比等邸に光明子が居住した時の6285A－6667A、そして旧不比等邸の6691A、光明皇后が後盾となった法隆寺東院造営の6285B－6691Aまでは、不比等とその子である光明子が建てた建物にこれらの軒瓦が使われたのである。

ところが、第3段階の6691Aでは、恭仁京の大極殿で6320Aaと組んで使われ、内裏で6282Haなどと組んで使われた。また光明の皇后宮の場所と考えられるようになった長屋王邸の跡地、および平城宮第二次大極殿院南面回廊では6225A－6691Aの組み合わせが考えられている。これは6691Aの范型をもつ造瓦所が、造宮省の管轄下に入ったことを示すものだろう。

このように平城遷都前後の光明の皇后宮の場所（前の長屋王邸）および「旧の皇后の宮を宮寺」とする場所（745年：後の法華寺）では、共に6308A－6663Aの組み合わせと、6282B－6721Cの組み合わせが比較的多く出土しており、造宮省管轄下の造瓦所による瓦製作が考えられる。

その後、造法華寺司による法華寺の造営があり、光明皇后の一周忌斎会のために造られた阿弥陀浄土院の造営がある。造法華寺司の瓦については（Ⅵ）の「唐草が連続する均整唐草文」で述べるが、本題の唐草が4回反転する6767A・B、6768A〜Dは阿弥陀浄土院の所用瓦（第136図）であった。その瓦を主体的に焼成したのは御領池東瓦窯であるが、音乗ヶ谷瓦窯でも6138B－6767A、6768A・Bの組み合わせが出土しており、補足的な焼成がなされたことがわかる。

（Ⅴ）5回反転均整唐草文

中心飾りの左右に唐草文が5回反転するものである。6721A〜Hが典型で、6719Aが先行する（第137図）。岸本直文氏[219]によると、軒平瓦6721Gと組む軒丸瓦6284Ebの初現は天平初年頃まで遡るのではないかとする。直線顎の6721Haもこの頃のものであろう。次に文様的に古いのが6721E・Fで、このうち6721Eは平城京二条大路に面する濠状遺構ＳＤ5100（725〜739年紀の木簡出土）の中層から出土しており、これらは恭仁宮以前に製作されたものである。その

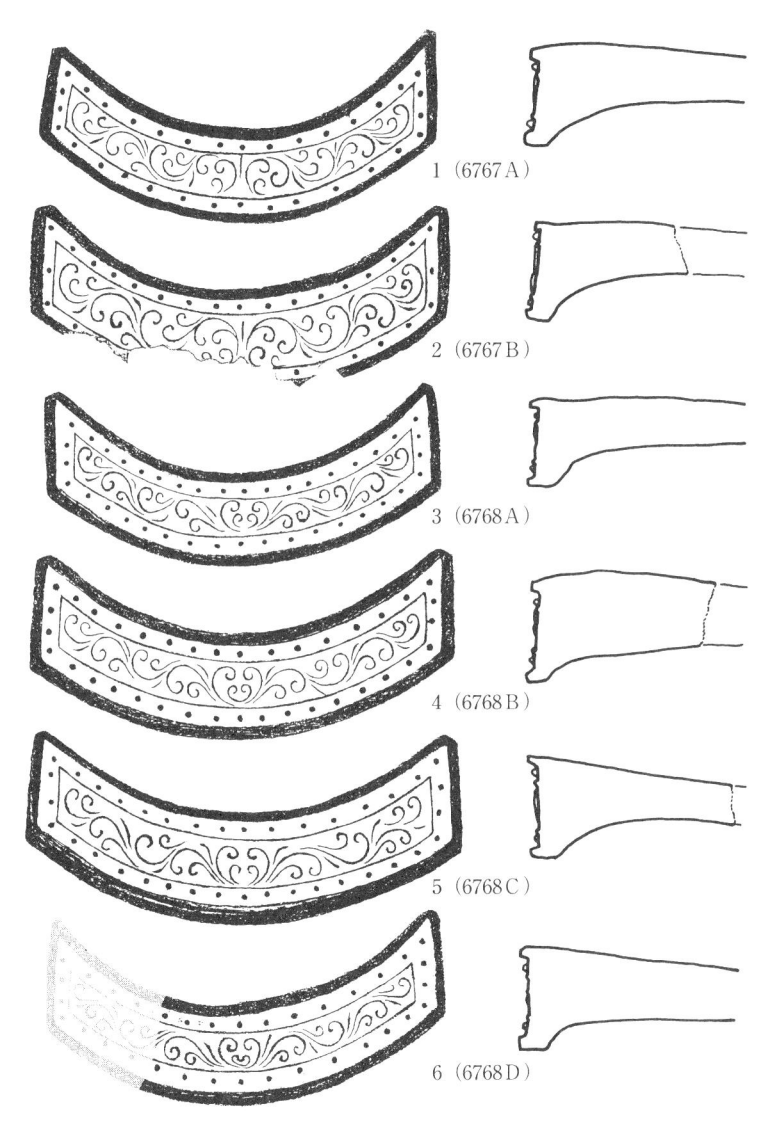

1（6767 A）

2（6767 B）

3（6768 A）

4（6768 B）

5（6768 C）

6（6768 D）

第136図　針形・対向二重Ｃ字形中心飾りをもつ４回反転均整唐草文軒平瓦（縮尺 1：5）
1 〜 6 法華寺阿弥陀浄土院など

280

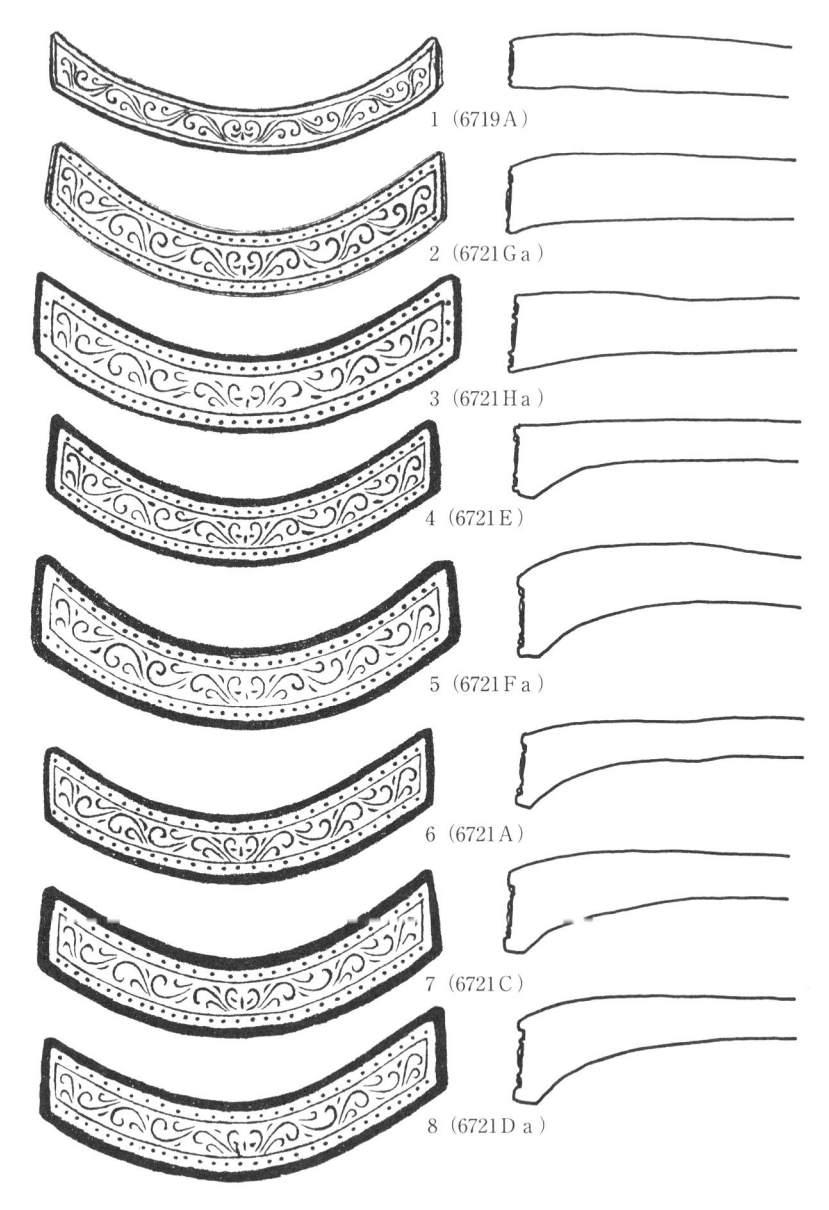

1 (6719 A)

2 (6721 G a)

3 (6721 H a)

4 (6721 E)

5 (6721 F a)

6 (6721 A)

7 (6721 C)

8 (6721 D a)

第137図　5回反転均整唐草文軒平瓦（縮尺 1：5）
1～8 平城宮・平城京

後、恭仁宮造営時に6721A・Cが製作された。6721Dは平城還都後に製作されはじめたものだろう。これらの軒平瓦の生産地は知られていないが、おそらく奈良山丘陵から恭仁宮周辺へ瓦窯を移し、再び奈良山へ戻ってきたことが想定されるが、一貫して凸面に斜めの縄叩きを施す点、范型が外縁の外までかぶる点で、岸本氏が指摘するように6721型式諸種における独自性を表現しているのである。この点は恭仁宮前後における造瓦の流派の全体的な解明の中で明らかにされるだろう。

（Ⅵ）唐草が連続する均整唐草文

　ここでは主に唐草が5回反転する大安寺の6712Aと法華寺の6714Aについて述べよう。それは中井公氏による一連の論文「「大安寺式」軒瓦の年代」[220]（1997年）、「平城京初期官寺の建立と瓦生産」[221]（1997年）、「法華寺創建軒瓦と「大安寺式」軒瓦」[222]（2004年）があり、奥村茂輝氏の「法華寺阿弥陀浄土院の造営」[223]（2004年）があって、中井氏の年代観および奥村氏による五領池東瓦窯と造東大寺司の関係について、私の考え方が求められているように思うからである。

　中井氏による大安寺式軒平瓦6712A（第138図2）の分析[220]はきわめて緻密な論考であり、出土している遺物の分析としては申し分のないものである。即ち、6138C−6712Aの大安寺式軒瓦は大安寺僧坊で主体的に使用されたものであり、『大安寺伽藍縁起并流記資財帳』（天平十九年勘録）の時点では檜皮葺きであり、その後瓦葺きとなったとする。そして東大寺出土の大安寺式軒瓦である6138C−6712Aは天平勝宝八・九年に供給されたものであり、全体としてこの組み合わせの軒瓦は747〜757年に収まるというのである。この点について異論はない。しかし、軒平瓦における年代的な変遷のイメージと、資財帳勘録の時点では塔院を除く中央地区の伽藍はほぼ完成していることを考えると、6712Aの初源は古く遡り、6712Aは長期にわたって使用されたとみた方が、より現実に近い考え方であると思うのである。大安寺では金堂に6304D−6664Aの平城宮式が、講堂に大官大寺式が使われたと考えたが、この当否は別としても、天平十九年までに金堂・講堂の他に食堂・経楼・鐘楼・回廊・中門などが完成していた。これらはいずれも瓦葺きと考えられるが、食堂や回廊などは発掘面積が少なく、これらがどの軒瓦を使用していたかはまだわかっていないのである。

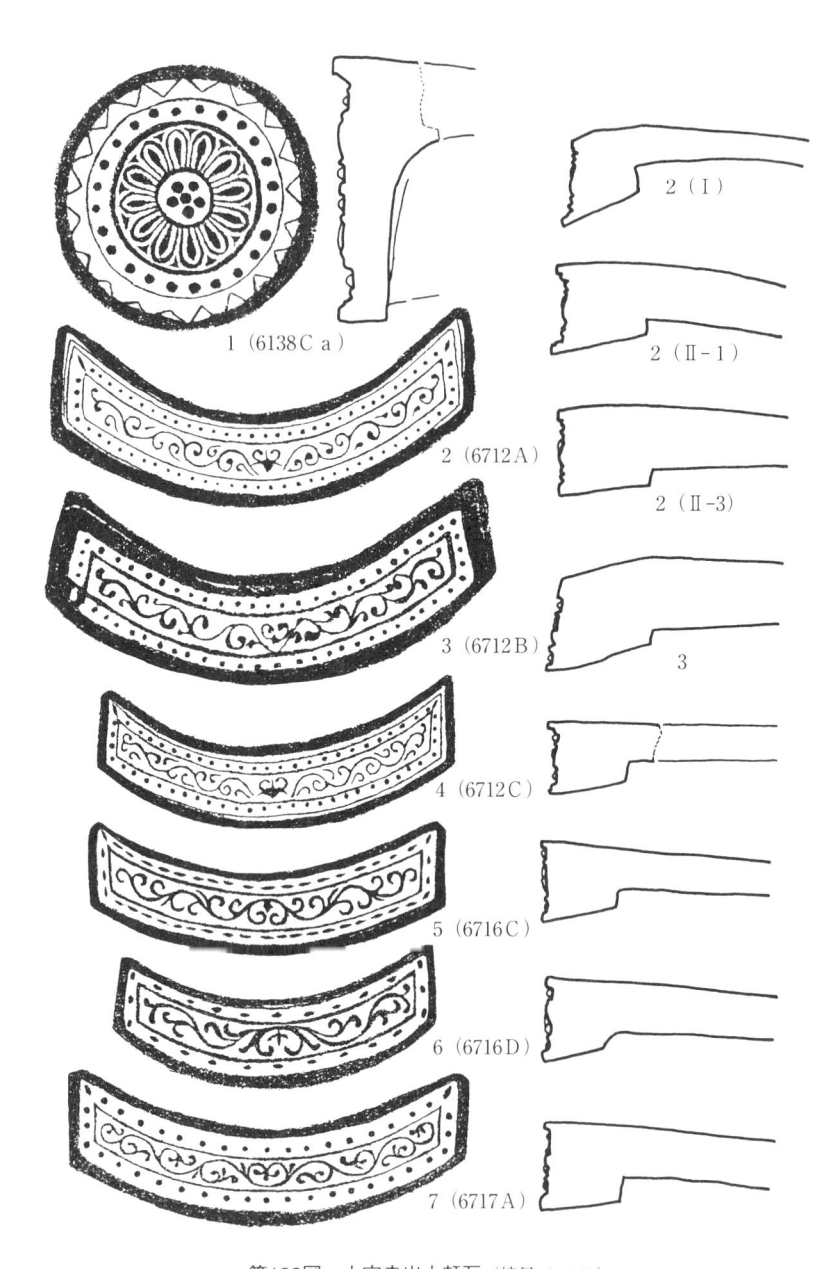

第138図　大安寺出土軒瓦（縮尺 1：5）

　中井氏は6712Aを笵傷進行の状態によってⅠ段階、Ⅱ-1・Ⅱ-2・Ⅱ-3段階に分けたが、奈良市教育委員会が保管する6712Aは、Ⅰ段階3点、Ⅱ-1段階2点、Ⅱ-2段階11点、Ⅱ-3段階106点であるという。このように6712AにおいてⅡ-3段階の軒平瓦だけが多く出土するという偏りは、大安寺伽藍全体で同じ偏りがあるのではなく、発掘調査が僧坊中心で行われているため（行わざるをえないため）Ⅱ-3段階出土のものが多いという結果を得ているのではないだろうか。

　ここで毛利光俊彦・花谷浩両氏[224]による「平城宮・京出土軒瓦編年の再検討」（1991年）を改めて読み直すと、大安寺の瓦および法華寺の瓦についても、含蓄のある内容が示されているのである。即ち一つ目は、唐草文の巻きが大安寺の6712Aでは古式であるのに対して、法華寺の6714Aはそれの特殊化または省略化である。他の一つは、外区区画が大安寺の6712AではⅢB型（上外区と脇区の間に杏仁形珠文、下外区と脇区に珠文）で古く、法華寺の6714AはⅣA型（区画文様はなく、外区の珠文は上下外区と脇区が連続する）で新しいと指摘している。そして、「これらを道慈が主導した天平年間の大安寺の造営に用いられた型式と考えても矛盾はないであろう」[224]としている。

　道慈については養老二年（718）帰朝と記され、醍醐寺本『諸寺縁起集』に納める大安寺碑文には天平元年（729）に「詔遣法師、修営此寺」と記す。ところで平城宮・京での軒平瓦が段顎を保っているのは、神亀年間（724～729年）の前半頃までと考えられ、道慈が6138C－6712Aの瓦当文様の発案に係わっているとすれば、6712Aの段顎からみて天平元年以前に大安寺造営に係わっている可能性が出てくるし、また逆に、この組み合わせの発案が道慈とは全く無関係であると考えることもできる。

　むしろ、6712Aにおける外区区画のあり方（ⅢB型）と段顎である点からみると、6712Aの出発点は神亀年間から始まるとみた方がよいと思う。中井氏は軒平瓦の「段顎が、大安寺では」、編年Ⅲ期（745～747年）に「至っても主体的に生産が継続」[220]されているとし、また別の論考[225]では大安寺出土6712B（段顎：第138図3）を平安時代初期としている。中井氏の指摘どおり、大安寺の大部分の軒平瓦は、奈良時代および平安時代初期を通じて段顎であり、宮・京の軒平瓦とは異なる「大安寺造営瓦屋が堅持した保守的な性格」[220]なのである。

284

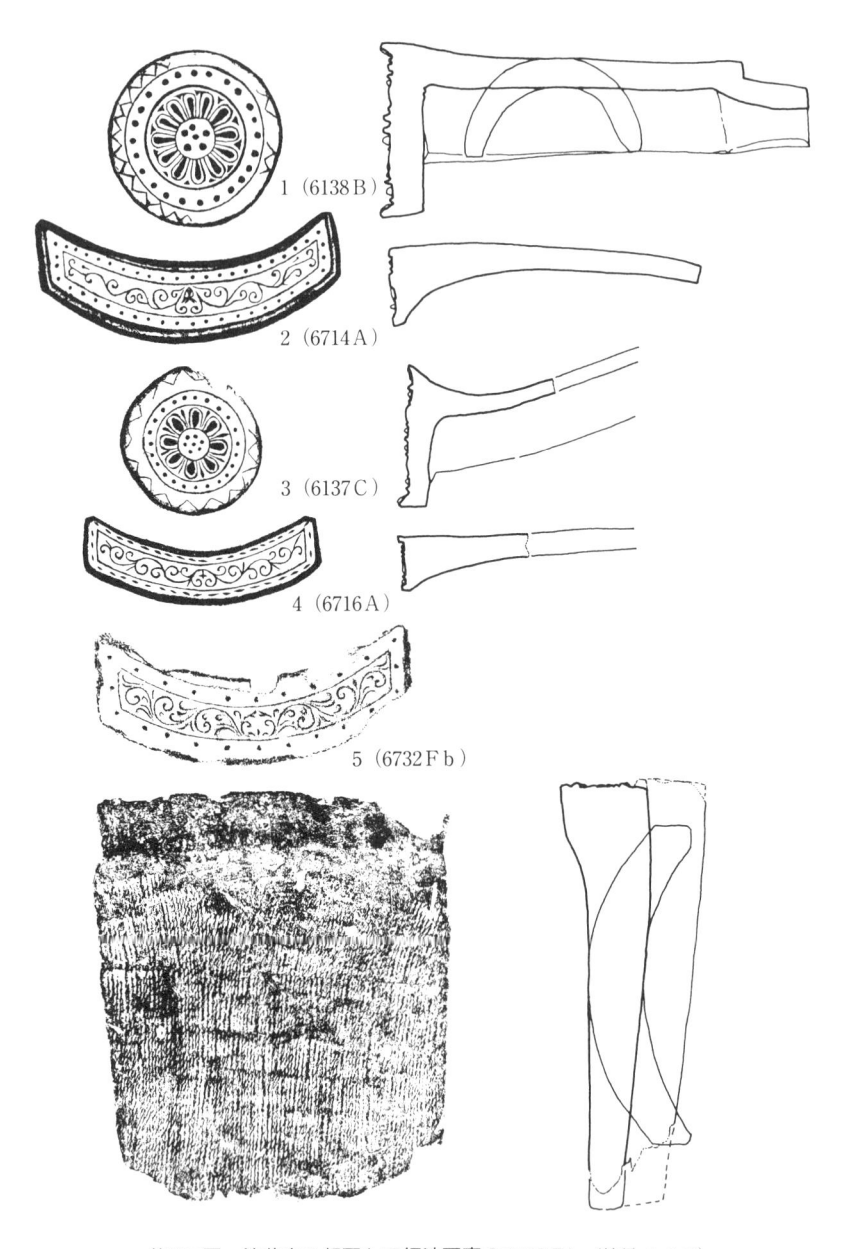

第139図　法華寺の軒瓦と五領池瓦窯の6732Ｆｂ（縮尺 1：7）
1〜4 法華寺、5 五領池瓦窯

それは造大安寺司に属する造瓦所の製品なのだから、独自のスタイルがあって当然のことである。しかし、中井氏が言うように6712Aの軒平瓦が747年をあまり遡らない頃に発案されたとしたら、軒平瓦に段顎を用いる点、唐草文様に古式な様相をみせる点、外区区画が古式な点をどのように説明するのだろうか。「保守的」な性格とは、前のものを模倣するから保守的なのであって、何を模倣したのであろうか。神亀年間に6712Aを作り出し、その顎形態を「保守的」に模倣したから、そして6712Aの范型を一貫して30年間ほど使用したから、他の大安寺の軒平瓦（6712B・C、6716C・D、6717Aａ）も、それに倣って段顎になったと解するのが妥当であると考えるものである。

　次に法華寺出土の6138B－6714A（第139図1・2）、6137C－6716A（第139図3・4）の年代について考えよう。法華寺の各堂塔の創建年代は厳密には全く決めることができない。しかし、大日本古文書の「作金堂所解」「作金堂所解案」「造金堂所解」の文書が法華寺金堂のことなら、その造営期間は天平宝字四年（760）となり、「金堂」が阿弥陀浄土院のことなら、浄土院は天平宝字四年完成となる。このような古文書先行の結論から物事を考えていくやり方をとらず、まずは法華寺出土の軒瓦全体の流れと、その特徴をみておきたい。

　法華寺下層では6667A第1段階の瓦は藤原不比等邸で使用されたと考えられ、6667A第2・第3段階の瓦および6691Aの瓦は、旧不比等邸で使用されたと考えられる。光明子が皇后になるのは天平元年（729）の長屋王の死の6ヶ月後で、長屋王邸が皇后宮となり[219]、この後、皇后宮の場所でも旧不比等邸（平城遷都後は宮寺）でも、軒瓦は6308A－6663A、6282B－6721Cの組み合わせが多く出土し、これは造宮省下の造瓦所での瓦が供給されたと考えてよい。その後、「宮寺」は法華寺と名前を変える。「法華寺政所牒」は天平十九年の文書だが、これ以降法華寺がどの程度の造営組織をもち、どのような規模の寺となったのかを考える資料は、天平勝宝元年（747）七月十三日の「諸寺の墾田地の限を定む。大安・薬師・興福・大倭国法華寺、諸の国分金光明寺は、寺別に一千町」と記すことであり、これは法華寺の格の高さを示しているのである。この格の高さからいっても、法華寺の造営が天平宝字四年（760）から始まるというのは考え難いし、法華寺出土の6138B－6714Aと6137C－6716Aの組み合わせは、760年以前のかなり前の段階から使用され始めていたことを軒瓦の特徴は

示しているのである。即ち軒丸瓦6138Ｂ、6137Ｃは外区外縁に線鋸歯文を有するのであり、平城宮・京出土軒瓦編年表の第Ⅲ期（745〜757年）の年代[224]を示している。そして、これらの文様が宮・京の瓦と比べて異なっているのは「造法華寺司」の造瓦所で製作された瓦であったからである。

　ただ、これまで指摘されているように大安寺の軒瓦とかなり似た文様となっているのは、道慈が神亀五年（728）の長屋王の願経に「藤原寺僧道慈」と署名し、藤原氏と関係をもつことが想定され[226]、また道慈が国分寺建立に深い関係をもったことが指摘されているから、全国の総国分尼寺としての法華寺が、造法華寺司をして道慈ゆかりの大安寺の軒瓦を参考にさせたということは、ありそうなことである思う。ただし道慈は天平十六年（744）死去であり、年代的には微妙となるが、法華寺での6138Ｂ−6714Ａと6137Ｃ−6716Ａの文様の採用が、道慈の働きかけによるものと考えない方がよいだろう。

　次に奥村氏の五領池東瓦窯と造東大寺司を結びつける論考[223]について述べよう。法華寺阿弥陀浄土院との同笵瓦を多く出土している五領池東瓦窯は「造東大寺司の全面的な庇護のもとで造営されたことは確実」であると、奥村氏は主張する（2004年）。この点については、2001年に岩永省三氏[227]は、五領池東瓦窯の6232Ｆｂは「笵のみが貸し出されたのであって、造東大寺司下の瓦工の製品ではない」と的確な指摘を行っている。しかし奥村氏はその指摘を知りながら、「五領池東瓦窯の6732Ｆｂは焚き口を築くために東大寺の造瓦所より持参」[223]したと主張している。

　これは奥村氏が、音乗ヶ谷瓦窯か五領池東瓦窯のどちらか、または阿弥陀浄土院の瓦か法華寺金堂の瓦かどちらかは、造東大寺司造瓦所によって製作されていなければならないという先入観をもって考えを進めているからである。確かに福山敏男氏[228]が指摘するように「作金堂所解」「作金堂所解案」「造金堂所解」にみられる造営従事者55人の中には、東大寺関係の人物がある一定数存在する。まず別当・案主そして領３人・畫師・鋳物工・鉄工そして木工４人・優婆夷の合計13人は天平宝字六年の造石山寺所の造営に従事しており、これらは造東大寺司に属すると考えてよい。また「造東大寺司解」（大四−p. 444〜445）に上日が記される物部吉万呂ら３人の領および畫師の簀秦官足は造東大寺司に属すると考えてよい。

　一方、「作金堂所解」「作金堂所解案」にのみ名前が記されるのは、領は旦来玉万呂ら2人、畫師は鴨大嶋ら4人、漆工は磯部桑万呂、鋳物工は額田廣海ら2人、鉄工は守小蕢ら2人、木工は他田乱ら9人、石工は物部足人ら3人、瓦工は刑部足人、轆轤工は紀狛万呂、雑使は鏡作阿古万呂ら2人の合計27名である。正倉院文書の大部分は東大寺の写経所や東大寺関係の文書で、それは膨大な資料であるが、これらの27名の領および工人は、造法華寺作金堂所に上日したことだけの記録しか残っていないから、これを全部造東大寺司に属すると強弁するのは無理がある。その大部分は造法華寺司に属する「作金堂所」の工人であると考えてよい。また、鉄工の辛人三田次は「作金堂所解」に四等と記され、東大寺鋳工へも「召文」が残るから、これも造法華寺司の工人であろう。

　このように東大寺関係の人物と造法華寺司関係の人物とが合同で造営に従事したのであり、東大寺関係の人物は別当・案主および将領（監督官）など上層部が多いのに対し、造法華寺司関係の人物は諸種の工が多いという特徴をもっている。したがってこれらの文書が法華寺阿弥陀浄土院のものであれ、法華寺本院金堂のものであれ、両寺出土の瓦や、その瓦を焼成した瓦窯の瓦の中に、造東大寺司の関与を無理矢理見いだす必要はないのである。

　以上、6つの異なる文様をもつ均整唐草文について述べてきた。（Ⅰ）は6664Hまでが桶巻作りで、6664Fでは一枚作りになり、（Ⅱ）は梅谷瓦窯では桶巻作り軒平瓦だが、平瓦については一枚作りが最初に存在し、しばらくして桶巻作りに戻ると報告されている。（Ⅲ）はすべて一枚作り（軒平瓦は粘土塊を合わせて一枚に仕上げる）、（Ⅳ）は6667Aの最初の段階のものが桶巻作りで、6691A以降は一枚作りである。（Ⅴ）はすべて一枚作りで、（Ⅵ）は6712Aのごく初期のものが桶巻作りの可能性があるが、6712Aの大部分は一枚作りである。

　このように平瓦では早ければ715年頃には一枚作りが出現しており、軒平瓦では720〜730年頃に桶巻作りから一枚作りに替わったと考えられる。東アジアでは桶巻作りは近世に至るまで続いているので、日本における一枚作りへの変化はきわめて特殊なものである。それ故に、ここで日本の軒平瓦の製作技法について、桶巻作りの具体的な製作工程と一枚作りの方法についてみていきたい。

（A）桶巻作り軒平瓦の実例

桶巻作り軒平瓦の実例としては、藤原宮の粘土紐桶巻作り軒平瓦[229]の製作工程をみていきたい。粘土紐でできた軒平瓦をなぜ選ぶかというと、粘土紐相互の接合の傾きが、顎部を下にしてみると、かならず外側が低く内側が高く、外側が下に傾く外傾接合である。また、平瓦は広端面を下に狭端面を上にした位置で外傾接合になり、丸瓦は玉縁を上にした位置で外傾接合になる。つまり内側に桶があれば、粘土紐を下から上へ巻きつける際に粘土紐相互は必ず外傾接合になり、軒平瓦の顎部は粘土円筒に巻きつける段階では円筒の下位に位置しなければならない。しかも、これらの軒平瓦の文様面には木製范型であることを示す木目痕や范傷が残り、同じ范型を粘土円筒上で3〜4枚押すとすれば、

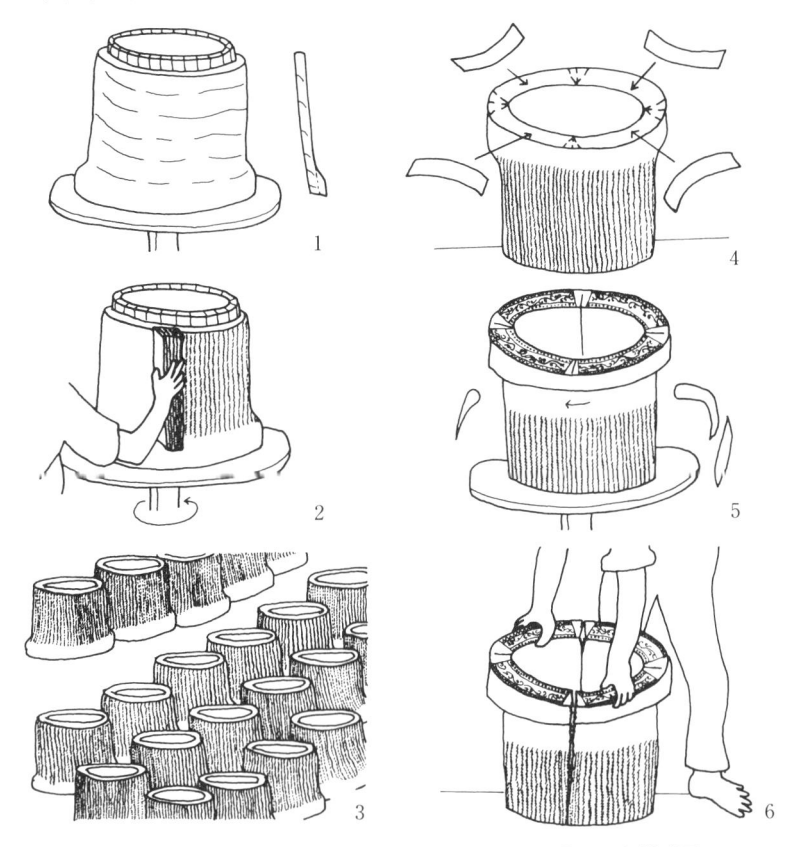

第140図　藤原宮6641Ｅ等粘土紐桶巻作り軒平瓦の復原工程模式図

施文は粘土円筒の顎部を上にした位置で行わなければならない。

　以上のように、粘土紐桶巻作り軒平瓦については、円錐台形の桶に粘土紐を下から上に巻きつけて全体の円筒形を作り、顎部を下位に作り出した後、粘土円筒を逆円錐台形位置に反転し、その後に上から范型をあてて文様面を作るという、製作工程の大まかな流れはみえてくるのである。後は細部の手順であるが、それは図（第140図）を見ながら説明していこう。

　まず模骨桶（解体可能な桶）に粘土紐を巻きつけていく。もちろん、桶と粘土の間には布が巻きつけてある（第140図1）。

　次に粘土を叩きしめる。藤原宮の平瓦・軒平瓦では、縦方向の縄目が残り、広端から狭端にかけてまっすぐに縄目が通っている。これは叩き板というより叩き角材に縄を縦に巻きつけて、叩く人は粘土円筒の正面に位置し、どんどん、と突き押せば、板より角材のほうが重いので、突き押すだけで叩きしめの効果は充分にある（第140図2）。

　次に桶を付けたまま粘土円筒を乾燥場へ運ぶ。そこで、桶を内側に押しやり、桶を解体して、布もはずす。粘土円筒のみが乾燥場に残る（第140図3）。乾燥は、円筒上部が早く乾燥し、円筒下部が遅く乾燥する。

　適度の乾燥後、粘土円筒を作業台に運ぶ。この時は固くなっており、運びやすい。そして、粘土円筒を上下に反転し、顎のあるほうを上部に置く。顎部のある広いほうは、やや乾燥度は弱く、狭い円筒のほうは乾燥度が強い。顎のある広いほうが乾燥が進みすぎていれば、瓦当部を水で軽く濡らすか、瓦当部に濡れ雑巾を置いて湿らす。上から木製范型を打ち込んで文様を付ける（第140図4）。藤原宮の軒平瓦は分厚いので、分厚い粘土円筒に范型を打ち込んでも、狭い円筒のほうはきわめて固く、粘土円筒が変形することは全くない。ただし、全体に文様の出は弱いが、これは藤原宮の軒平瓦全体にいえることである。

　次に顎部を作り出す（第140図5）。先に行なわれた縄叩き目の先端は、顎部の削り出しによって消されている。粘土円筒に一周する切り込みを入れ、その後、工具で余分な粘土を削り取り、顎部を削り出している。

　あとは切り込みを入れ、4分割して（第140図6）、側面を整え、出来上がり。

（B）一枚作り軒平瓦

　平安時代の大和法隆寺の軒平瓦では、平瓦部凹凸面に糸切り痕が残る例があ

第141図　一枚作り軒平瓦製作模式図

り、厚さ５mmほどの粘土板を切り取り、あらかじめ軒平瓦の全形を作り出していることがわかるが、８世紀の平城宮・京の軒平瓦では平瓦部凸面に縄叩きを行うものが多く、凸面の糸切り痕の痕跡を残さない。しかし、奈良時代の軒平瓦も、平安時代の法隆寺例と同じく、平瓦部凹凸面を糸切りして、全形を作り出すものが大部分であろう。

　平城宮で一枚作りになった直後の軒平瓦、例えば6664Ｅ・6664Ｆでは、平瓦部の厚さは比較的均一で、瓦当近くの粘土相互の接合面をみると斜めに入る例が多い。即ち、ごく初期には斜め接合とでもいうべき、中世の大和の軒平瓦にみられる「瓦当貼りつけ」と呼んでいる接合法に近いものがある。これは段顎の軒平瓦である。一方、曲線顎の軒平瓦は狭端部が一番薄く、瓦当部に向かって次第に厚くなっている。これは均一の厚さの粘土板に、厚さが次第に減じる粘土を貼りつけていくというのは考え難い。最初から瓦当部分を分厚くするように、糸切りによって、次第に分厚くするように粘土を切っているのである。いずれにしても、一枚作り軒平瓦は、まず凸型台上に載せる分厚い粘土板を用意し、瓦当笵の幅に応じた瓦当部粘土を用意し、平瓦部の曲率を得、粘土を締めるために、粘土板を凸型台上で叩き締める（圧倒的に縄叩きが多い）。そして、横方向から笵型を打ち込んで瓦当文様を作り出すのである。私のイメージとしての一枚作り軒平瓦の図を示しておく（第141図）。

4　東大寺式軒瓦

　748年に設置された造東大寺司は造宮省のような大組織であり、打ちつづく

恒常的な事業の継続によって、臨時的な性格を減じ、正規の官司と変わらないものとなった。東大寺大仏殿が749年から752年まで、中門が752年まで、講堂が753年から760年頃まで、回廊は757年まで、西塔は752年頃まで、東塔は753年から764年まで、僧坊は755年から782年までに造営された。

　この間にあって造瓦に関する記録が残るのは、まず、天平勝宝八年（756）には、造東大寺司は大仏殿歩廊用の瓦の製作3万枚を興福寺三綱務所に依頼しており、四天王寺と梶原寺に対しては、直属の上部機関である太政官から摂津職を通して合計2万枚の瓦を依頼している。そして天平宝字三年（759）の「造東大寺司造瓦所解」には、2人の将領と8人の瓦工の姓名が記録されている。さらに実忠は、宝亀十一年（780）から延暦元年（782）まで、東大寺家造瓦別当で、僧坊建設にたずさわり、19万枚の瓦を完成させている。

　これら749年から782年頃までに作られた東大寺の軒瓦は独特の特徴があるので、これを東大寺式軒瓦と呼んでいる[230]。

（Ⅰ）瓦当文様の特徴

　軒丸瓦は、内区に複弁8弁蓮華文を配し、外区内縁に大きな珠文をめぐらし、外縁は素文で傾斜縁である。中房は大きい1＋6の蓮子を配する（第142図）。

　軒平瓦は、中心飾りは逆小字形の子葉を中心葉で囲み、その上に松葉状の対葉花文を配する。左右に3回反転均整唐草文を配し、主葉の内側に3〜4葉、外側に1〜2支葉を伴っている（第143図）。

　軒丸瓦は、平城宮・京出土例と比較して一番早く鋸歯文をやめ、大きめの珠文だけにした、時代を先取りした文様構成である。これは川原寺の軒丸瓦以来の鋸歯文を配する日本独自の方式をやめ、一度文武朝大官大寺で試みた唐様式の軒丸瓦の文様を、再び採用したともいえる。一方、軒平瓦は、平城宮初期に作りあげた均整唐草文の文様を基本として、中心飾りに対葉花文を加え、左右の唐草文には化仏光背などからヒントを得た多くの支葉を伴わせるなど、唐から招来した装飾文様をうまく取り入れて、独自の唐草文様を作りあげている。

（Ⅱ）製作技法の特徴

　軒丸瓦の接合に際しては、丸瓦広端部の凹面側を深く切り落として断面三角形にし、瓦当粘土と接合するのが特徴である。

　軒平瓦の製作技法では、糸切りによって粘土素材を用意する方法をとってい

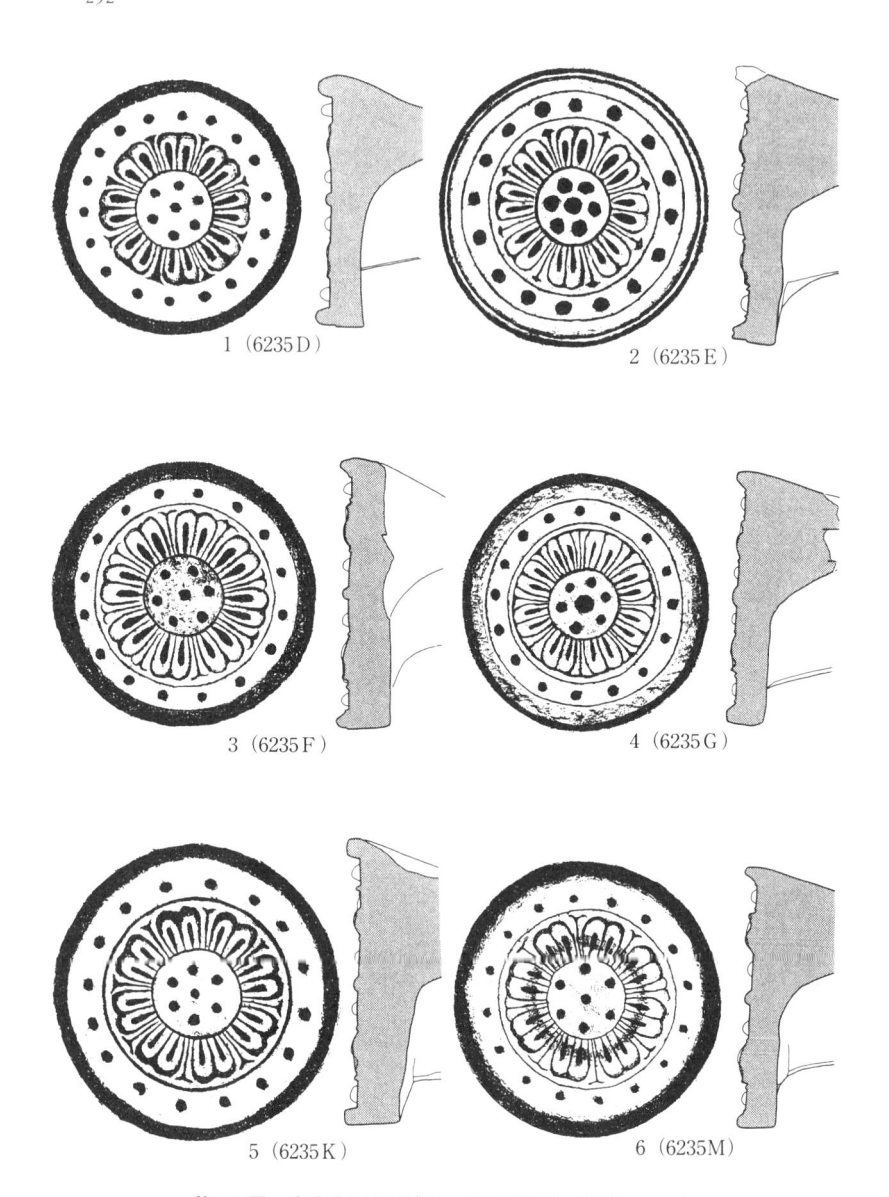

1（6235 D ）

2（6235 E ）

3（6235 F ）

4（6235 G ）

5（6235 K ）

6（6235 M ）

第142図　東大寺出土軒丸瓦、東大寺製作（縮尺 2：11）

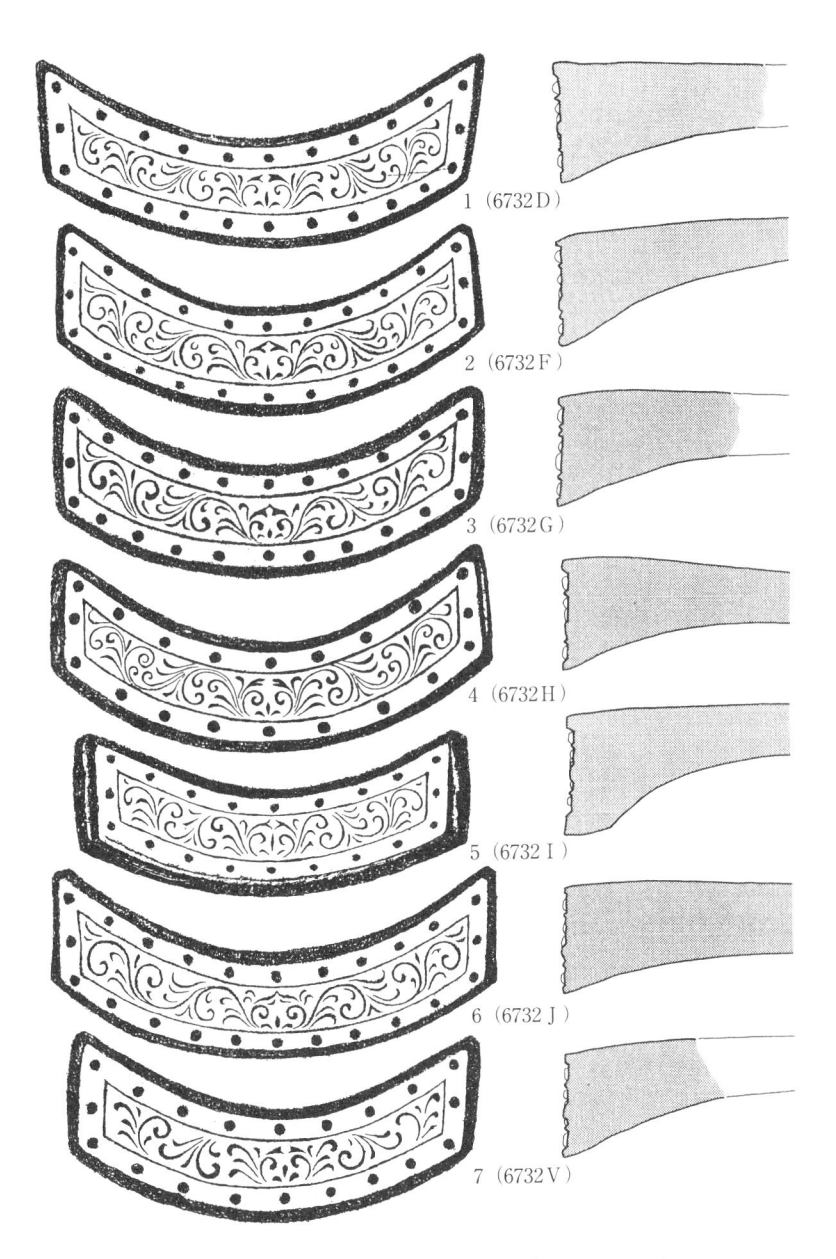

1（6732D）

2（6732F）

3（6732G）

4（6732H）

5（6732I）

6（6732J）

7（6732V）

第143図　東大寺出土軒平瓦、東大寺製作（縮尺 1：5）

ない。凸型台の上に布を敷き、その上に粘土を手で押し広げながら、「不定形のブロック状のもの」または「粘土板状のもの」を重ね合わせていく。粘土の締めは、粘土凸面の縦方向のケズリで締める。叩きの手法は採用しない。粘土をほぼ全形状に充填すると、凸型台上に敷かれていた長い布を狭端から粘土の凸面側に折り返して、布の上から手で押して形を整える。そして凸面のほぼ全面にわたって縦方向のケズリを行う。このような軒平瓦の製作方法は、造宮省指揮下の造瓦所の製品と全く異なるものである。この製作法が東大寺造瓦に際して突然出現したものか、あるいは恭仁宮前後の造瓦の流派の中に初源があるのかは、まだ追求されていない。

（Ⅲ）軒丸瓦の変遷

東大寺出土の軒丸瓦6235D～Mの6種の外区外縁の素文帯を比較すると、E・F・Mが内窪み状の傾斜縁で、Gは基本的には傾斜縁だが丸みをおびた直立縁にやや近くなり、Dは直立縁で上が丸みをおび、Kは直立縁で上が平坦になっている。これからみると、軒丸瓦の瓦笵が最初に製作された年代は、6235E・F・M→6235G→6235D→6235Kの順であると推定できる。

（Ⅳ）軒平瓦の変遷

花谷浩氏[212]は岡本東三氏[231]の変遷観にほぼ従いながら、6732をE～G・J→D・H→I・V・Wの3段階に区分した。瓦当文様の変遷からみて、第2段階から唐草文が分解し、対葉花文が左右に分離し、第3段階では唐草文が完全に分解するという見解は大筋として妥当である。しかし、実際問題として、分解しかかったようにみえる微妙な文様構成は当初からありうるし、6732Hは西塔院での出土からみて創建期まで遡る可能性は高いし、6732Dは布目の粗さからみてHより新しい年代と考えてよい。したがって、むしろ6732E～G・H・J→D・I・V・Wの2グループに大別したほうがよいと思う。後者のグループは布目の粗いことが特徴である。

（Ⅴ）興福寺に依頼して東大寺に運ばれた瓦

2000年3月出版の『東大寺防災施設工事・発掘調査報告書　発掘調査篇』[232]（奈良県教育委員会編）には、軒丸瓦6235D・E・F・G・K・M・Qの他に、101F2・101F3（6235新型式）の出土があげられ、軒平瓦6732D・F・G・H・I・J・Vの他に、301J2（6732新型式）の出土があげられている（第144

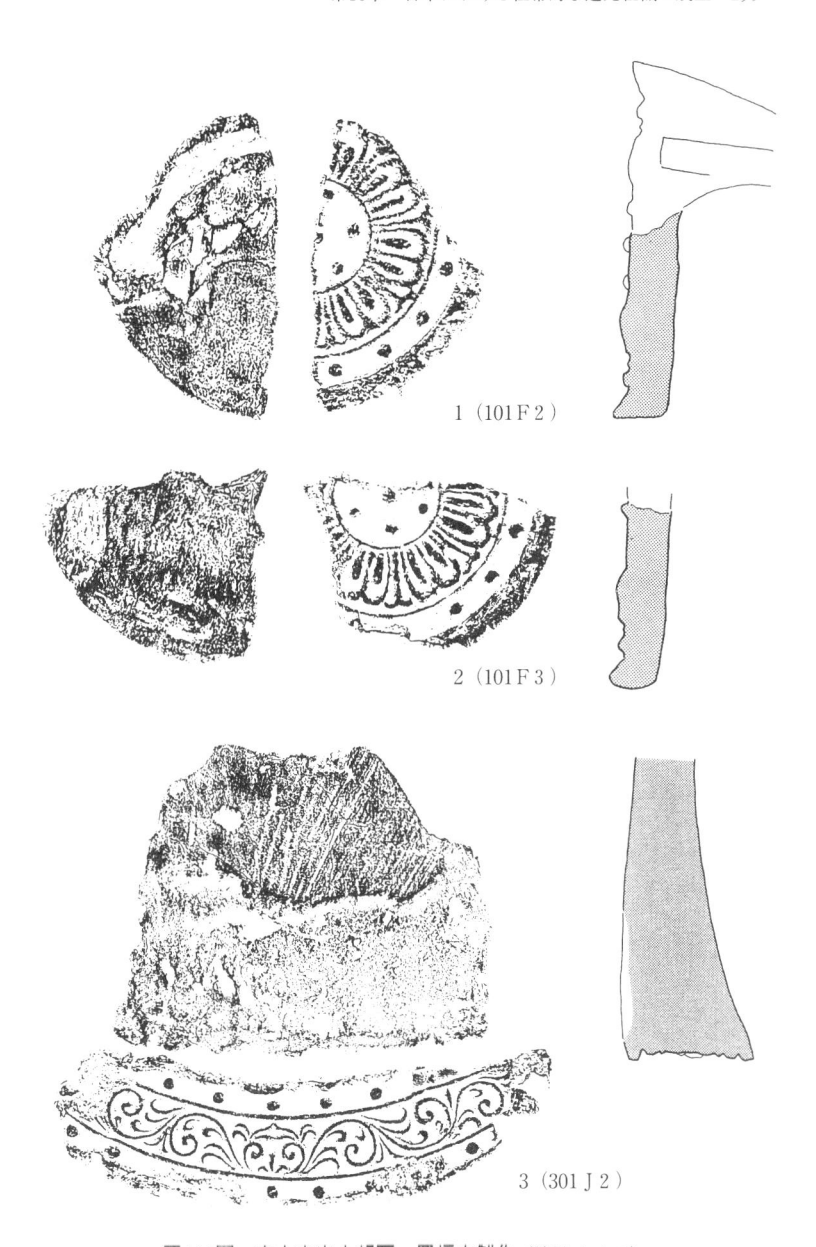

1（101 F 2 ）

2（101 F 3 ）

3（301 J 2 ）

第144図　東大寺出土軒瓦、興福寺製作（縮尺 1：4）

図）。軒丸瓦101F2・101F3は外縁が内窪み状の傾斜縁で、東大寺としては古式の軒丸瓦であるが、蓮子と外区の珠文は小ぶりであり、接合される丸瓦端面は片刃状に切り落とさないことが東大寺製作の軒丸瓦と異なっている。

　一方、軒平瓦301J2は6732Jに酷似するが異范である。301J2も6732Jも中心飾り上部の対葉花文が上下に分離した2本線より構成され、対葉花文上部の先端が接し、下部が離れることが特徴である。しかし、301J2においては、平瓦部凹面側に糸切り痕が残り、東大寺製作の軒平瓦と異なっている。

　興福寺出土の東大寺式軒瓦については、軒丸瓦では6235A・J、軒平瓦では6732Eおよび6732新（第145図）、そして6732Gの出土がある。軒丸瓦6235A・Jは興福寺にのみ出土するもので、東大寺出土の軒丸瓦に似るが、蓮子および外区の珠文が小さいこと、瓦当と丸瓦の接合に際し、丸瓦先端を片刃状に切り取らず、先端は平坦な状態である点が東大寺製作の軒丸瓦と異なっている。次に6732E（第145図5）では平瓦部凹面に糸切り痕が残り、凸面に縄叩き痕を残す。さらに、五重塔北瓦溜り出土の6732新種1例（第145図7）も、平瓦部凹面に糸切り痕が残り、凸面にタテケズリを残す。なお興福寺で6732Gの小破片1点が出土している。これは東大寺出土例と同じ技法であろう。

　さて3万枚の瓦―丸瓦9,000枚、平瓦18,000枚、熨斗瓦2,400枚、軒丸瓦300枚、軒平瓦300枚―を756年に造東大寺司が興福寺三綱務所に依頼したわけであるが、そのうち軒丸瓦・軒平瓦は奈良県教育委員会の発掘で出土した軒丸瓦101F2（6点出土）、101F3（3点出土）、軒平瓦301J2（4点出土）である（第144図）ことは、年代観からみて、技法・文様からみて間違いない。また出土地点からみると、東大寺回廊に接して出土したのは、101F2が6点中5点、101F3が3点中2点、301J2が4点中3点である。

　興福寺は東大寺から瓦製作の依頼を受けた時、大きさや文様についての一定の「瓦の図」と、標式見本としての軒丸瓦6235Fか6235M、軒平瓦6732Jの現物を受け取ったに違いない。興福寺側はそれをもとに范型を作成したが、珠文の大きさだけは興福寺側のセンスに合わなかったのであろう。「普通の」大きさの珠文で范型を作成した。そして興福寺は、この范型で軒瓦を製作し出来あがった瓦を東大寺に納めたのであるが、この范型で作られた軒瓦が興福寺の寺域内で出土しないことは、軒丸瓦300枚、軒平瓦300枚と共に軒瓦の范型も東大

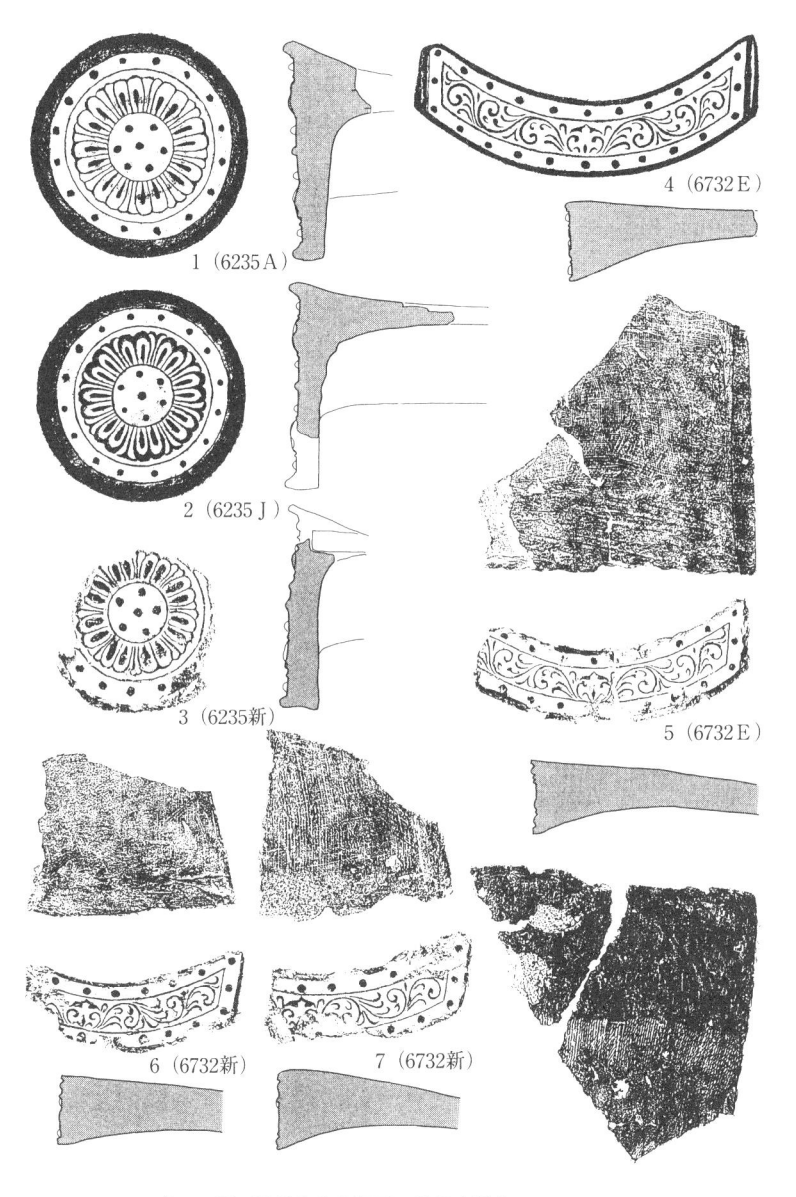

第145図　興福寺出土軒瓦、興福寺製作（縮尺 1：6）

寺に納入したとみたほうがよいだろう。

　その後、これを契機として、興福寺側は、軒丸瓦6235A・Jそして軒平瓦では6732E・6732新を製作するようになったのである。

（Ⅵ）平城宮出土の亜東大寺式軒瓦

　平城宮出土の東大寺式軒瓦は、軒平瓦において「東大寺式」と呼ぶべきものがあり、それは6732A・C・O・L（図に入れていない）である。これらの「東大寺式」軒平瓦6732A・C・O・Lのうち、6732A・Cは平城宮大膳職で軒丸瓦6133A・B・Cと組み合うことが指摘されており、6133型式軒丸瓦は東大寺式に似たものではないから、軒瓦全体としては「亜東大寺式軒瓦」または「宮系東大寺式軒瓦」と呼称したほうがよい。これらの特徴は次のとおりである。

　第一に、軒平瓦6732A・C・O・Lでは平瓦部凹面に糸切り痕を有する。これからまず、糸切りによる粘土板を素材として軒平瓦用粘土を用意していることがわかる。

　第二に、軒平瓦6732A・C・O・Lでは顎面をもつ曲線顎であり、平瓦部凸面ではタテ方向の縄叩きを行う。顎部近くに、ヨコ方向の縄叩きを追加して行うものが相当数ある。凸面に軽いヨコナデを行うものはあるが、ケズリを行うものは皆無である。つまり軒平瓦の粘土の締めはケズリによるものではなく、縄叩きのみで行っている。

　第三に、軒丸瓦6133A・B・Cでは、丸みをおびた直立縁に近くなりはじめているが、内側はまだ傾斜縁をとどめている。西大寺の軒丸瓦と比較すれば、6133A・Cは西大寺6133Rの段階と同じか、それよりやや古い段階のものといえよう。

　第四に、以上のような「宮系の東大寺式軒瓦」は、軒平瓦の文様構成が東大寺例に似ているだけで、造宮省下の瓦の製作技法を示しているのである。

（Ⅶ）西大寺出土の軒瓦

　造東大寺司は巨大な組織であったために、その生産力を他に転用して官人や技術者層を常に維持しておくことが必要であったし、当時の政権の方針も巨大な建造物を立て続けに造ることを目ざしたものであった。東大寺の造営が、僧坊完成を除けば、ほぼ一定の目処がついた頃、今度は新薬師寺の造営に取りかかった。天平宝字六年（762）には新薬師寺三綱務所の存在が知られ、当時造東

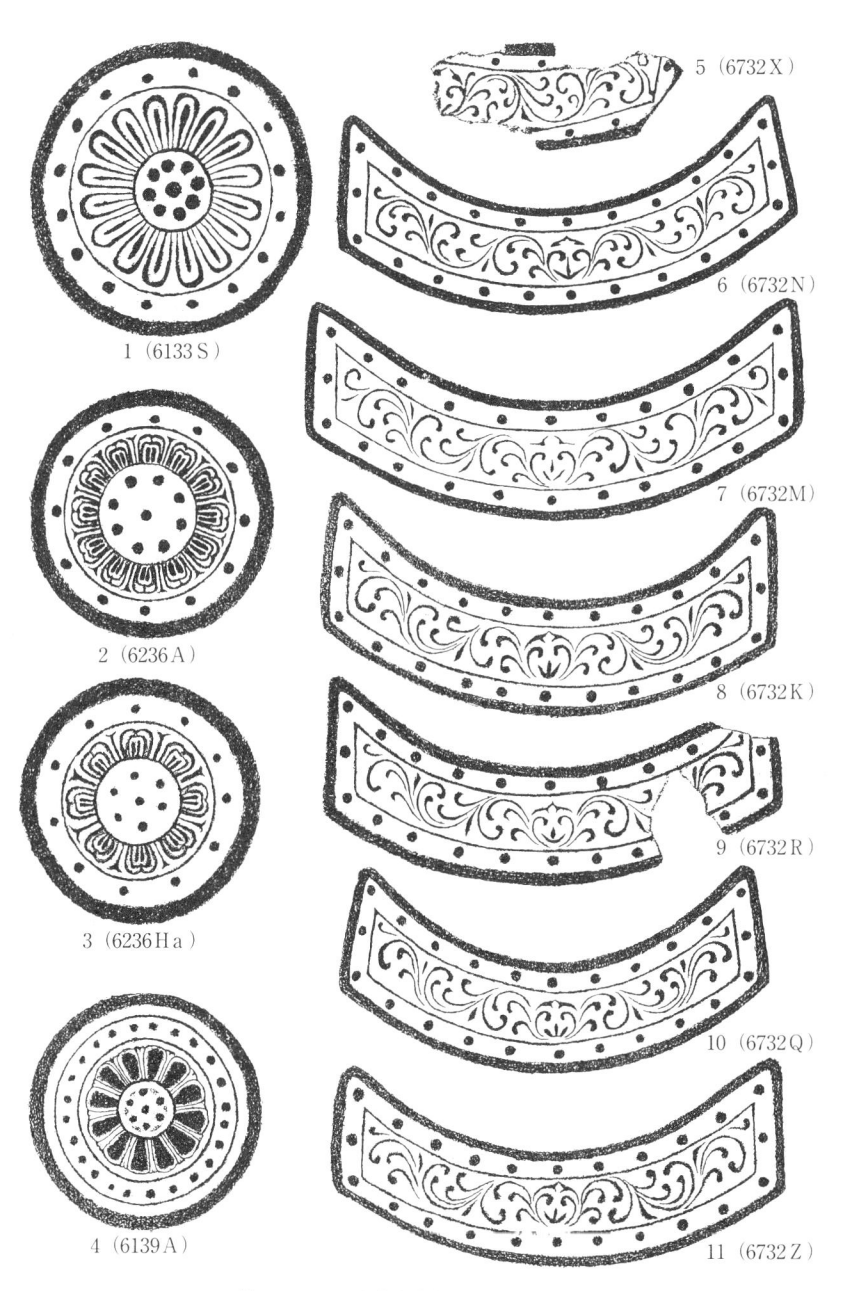

1（6133S）
2（6236A）
3（6236Ha）
4（6139A）
5（6732X）
6（6732N）
7（6732M）
8（6732K）
9（6732R）
10（6732Q）
11（6732Z）

第146図　西大寺出土軒瓦（縮尺 1：5）

大寺司の下に「造香山薬師寺所」があり、これ以前に瓦葺きの新薬師寺金堂が完成していた。

　その後、西大寺の造営が行われるが、それは天平神護元年（765）以降本格化し、神護景雲年間（767〜770）には大部分が完成したようであるが、東塔などは宝亀年間にも造営されていた。西大寺の造営は、神護景雲元年（767）に造西大寺長官佐伯今毛人の任命があり、新薬師寺造営とは異なる「造西大寺司」の大組織を作ったのであるが、造東大寺司の官人・技術者たちのある一定部分は造西大寺司へ移動したのではないかと思われる。例えば、造西大寺長官佐伯今毛人は、元の造東大寺長官であったし、西大寺出土の瓦も文様・技法の両面からみて造東大寺司の系統を引き継ぐものだからである。

　以上のように西大寺の瓦の比較研究には、その前段階としての新薬師寺の瓦との比較もまた必要なのだが、今それができないので、西大寺瓦の特徴を以下では記すだけとする。

　（ⅰ）西大寺出土瓦（第146図）を報告した小沢毅氏[233]によると、軒丸瓦6133Ｓと軒平瓦6732Ｍ・Ｎが組み合い、これは薬師金堂に関わる可能性が高く、次に軒丸瓦6139Ａと軒平瓦6732Ｋ・Ｒが組み合い、また軒丸瓦6236Ａ・Ｈ・Ｉと軒平瓦6732Ｑ・Ｚが組み合い、これらの組み合わせは東西両塔および四王院の付属建物・築地に用いられた可能性が高いという。そして、軒平瓦は6732Ｘ種→Ｍ・Ｎ種→Ｋ・Ｑ・Ｒ・Ｚ種という変遷を想定している。

　以上の点は妥当なものである。ただし、「6139Ａおよび6236Ａ・Ｈ・Ｉは宝亀年間に製作の主体があった」というのは但し書きが必要であろう。即ち6236Ａ・Ｈ・Ｉについては、出土したものは、ほとんど笵が摩耗している段階のものであり、これは発掘した場所が東西両塔と四王院それに薬師金堂院の南端に偏っているから、このような結果が出ているのであり、笵が摩耗していない6236Ａ・Ｈ・Ｉは神護景雲年間（767〜770）まで遡ると考えた方がよいだろう。それは、宝亀年間の唐招提寺金堂の6236Ｄの文様は平板だが、西大寺の6236Ａ・Ｈ・Ｉは肉彫り風の盛り上がる弁をもっているからである。そして小沢氏が主張する薬師金堂院南端での6133Ｓ−6732Ｍ・Ｎの組み合わせは、軒瓦相互の大きさからみて、6133Ｓ−6732Ｍと6236Ａ−6732Ｎの組み合わせ２種と考えたほうがよいだろうし、西塔で多い6139Ａ−6732Ｋ・Ｒは神護景雲末年から宝

亀初年まで、東塔で多い范が摩耗した6236A・H・Ⅰ－6732Q・Zは宝亀年間に位置すると考えてよいだろう。

　（ⅱ）軒瓦の製作技法をみると、西大寺の軒丸瓦は丸瓦端面を斜めに切り落とさない点が東大寺軒丸瓦とは異なる。また軒平瓦については、平瓦部凹面に糸切り痕はなく、平瓦部凸面にタテケズリ痕と布の圧痕を残すのは、東大寺軒平瓦と全く同じである。東大寺の軒平瓦のように、粘土を重ね合わせて全形を作っていく方法である。ただ、西大寺の軒平瓦では粘土板状のものを重ねて積みあげているのに対し、東大寺軒平瓦では不定形のブロック状のものを重ねる場合が多いという、微妙な差は認められる。

　以上のように、750年以降の平城京において、軒平瓦凹面に糸切り痕があり、凸面に縄叩き痕を残す技法をもつ造宮省下の造瓦所およびその影響を受けた造瓦グループと、軒平瓦凹面に糸切り痕がなく、凸面は叩きを行わずタテケズリによって仕上げる技法をもつ造東大寺司下の造瓦所およびその影響を受けた造瓦グループの、大きくは2つの流派が存在したのである。このうち後者は、造瓦所内の瓦工が長期にわたり特定の個人に固定していたからであると思うが、その製作技法が畿内周辺およびその他の地域に波及した痕跡をほとんど認めることができないのである（三重県三田廃寺例[214]が唯一の例外である）。

　一方、平城京の中では、奈良時代末にこの2つの流派の技法を折衷した、軒平瓦凹面に糸切り痕があり、凸面は叩きを行わずタテケズリで仕上げる技法が一部で生じている。

5　平城京と信濃国分寺との同范軒瓦

　信濃国分寺の軒平瓦[234]は平城京出土の軒平瓦6734Cと同范である。平城京出土例は、2003年11月の奈良市教育委員会による平城京右京二条二坊十六坪の奈良市西大寺国見町1丁目2137-85-66番地の発掘調査（奈良市504次調査）で出土している。この6734C（第148図5）は井戸から出土しており、同じ井戸から他に多くの軒平瓦が出土し、それはすべて西隆寺所用瓦であるという（奈良市教育委員会の教示による）。西隆寺は、瓦が出土した右京二条二坊十六坪からさらに三坪分北の位置にある。

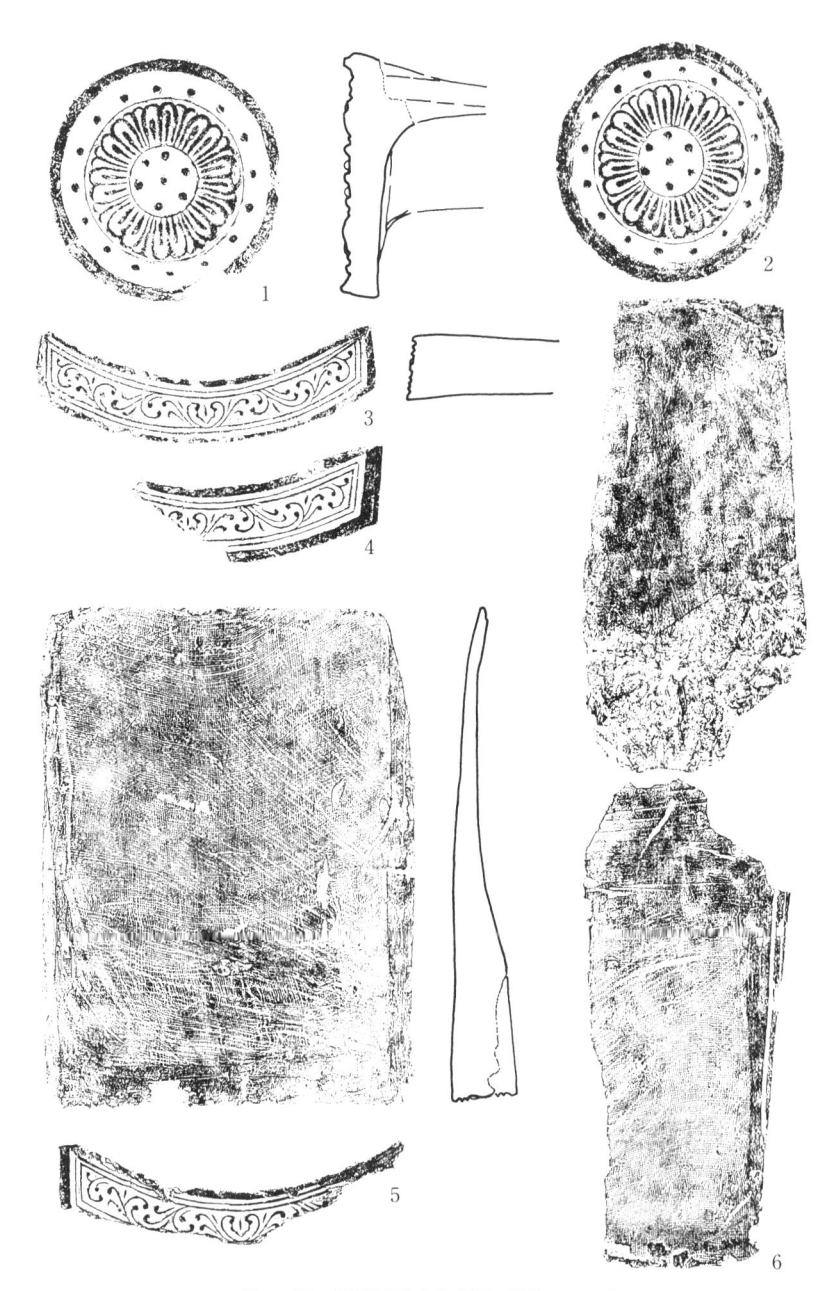

第147図　信濃国分寺の軒瓦（縮尺 1：6）

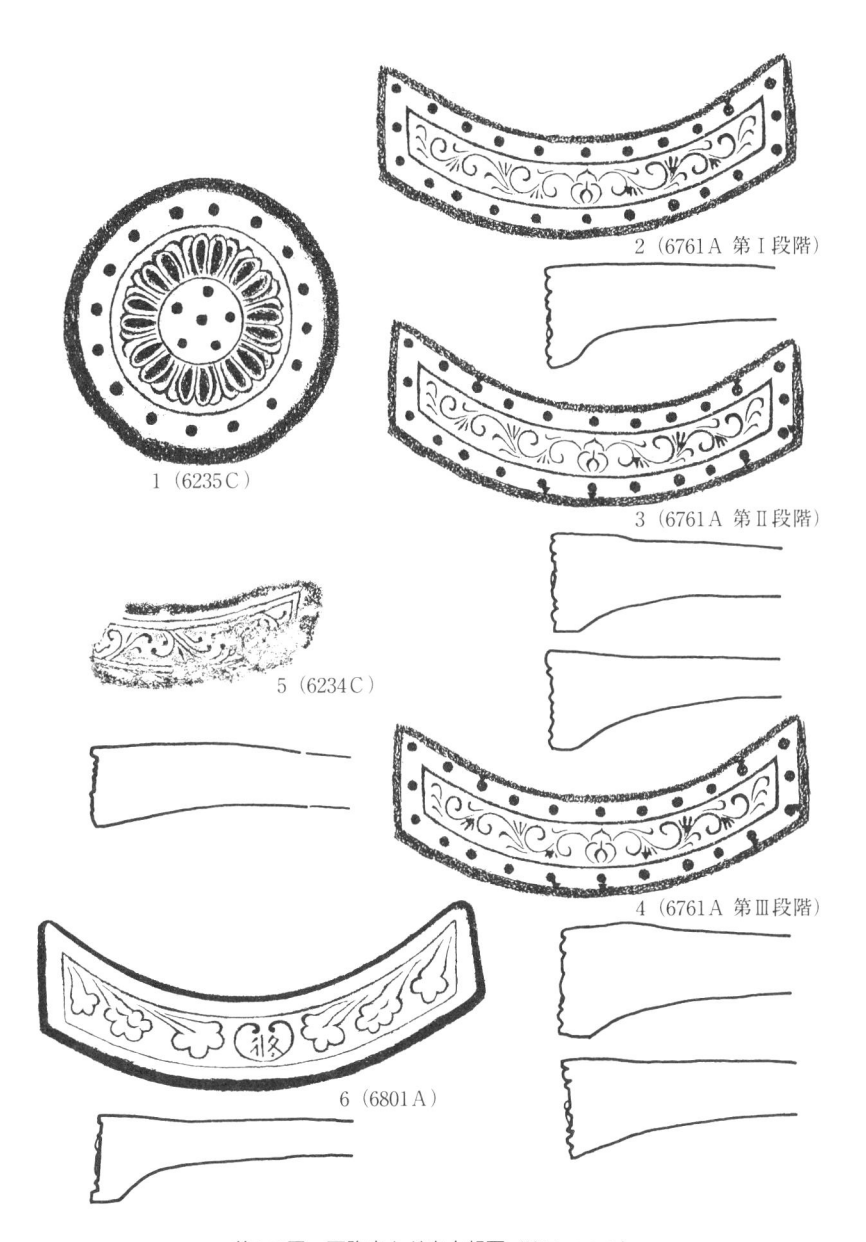

第148図　西隆寺など出土軒瓦（縮尺 1：5）
1〜4 西隆寺、5 平城京、6 平城宮

　同笵を確認したのは2006年5月のことで、奈良市教育委員会の中井公・宮崎正裕・原田憲二郎の各氏によって確認された。3名の瓦研究者は、上田市立信濃国分寺資料館に平城京出土の軒平瓦6734Cを持参して、両者を現物同士で対比して同笵を確認した。

　前節で述べたように、造宮省下の造瓦所での軒平瓦は「糸切り素材・縄叩き全形仕上げ法」とでも呼ぶべきものでこれをAグループとし、造東大寺司下の造瓦所での軒平瓦は「粘土ブロック素材・削り粘土締め全形仕上げ法」としてこれをBグループと呼べば、信濃国分寺の軒平瓦は平瓦部凹面に糸切り痕が残るが、凸面は叩きを行うことなく、タテケズリによって仕上げている。つまり、Aの技法とBの技法とを折衷した、「糸切り粘土素材・削り粘土締め全形仕上げ法」であり、これをCグループと呼ぼう。

　このCグループの技法が、平城京内でもあるのだろうか。まず平城京出土の6734Cは破片であり、平瓦部の技法を明瞭に言うことは難しい。次に、西隆寺出土の軒平瓦を検討[235]してみよう。西隆寺出土の軒平瓦は、その半数が6761Aである。この6761A（第148図2～4）は、瓦当文様での笵傷進行から第Ⅰ段階→第Ⅱ段階→第Ⅲ段階への変化が指摘されている。まず、第Ⅰ段階では平瓦部凹面に糸切り痕を残し、平瓦部凸面に縄叩き痕を残しており、Aグループの技法を示している。次に、第Ⅱ段階の個体の一部に「わずかにタテ縄叩きを残す例が存在し」、「この狭端面には、凹面から連続する布目が残り」[235]、かつ凹面に糸切り痕が残っている。これはAグループの変種としてよい。さらに第Ⅲ段階では完形の軒平瓦があり、平瓦部凹面には糸切り痕が残り、平瓦部凸面には全面に縦方向のヘラケズリが施されており、叩き痕跡を残す例はなく、また凹面から狭端面にかけて連続する布目を残す。また、瓦全体が摩耗しているため、笵傷進行の段階は不明だが、6761Aの中に平瓦部凸面に布目痕を広範囲に残す例がある。以上のように、6761A第Ⅲ段階の軒平瓦は「糸切り素材・削り粘土締め全形仕上げ法」（Cグループ）としてよい。

　西隆寺の創建は、神護景雲元年（767）八月に「従四位上伊勢朝臣老人を造西隆寺長官とす」、九月に「従五位下池原公禾守を造西隆寺次官とす」とあり、造西隆寺司の組織を作って造営したことがわかる。老人は、翌768年七月に修理司の長官になっており、禾守は769年6月に修理司の次官になっており、両

者は造西隆寺司と修理司の長官・次官を兼任している。平城宮内で出土する中心飾りに「修」の字をもつ飛雲文軒平瓦6801Ａ（第148図6）は、修理司により製作されたものと考えられ、それは平瓦部凹面に糸切り痕、平瓦部凸面にタテ縄叩き痕をもち、Ａグループの技法をもった軒平瓦である。

　以上からみると、造西隆寺司の造瓦所では、最初は造宮省下の造瓦所の影響を受けた修理司からの瓦工が関与して造瓦が始められてＡグループの技法を用い、その後、次第に「造東大寺司」的様相が入り込むような状況になって、神護景雲三年（769）から宝亀二年（771）頃までの6761Ａの第Ⅲ段階の軒平瓦の段階では、Ｃグループの技法を新たに生み出したものと把握できる。この「造東大寺司」的様相が入り込む状況とは、おそらく造西大寺司下の造瓦所から、西隆寺造瓦所への瓦工の一部参入ではないだろうか。

　次に信濃国分寺の造営について述べよう。もし、造西隆寺司下の造瓦所に属する瓦工の一部が、信濃国分寺へ派遣されてＣ技法を出現させたとすれば、それは神護景雲三年（769）以降という年代が設定できるだろう。

　『続日本紀』神護景雲三年（769）には、八月「従五位上弓削宿禰大成を信濃員外介」とし、九月に「従四位下藤原朝臣楓麿を信濃守」としている。和銅から神護景雲二年まで、これまでの信濃守・介は従五位下のみである（12例ある）のに対し、769年のみ上位の官人2人をあてているのは、国分寺造営を急がせる人事ではないだろうか。そして信濃員外介である弓削宿禰大成は、正倉院文書の東大寺「充厨子彩色帳」にある「第一厨子、花厳宗、充弓削大成」と同一人物かと[236]指摘されており、画師の可能性が高く、道鏡と関係ある同族の人物であろう。

　また、従四位下の信濃守藤原朝臣楓麿は、765年正月、押勝の乱の論功に勲四等を授けられており、その後の称徳天皇・道鏡ラインの主導する「務めて伽藍をつくろふ」動きの中に配下としていたであろうし、信濃国分寺完成に深く関わったものであろう。769年に信濃守になった藤原楓麻呂は5年前に美濃国守であり、その時の介は、後に造西隆寺次官になる池原禾守である。池原禾守と信濃守藤原楓麻呂との関係、道鏡同族の弓削宿禰大成が信濃員外介であったことが、造西隆寺司下の造瓦所の瓦工を信濃国に派遣する、特殊な状況を作り出したのであろう。

註

(205) 吉田恵二・岡本東三「中山瓦窯」『奈良国立文化財研究所年報1973』1974年

(206) 山崎信二「桶巻作り軒平瓦の製作工程」『考古論集（潮見浩先生退官記念論文集）』1993年

(207) 中井公「平城京初期官寺の建立と瓦生産」『古文化論叢—伊達先生古稀記念論集—』1997年

(208) 山崎信二「第Ⅴ章　遺物　瓦塼」「第Ⅵ章　考察　屋瓦」『薬師寺発掘調査報告』1987年

(209) 高田貫太「本薬師寺の創建軒瓦」『古代瓦研究Ⅴ』2010年

(210) 奥村茂輝「創建期興福寺の瓦生産」『瓦衣千年　森郁夫先生還暦記念論文集』1999年

(211) 財団法人京都府埋蔵文化財調査研究センター『奈良山瓦窯跡群』京都府遺跡調査報告書第27冊　1999年

(212) 毛利光俊彦・花谷浩「瓦塼」「屋瓦」『平城宮発掘調査報告』ⅩⅢ　1991年

(213) 近江俊秀「加守廃寺の発掘調査」『仏教芸術』235号　1997年

(214) 山崎信二「平城宮・京と同笵の軒瓦および平城宮式軒瓦に関する基礎的考察」（『古代瓦と横穴式石室の研究』同成社　2003年に所収）

(215) 森郁夫『続・瓦と古代寺院』六興出版　1991年

(216) 喜田貞吉『藤原京』鵤故郷舎出版部　1942年

(217) 岸俊男「ワニ氏に関する基礎的考察」『日本古代政治史研究』塙書房　1966年

(218) 佐川正敏「第Ⅴ章　考察　屋瓦」『平城宮発掘調査報告ⅩⅣ—第二次大極殿院の調査』1993年

(219) 岸本直文「第Ⅴ章　考察　瓦塼類」『平城京左京二条二坊・三条二坊発掘調査報告—長屋王邸・藤原麻呂邸の調査—』1995年

(220) 中井公「「大安寺式」軒瓦の年代」『堅田直先生古稀記念論文集』1997年

(221) 前掲註（207）

(222) 中井公「法華寺創建軒瓦と「大安寺式」軒瓦」『地域と古文化』（伊達宗泰監修）2004年

(223) 奥村茂輝「法華寺阿弥陀浄土院の造営」『仏教芸術』275号　2004年

(224) 前掲註（212）

(225) 中井公「大安寺杉山瓦窯の評価をめぐって」『考古学に学ぶⅡ』2003年

(226) 井上薫「道慈」『日本古代の政治と宗教』吉川弘文館　1961年

(227) 岩永省三「第Ⅵ章　考察　屋瓦」『史跡頭塔発掘調査報告』奈良国立文化財研究所学報62 2001年

(228) 福山敏男「奈良時代に於ける法華寺の造営『日本建築史の研究』桑名文星堂　1943年

(229) 山崎信二「桶巻作り軒平瓦の製作工程（再論）」『古代瓦と横穴式石室の研究』同成社 2003年

(230) 山崎信二「東大寺式軒瓦について」『古代瓦と横穴式石室の研究』同成社　2003年

(231) 岡本東三「東大寺式軒瓦について—造東大寺司を背景として—」『古代研究』9　1976年

(232) 奈良県教育委員会『東大寺防災施設工事・発掘調査報告書』2000年

(233) 小沢毅「瓦塼」「西大寺の創建および復興期の瓦」『西大寺防災施設工事・発掘調査報告書』1990年

(234) 山崎信二「平城京内出土軒瓦と信濃国分寺出土軒瓦」『信濃国の考古学』雄山閣　2007年

(235) 小沢毅「西隆寺創建期の軒瓦」『西隆寺発掘調査報告書』1993年

(236) 竹内理三・山田英雄・平野邦雄編『日本古代人名辞典』7　吉川弘文館　1977年

第17章　造瓦組織の再編・解体と造国制による瓦搬入
―平安京の時代―

1　長岡宮の瓦

　打ち続く大伽藍の造営は、大規模な造営官司を多数生みすぎる弊害をおこしていた。桓武天皇の即位と共に、組織の廃合が開始された。天応二年（782）四月に「造宮・勅旨の二省、法花・鋳銭の両司」が廃止された。

　しかし、新たな造営が始まった。延暦三年（784）六月に造長岡宮使を任命、新都造営を開始した。長岡宮初期の造営には後期難波宮の瓦を主に運んで再利用しており、789年に移築された第二次内裏では、平城宮の瓦を主に運んで再利用した。長岡宮用として新造された瓦は、谷田瓦窯と萩之庄瓦窯の製品が知られている[237]。

　谷田瓦窯は長岡京市奥海印寺にあって、軒丸瓦7133Ｅｃ、軒平瓦7757Ａｃ・Ｂと6732Ｑの出土が知られている（第149図）。谷田瓦窯産と考えられる軒平瓦7757Ａ・Ｂ・Ｃ・Ｄは、いずれも小字形の垂飾りと左右分離して対向する中心葉をもち、3回反転する唐草の両端に、さらに1本の小支葉を反転させるという共通性がある。平瓦部凹面には糸切り痕、平瓦部凸面に縄叩き痕があり、平城京でのＡグループの製品につながるものである。また、谷田瓦窯では西大寺と同笵の6732Ｑの出土があり、小沢毅氏はこの軒平瓦の凸面に縦方向の縄叩きがある点から、「平城宮所用瓦の製作に従事した工人と同一の技術基盤を持った瓦工」[238]の製品であると指摘している。そして、谷田瓦窯の7133Ｅｃ軒丸瓦は、単弁16弁で、1＋4の蓮子が十字形に連なっている。

　谷田瓦窯の瓦を文様からみると、軒丸瓦は中房に1＋4の蓮子を配した単弁16弁である点で西隆寺の6133Ｎ・Ｐに近く、また軒平瓦は小字形の垂飾りと3回反転の唐草文をもつ点で、上人ヶ平遺跡・市坂瓦窯の6725Ｂに近い。谷田瓦窯

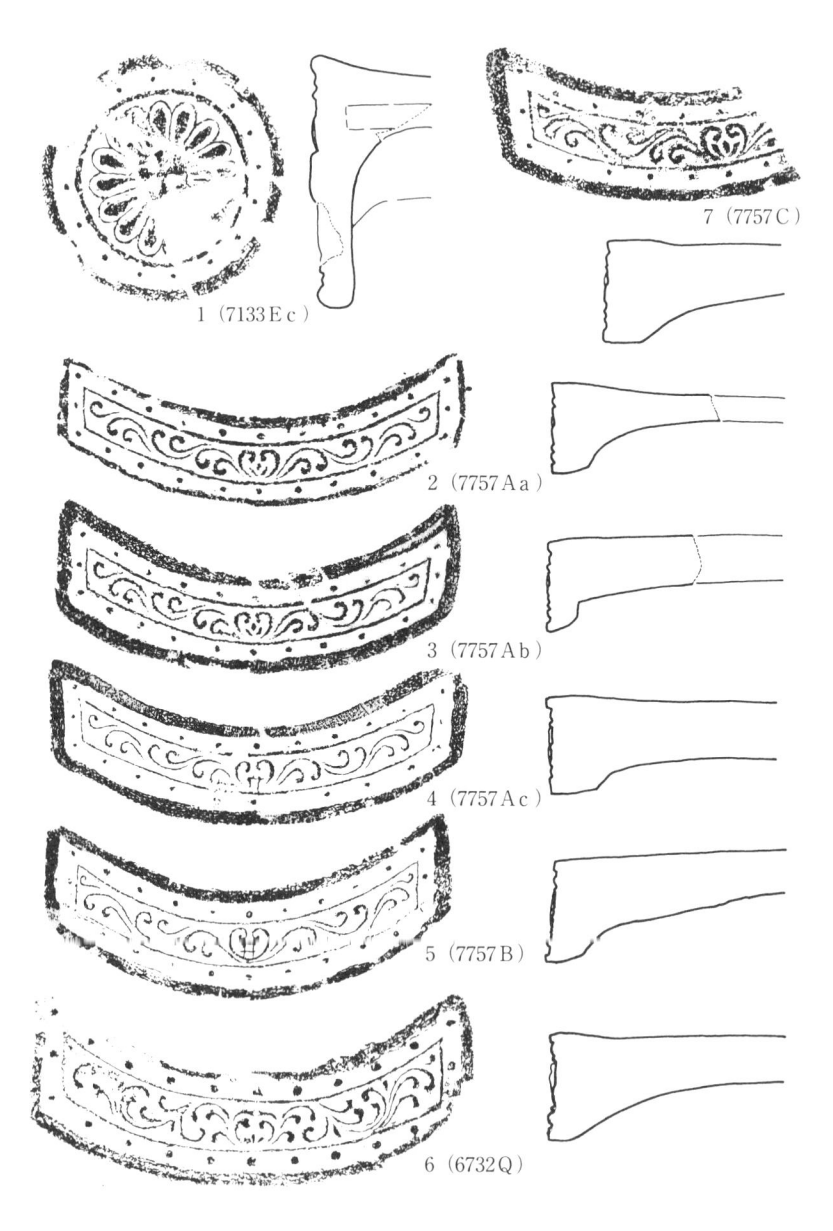

第149図　長岡京出土軒瓦、谷田瓦窯産および推定谷田瓦窯産の瓦（縮尺 1：5）

の瓦を技法と文様を併せて考えると、「造長岡宮使」に属する造瓦所で、長岡宮造営の2年前に廃止された平城宮造宮省下の造瓦所の旧瓦工を再雇用したのが主力であり、さらに造西隆寺司の旧瓦工が加わり、造西大寺司から軒平瓦6732Qの瓦笵を一時貸与されて造瓦が行われたとみたほうがよいだろう。

　一方、萩之庄瓦窯は大阪府高槻市にあり、軒丸瓦7133G、7181、軒平瓦7785、6775Bの出土が知られている。軒平瓦7785型式は平瓦部凸面を「縦方向のケズリによってこれを消している」[237]と報告されているが、文意からすれば「これ」とは縄叩きであり、元来叩きが全くないものか、凹面の糸切り痕がないのか、等の点が明確にされておらず、また瓦当文様の点からも現情報で系譜関係を言うのは難しい。

2　平安京初期の瓦

　延暦八年（789）三月、桓武天皇は巨大な造営官司である造東大寺司を廃止して、大和の寺院勢力に大きな打撃を与えた。一方、新たな大造営が始まる。即ち、都城は長岡京から平安京へ変わる。延暦十二年（793）正月、藤原小黒麻呂らに遷都地を視察させ、三月に桓武の巡覧以降に造営が開始され、794年十月に新京に遷都している。796年正月には大極殿に御しての朝賀が初めて行われており、この少し前に完成したらしい。平安宮造営は、はじめ造宮使、後の造宮職によって行われるが、延暦二十四年（805）には造宮職が廃されており、この頃には豊楽院全体も完成していたようである。

　網伸也氏の「平安宮造営と瓦生産」[239]によると、平安京内裏では長岡京式の搬入瓦と西賀茂瓦窯産の新造瓦が多く、大極殿・豊楽殿所用の施釉瓦は緑釉陶器生産の中心である栗栖野に瓦工人の一部を移して栗栖野瓦窯をつくり大型緑釉軒瓦を生産し、朝堂院でも主体となるのは西賀茂産軒瓦であるという。そして、従来は岸部瓦窯の製品が古くかつ主体的であると把握されていたが、網氏によると事実は逆で、西賀茂瓦窯の製品のほうが古く、かつ主体的に供給されているという。

　これら西賀茂瓦窯・栗栖野瓦窯・岸部瓦窯には相互に同笵軒瓦が多くみられるから、巨視的にみると造宮使・造宮職下の造瓦所とみてよいであろう。ただ

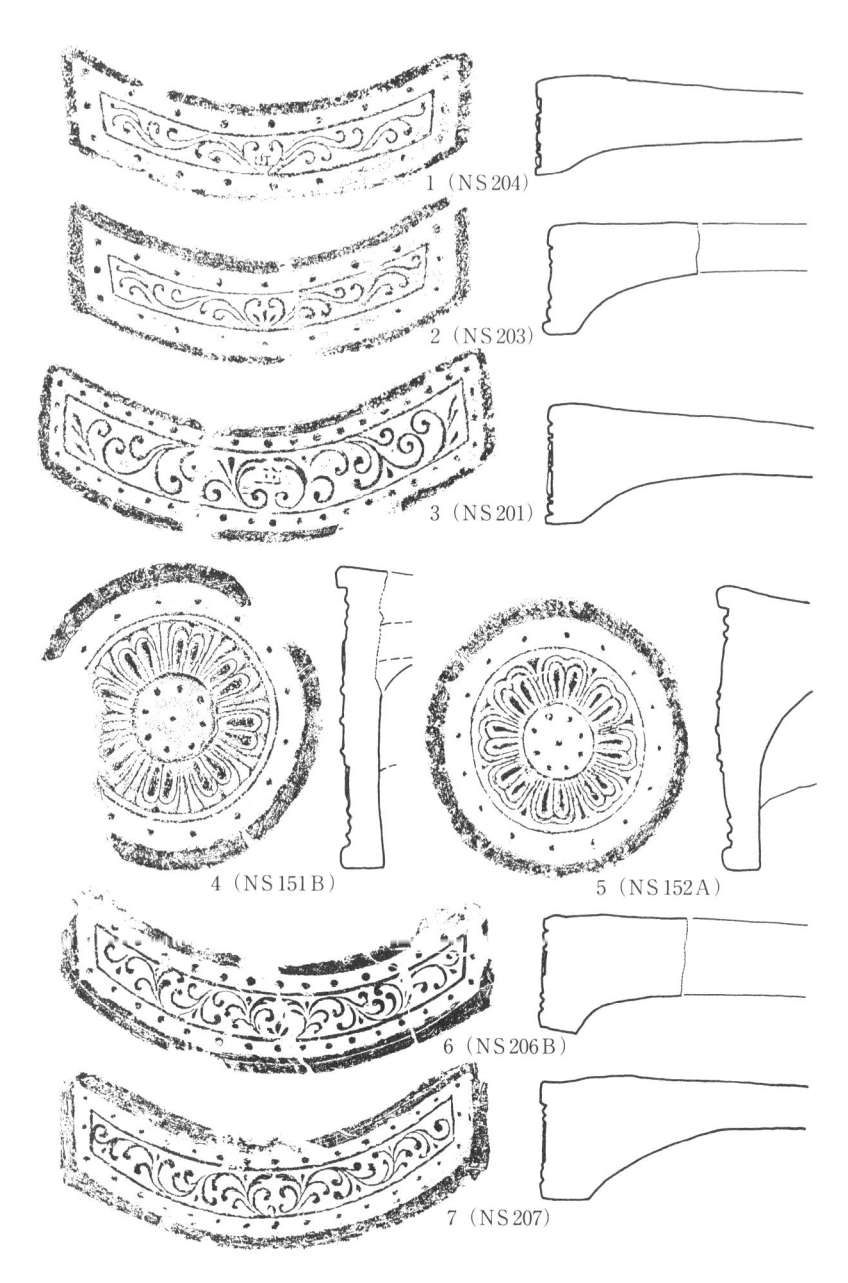

1（NS 204）

2（NS 203）

3（NS 201）

4（NS 151 B）

5（NS 152 A）

6（NS 206 B）

7（NS 207）

第150図　西賀茂瓦窯出土平安京初期の瓦（縮尺 1 : 5）

し網氏によると「平安宮遷都の過程は、非常に複雑な政治的状況のもとに実行されたもので」あり、論考「軒瓦に現れた平安遷都の裏方たち」[240]によると、「近」銘軒瓦が西賀茂瓦窯の窯壁に用いられていることから、「西賀茂瓦窯は開窯当初、造宮使とともに近衛府による瓦生産にも関わる瓦窯として操業され、すぐに造平安宮使造瓦所の瓦窯群に一元化再編された」と把握されている。

　以上の網説を考慮しつつ、軒瓦を次にように分類したい。

　A系統軒平瓦　長岡宮式軒平瓦の特徴である主葉の内側に１本の支葉のみで唐草１単位を構成し、３回半の反転する唐草文をもつ軒平瓦の系統を引くもの（第150図１・２）。中心飾りに「近」の字を有するNS204、中心飾りに小の中心飾りをもつNS203の軒平瓦がある。両者とも西賀茂瓦窯角社東群Ⅰ号[241]の窯壁に用いられている。NS203は東群Ⅱ号の主要な焼成瓦と考えられており、かつ、長岡京東二坊大路西側溝出土例[242]と平安宮内裏西南隅から出土しており、長期にわたって使用された。NS204も、西賀茂瓦窯角社西群および醍醐の森瓦窯跡で出土しているが、范出し後、「近」の字をつぶされている。このA系統の軒平瓦はこの２種のみであり、平安遷都の最も早い時期に使用されているが、網氏の言う「一元化再編された」造平安宮使造瓦所では、これ以降、類似した文様の瓦范を新たに作ることはなかった。

　B系統軒平瓦　主葉の内側に２～３本の支葉からなる唐草１単位で構成され、２回半の反転する唐草文をもつもの（第150図３）。主葉・支葉の先端は大きく巻きこむ。中心飾りに「近」の字を有し、NS201と番号付けしている。内区の幅に差があって、中央が幅広く、両端が幅狭い。この内区中央幅が大きいものは、平城京では法華寺の6714Aや法華寺阿弥陀浄土院の6767・6768型式にみられるところであり、唐草先端の大きな巻きこみも法華寺瓦との関係が考えられる。ただ、中心飾りに対葉花文を有する点で法華寺諸例と異なっている。

　C系統軒平瓦　B系統のNS201のもつ要素を引き継ぎながら、新たな文様を展開させたもので、西賀茂瓦窯出土NS206A・NS206B・NS207がある（第150図６・７）。B系のNS201と共通する点は内区中央幅が大きいこと、１本１本の文様の線（范型の彫り）が太いこと、中心飾りの上部に対葉花文をもつことである。中心飾り中心をもたないNS207が支葉数３・３・３、小の中心飾りをもつNS206Bが支葉数３・３・２、NS206Aが支葉数３・３・１で、

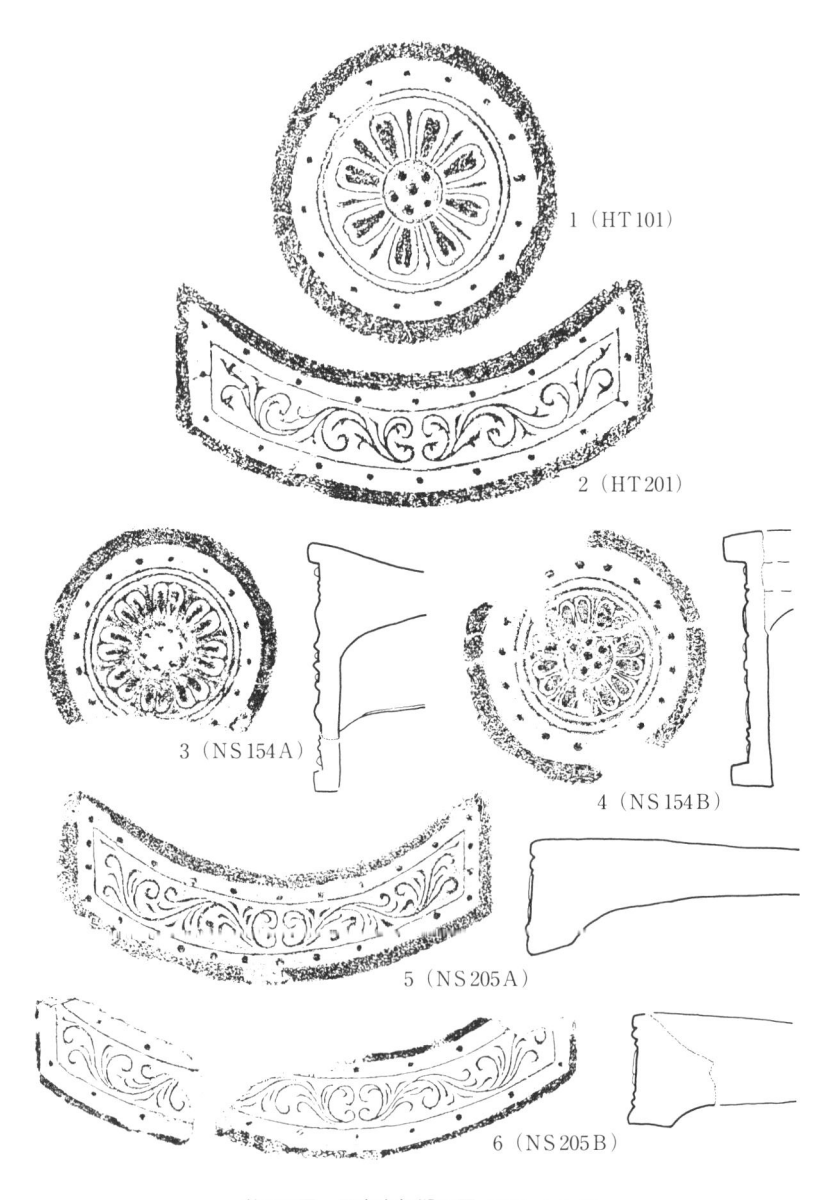

1（HT 101）

2（HT 201）

3（NS 154 A）

4（NS 154 B）

5（NS 205 A）

6（NS 205 B）

第151図　平安京初期の瓦（縮尺 1：5）
1・2 平安宮朝堂院出土緑釉瓦、3〜6 西賀茂瓦窯

この順番に全体の文様も硬化している。このC系統の軒平瓦文様は、平城京での宝亀年間の西大寺軒平瓦6732Q・Zに類似した点もある。しかし長岡京の谷田瓦窯で6732Qが生産されたことを考えると、やはり長岡京からの展開を考えたほうがよいだろう。そして、これらNS206A・B、207軒平瓦と組み合う軒丸瓦は、西賀茂瓦窯や栗栖野瓦窯例からみてNS152A〜D、NS151A・Bであることは明らかである。軒丸瓦の特徴は、複弁の外側に、その複弁にそって線をめぐらす二重の輪廓線を入れることによって、新たな意匠を作りあげている。

　D系統軒平瓦　平安宮大極殿・豊楽殿本体に使用する[239]ために新たに考案された文様で（第151図2）、小支葉すべての先端を二つに分離させ、中心飾りはC字形・逆C字形が向き合い、左右の唐草文は連続して3回反転している（HT201）。この軒平瓦と組み合うのは、弁端切り込みの単弁8弁蓮華文軒丸瓦（HT101）で、内区と外区の境に2種の圏線を有するのが特徴である。この軒瓦の組み合わせは、やや文様を変化させながら新たな文様を生み出している。それは、NS154A・B軒丸瓦とNS205A・B、NS210軒平瓦の組み合わせである（第151図3〜6）。NS154A・B軒丸瓦は複弁8弁蓮華文に変化しているが、内外区境に2種の圏線を有しているし、NS205A・B、NS210軒平瓦では支葉先端を二つに分離することを止めて、3〜4本の支葉を配している。これらの軒平瓦はHT201の単なる省略化ではなく、平城宮の東大寺式軒平瓦（6732A・C・O・L）などを参考にして新たな図案を作り出したのであろう。

　これらのA〜D系統の軒平瓦は、西賀茂瓦窯産や栗栖野瓦窯産のものからみて、平瓦部凸面に縄叩きを有し、平瓦部凹面に糸切り痕をもつもので、平城京でのAグループの製品につながるものである。即ち、長岡宮での谷田瓦窯産軒瓦にみられた平城宮造宮省と造西隆寺司の要素に、造法華寺司などの要素が加わったものと考えられる。もちろん、平城京から遷都して10年経過しているのであるから、その主体は造長岡宮使下の造瓦所であると考えてよいが、平城京でも官司の廃合によって通常の工人たちはあふれていたのであり、技術系上部組織に位置することのない瓦工たちは、平安京で臨時的に雇用される場合も多かったとみてよいだろう。

　一方、岸部瓦窯については、上原真人氏[243]は「その瓦当文様や軒平瓦製作

技法から推定して、構成員にかって造東大寺司造瓦所に勤務していた瓦工を含んでいた可能性は高い」と評価されている。しかし、岸部瓦窯の軒平瓦について「凸面押圧技法」と表現するだけで、具体的な内容はなにも説明されていない。「造東大寺司造瓦所に勤務」とまで言うのであれば、具体的な説明（例えば平城京のBグループであるかCグループであるか）をされることを望む。

　一方、平安京の西寺出土瓦（第152図）を軒瓦全体としてみると、軒丸瓦の酷似した文様や軒平瓦における糸切りを使用しない製作法（Bグループの技法）とを併せて、東大寺瓦と西寺瓦とのきわめて密接な関係を想定させる。

　西寺は1960年代前半に奈良国立文化財研究所の3次にわたる調査[244][245][246]で良好な資料が出土しており、それによると西寺の金堂地区では軒丸瓦Aと軒平瓦Aが組み合い、他の僧坊・食堂院では軒丸瓦Bと軒平瓦Bが組み合うと考えてよい。もちろん細かくみれば、軒丸瓦C・D・E種や、軒平瓦C種などが複雑に組み合う建物もあるだろうが、大筋は軒丸瓦Aと軒平瓦A、軒丸瓦Bと軒平瓦Bの組み合わせである。以下では軒瓦A・Bを具体的に説明しよう[247]。

　軒丸瓦A（第152図1）は興福寺出土6235Aに酷似するが異笵である。中房の蓮子および外区珠文は興福寺例より大きく、東大寺例に近い。瓦当との接合に際して丸瓦先端は加工せず平坦である。外区外縁は直立縁で上端は丸みをもって仕上げる。軒丸瓦B（第152図2）は、瓦当面全体の中で弁子葉中心部分を強く盛り上げる。外区外縁では、内側は傾斜縁で、上端が平坦となっている。笵傷進行が生じるが、ある一定の段階から珠文の間に「西寺」の銘を彫りこんでいる。瓦当との接合に際して丸瓦先端は加工せず、平坦である。

　軒平瓦A（第152図6）は中心飾りの3葉文のみで、対葉花文はない。平瓦部凹面は布目痕のみで、糸切り痕はない。平瓦部凸面には指による押圧痕が残り、大部分をタテケズリによって仕上げる。縄叩きは行わない。粘土の準備の仕方としては、粘土板状に手で粘土を引きのばす、西大寺タイプの方式に近いのではないかと思う。軒平瓦B（第152図7）は中心飾りの3葉文の上に対葉花文が1本の棒状に丸くなる。平瓦部凹面は布目のみで糸切り痕はない。平瓦部凸面はタテケズリによって仕上げ、縄叩きは行わない。粘土の準備の仕方としては、ブロック状の粘土を接合した痕跡を残すものが多く見られ、東大寺タイプの方

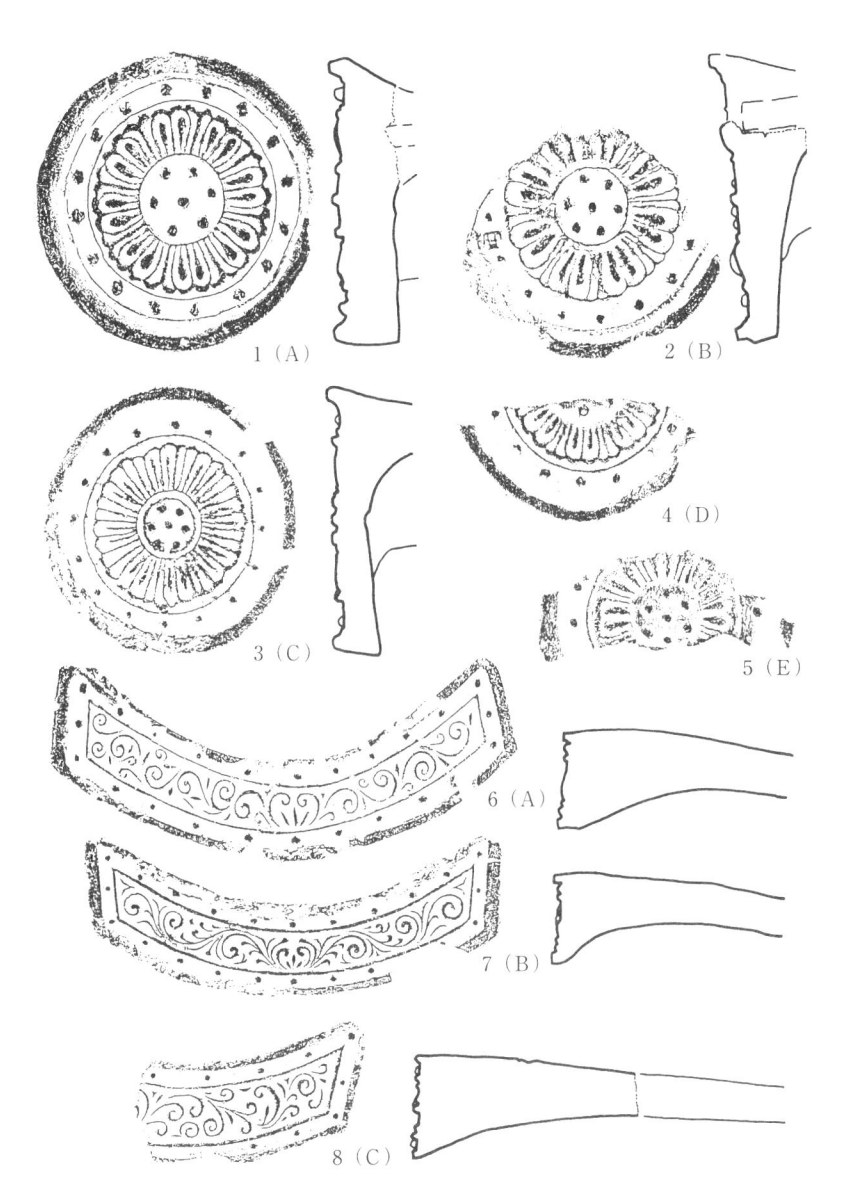

第152図　西寺出土の東大寺式軒瓦（縮尺 1：5）

式に近いのではないかと思う。

　西寺は『類聚国史』の延暦十六年（797）に、造西寺次官笠朝臣江人がみえ、延暦十九年には巨木の伐採を許されているから、西寺金堂は797〜800年頃の造立開始と考えられ、軒丸瓦A・軒平瓦Bもこの頃の瓦であろう。造東大寺司の廃止は789年であり、一方、東大寺では造東大寺司の後身である造東大寺所が存在した。造東大寺所による平安初期の軒瓦と西寺の創建軒瓦を比較すると文様が異なっており、やはり789年に廃止された造東大寺司の造瓦所にいた瓦工を、再雇用したとみたほうがよいと思う。

　西寺出土の軒丸瓦Aは東大寺の6235Fや興福寺の6235Aと同笵かと見まがうばかりに類似していることに驚かされるのである。そして軒丸瓦の外縁の状態はA・Bとも古式であり、かつ軒平瓦A・Bは平瓦部凹面に糸切り痕を残さない作り方をしているのである。それはまさに「造東大寺司が造西寺司に再構成されたことを物語る」[248]といった状態を想定させるに充分である。

3　平安中期の瓦

　平安京の平安中期の瓦については、現在においても木村捷三郎氏の研究[249][250]に負うところが多い。木村氏は、平安京の平安中期の軒丸瓦が「瓦当と筒部を共土で作る」一本造りの軒丸瓦であることを明らかにし、またこの時期の瓦の製品が木工寮管轄下の栗栖野・小野瓦屋と、修理職管轄下の川上・『左』・「森ヶ東」・「池田」瓦窯産のものがあることを明らかにした（森ヶ東・池田は現在の地名であり、これは後に検討）。

　なお、平安前期・平安中期の年代の細分については、『平安京古瓦図録』[251]の年代を大枠として使用する（ただし、個々の瓦がどの年代に収まるのかは、本節と『平安京古瓦図録』とは異なる点が多い）。そして、この項でとりあげるのは、前期Ⅱ（834〜876年）、中期Ⅰ（876〜960年）、中期Ⅱ（960〜1016年）の瓦であり、中期Ⅰは前段階（876〜886年）、中段階（886〜910年）、後段階（910〜960年）に細分して考えたいと思う。

　前期Ⅱ　前期Ⅱのはじまりを834年としているのは、『類聚三代格』（巻四）の

承和元年（834）の太政官符に、瓦が脆弱なのは師のないことによっておこるものだから、木工寮にいて造瓦術を知る瓦工従八位上の模作子鳥を長上工にして指導させたいという願いが造瓦使よりあったので、木工寮長上工14人の定員の内から造瓦長上1員を置き、子鳥を造瓦長上にしたという記述がみえるからである。この措置によって、瓦当と筒部を共土で作る一本造りの軒丸瓦が出現したというのである（近藤喬一編『平安京古瓦図録』1977）[251]。また木村氏も同様のことを記述している。

　この前期Ⅱ段階の一本造りの軒丸瓦で最も古い文様をもつものは、「池田」瓦窯産の単弁6弁蓮華文軒丸瓦[250]で、単弁が隆起して間弁が独立する点で平安初期の瓦の名残りを有している。唐草文は左右に3回反転する。この時期と考えられる対向C字形の中心飾りをもつ軒平瓦は栗栖野瓦窯[252]からも出土している。こちらはC字形の中に上方・下方に1本ずつの支葉をもち、対向C字形の中心に十字形の中心飾りを有している（第153図2）。

　中期Ⅰ-1　貞観十八年（876）、大極殿・小安殿・蒼龍白虎両楼・大極殿院回廊や朝堂院西第一堂の延休堂などが焼失した。大極殿および朝堂院・神泉苑の造営は元慶五年（881）に完了している。造営は木工寮によって行われており、この時の軒瓦は栗栖野瓦窯から多数採集されている複弁8弁軒丸瓦（一本造り：第153図3）と対向C字形の中心飾りをもつ軒平瓦（第153図4）であろう（『塩沢家蔵瓦図録』）[253]。軒平瓦は3回反転する唐草文をもつが、中心から左右に第1・第2主葉が連続し、第2・第3主葉が連続する点が前段階の唐草文と異なっている。栗栖野窯では、他のもう1種、対向C字形の中心に十字形を配するもの[254]があり、この2種の軒平瓦は同時期のものであろう。なお、「池田」瓦窯でも類似した軒平瓦（第153図6・7）が出土している。

　中期Ⅰ-2　この時期の瓦は仁和寺の造営によって代表されるもので、仁和寺は仁和二年（886）に光孝天皇が御願寺を着工したが翌年死去、遺志を継いだ宇多天皇が888年金堂の創建供養を行った。899年には宇多法皇が仁和寺で出家し、念誦堂としての円堂院を仁和寺内に造った。円堂院の供養は昌泰二年（899）説と延喜四年（904）説の両者がある。「仁和寺出土の緑釉瓦」[255]は、やはり木村捷三郎氏によって報告され、それには幾種かの多様な軒瓦が含まれているが、全体としてみると、仁和寺の造営期間に収まると考えて問題ないよう

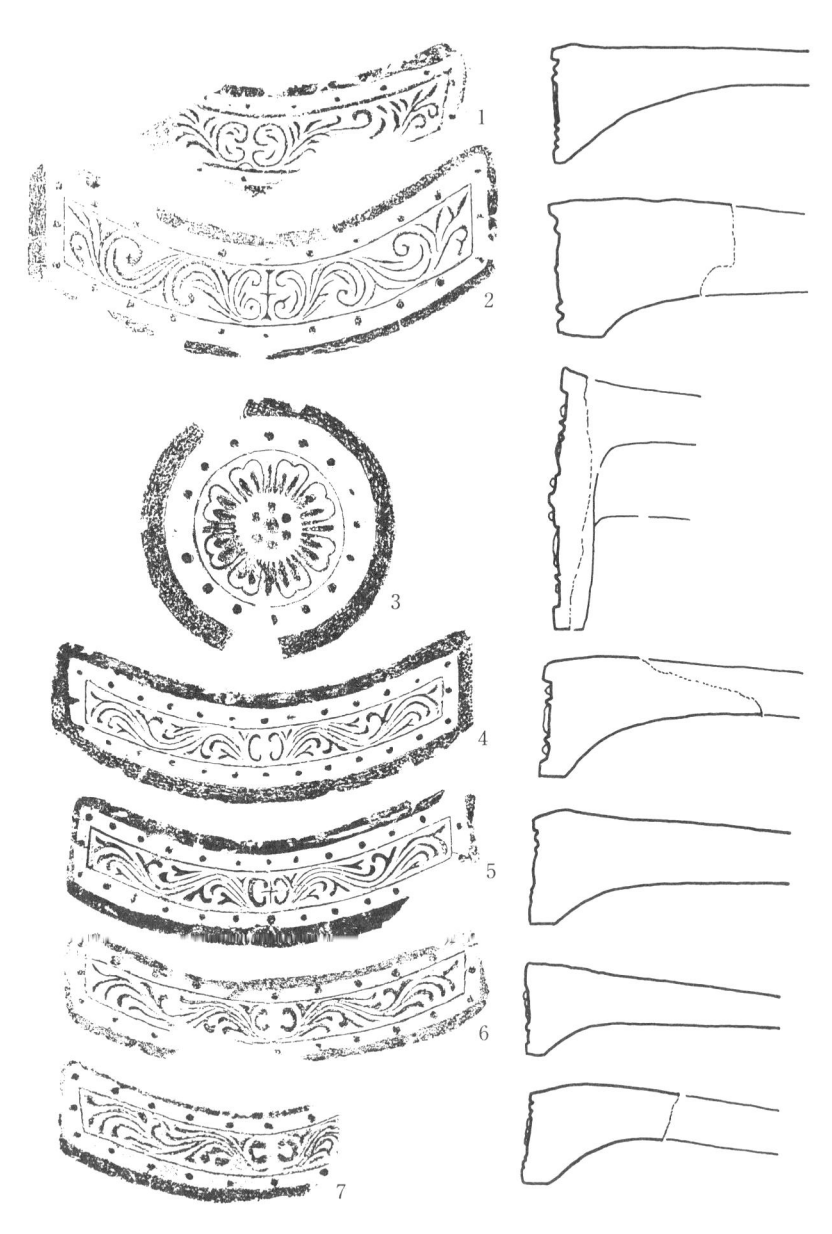

第153図　平安中期の瓦（縮尺 1：5）
1・6・7 「池田」瓦窯跡、2〜4 栗栖野瓦窯、5 平安宮大極殿跡

に思われ、この意味で中期Ⅰ-2（886～910）の時期を設定できると考えている。仁和寺出土の軒瓦をみると、「栗」・「左」などの瓦屋の名が記されており、以下、木村氏の分析を中心にして仁和寺およびそれ以外の遺跡出土の瓦も含めて、各瓦屋の製品を概観する。

　栗栖野瓦屋　『延喜式』木工寮の車載の項に「小野栗栖野両瓦屋より宮中に至る、車一両につき賃四十文」と記される栗栖野瓦屋[249]である。栗栖野瓦窯出土の軒丸瓦は複弁8弁軒丸瓦で、間弁は2箇の複弁に対し1箇の割合で配し、中房中央に「栗」の字を配する。これは、すでに使用されていた笵型に「栗」の字を追刻したものらしい。一本造り軒丸瓦である。中央に「栗」の字を配する均整唐草文軒平瓦は3種類（第154図2～4）検出されている。2種は3回反転の唐草文を複線で表現し、1種は唐草文を単線で表現している。仁和寺から出土した緑釉瓦は、栗字銘の均整唐草文軒平瓦1種である。

　小野瓦屋　木工寮に属する小野瓦屋である。左京区上高野小野町のオカイラの森遺跡が小野瓦屋と考えられている。軒平瓦（第154図6）中央に「小乃」、軒丸瓦[256]（第154図5）の外区珠文帯の間に「小」「乃」の字を配する[254]。軒平瓦の唐草文は単線で表現している。なお、オカイラの森遺跡出土の軒平瓦には、対向C字形の中心飾りをもち複線で表現した3回反転の唐草文[256]をもつもの（第154図7）があり、当該期の軒平瓦であろう。

　右瓦屋　これまで「池田」瓦屋と称されてきたが、これは現在の所在地名で「東山区今熊野池田町」[250]の池田をとったものである。報告者の木村氏が、これを『右』瓦屋と呼ばずに、慎重に「池田」と現在の地名で呼んだのは、『右』銘軒平瓦が仁和寺円堂院創建年代（898～904）と考えられるのに対し、「修理左右坊城使は寛平二年（890）に停められ、修理職に併ず」（『日本紀略』）の記述から、左・右を修理左右坊城使のこととするには、年代に食い違いが生じるからであろう。しかし、これはやはり右瓦屋と呼んだほうがよいと思う。修理左右坊城使は9世紀に断続的に出現した平安京の京内諸坊、宮城の修理を行う官司であり、弘仁九年存在説（『古事類苑』官位部）もあるが、これを否定する論者[257][258]が多く、1回目の存在は825年以前のある段階から852年まで（『類聚三代格』天長八年・仁寿二年）、2回目の存在は873年から890年まで（『三代実録』貞観十五年、『日本紀略』寛平二年）である。今問題にしている「池田」所在の瓦窯では、前

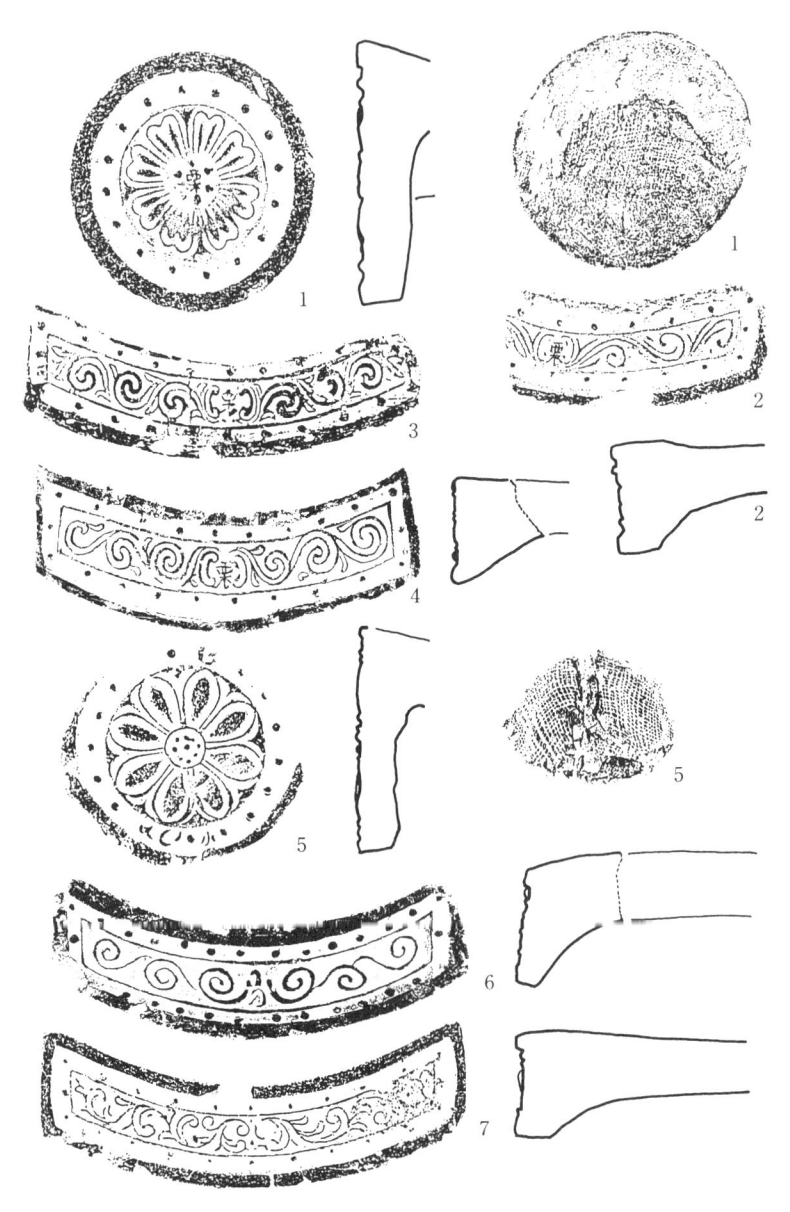

第154図　栗栖野瓦窯・小野瓦窯の瓦（縮尺 1：5）
1～4 「栗」銘をもつ軒瓦、5～7 小野瓦窯跡

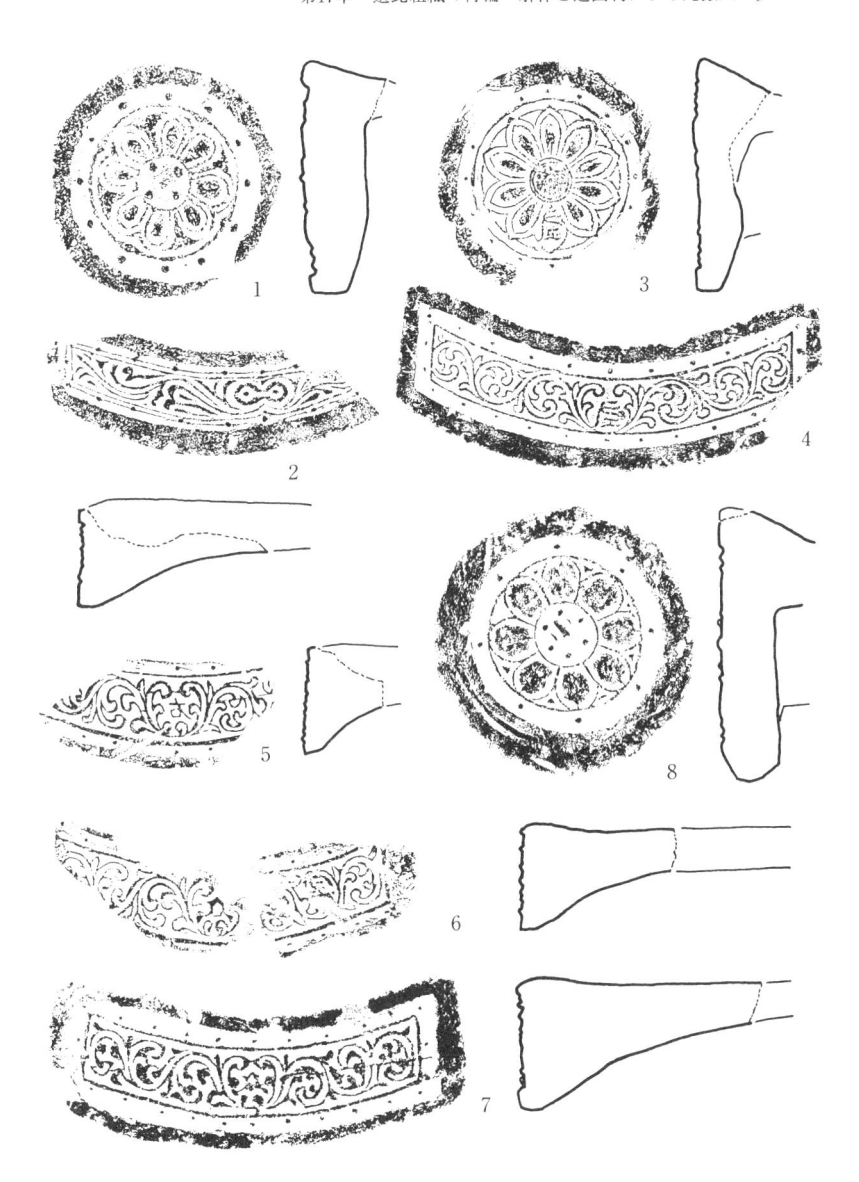

第155図　右瓦屋・左瓦屋・河上瓦窯産の瓦（縮尺 1：5）
1 オウセンドウ廃寺、2・5 「池田」瓦窯跡、3・4 大日廃寺、
6 河上瓦窯、7 平安宮、8 朝堂院跡

期Ⅱ（834〜876年）、中期Ⅰ-1（876〜886年）の軒瓦の他に、「右坊」「右坊小」「右坊城」「右坊常」の刻印瓦の出土[250]があって、修理右坊城使に属する瓦屋であったことは間違いないのである。

そして中期Ⅰ-2（886〜910）の段階になって、中央に「右」の字を配し、左右に複線で唐草文を表現する軒平瓦を生み出している。これは寛平二年（890）に修理左右坊城使を停止し、修理職に併す施策によって修理左坊城使と修理右坊城使とが合体・縮小させられたのであり、修理職としては2つの瓦屋を有することとなった。そこで、旧修理右坊城使に属した瓦屋を「右瓦屋」、他方を「左瓦屋」と呼んで区別したことに他ならないだろう。なお、「池田」所在の瓦窯では、複弁4弁軒丸瓦（一本造り）と中心飾りの対向C字形上下が完全に接して、中に点珠を2個配する軒平瓦（第155図2）が出土しており、木村氏はこの両者が組み合うことを指摘している。仁和寺出土の緑釉瓦[255]にも、複弁4弁軒丸瓦とそれに組み合う軒平瓦が出土している。軒平瓦文様は、貞観十八年（876）焼失後の大極殿・朝堂院所用軒平瓦の系統を引き、その文様が硬化しつつ、重層的に複雑化させたものであり、20〜30年後の文様の変化の形としては妥当なところである。

　左瓦屋　この瓦屋の所在はまだ明らかになっていない。木村氏[249]は仁和寺出土の「左」字銘の単弁10弁軒丸瓦と複線で表現する3回反転の唐草文軒平瓦（共に緑釉瓦）を仁和寺円堂院所用瓦としている。この瓦屋の前段階は、旧修理左坊城使に属する瓦屋であろう。『平安京古瓦図録』[251]では、「右坊」の刻印ある平瓦が5点図示されているが、「左坊」の刻印ある平瓦は1点だけである。また「左」字銘軒瓦は中期Ⅱ段階において軒丸瓦にあらわれている。左瓦屋がどの程度の操業期間であったのか、不明と言わざるをえない。

　河上瓦屋　この瓦屋では後に「河上」銘の軒平瓦が作られるが、最初の軒平瓦には河上の銘はない。まず星野猷二氏[259]が木村氏と共に採集した河上瓦窯跡（北区西賀茂中ノ社町）の軒平瓦をBの個体（第155図6）としよう。そして、『平安京古瓦図録』所載の409（平安宮出土）、410（豊楽院出土）の軒平瓦は河上瓦窯産と考えられており、これをCの個体（第155図7）としよう。そして、先述した「池田」所在の瓦窯出土の「右」銘軒平瓦[250]をAの個体（第155図5）としよう。このA・B・Cの実大の拓本および写真の照合では文様は完全に一

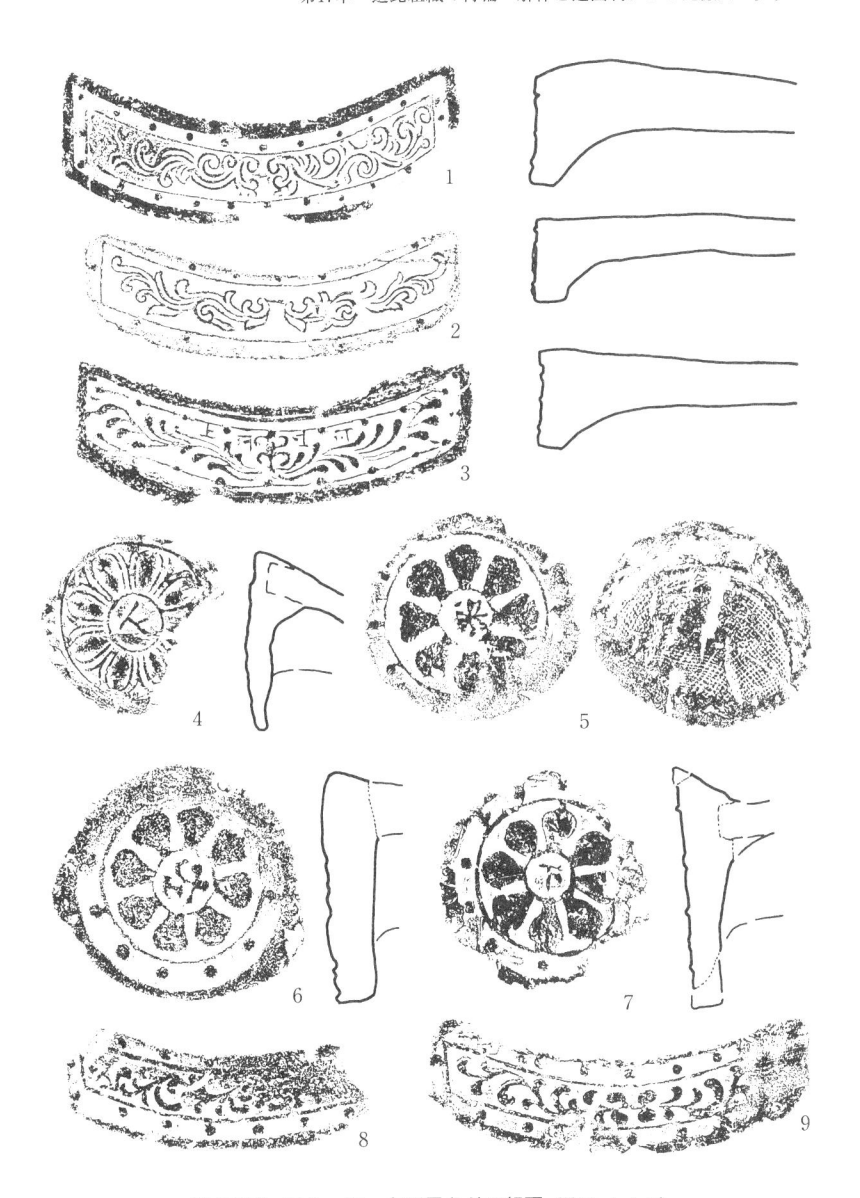

第156図　河上・下・左瓦屋などの軒瓦（縮尺 1：5）
1 小野瓦窯跡、2 「池田」瓦窯跡、3 平安宮内裏跡、4・7・9 「森ヶ東」瓦窯跡、
5 栗栖野窯跡、6・8 オウセンドウ廃寺

致し、笵傷部分も一致しており、A→B→Cの順に改刻されたことがわかる[260]。つまり右瓦屋から河上瓦屋へ笵型が移動して、「右」の字を意味不明の文様に改刻し（B）、次に河上瓦屋の中で全体の線を太く彫り加えた時（C）には、笵割れは全体に及ぶこととなった。そして、これと組む軒丸瓦は、同じく『平安京古瓦図録』[251]に朝堂院跡107として図示されている、中房に「川」の字を配する軒丸瓦（第155図8）ではないだろうか。以上からみると、「池田」所在の右瓦屋から新たに賀茂川上流に新しい瓦窯が開設され、それを「河上」または「川上」瓦屋と呼んだのではないか、と考えられるのである。

中期Ⅰ-3　この時期の軒平瓦としては、唐草文が全体として連続し、4回反転するものをあげたい。中心飾りは対向C字形の形をまだ保っている小野瓦窯出土例（第156図1）もあるが、C字形が上向き・下向きとなる「池田」所在瓦窯例（第156図2）やC字が4つ下向きに束ねられた形を示す「河上」瓦窯例（第156図3）がある。単弁8弁で間弁を配し、中央に「下」の字を記す森ヶ東瓦窯出土の軒丸瓦は、この時期のものである。

中期Ⅱ　この時期の軒瓦は、木村捷三郎氏が「四つの同文瓦」としてあげた[249]単弁8弁蓮華文軒丸瓦の中房に「栗」「左」「下」「□」の字を配するもの（第156図4〜7）と、それと組み合う「森ヶ東」瓦窯出土軒平瓦、オウセンドウ廃寺出土軒平瓦（第156図8・9）をあげたい。「栗」は栗栖野瓦窯産、「左」は左瓦屋産であり、「森ヶ東」（右京区太秦森ヶ東町）瓦窯からは「下」銘の軒丸瓦が2種出土しており、下瓦屋と呼ばれていた可能性が高い。即ち、木工寮管轄下には小野・栗栖野瓦屋があったのに対し、修理職管轄下には890年直後に左瓦屋と右瓦屋が存在した。その後、賀茂川上流に河上瓦屋が作られ、さらに南方の「森ヶ東」に位置する下瓦屋が作られたとみることができよう。

4　平安後期の瓦

天慶元年（938）地震によって壊れた宮城城墻の修理について、9箇国の国司を専当して築造させた。所課国制の最も古い例である。このように国を定めて、その国の負担として造営させることは、政治的には一応、中央集権を保っているが、中央集権的な造営体制という意味では本質を逸脱したものであり、

諸分野に本質的な変化を引き起こすものであった。

　天徳四年（960）内裏が焼失した時に、修理職に紫宸殿他2棟、木工寮に常寧殿他1棟、畿内5箇国に春興殿他4棟、山陽道8箇国に貞観殿他6棟と西面廊、南海道6箇国に後涼殿他3棟と北・南面廊、東海道3箇国に温明殿他2棟、東山道2箇国に承香殿他3棟、北陸道2箇国に建春門と東面廊、山陰道1箇国に校書殿を割りあてた。造国制による造営の最も古い例である。

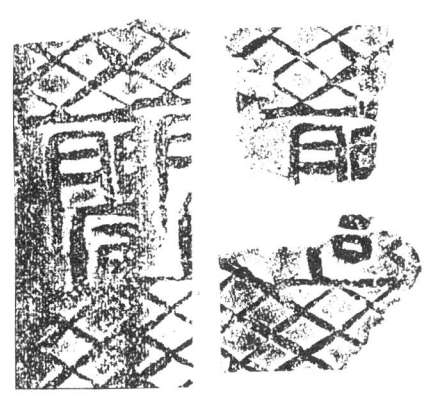

第157図　「門司」銘をもつ叩打痕文字瓦
（縮尺 1：2）
左 太宰府、右 平安宮朝堂院跡

　内裏地区はいずれの建造物も檜皮葺きであるが、『年中行事絵巻』などから判断して、ほとんどの建物の棟部分は瓦を積みあげた甍棟と考えられる。したがって各建物造営を割りあてられた諸国は、27箇国すべてにおいて一定量の棟瓦が必要になったものと考えてよい。しかし、960年という年代は全国的にみて造瓦が低調な時期であり、自国で瓦窯を操業している国は山城・大和など数箇国しかなかったと考えてよい（5箇国ぐらいはあるだろうか）。そして、丁度この10世紀の中頃と考えられる北九州地方の瓦が内裏周辺地域から出土するのである（時に、内裏以外の朝堂院などから出土することもあるが、内裏は常に清浄にしておく性格が強く、他地域への廃棄とみたほうがよいだろう）。

　平瓦からみると「警固」・「豊前藤介」・「門司」[251]銘の叩き板によって印された平瓦が知られている。後二者の文字のイメージから、『平安京古瓦図録』[251]では「九州産瓦の平安京内へ搬入されたものの産地が、神崎郡や鞍手郡の遠賀川に近い、瓦の搬出に容易の地である」と考えているが、「門司」銘平瓦は、同一の叩き文の痕跡を残す平瓦[261]が太宰府（第157図左）から出土しているし、「警固」銘平瓦は寺島孝一氏[251]が指摘するように福岡市西区の斜ヶ浦瓦窯の製品であることからみても、太宰府の段取りによる北九州瓦の平安京搬入を考えたほうがよいと思う。内裏造営に際して、瓦の調達に困った諸国が個別に、北

九州と交渉するなどということは、少し考え難いからである。

　11世紀前半から中葉にかけては藤原道長・頼通の時代であり、彼らは富と権勢にまかせて豪華な建物を造り、建物細部にまで指示を出したようである。法成寺は、出家した殿（道長）が「もっぱらあの御堂のことばかり念頭を占めておられる」ほどの力の入れようで、金色丈六阿弥陀仏を９体もまつる御堂であり、金堂・五大堂供養の際には「宝楼の真珠の瓦は青く葺いてあった」と記されている（『栄華物語』）。法成寺で採集された瓦（第158図１～４）は数が少ない[262]が、緑釉瓦が１～２点あり、それは半截の宝相華文を千鳥に配した軒平瓦で、亀岡市篠町王子Ａ号窯で同范品が出土している。法成寺造営に際して、丹波産の緑釉瓦を搬入したことがわかる。『小右記』によると、万寿二年（1025）八月、道長が平安宮豊楽殿の鴟尾をとりおろさせ、木製鴟尾に替えようとした。件の鴟尾は鉛で鋳造されており、その鉛で法成寺の緑釉瓦を作ろうとしたのだという。この噂の真偽は不明だが、1020年阿弥陀堂、1022年金堂・五大堂、1024年薬師堂、1025年尼戒壇、1027年百体釈迦堂など次々と御堂を建て続けており、これらの建物の瓦のうち、緑釉瓦が相当数あったことを物語るものであろう。

　一方、頼通は天喜元年（1053）に宇治の平等院鳳凰堂の供養（第158図５～12）を行っているが、平等院の創建瓦[263]は大和からの搬入瓦であり、永承元年（1046）焼失した大和興福寺の再建過程で製作することが決まった興福寺瓦屋・薬師寺瓦屋・法隆寺瓦屋の製品が、５年後の平等院創建瓦にも用いられているのである。これは、興福寺造仏の功によって法橋に昇叙された定朝が、鳳凰堂の丈六阿弥陀像を作ったように、頼通の指示によって、興福寺と同じく大和産の瓦を運ばせたとみてよいだろう。そして、法成寺は天喜六年（1058）に焼亡したが、頼通によって行われたその後の再建瓦は、大和産の瓦と丹波産の瓦が主流を占めるようである。

　その後、大和では興福寺が康平三年（1060）に再び焼失した。この時の再建瓦は、播磨・美作・備後・阿波から興福寺へ運ばれている（詳しくは第18章）。平安京では、10世紀代に「山城産の瓦が独占的に供給され、筑前、備前・備中、讃岐などの瓦が少量供給される」と考えられている（上村和直氏、1996）[264]。少なくとも興福寺再焼失時の1060年頃には、平安京では、丹波産や大和産の瓦の他に、備前・備中・備後・美作や讃岐・阿波そして播磨産の瓦が搬入されてい

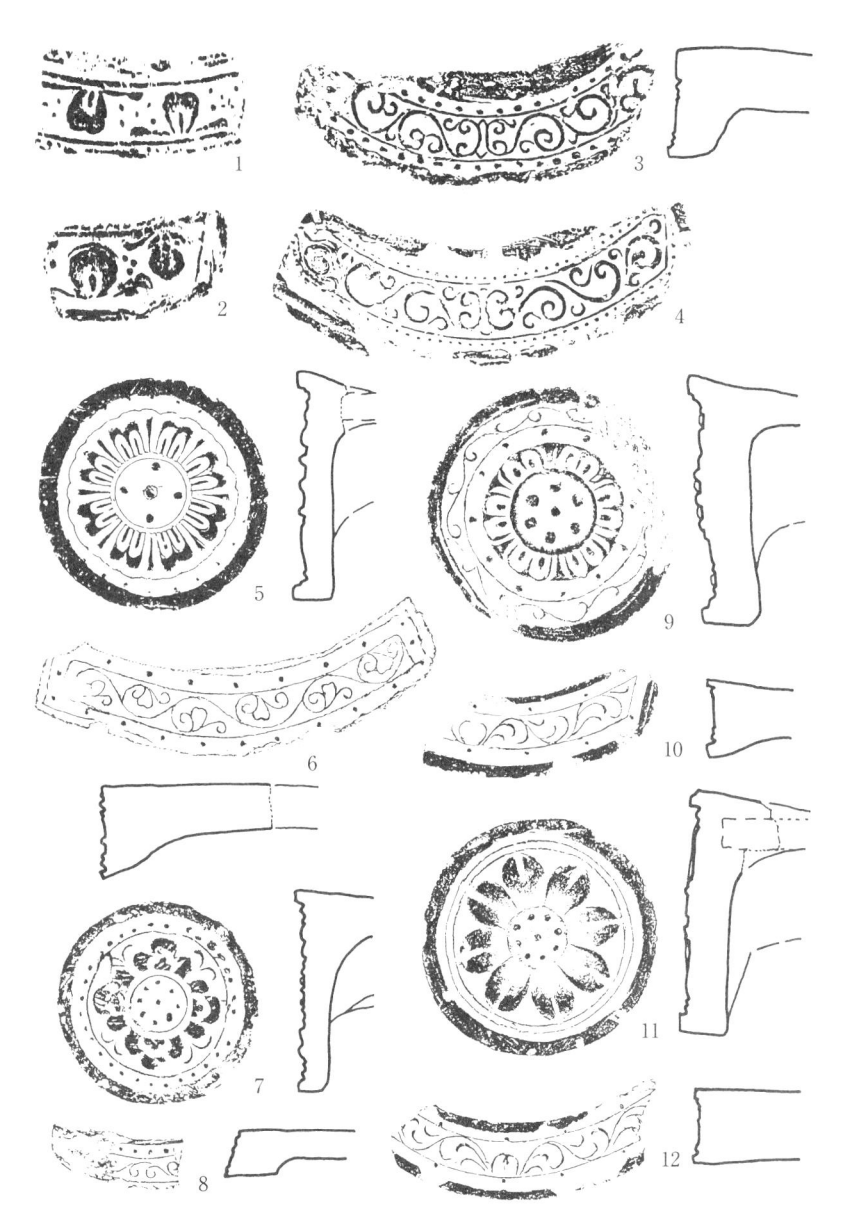

第158図　法成寺・平等院の軒瓦（縮尺 1：5）
1〜4 法成寺、5〜12 平等院

たことは確実である。それは造国制によって、建物造営を割りあてられた自国が、自国生産できるものは自国生産するほうが割安であるという考えに基づくものであろう。ただし、10世紀中葉には、自国で瓦を生産していた国はほとんどなかったのであり、その後それぞれの国が瓦生産を試みはじめ、長期生産に成功する国と、一時的な操業のみで、その後の生産を行わない国と両方に分かれることになるのは当然のことであろう。上原真人氏が1978年の「古代末期における瓦生産体制の変革」[265]で詳しく論じたのは、山城・丹波・讃岐・尾張・播磨・大和の諸瓦屋の製品であり、これらは長期生産に成功した国の例である。

　11世紀の木工寮・修理職下の瓦窯において、小野・栗栖野瓦窯は操業を続けていたし、森ヶ東瓦窯（下瓦屋）・池田瓦窯（右瓦屋）・河上瓦窯（河上瓦屋）も断続的に操業は行われていた。しかし、11世紀末から12世紀に入ると、修理職下の下瓦屋・右瓦屋・河上屋は操業を停止し、木工寮下の小野瓦窯でもほとんど生産は行われていない。一方、栗栖野瓦窯は従来の福枝地区の瓦窯の他、南ノ庄田瓦窯と西幡枝瓦窯を分枝させ、３瓦窯址が500m四方の中に入るように集中配置し、生産量を拡大させたようである[266]。これは平安時代前期に確立された新規造営（木工寮）と小規模修理（修理職）という役割分担が、所課国制・造国制の導入によって大きく崩されたからであり、木工寮も修理職も公私関係なく、時の権力者の思うがままに動かされたのである。もちろん、木工寮も修理職も12世紀を通して併立していたが、修理職はすでに組織上の内部崩壊がみられ、延久二年（1070）以降は修理左右宮城使が置かれ、修理職自体は縮小したと考えられる。このような中で、造瓦については、木工寮において一括して管理することになったのであろう。

　院政期においては、六勝寺の造営が盛んであり、大量の瓦が出土している。

　六勝寺第一番目の寺院である法勝寺は承保二年（1075）から金堂の造営を開始し、1077年には金堂・五大堂・阿弥陀堂などの供養が行われている。法勝寺金堂からは京都産（栗栖野瓦窯・森ヶ東瓦窯）の他に、丹波・播磨産の瓦が出土している[267]（第159図）。その後、25年後の康和二年（1100）に尊勝寺の造営が始まり、1102年には金堂・講堂・薬師堂などの供養が行われている。尊勝寺では播磨産の瓦が圧倒的に多く[268]７割程度を占め、栗栖野産・丹波産・讃岐産・大和産の瓦もあるが少量である。1102年までの尊勝寺造営で造国制により

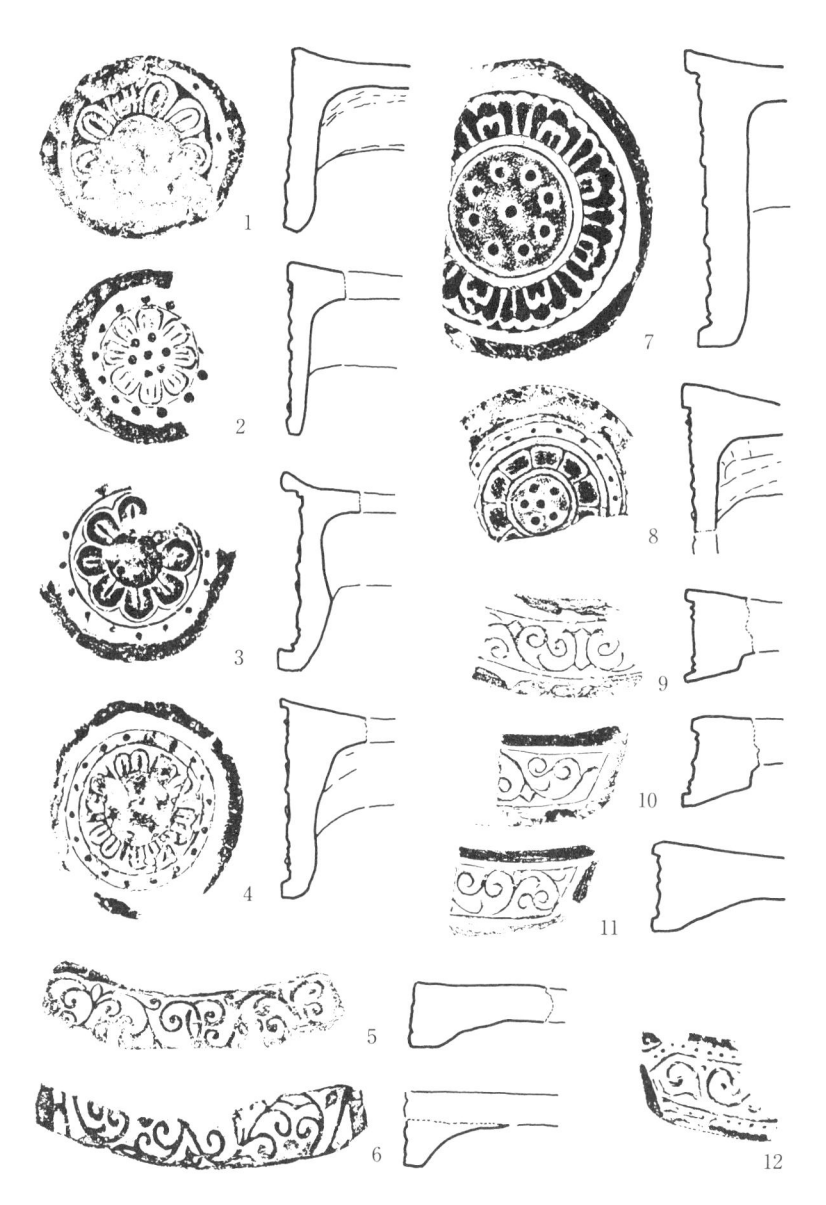

第159図　法勝寺出土の軒瓦（縮尺 1：5）
1〜6 山城産、7〜11 播磨産、12 丹波産

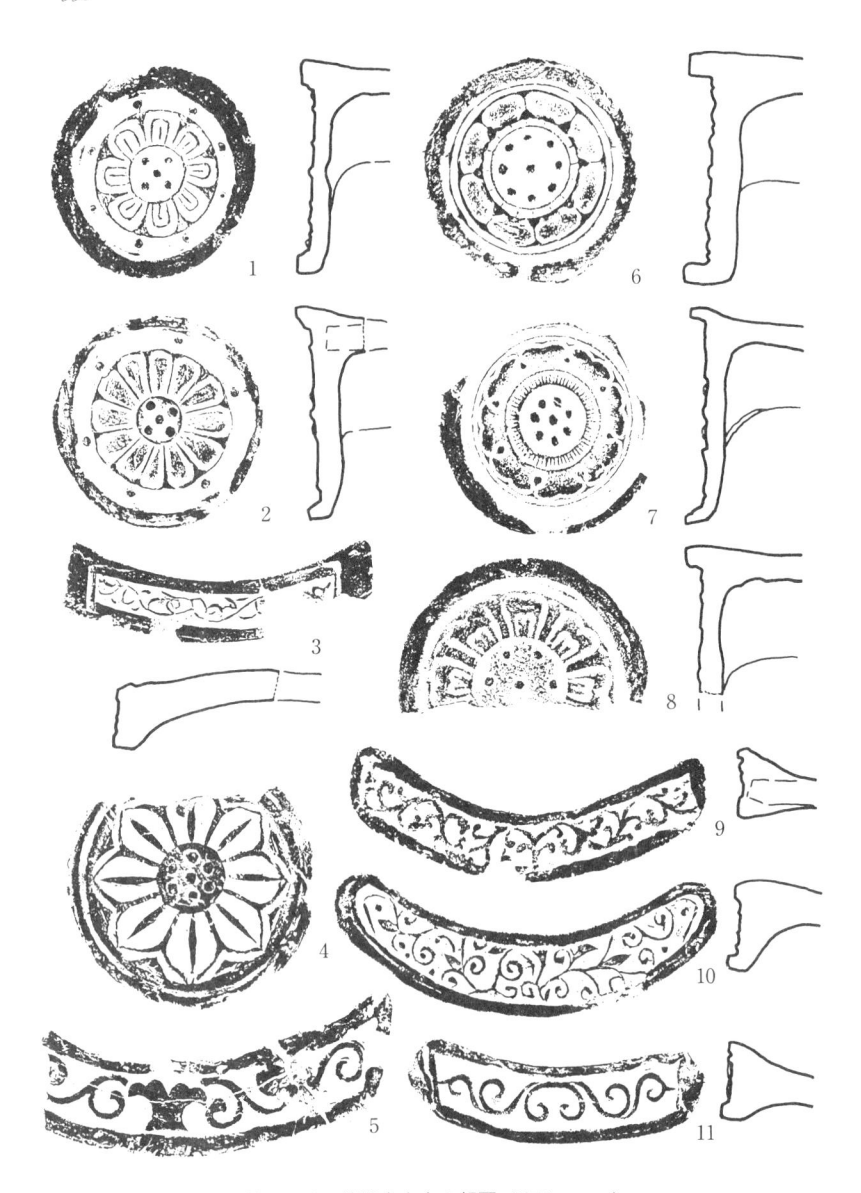

第160図　尊勝寺出土の軒瓦（縮尺 1：5）
1〜3 山城産、4・5 讃岐産、6〜11 播磨産

割りあてられた国は但馬・伊予・越後・若狭・播磨国であり、伊予がこの時期瓦窯を操業していたのかは不明だが、但馬・越後・若狭から水運で瓦を京都に運ぶには山陰道沿いの海岸をめぐって本州西端に行き、瀬戸内海を東進するルートしか考えられず、まずそのようなことは古代においてはありえない話であり、播磨国が1102年供養の尊勝寺全体の瓦を請け負うことになるのは自然のなりゆきであろう。

　尾張産の灰釉瓦については鳥羽東殿（安楽寿院）と仁和寺南院に集中していることが指摘されている[269]。安楽寿院は保延三年（1137）供養されたが、造営者の鳥羽上皇は、前代の道長・頼通と同じく御堂作事に関しては積極的な指図を行う人物であり、灰釉瓦を自ら指示した可能性は充分あるだろう。尾張の灰釉瓦は、12世紀前半から中葉にかけての当時の院政の中枢建物や皇室関連寺院からの特別の依頼に、尾張国司層が敏感に対応した結果[270]、搬入された瓦であろう。

　そして、比較的長期に操業した播磨・讃岐・丹波・尾張の瓦屋も、短期操業であった周防・備後・備中・備前・美作・伊予・土佐・阿波・淡路の瓦屋も中世まで継続した操業を行ってはいない。これは山城・大和以外、最大の生産量を誇った播磨においても、一般的な瓦の売買を行うことがあっても、大枠は造国制による京都向けの国衙工房の瓦生産を行い、国司の重任を得るという、古代国家体制の枠内での生産体系であり、政治権力が根本的に変革されるようになると、瓦生産の継続的な進展はなかったのである。

　山城における中央官衙系の瓦の生産は、13世紀になると栗栖野瓦窯以外の地に場所を変えて生産を続けているが、その最終形態である「大覚寺御所跡」第Ⅱ期瓦群の年代も13世紀中葉までであり、これ以降の古代的な残存形態は存続しなかったのである。これは承久の乱後の公家の勢力低下と無関係ではなかった。一方、大和と和泉・河内においては中世的瓦生産へと脱皮していく[271]。

註
(237)　向日市教育委員会『長岡京古瓦聚成』1987年
(238)　小沢毅「西大寺の創建および復興期の瓦」『西大寺防災施設工事・発掘調査報告書』1990年
(239)　網伸也「平安宮造営と瓦生産」『古代文化』第57巻第11号　2005年

332

(240) 網伸也「軒瓦に現れた平安遷都の裏方たち」『藤沢一夫先生卒寿記念論文集』2002年
(241) 財団法人古代学協会『西賀茂瓦窯跡』平安京跡研究調査報告第4輯　1978年
(242) 財団法人向日市埋蔵文化財センター『長岡京跡左京二条条間大路・東二坊大路』向日市埋
　　　蔵文化財調査報告書第65集　2005年
(243) 上原真人「前期の瓦」『平安京提要』角川書店　1994年
(244) 奈良国立文化財研究所「西寺僧坊跡の調査」『奈良国立文化財研究所年報1961』1961年
(245) 杉山信三「西寺跡発掘調査概要」『奈良国立文化財研究所年報1962』1962年
(246) 杉山信三「西寺跡第3次発掘調査概要」『奈良国立文化財研究所年報1963』1963年
(247) 山崎信二「東大寺式軒瓦について」『古代瓦と横穴式石室の研究』同成社　2003年
(248) 岡本東三「東大寺式軒瓦について─造東大寺司を背景として─」『古代研究』9　1976年
(249) 木村捷三郎『造瓦と考古学　木村捷三郎先生頌寿記念論集』1976年
(250) 木村捷三郎「出土瓦の考察」『大谷中・高等学校校内遺跡発掘調査報告書』1984年
(251) 近藤喬一編『平安京古瓦図録』1977年
(252) 京都市文化観光局・財団法人京都市埋蔵文化財研究所『栗栖野瓦窯跡発掘調査概報』1985
　　　年
(253) 星野猷二『塩沢家蔵瓦図録』2000年
(254) 前田義明「中期の瓦」『平安京提要』角川書店　1994年
(255) 木村捷三郎「仁和寺出土の緑釉瓦」『仏教芸術』115　1977年
(256) 財団法人京都市埋蔵文化財研究所『木村捷三郎収集瓦図録』1996年
(257) 長山泰孝『律令負担大系の研究』塙書房　1976年
(258) 松原弘宣「修理職についての一研究」『ヒストリア』第78号　1978年
(259) 星野猷二・宇佐晋一『器瓦録想』2004年
(260) 脱稿後、註記入の段階で、植山茂「平安時代中期の官瓦窯について」(『瓦衣千年』1999年)
　　　の論文に気付いた。同笵については、10年以上前に植山氏により指摘されていたわけであ
　　　るが、本文をそのままにしておくことをお許し願いたい。
(261) 九州歴史資料館『大宰府史跡出土軒瓦・叩打痕文字瓦型式一覧』2000年
(262) 福山敏男・大塚ひろみ「法成寺の古瓦」『仏教芸術』68　1968年
(263) 宗教法人平等院『平等院庭園保存整備報告書』2003年
(264) 上村和直「後期の瓦」『平安京提要』角川書店　1994年
(265) 上原真人「古代末期における瓦生産体制の変革」『古代研究』13・14　1978年
(266) 財団法人京都市埋蔵文化財研究所『南ノ庄田瓦窯跡』1998年
(267) 京都市文化観光局文化財保護課『法勝寺跡』京都市埋蔵文化財年次報告1074-Ⅱ　1075年
(268) 奈良国立文化財研究所『平城宮・伝飛鳥板蓋宮』奈良国立文化財研究所学報10　1961年
(269) 高橋美久二「坂根芳郎氏収集考古資料から（1）」『山城郷土資料館報第10号』1992年
(270) 柴垣勇夫「尾張における平安末期の瓦生産」『愛知県陶磁資料館研究紀要1』1982年
　　　柴垣勇夫「仁和寺とその周辺出土の尾張産瓦」『愛知県陶磁資料館研究紀要9』1990年
(271) 山崎信二『中世瓦の研究』雄山閣　2000年

第18章　復古瓦から中世的瓦生産へ
─大和の平安時代の瓦─

1　平安前期の瓦

　都が平安京に遷り、大和は政治的な中心から離れたが、東大寺・興福寺など
の古代寺院が勢力を残し、多くの建物の修造が行われ、それに伴う造瓦も奈良
時代の伝統を受け継ぐものであった。

　第一の例として、東大寺では789年造東大寺司が廃止され、造東大寺所がそ
の営繕事業を引き継いだが、そこでは次のような軒瓦を製作している。東大寺
の防災報告書[272]に331Ａ・Ｃ（第161図1・2）と番号付けられた軒平瓦では、
331Ａは主葉は単独で巻き込み、支葉は1箇所に集中しはじめるなど、主葉と
支葉が分離する。331Ｃでは、支葉の伸びが直線的となり、西寺出土の軒平瓦
と同じ傾向を示す。両者とも、平瓦部凹面に糸切り痕はなく、平瓦部凸面にタ
テケズリが顕著であり、製作法としては前代の造東大寺司下の造瓦所と同じく、
「粘土ブロック素材・削り粘土締め全形仕上げ法」（Ｂグループ）である。軒丸
瓦は6235Ｋと番号付けされた瓦が平安初期で、前代の丸瓦広端部凹面側を斜め
に切り落とす手法をやめて、丸瓦をそのまま接合している。

　第二の例として、川原寺の報告書[273]で751と番号付けされた軒平瓦（第161図
3）も、Ｂグループの製作法で作られている。

　第三の例として、平城京東三坊大路東側溝出土の瓦[274]は、出土木簡の年代
から天長七年（830）頃、官が介入する寺院（不退寺）の建設の可能性が指摘さ
れている。不退寺の創建瓦は、唐草文縁単弁13弁軒丸瓦と、5回反転の均整唐
草文軒平瓦の組み合わせで、軒平瓦の製作法は「糸切り素材・縄叩き全形仕上
げ法」（Ａグループ）である（第161図4）。

　第四の例として、法隆寺東院の瓦[275]である。創建時の法隆寺東院は主要建

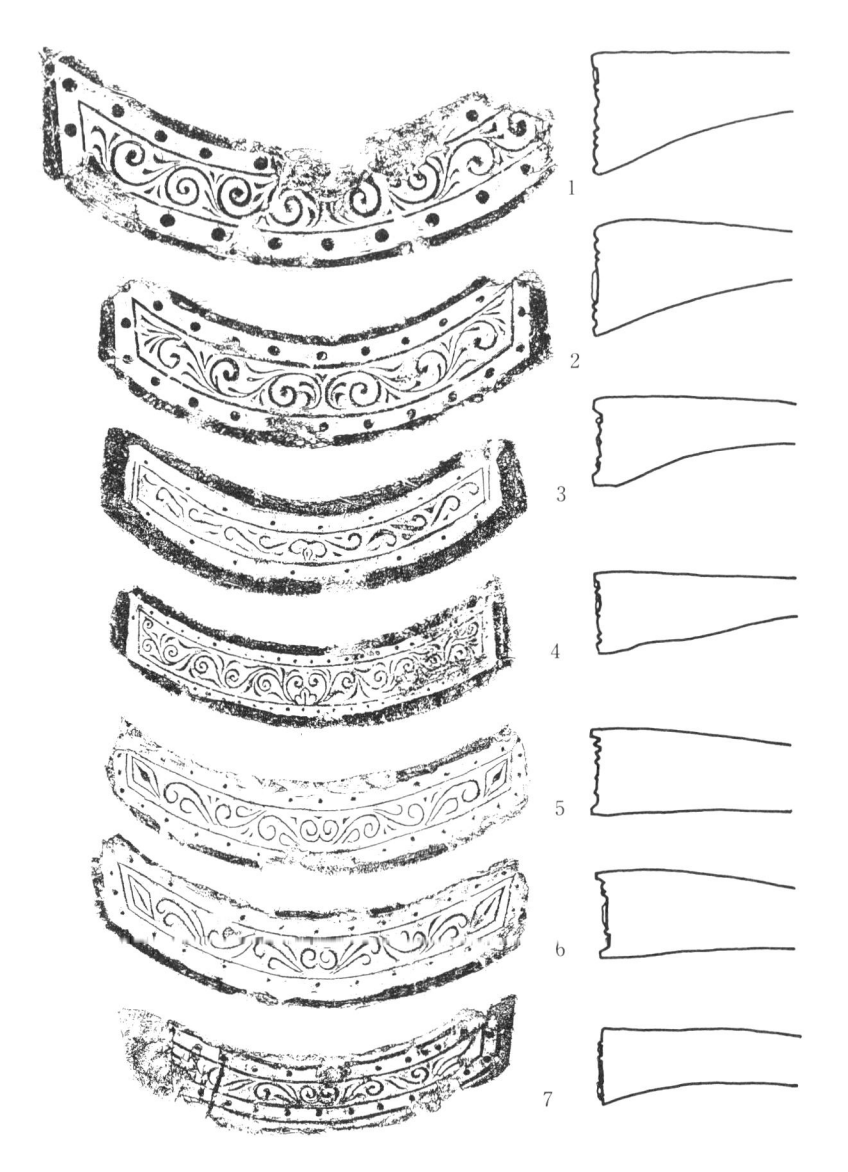

第161図　平安前期の軒平瓦（縮尺 1：5）

1・2 東大寺、3 川原寺、4 平城京一条三坊、5・6 法隆寺、7 興福寺

物が瓦葺きであったのに対し、回廊などは檜皮葺きであったが、貞観年間（859〜877年）に礎石建物に変えられている。この時期の軒平瓦は均整唐草文軒平瓦242Ａ（第161図5）で、凹凸面に糸切り痕が残り、凸面は縦方向のケズリで仕上げている。この軒平瓦は奈良末の信濃国分寺例や西隆寺出土6761Ａ第Ⅲ段階の軒平瓦と同じく、「糸切り素材・削り粘土締め全形仕上げ法」（Ｃグループ）の製作法で作られている。

　第五の例として、興福寺の瓦[276]である。まず先述の法隆寺東院出土軒平瓦と同じく、対向Ｃ字形の中心飾りをもつ軒平瓦（第161図7）で、元慶二年（878）僧坊焼失後の再建瓦と考えられるものなど、この時期の興福寺の軒平瓦は平瓦部凹面に糸切り痕を残し、凸面に縄叩き痕を残すもので、Ａグループの製作法で作られている。

2　平安中期の瓦

　大和における10世紀から11世紀前半代の瓦について述べよう。

　第一の例として、延喜十七年（917）東大寺の講堂・三面僧坊が焼失した時、造東大寺講堂使が設置され、再建された。平安時代の造東大寺所は、奈良時代の造東大寺司と異なり、封戸のみの収入によって運営されたため、規模も小さく、小規模修繕以上のことはできなかったため、今回の不測の事態に至った場合は、国からの臨時の支出と臨時的な造営組織の編成が必要であったことを示している。東大寺出土の複弁8弁軒丸瓦（第162図1）は、瓦当裏面の大部分に布目痕を残し、一本造りの軒丸瓦で、これは平安京の瓦の製作法の影響を受けたものとみてよい。この瓦は、講堂・僧坊周辺で多く出土[272]している。

　造東大寺講堂使による講堂再建方法は、平安京の木工寮と大和の東大寺所属の工人との意見を検討して決定されるから、木工寮所属の技官が派遣された場合は自然と両者の交流が行われ、瓦の文様は大和的で瓦の製作法は京都的となったのである。

　第二の例として、平安中期の興福寺の軒平瓦（第162図2）[276]は、平瓦部凹面に糸切り痕を残し、平瓦部凸面では広く観察できる例はないが、おそらく凸面に縄叩き痕を残すＡグループの製作法で作られたものであろう。

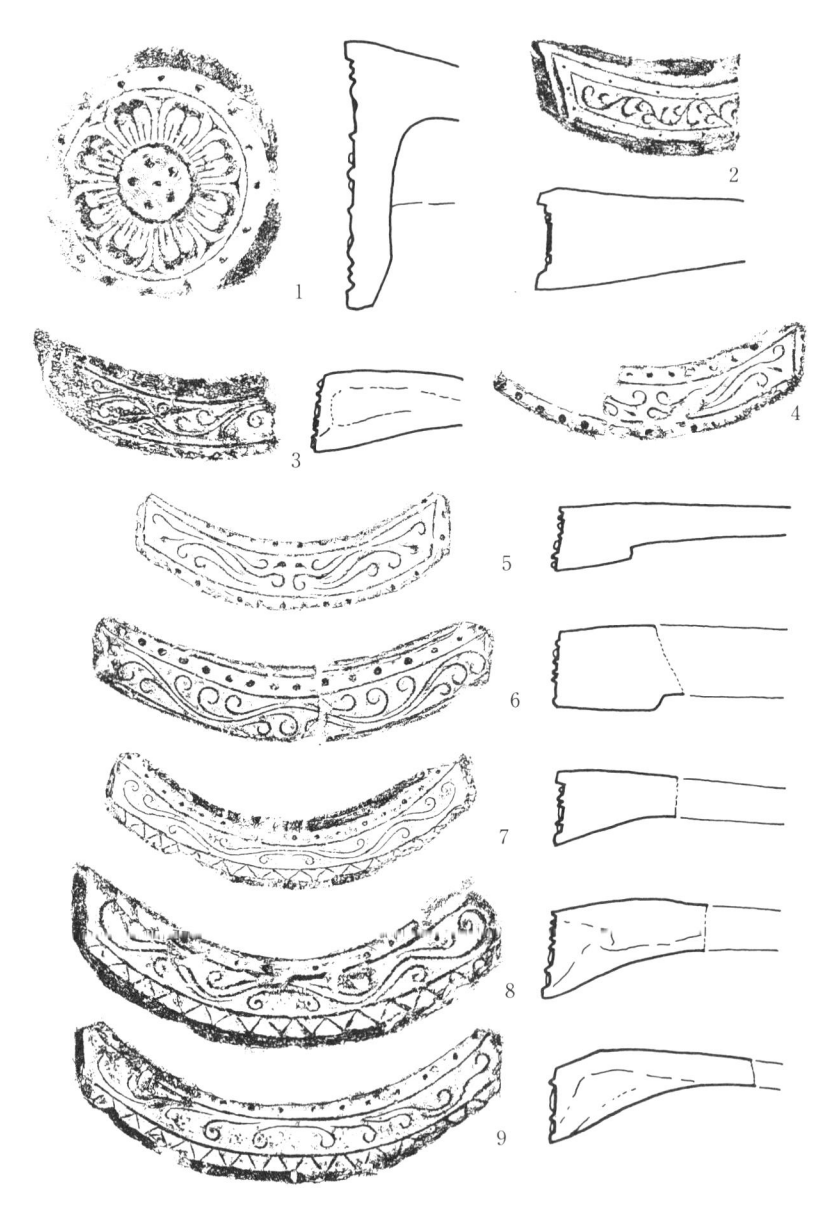

第162図　平安中期の軒瓦（縮尺 1：5）
1 東大寺、2 興福寺、3〜9 平城薬師寺

　第三の例としては薬師寺の瓦[277]である。天禄四年（973）に薬師寺伽藍が金堂・西塔を除いて焼亡した。奈良時代以降、南都諸大寺で伽藍の大部分が焼けたのはこれが初めてであり、再建は造寺国制によって、9箇国に建物の造営を分担させる制度で建造させた。しかし造寺国制は平安宮ほどの威力は発揮せず、最終的には寺側の努力によって完成したようである。この時の再建軒平瓦8種（第162図3〜9）には段顎のものや曲線顎のものがあるが、平瓦部凸面の斜めの縄叩き・無文叩きにおいて共通しており、全体としては天禄四年（973）焼失以後で、回廊が完成する11世紀初頭頃までの年代[278]と考えてよいだろう。これらの軒平瓦は、基本的にAグループの製作法で作られている。

　第四の例として、10世紀後半から11世紀初頭の法隆寺の瓦[279]があり、講堂再建の造瓦と金堂・塔修理の造瓦とで異なった様相がみられる。法隆寺講堂は延長三年（925）に焼失し、正暦元年（990）に再建されている。再建講堂に使用された瓦は複弁10弁軒丸瓦と均整唐草文軒平瓦の組み合わせで、軒丸瓦は瓦当と丸瓦部を接合する接合式、軒平瓦は凹面に糸切り痕、凸面に縄叩きを残すAグループの製作法によって作られている（第163図1・2）。

　一方、法隆寺金堂は10世紀末から11世紀初頭に、塔は11世紀前半に修理されている。この時の軒丸瓦は、複弁8弁軒丸瓦3種と、忍冬唐草文軒平瓦4種で、文様的には白鳳期の西院創建瓦の補足瓦として違和感のない、復古的な文様をもつものとなっている。製作技法では、軒丸瓦は一本造り（第163図3・4）であることが特徴である。一方、軒平瓦は凹凸面に糸切り痕が残り、平瓦部凸面をタテケズリによって仕上げるCグループの製作法によって作られている。

　平安時代中期においては、軒丸瓦の技法的な大勢は、平安時代前期と同様に瓦当と丸瓦を接合する接合式の技法をとるが、東大寺の講堂再建期（917〜935年）に一本造り軒丸瓦が出現している。この技法は法隆寺金堂・塔の修理瓦を作る際（995〜1020年）に再び採用されている。この法隆寺での造瓦技法を復原できるだけの充分な資料があるが、それは内型（型造り用の成形台）は木製とはとても考えられず、土を固めたものであろう[278]。平安京出土例で、土を固めた内型を想定した報告は、いまだなされていない。一つの范型を用いた軒丸瓦で複数例を観察でき、かつ瓦当裏面から丸瓦部へ続く布目が充分に観察でき、

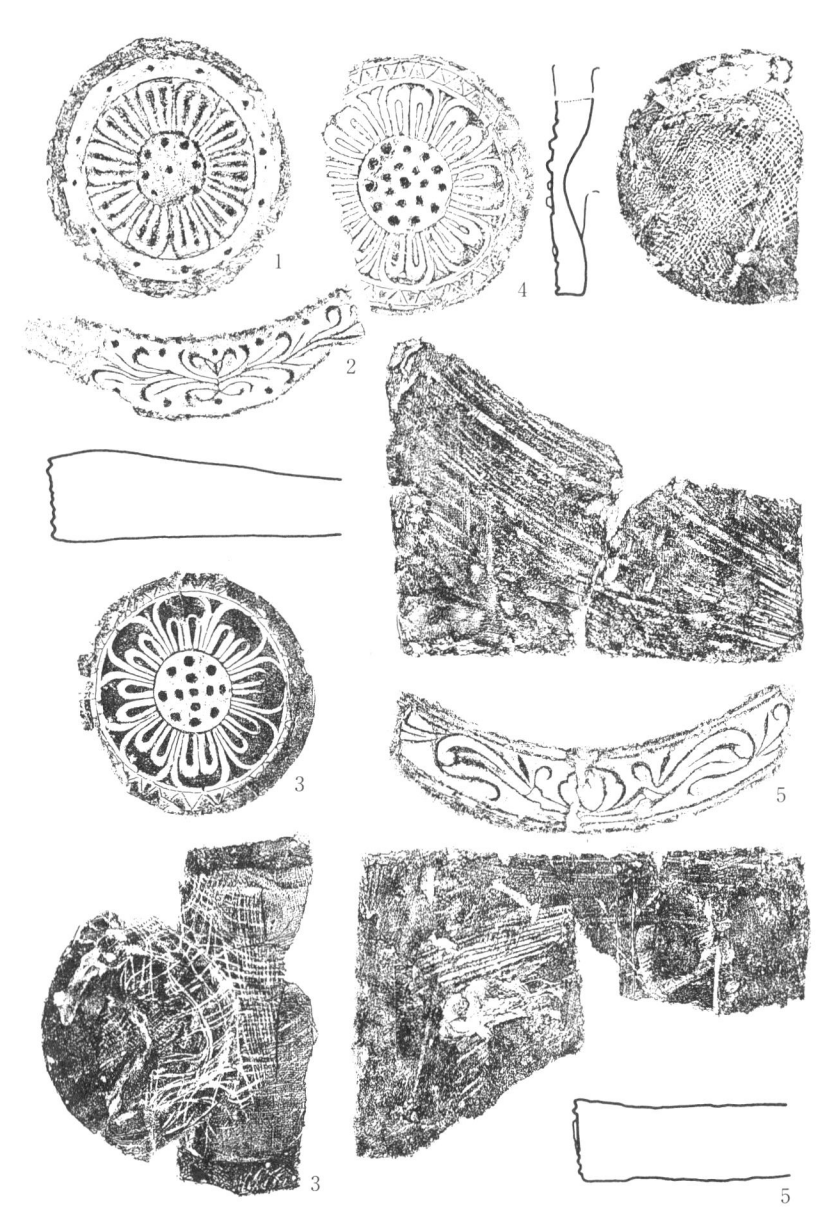

第163図　法隆寺の平安中期の軒瓦（縮尺 1：5）

丸瓦部の遺存状態がよいのは法隆寺例が最良と考えてよい。この技法が法隆寺独自のものか、平安京でも類似のものが存在するのかは将来の検討を待たねばならないだろう。いずれにしても、それに先行する東大寺の一本造り軒丸瓦は、平安京の一本造りの軒丸瓦の造瓦技法を受け入れたものと考えられる。

　次に軒平瓦であるが、これは平安中期を通じて文様的にも形態的にも復古的特徴が著しい。法隆寺においては金堂・塔の修理瓦は忍冬唐草文軒平瓦、即ち西院創建期の忍冬唐草文軒平瓦の模作であり、顎も創建時にあわせて直線顎となっている。そして、軒平瓦の技術的特徴は平瓦部凹面のみならず凸面にも糸切り痕が残り、軒平瓦の全形は最初の糸切りの段階で形作られていること、粘土を固く締め込む方法は主として平瓦部凸面のタテケズリによって行われていることであり、先行する平安時代前期の軒平瓦と共通している。

　一方、薬師寺天禄焼失後の再建軒平瓦は均整唐草文軒平瓦と偏行唐草文軒平瓦を複合したような文様構成で、上外区に珠文、下外区に線鋸歯文を配するものが多く、本薬師寺創建の偏行唐草文軒平瓦を意識したふしが認められる。この本薬師寺・平城薬師寺創建軒平瓦は白鳳期のものでは段顎であり、天禄焼失後の再建軒平瓦8種のうち、段顎5種、曲線顎4種で、軒平瓦236のみ段顎と曲線顎（第162図3）の両者がある。ただ236の段顎のものは天禄以前に遡る可能性が高いから、一応范の種類によって段顎と曲線顎に分かれているとみてよい。そして段顎の作り方は、まず、曲線顎を斜め縄叩きで作り、その後切り込みを入れて段顎を削り出す手法をとる（第162図4・5）。つまり基本的な製作技法は同一であり、整形の最後に曲線顎として仕上げるか、段顎として仕上げるかの差だけである[278]。このグループの軒平瓦が、大和の平安時代全体の軒平瓦の中で意味があるのは第162図9などにみられるごとく、軒平瓦の平瓦部凹面に糸切り痕があると共に、重ね合わせた下段の粘土にも糸切り痕を残し、糸切り痕のある粘土を2枚合わせていることである。これは平安時代後期の平瓦部をほぼ均一の厚さに切り取り、段顎部を貼りつける軒平瓦とは異なるけれども、例えば法隆寺では平安時代前・中期を通じて、軒平瓦の平瓦部の凹凸面を糸切りしてあらかじめ全形を形作っていたのである。これは瓦当部を厚くしようとすると、平瓦部も相当分厚くしなければならず、融通性のない相当無理のある造瓦技法と言わざるをえない。興福寺では中期の前半では法隆寺と同じく

平瓦部凹凸面に糸切り痕を残し、顎部粘土を貼りつけてはいなかったが、中期Ⅱなると顎部に別粘土を加えて軒平瓦を作るようになっている。

このように薬師寺に始まり、興福寺において顎部に別粘土を加えて、瓦当部を分厚くする方法が中期Ⅱの末頃に行われた。これによって、軒平瓦の平瓦部を薄くしようと思えば、均一に薄くできる手法は獲得できたのである。

3　平安後期の瓦

永承元年（1046）十二月の興福寺の火災は、西金堂・中金堂・回廊・中門・南大門・講堂・三面僧坊・鐘楼・経蔵・食堂・東金堂・南円堂を焼き尽くし、伽藍の大部分が焼失した。この時の再建は早く、ただちに興福寺再建のことが廟議にのぼり、永承三年（1048）三月に中金堂が落慶供養されている。このような再建の異常な早さは、興福寺が藤原氏の本家氏寺で、当時は藤原頼通の絶頂期にあったからである。この際の造瓦に関しては『造興福寺記』にくわしく、また興福寺食堂(276)における発掘で、永承の焼土と治承の焼土との間に間層を挟み、間層および治承の焼土から出土した瓦の年代を1046〜1180の間とする基準を得ている。

『造興福寺記』によると、はじめ興福寺以外の瓦屋で借用する候補にあがったのが五寺八箇所であるが、五日後までに東大寺と大安寺の二寺が候補から落ち、また春日神社の鳥居の南の瓦窯を掘り出し瓦屋を建てたことが記され、その後元興寺も落ち、最終的に残ったのは「法隆寺薬師寺本寺幷鳥居等瓦屋」であった。これは大和の瓦生産の平安時代中期末から後期初頭の状況を端的に示している記述であると思う。つまり、南都諸大寺において平安時代前・中期および後期初頭の瓦がある程度出土するのは法隆寺・薬師寺・興福寺なのであり、東大寺・大安寺・元興寺は平安時代のごく一時期しか造瓦を行ったことがないことを示しているのである。だから、興福寺金堂用の瓦を急に作るための対応が東大寺・大安寺・元興寺ではできなかったのである。そしてもう一つの奈良時代の大寺である西大寺の瓦屋は、候補にすらあがっていない。これは、平安時代前・中期には全く瓦を焼成しなかった事情を反映しているのである。

そして法隆寺・薬師寺瓦屋についての記述では、興福寺別当と造寺長官が薬

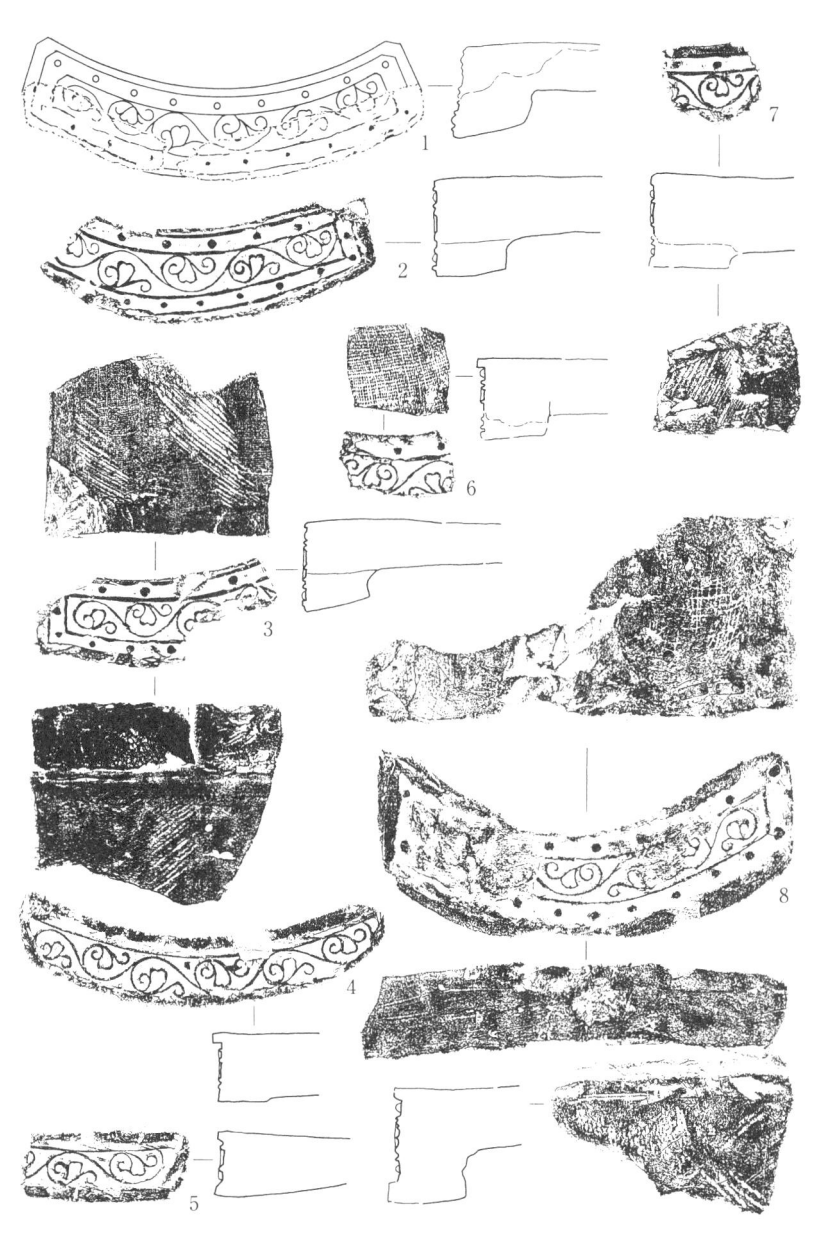

第164図　平安後期初頭の軒瓦（縮尺 1：5）
1 平等院、2・3 薬師寺、4 法成寺、5 大安寺、6・7 興福寺、8 法隆寺

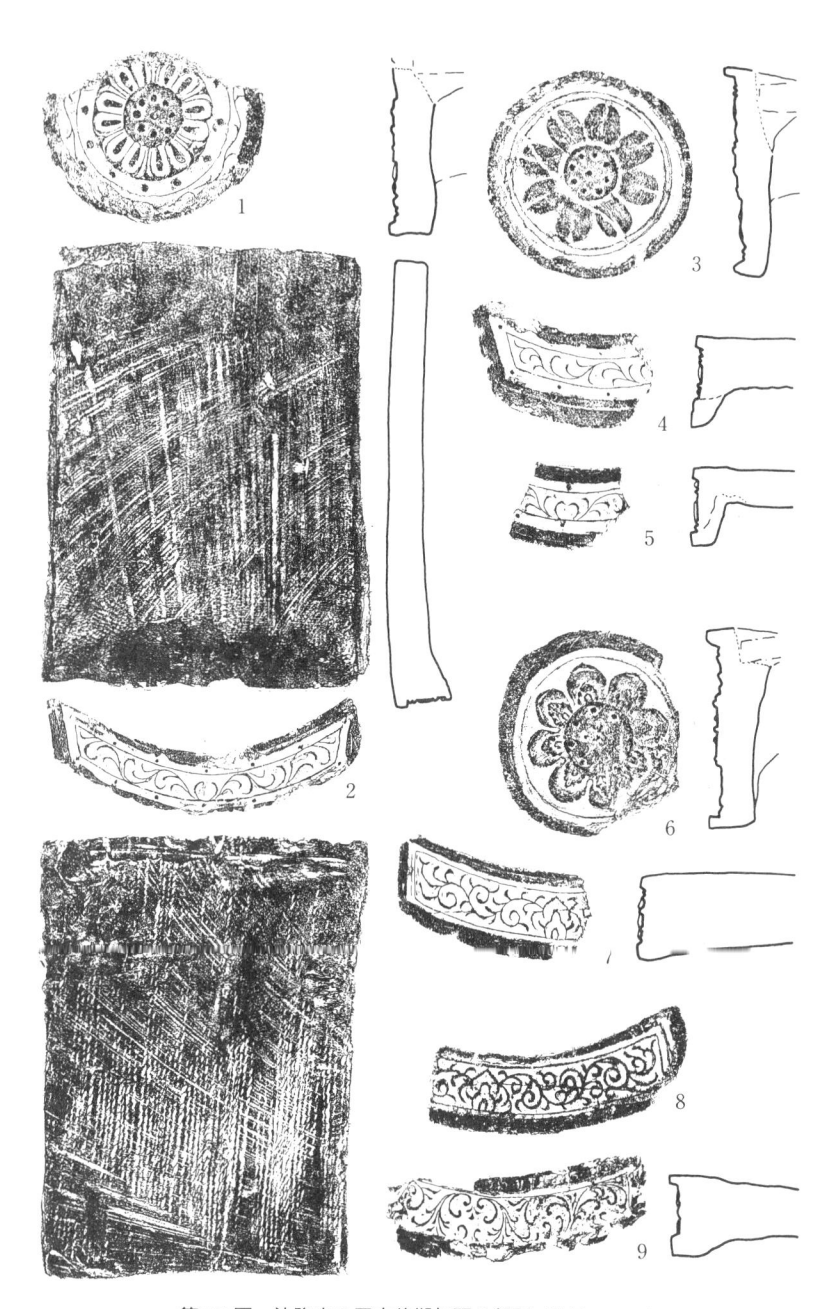

第165図　法隆寺の平安後期初頭の軒瓦（縮尺 1：6）

師寺瓦屋で瓦を検査して、はなはだ華麗で神妙と評価し、工等を召して賞与を与えている。ついで法隆寺にまわると、この瓦はすこぶる疎略と評価し、工長貞空法師を呼んで譴責を加えている。興福寺別当と造寺長官とが、どのような点で華麗とか疎略とか言ったのか、主観的な話で厳密にわかるわけはない。ただ、瓦の研究者として、中期末から後期の初めにかけての三つの瓦屋の製品が区別できるかどうかは明らかにする必要がある。

　薬師寺瓦屋の軒平瓦は、顎部と平瓦部凸面との段差が1.5cm前後あり、深い段顎で、顎はりつけの技法をもつ。顎部と平瓦部の境目に、指による強いヨコナデつけが行われているのを特徴とする。ただ、薬師寺瓦屋産の製品は100%指による強いヨコナデつけが行われているのではなく、製品の半数程度であろう。この強いヨコナデつけがない場合の薬師寺瓦屋産の製品は興福寺瓦屋産の製品と区別するのがむずかしい。なお、少数だが直線顎の軒平瓦もある。段顎・直線顎にかかわらず、平瓦部の厚さは2.5〜3.5cm程度である。

　興福寺瓦屋の軒平瓦は、顎部と平瓦部凸面との段差が1.5cm前後ある深い段顎であり、顎はりつけの技法をもつ。

　法隆寺瓦屋の軒平瓦は、まず均等唐草文軒平瓦246-Ⅰ・Ⅱ段階（第165図2）では平瓦部凹面に糸切り痕をもち、段顎ではなく、直線顎か直線に近い曲線顎である。平瓦部の厚さは4cm前後で、時に5cmを超えるものがある。軒平瓦の全形を糸切りで形作ってから横から范型を打ち込むという平安前・中期の特徴をまだ保っている。ところが軒平瓦246-Ⅲ段階（第165図4）や宝相華唐草文軒平瓦228A（第165図9）においては、段顎となり顎はりつけ（顎部粘土を付加するが、折り曲げも少し入る）となっており、顎部に粘土を付加して、横から范型を打ち込むという平安後期のやり方に変化している。おそらく興福寺造瓦の一件で、少し製作法を変えたのであろう。ただ平等院出土の法隆寺産瓦[280]をみると、直線顎が多い点は変わっていないようである。なお、この時期の法隆寺軒平瓦の大部分には、平瓦部凸面に縄叩き痕を残すが、同時期の薬師寺・興福寺の軒平瓦では縄叩き痕を残すものは少ないことも法隆寺瓦の特徴といえよう。

　永承の再建から12年後に、興福寺中枢部は再び焼失する。『康平記』では、

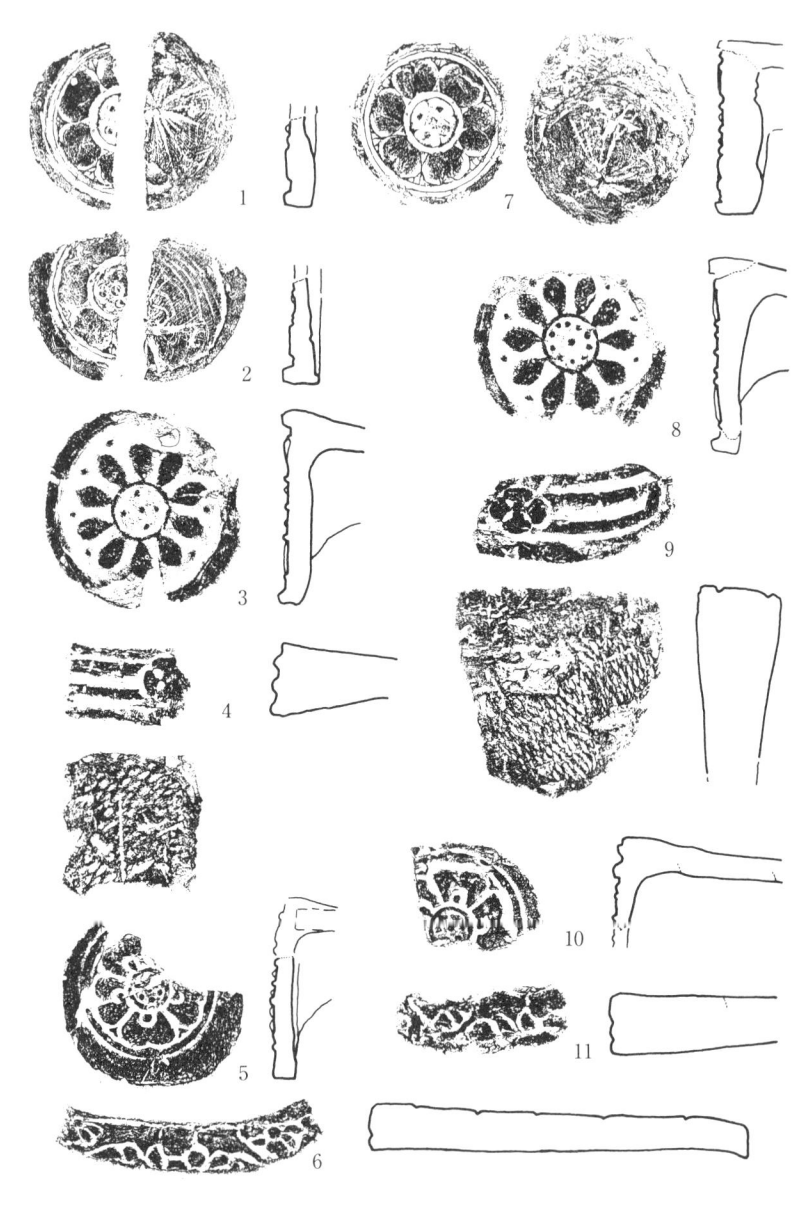

第166図　運ばれた興福寺の瓦と生産地の瓦（縮尺 1：6）
1～6 興福寺、7 美作国府、8・9 阿波国分寺、10・11 備後鎌山窯跡

康平三年（1060）五月五日条に、興福寺「寺家焼亡。金堂幷回廊。中門。維摩堂。三面僧房為灰燼」とあり、金堂・回廊・中門は焼失した。この時の再建について記すものは、藪中五百樹氏[281]によると、『興福寺流記』にある「京極殿御時」「金堂七間　各一間。播磨国西妻一間。幷堂層。伊予。美作。丹波。讃岐。備中。近江。南大門　五箇国。西堂　九箇国。」であるとする。再建供養は治暦三年（1067）に行われた。これによると、康平火災後に金堂の造営を命じられたのは播磨・伊予・美作・丹波・讃岐・備中・近江の７箇国になるが、これは永承の火災後に金堂の造営を命じられた７箇国と同じ国である。興福寺は14年後に再び焼失したわけで、このような短い年の間にあれば、全く同一の国に分担を命じるのはしばしばあることで不思議ではない。とすると、永承被災時の南大門の再建は但馬・備前・備後・周防・阿波の５箇国が分担したのであり、治暦再建時にも同一５箇国が分担した可能性は高い。

　永承再建時には、金堂再建を命じられた７箇国は本国において瓦を焼いて納入することを望んだのであるが、造寺長官藤原資仲は南都の諸寺の瓦屋で焼かせ、７箇国が経費を負担する方式を採用させたのである。しかし14年後の焼失・再建では本国で瓦を焼いて納入することが実現したようである。これまでの発掘で得られた瓦の分析からいうと、金堂では播磨産・美作産の瓦が出土しているが、伊予・丹波・讃岐・備中・近江の瓦は未確認である。即ち神戸市神出窯田井裏支群・老ノ口支群出土の楕円文縁複穽８弁軒丸瓦・半截花文軒平瓦と同笵・同文瓦は興福寺中金堂で出土し[282]、美作国府出土[283]の単弁６弁軒丸瓦（一本造り軒丸瓦）と同笵瓦（第166図１・２）は興福寺回廊で出土している。一方、南大門周辺では、阿波産[284]・備後産[285]の瓦が出土しているが、但馬・備前・周防の瓦は未確認である。即ち阿波国分寺出土の単弁10弁軒丸瓦・中央花文重郭文軒平瓦（第166図８・９）と同笵瓦は興福寺南大門で出土し（第166図３・４）、福山市鎌山窯跡・小山池廃寺出土の単弁５弁軒丸瓦・半截花文軒平瓦（第166図10・11）は興福寺中門・回廊で出土している（第166図５・６）。

　これら金堂７箇国、南大門５箇国のうち、播磨・美作産、阿波・備後産の瓦は確認できるわけだが、他の８箇国は未確認である。このうち、丹波・讃岐・備中・備前の瓦は将来出土するのではないだろうか。また、同笵例は確認できないが、備前産と思われる瓦はすでに出土している。瓦納入の仕方にはさまざ

まな形態があると考えられるから、これら12箇国の瓦がすべて揃わなくてもよいとも言えるだろう。これも、これからの諸国の瓦の発見によって明らかになることである。そして興福寺と同笵の諸国産のものとして、美作は美作国府、阿波は阿波国分寺、備後は備後国分寺と小山池廃寺（備後国分尼寺）から出土していることからみても、上原真人氏[286]が早くから指摘しているように、その窯が国衙の管理下にあることを示しているのである。そしてさらに言えば、これらの瓦を焼いた各地の窯の操業者は、恒常的には日常雑器を焼いていたのであるが、突然の瓦製作の命令によって、瓦を臨時的に作ったと考えられる。そのため軒平瓦はかなり複雑な作り方をしており、美作産の軒平瓦、阿波産の軒平瓦、備後産の軒平瓦のいずれとも、私は製作工程を充分に明らかにすることはできなかった。この製作工程の解明も、これから追求すべき課題といえる。

1067年以降1090年頃にかけて、興福寺と薬師寺の軒平瓦の変遷は段顎から丸みをもった曲線顎へと変化しているが、軒平瓦の平瓦部の薄さ（即ち瓦全体の軽量化）の点では、興福寺瓦屋のほうがより改良を加えている。これは南都で最も京都の風を採り入れやすい藤原氏の氏寺という立場であったからである。

平安後期の南都の瓦は多量に京都に運ばれているが、どの瓦屋産のものが多いか検討を加えてみよう。平安宮真言院[287]（1975年調査）では軒丸瓦3種・軒平瓦4種が大和産の瓦と確認でき（第167図）、軒丸1は薬師寺・大安寺・興福寺と同笵、軒丸2は薬師寺・興福寺例と同笵で、軒丸3の類例は薬師寺・興福寺にある。軒平4は薬師寺・西大寺例と同笵、軒平5は薬師寺・興福寺・唐招提寺と同笵、軒平6は薬師寺・興福寺例と同笵、軒平7は法隆寺例と同笵である。これらの軒瓦はいずれも1040～1067年頃のものであり、大部分が薬師寺・興福寺と同笵関係にあるが、1点法隆寺と同笵のものがある。軒平6では、薬師寺出土例に、薬師寺瓦屋産特有の強いヨコナデつけを加えるものがあるので、この軒平瓦は薬師寺瓦屋で製作したものと考えている。とすれば軒丸1・2・3と軒平4・5・6の6点は薬師寺瓦屋産のものと考えてよいだろう。

次に平安宮大極殿（1975年調査）[288]では、軒丸瓦2種、軒平瓦2種が大和産の瓦と認定でき、軒丸2は興福寺例と同笵、軒丸1の類例は興福寺にある。軒平3の類例は興福寺・薬師寺にあり、軒平4は薬師寺例と同笵である。興福寺瓦屋産のものと、薬師寺瓦屋産のものが混在している。

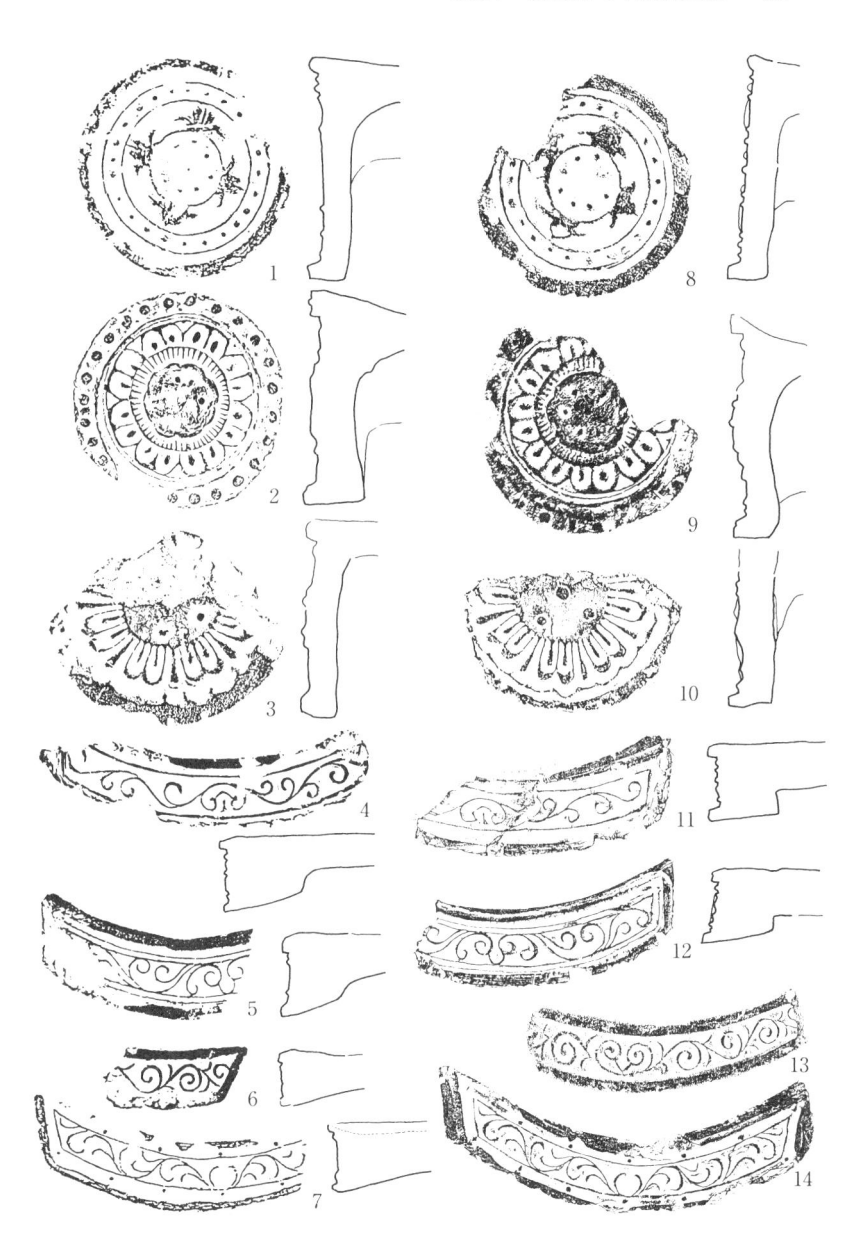

第167図　平安宮真言院と大和の瓦（縮尺 1：5）
1～7 平安宮真言院、8～13 平城薬師寺、14 法隆寺

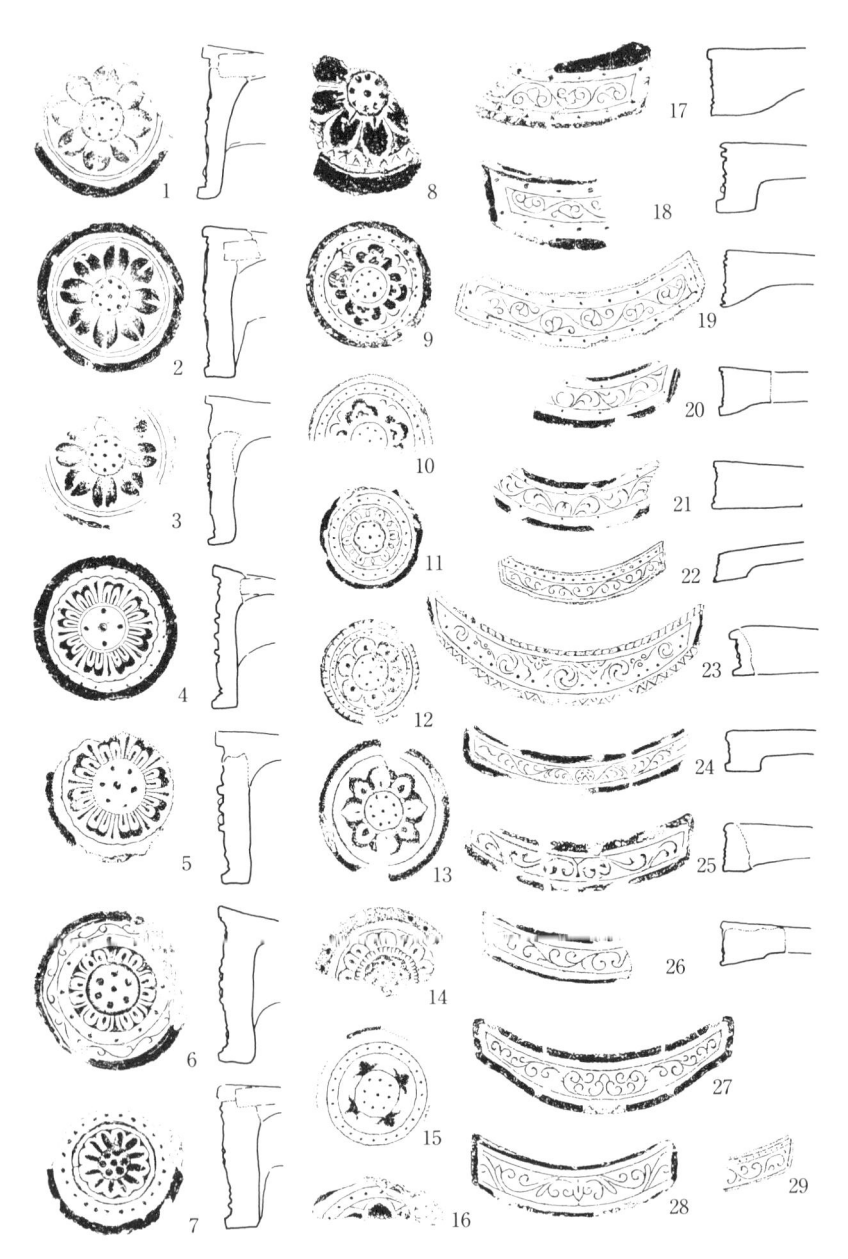

第168図　平等院出土の大和産軒瓦（縮尺 1：8）

　平等院[280] では、軒丸瓦17種、軒平瓦13種が大和産の瓦と認定できる（第168図）。軒丸 1 ～ 3 ・ 6 ～ 8 は法隆寺と同笵、軒丸 9 ～16は薬師寺と同笵、軒丸 4 ・ 8 は興福寺と同笵であり、軒平18・20・21は法隆寺と同笵、軒平17・19・22～25は薬師寺と同笵、軒平17・25・26～28は興福寺と同笵であり、薬師寺・法隆寺・興福寺瓦屋産のものが混在している。

　法金剛院[289] では、軒丸瓦 1 種、軒平瓦 7 種が大和産の瓦と認定できる（第169図）。軒丸 1 は興福寺例に酷似し、軒平 2 は興福寺食堂例と同笵、軒平 3 ・ 4 は興福寺大湯屋例と同笵、軒平 5 は不明、軒平 6 ～ 8 は興福寺食堂例と同笵、軒平 9 は興福寺大湯屋例と同笵である。年代はすべて平安時代後期後半（1090～1180年）である。法金剛院は大治五年（1130）に建立され、瓦葺き建物としては長承四年（1135）に北斗堂、保延二年（1136）に三重塔・経蔵が、そして保延五年（1139）に三昧堂が建立されたことが知られ、これらの軒瓦は年代が1130年代にあることを示している。そして軒平 5 のみ興福寺で出土していないが、将来発見できることはまず間違いないと思われ、基本的にすべて興福寺と同笵関係にある。というより、これらは興福寺の瓦そのものであって、要するに1130年代の興福寺瓦屋産の製品を一括して法金剛院に運び込んだとみてよい。

　以上からみると、平安後期の前半における南都産の瓦は、薬師寺瓦屋産のものを主体として、興福寺瓦屋産と法隆寺瓦屋産のものが若干これに加わる形で、京都に搬入されたとみてよいだろう。平等院供養が永承七年（1052）であることからみて、『造興福寺記』永承二年の造瓦だけでなく、「華麗なり」と賞された薬師寺瓦屋は、興福寺以外の平等院そして法成寺新堂（永承五年供養）、さらに平安宮大極殿（康平二年焼失、延久四年落成）などにも瓦を供出したとみられる。そして、これ以後の薬師寺の軒瓦にも、興福寺・西大寺・大安寺・元興寺・法勝寺などと同笵関係が認められるのであるから、永承二年の興福寺再興に際しての造瓦に賞を賜ったことが契機になって、これ以後、薬師寺瓦屋は大和の造瓦を代表する瓦屋として、脚光をあびることになったのだろう。

　したがって、薬師寺家の造瓦が必要でない時にも、他寺へ瓦を供出する体制がなかば継続的に行われるようになれば、それは寺家に属しているとはいえ、なかば寺家から独立する条件は整ってきたといえる。『造興福寺記』によると、瓦が疎略であると譴責された法隆寺の造瓦組織は、瓦工長貞空法師と瓦工から

350

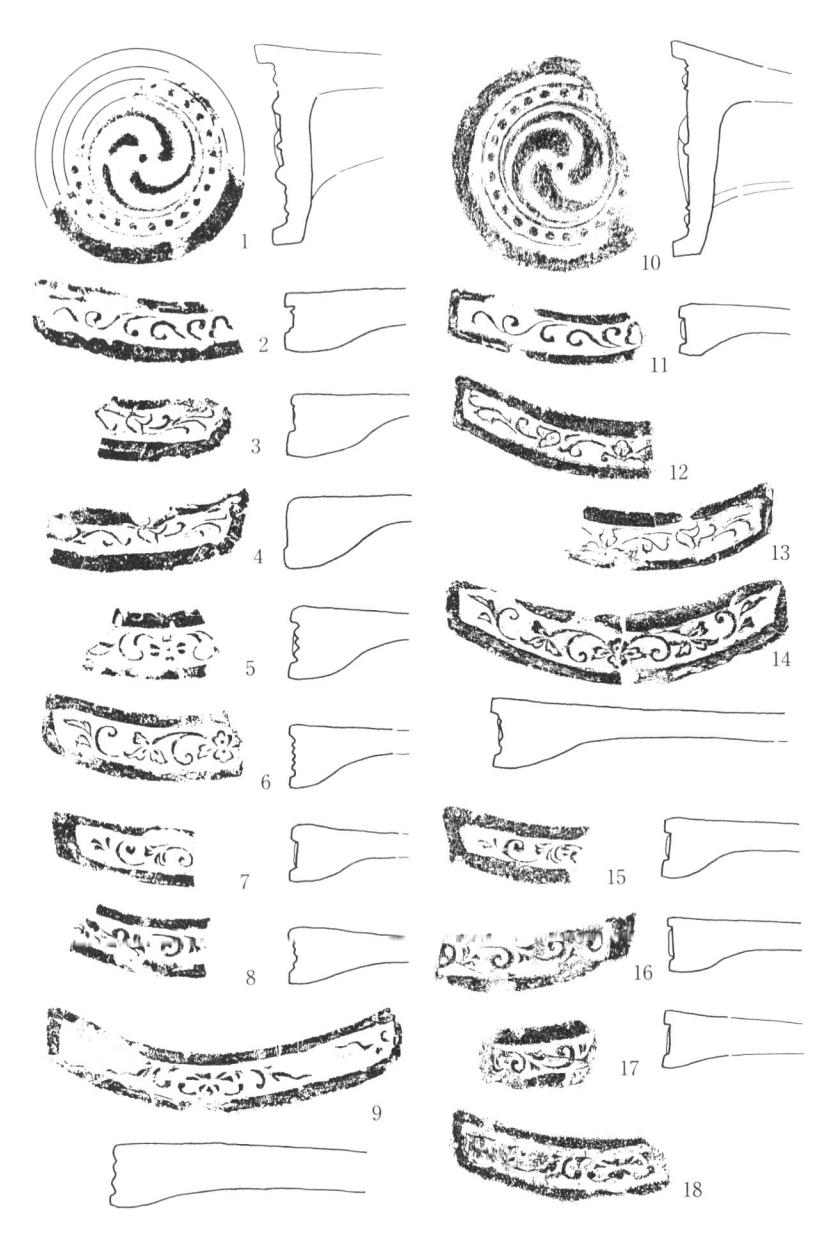

第169図　法金剛院と興福寺の瓦（縮尺 1：5）
1 〜 9 法金剛院、10〜18 興福寺

なり、瓦工たちは国役が多く、臨時雑役の免除を願い出ている。永承以降12世紀中葉まで、法隆寺別当は興福寺出身者が歴任しており、法隆寺は興福寺の意向を強く拒否できない立場にあった。法隆寺の瓦工たちは、臨時雑役の免除を願い出なければ瓦生産を行いえないほど、国と寺家と藤原氏（興福寺）との錯綜した支配形態に置かれていたとみられる。

　これに対し薬師寺は「工等」とだけあって、瓦工長として寺家の僧侶が存在したか疑問であり、寺家の僧侶とは切り離された瓦工たちが、平安中期Ⅱの薬師寺再建の過程で成長してきたものではないだろうか。ここになかば寺家から独立しはじめた工人たちの萌芽をみることができよう。

　しかし平安時代後期後半になると、薬師寺瓦屋の製品は京都ではほとんどみることができなくなる。この時期薬師寺瓦屋に代わったのは興福寺瓦屋の製品であり、法金剛院での一括品、平安宮会昌門や仁和寺南殿での興福寺瓦屋の製品が知られる。興福寺瓦屋は軒平瓦の平瓦部を薄くするという軽量化に成功しており、それが京都の人に好まれたのであり、改良の努力が実ったと考えてよい。しかし興福寺では薄い平瓦部の軒平瓦と共に、重厚な厚さの軒平瓦も同時に作っており、融通性のきく技法が売り物であったといえよう。おそらく平安時代後期後半（1090〜1180年）の間に、興福寺瓦屋は組織的な変貌を徐々にとげていったに違いない。

　大和における平安時代の瓦工は、寺家に属する寺工であり、寺を領主とする隷属民であり、荘園制的身分の中で生活していたと考えられる。しかし、平安末期には、荘園内で寄進名主のような独立性の高い荘民があらわれたように、瓦工、特に興福寺瓦屋の瓦工たちは、奴隷的隷属性から脱しはじめ、次第に興福寺家からの俸禄の度合が少なくなり、ただ荘園制的身分関係に身を寄せたなかば独立的な工人としての性格をもつようになると考えられる。おそらくこの萌芽は平安時代後期前半の薬師寺瓦屋にあり、後期後半の興福寺瓦屋の中で進展したと考えられるが、恒常的な職人としてさらに成長するためには、職場を獲得しやすい寺家になお身を寄せる必要があった。

　興福寺の治承の兵火(1180)後の再建[290]では、北円堂造営の工人組織において、木工の組織では木工－引頭－長－連と組織が分化しているのに、瓦工は瓦造大工のみの記述であり、瓦造大工1人と、あとは臨時雇用の工人とによる組

み合わせと考えられる。これは『造興福寺記』の法隆寺における「瓦工長貞空法師」「法隆寺瓦工」とどう違うのかといえば、貞空法師は生活の主体は僧侶なのであり、瓦工長の役割は臨時的なものなのである。また薬師寺瓦屋は「工等」であって、工長はいないのである。

　以上からみると、大和における瓦生産の古代と中世を画する主要な差は、「瓦大工」の出現に中世的特質が認められるのであり、それは瓦工人の専業化でもある。中世の瓦生産を職人による瓦生産と規定すれば、その製作方法および新たに考案した手法が次世代に伝達されるのは当然である。この中世における瓦生産技術の伝達は、瓦の各細部において、明確な年代的特徴を表現させることになる。このような製品の規格化の進展と共に、鎌倉時代を通じて「瓦大工」は寺家から次第に独立していくものと考えてよい。

註

(272)　奈良県教育委員会『東大寺防災施設工事・発掘調査報告書　発掘調査篇』2000年

(273)　奈良国立文化財研究所『川原寺発掘調査報告』奈良国立文化財研究所学報第9冊　1960年

(274)　奈良国立文化財研究所『平城宮発掘調査報告VI―平城京左京一条三坊の調査―』奈良国立文化財研究所学報第23冊　1975年

(275)　国立博物館『法隆寺東院に於ける発掘調査報告書』1947年

(276)　鈴木嘉吉・坪井清足『興福寺食堂発掘調査報告』奈良国立文化財研究所学報第7冊　1959年

(277)　奈良国立文化財研究所『薬師寺発掘調査報告』奈良国立文化財研究所学報第45冊　1987年

(278)　山崎信二「大和における平安時代の瓦生産（再論）」『古代瓦と横穴式石室の研究』同成社　2003年

(279)　毛利光俊彦・佐川正敏・花谷浩『法隆寺の至宝　瓦』昭和資財帳15　1992年

(280)　宗教法人平等院『平等院庭園保存整備報告書』2003年

(281)　藪中五百樹「平安時代における興福寺の造営と瓦」『仏教芸術』194号　1991年

(282)　上原真人「院政期播磨系瓦屋の成立年代とその背景（要旨）」『第5回京都府埋蔵文化財研究会発表資料集』1997年

(283)　津山市教育委員会『美作国府跡』津山市埋蔵文化財発掘調査報告第50集　1994年

(284)　徳島市教育委員会『歴史時代の徳島市―阿波の古瓦―』1982年

(285)　福山市教育委員会『福山市文化財年報　昭和57年度』1983年

(286)　上原真人「瀬戸内海を渡ってきた瓦」『大阪湾をめぐる文化の流れ』帝塚山考古学研究所　1987年

(287)　京都市文化観光局文化財保護課『京都市埋蔵文化財年次報告1975』1976年

(288)　古代学協会『平安宮大極殿跡の発掘調査』1976年

(289)　中谷雅治「法金剛院境内出土の古瓦」『埋蔵文化財発掘調査概報』京都府教育委員会　1970年

(290)　『具注暦裏書』　田辺泰・渡辺保忠「中世―建築生産」『新訂建築学大系』4　彰国社　1968年

第19章　総　括
―平瓦製作技法からみた古代東アジア造瓦技術の流れ―

1　はじめに

　これまでに論じてきたことを、今一度、平瓦の製作法という視点から総括しておきたい。平瓦の製作法については、1972年の佐原真氏の論考[291]「平瓦桶巻作り」が最も基本的な論文であり、観察点を39項目あげている。古代東アジアにおける平瓦製作法の流れを概観してみると、「桶巻作り」以前の段階と以後の段階を区分することが必要であり、さらに佐原氏があげた項目のうち、桶が「無柄非開閉式桶」か「有柄開閉式桶」かの視点、また粘土素材が「粘土板桶巻作り」か「粘土紐桶巻作り」かの視点が重要である。

　朝鮮半島の平瓦製作法についての重要な指摘をした論考は、1993年の崔兌先氏の「平瓦製作法の変遷に対する研究」[292]であり、崔氏はそこで、「模骨桶」=「有柄開閉式桶」と「円筒桶」=「無柄非開閉式桶」に分類し、三国時代の高句麗・百済地域は「模骨桶」であり、統一新羅時代以降は「円筒桶」をもちいるようになること、新羅地域では初期の段階から「円筒桶」を用いていたと思われることを指摘した。一方、佐川正敏氏[293]は、中国の軒平瓦について、「粘土紐桶巻作り主体の可能性」を早くから指摘していた。

　中国・朝鮮・日本の平瓦製作技法の相互関係を検討するには、「桶巻作り」以前の段階の平瓦（A型）、円筒桶で粘土紐桶巻作り平瓦（B型）、円筒桶で粘土板桶巻作り平瓦（C型）、模骨桶で粘土紐桶巻作り平瓦（D型）、模骨桶で粘土板桶巻作り平瓦（E型）の5分類が最も有効であると考える。

2　「桶巻作り」以前の段階の平瓦

　中国の瓦は西周早期（前11世紀中葉～前10世紀中葉）に遡るが、その製作技法は泥条盤築技法による粘土円筒を縦に4分割[294]したものである。この泥条盤築技法（A型）から、「桶巻作り」平瓦へと変化した年代は、厳密には不明だが、櫟陽宮出土の丸瓦部に布目痕を有する軒丸瓦の年代が漢王の櫟陽宮時代（前205～200年）と推定される[295]ことから考えて、桶巻作り平瓦の出現も前漢初頭に遡るものとみられる。

3　前漢と後漢の瓦

　本書48～50頁で実例をあげて述べたように、前漢初頭には「桶巻作り」の平瓦が出現しているが、前漢・後漢を通じて円筒桶（非開閉式）のようである（B型かC型）。前漢代は円筒桶で粘土紐桶巻作り平瓦（B型）が主体、後漢代は円筒桶で粘土板桶巻作り平瓦（C型）が主体で[296]、B型が混在するのではないかと思う。

4　五胡十六国時代の瓦

　3世紀末から5世紀中頃にかけての中国北部は、最大10にも及ぶ政権が並立する「五胡十六国時代」となるが、これと併行する時期は中国南部の東晋（318～420年）前後であり、最近、この時代の瓦が、ほんの少しだが知られるようになってきた。また、朝鮮半島では高句麗初期の瓦や百済漢城時代前半の瓦が、これと年代的に重複する時期にあたる。

（ⅰ）五胡十六国時代の瓦

　邯鄲の鄴北城の瓦には草花文軒丸瓦とでもいうべき瓦があって、これと組む軒平瓦[297]は、一重の波状文で、凹面に枠板痕と粘土紐の接合痕を残す（本書54～55頁参照）。模骨桶で粘土紐桶巻作り平瓦（D型）が、中国北部においては4世紀代に出現していることを示している。

（ⅱ）中国南朝初期の瓦

　中国北部の「五胡十六国時代」に併行するのは、中国南朝の東晋（318～420年）であるが、この時期の平瓦はまだよくわからない。

（ⅲ）高句麗初期の瓦

　高句麗では、4世紀後半から5世紀初頭頃にかけて、集安地区に太王陵・将軍塚などの王陵級の大型積石塚が築造され、これらの墳墓に瓦が用いられた。谷豊信氏[298]の「四、五世紀の高句麗の瓦に関する若干の考察」を参考にすると、太王陵は4世紀中葉から後半中葉、千秋塚は4世紀後半から末、将軍塚は5世紀初頭とされ、これらの墳墓で出土する平瓦は、模骨桶で粘土紐桶巻き作り平瓦（D型）であることが明らかである（本書78～80頁参照）。

（ⅳ）百済漢城時代の瓦

　本書83～90頁で述べたように、ソウルの風納土城・夢村土城・石村洞4号墳出土の瓦が狭義の漢城時代（371～475年）だけに収まらず、もう少し幅をもたせて考えたほうがよいだろう。平瓦はA型・B型・C型・D型・E型の古代東アジアの平瓦製作法のほとんどすべてを含んでいるのであり[299][300]、これは漢城期百済瓦の国際的な側面を示しているのである。幾何学文・樹木文軒丸瓦と組む平瓦は、模骨桶で粘土紐桶巻き作り平瓦（D型）が多いが、部分的には平瓦A型が組む幾何学文軒丸瓦があるかもしれない。しかし、B・C・E型平瓦がどの軒丸瓦と組むかは、なお不明のままである。一応、平瓦C型・E型の存在は、中国南朝経由で入ってきたと考えたほうがよいと思うが、平瓦C型はすでに後漢の洛陽で使われており、洛陽の魏・西晋時代の瓦技術をもつ漢人瓦工を含む一群が、五胡十六国時代の民族大移動の中で、朝鮮半島百済へ亡命または移住した際にもたらされた場合もあるだろう。

5　中国南北朝および朝鮮三国時代さらに隋・唐の平瓦

（ⅰ）中国北朝の瓦

　大同市の平城城明堂（491年造営）や操場城、そして方山思遠寺などの平瓦は、凹面および側面をミガキ調整するため、第一次成形技法が不明なものが多いが、方山思遠寺の波状文軒平瓦[301]では、凹面にミガキがかかるものの、枠板痕や

粘土紐の痕跡が残っており、D型の平瓦であることがわかる。ただし、この時代の北朝の瓦は丹念なミガキ調整をするのが一般的で、東魏・北斉の鄴城の瓦、洛陽永寧寺の瓦など、凹面の調整はきわめて入念であり、模骨桶で粘土紐桶巻作り平瓦（D型）の痕跡を明瞭に残すものはほとんどない。しかし、この時代の中国北朝の平瓦がD型の平瓦であることは、ほぼ間違いないといってよいだろう。

（ⅱ）中国南朝の瓦

南京で実見できた平瓦の数はきわめて少ない。南京中山陵園管理局の祭壇跡の平瓦を図示した[302]が、それは枠板痕と糸切り痕を残す、模骨桶で粘土板桶巻作り平瓦（E型）である（本書71〜73頁参照）。伴出した軒丸瓦からみて、おそらく梁（502〜557年）の瓦であろう。

一方、宋（420〜479年）および斉（479〜502年）の平瓦がどのようなものかは不明である。しかし、南京大学所蔵の平瓦の中に、枠板痕のない糸切り痕と思える平瓦（C型か？）があるので、南朝前半から中頃にかけては多様な平瓦が存在するとしてもC型とE型が主体であり、最終的にはE型に統一されていくのではないかと思う。

（ⅲ）高句麗の瓦

高句麗は長寿王の十五年（427）に平壌に遷都し、勢力を拡大して全盛期を迎えたが、668年に唐・新羅連合軍に滅ぼされた。

この平壌における高句麗時代の平瓦は不明と言わざるをえないが、『昭和十三年度古蹟調査報告』の平壌清岩里廃寺[303]や、『昭和十二年度古蹟調査報告』の平安南道平原郡徳山面の元五里廃寺[304]の軒瓦では、5世紀末から6世紀代の軒丸瓦と高麗時代の軒丸瓦が出土している。前者の時代に伴うと考えられる平瓦は小さな格子叩きを有するものであり、類似の資料を『朝鮮瓦塼図譜Ⅱ 高句麗』[305]で捜すと、PL.70、PL.71の平瓦であり、この2例は模骨桶で粘土紐桶巻作り平瓦（D型）である。高句麗初期と同様に、平壌においてもD型の平瓦が盛行したものと考えられる。

（ⅳ）百済の瓦

475年の漢城陥落後の百済の王都は熊津（475〜538年）であり、その後さらに南の泗沘（扶余）に遷都した。

　熊津時代60余年の公州地方の平瓦については、ほとんどわかっていないのが現状である。平瓦の詳しい報告があるのは、公州の東南方25kmに位置する大田月坪洞遺跡[306]であり、凹面に簾状圧痕をもつ平瓦がよく知られている。この遺跡では、凹面に布目のある通常の平瓦も出土しており、糸切り痕と粘土紐の痕跡のあるものとの両者があるが、枠板痕はすべてに認められる。即ち、大田月坪洞遺跡では、模骨桶で粘土紐桶巻作り平瓦（D型）と、模骨桶で粘土板桶巻作り平瓦（E型）の両者が併存している。泗沘時代の百済の平瓦がほとんどすべてE型であることを勘案して、公州地方の平瓦を推測してみると、E型を主体とし、若干のD型が存在するのではないかと思う。

　一方、扶余地方の泗沘時代の平瓦は、亭岩里瓦窯[307]・弥勒寺・王宮里遺跡など、いずれも模骨桶で粘土板桶巻作り平瓦（E型）である。

　（ⅴ）新羅の瓦

　新羅地方の平瓦について多くを検討したのは崔兌先氏[292]であり、多慶瓦窯跡・望星里瓦窯跡・皇龍寺・雁鴨池など、いずれも非開閉式の円筒桶が、古新羅時代にも統一新羅時代にも使用されていたことを明らかにした。崔兌先氏は、粘土素材では粘土板について説明しているが、私が新羅での皇龍寺などの平瓦を観察した限りでは、やはり布目痕があるものは、すべて糸切りによる粘土素材と考えてよいと思う。即ち、慶州地域では古新羅時代も統一新羅時代も、円筒桶で粘土板桶巻作り平瓦（C型）が圧倒的多数を占めていた。

　ただし、新羅王京内に位置する慶州仁旺洞556・566番地遺跡[308]では、模骨桶で粘土板桶巻作り平瓦（E型）が出土しており、その年代は、伴出の軒丸瓦からみて7世紀初頭頃と考えている。新羅の平瓦がC型主体であることは変わらないだろうが、E型がどの程度広がっているのかは今後の検討課題である。

　（ⅵ）隋・唐の瓦

　唐大明宮含元殿出土の平瓦には凹面の全面に布目痕を残すものがあり[309]、それは模骨桶で粘土紐桶巻作り平瓦（D型）である。洛陽での7世紀後半代から8世紀初頭の資料としては、東城内瓦窯遺跡[310]があり、平瓦は模骨桶で粘土紐桶巻作り（D型）である（本書151～152頁参照）。

　（ⅶ）揚州の瓦

　揚州城の文昌広場出土の平瓦は模骨桶で粘土板桶巻作り（E型）である[311]。

これは、南京と揚州との近接した位置関係によるもので、7世紀代の揚州の平瓦は中国南朝系の延長線上にある。8世紀中葉以降、揚州の軒丸瓦が大きく変化するが、平瓦はE型のままで大きく変わらない可能性がある（本書198～202頁参照）。

(ⅷ) 日本の瓦

588年、百済から瓦博士が渡来して以来、日本の平瓦の製作法は、模骨桶で粘土板桶巻作り（E型）であった。丸瓦を粘土紐で巻きあげる例がごくわずか出現する場合があるが、平瓦を粘土紐で巻きあげる例は、藤原宮段階（7世紀末）まで待たなければ大量に出現しない。それ以前に遡るものとしては、高句麗・北朝の影響を受けた滋賀県の湖東式軒瓦[312]に、模骨桶で粘土紐桶巻作り平瓦（D型）が出現するのみである。

新羅タイプの円筒桶で粘土板桶巻作り平瓦（C型）は、栗原和彦氏[313]が指摘するように、8世紀末から9世紀前半にかけて九州全域にあらわれ、10世紀までは確実に存続する。この新羅タイプのC型の平瓦が7世紀代の日本において全く製作されていないのかどうかは、むずかしい問題を含んでおり、紀伊の上野廃寺にもその可能性がある平瓦が存在するが、側面を調整しているため、一枚作り平瓦との判別が困難である。また、九州の大野城でもC型の平瓦が存在する可能性はまだ残っている。

6　まとめ

以上をまとめると、平瓦の製作技法の流れは次のようになる。

1　黄河中流域に出現した平瓦製作技法は、はじめ泥条盤築技法（A型）で作られたが、前漢初頭には桶に粘土を巻きつける手法（B型）に変わった。

2　前漢・後漢を通じて非開閉式の桶である円筒桶が用いられたようで、粘土板を巻きつけるもの（C型）は、後漢には確実に出現している。

3　五胡十六国時代およびその併行期には、さまざまな瓦が出現し、交錯したようである。まず、中国北部に模骨桶で粘土紐桶巻作り平瓦（D型）が4世紀代に出現し、洛陽ではC型の平瓦を駆逐してしまった。このD型平瓦は、その後、北朝を通じて用いられる技法であり、それは隋唐代にも継続される

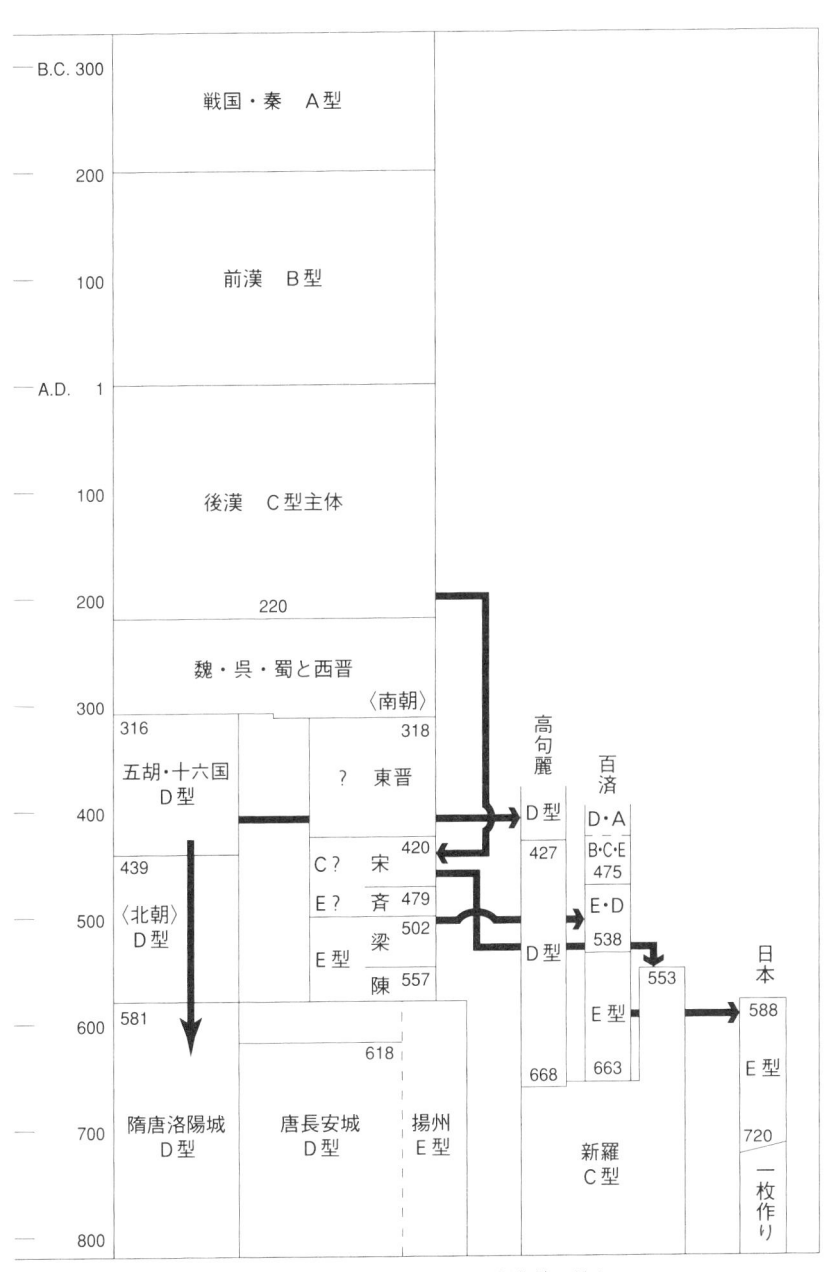

第170図　古代東アジアの平瓦製作法の流れ

技法である。佐川正敏氏が20年も前から「粘土紐桶巻作り主体の可能性」を指摘していたのは、この流れを言っているのである。隋・唐代の中国中心部の瓦からみれば、直接の祖型が中国北朝の瓦にあることは明らかである。

4　中国北朝のD型の平瓦は、高句麗のD型平瓦と同じであり、両者の関係は大きくみると兄弟関係のようなものであったと考えられる。両者の始源相互関係の追究は、今後の課題である。

5　新羅の平瓦は、円筒桶で粘土板桶巻作り平瓦（C型）であり、公州や扶余の百済瓦とも異なり、D型の高句麗瓦とも異なる。新羅のC型平瓦は、百済や高句麗とは全く異なる地域から波及したと考えざるをえない。このC型の瓦は後漢代の洛陽にあったが、その後、5世紀前半頃の風納土城に若干あらわれる。おそらく、5世紀代の南朝である東晋（〜420年）・宋（420〜479年）・斉（479〜502年）にはこの技法が出現し、梁（502〜557年）にも若干残存した。この南朝C型瓦が新羅瓦の祖型であったと考えられる。

　さらに、南朝でのC型瓦の出現は、五胡十六国時代におこった漢民族の大量の流民の発生に原因があり、華北から江南へ逃れた者数百万[314]であったという事情が背景にあるのだろう。

6　日本の平瓦は、模骨桶で粘土板桶巻作り（E型）であり、百済の扶余地域からの波及であることは、これまで明らかにされているとおりである。中国南朝でも、梁（502〜557年）・陳（557〜589年）の平瓦製作法は、E型が主体をなすものと考えられる。この影響は、南京に近接する揚州でもあらわれ、揚州での隋・唐代の平瓦がE型であることと関連するものだろう。

7　浙江省杭州市の雷峰塔遺跡の平瓦、即ち南宋（1127〜1279年）の平瓦が模骨桶で粘土板桶巻作り（E型）であることが、佐川正敏氏[315]により指摘されている。これは、中国南朝からのE型平瓦が長期にわたって存続していることを示しているのである。この中国においての平瓦製作法の南北における地域差が、どのように変化していくのかは、今後の検討課題である。

8　これまで1〜7において、古代東アジアにおける平瓦製作法の系統関係について述べてきたが、この系統関係は、軒瓦の瓦当文様や製作技法（瓦当と丸瓦の接合法）、丸瓦玉縁部の製作法の差においても傍証できるのだということを、本書の各章において記述してきたのである。

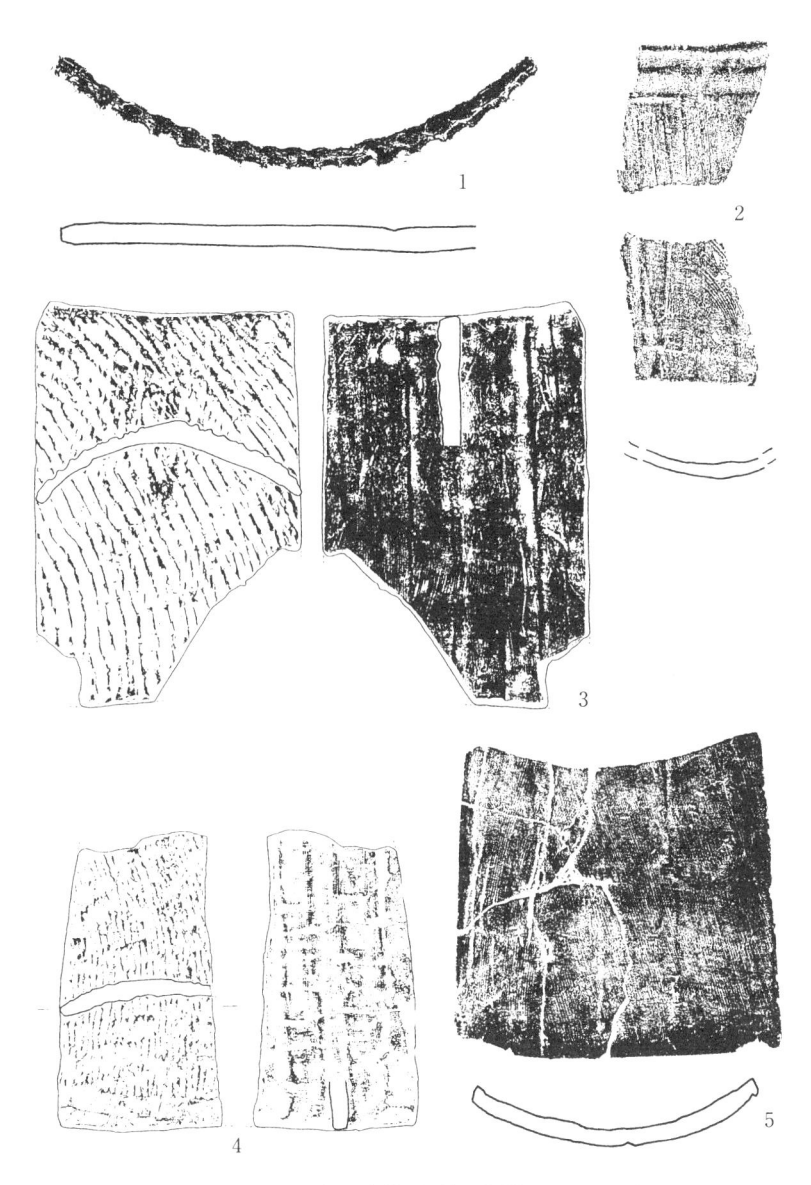

第171図　中国北朝・南朝と百済の平瓦（縮尺 2：15）
1　方山閔漢寺、2　南京中山陵園祭壇跡、3・4　大田月坪洞遺跡、5　益山王宮里

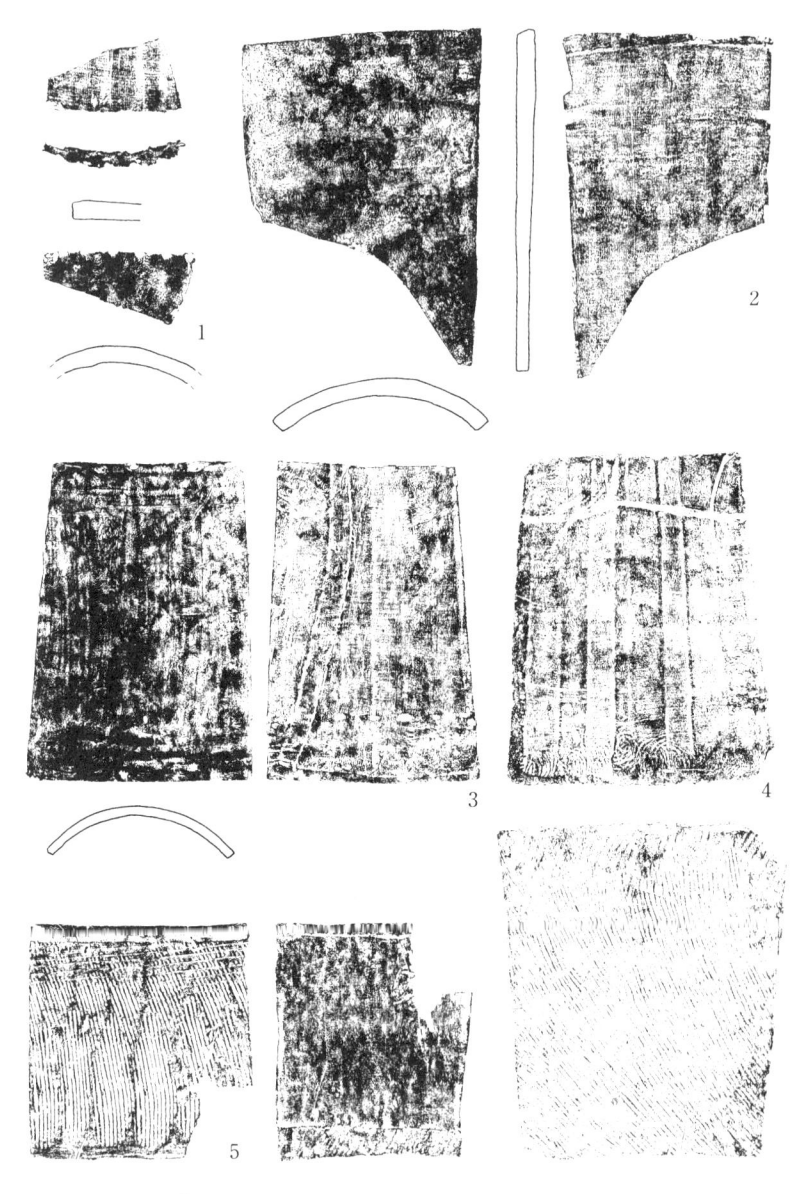

第172図　隋・唐・新羅・日本の平瓦（縮尺 1：15）
1 隋唐洛陽城東城内瓦窯、2 唐長安城西明寺、3 揚州城、4 飛鳥寺、5 新羅王京

註

(291) 佐原真「平瓦桶巻作り」『考古学雑誌』第58巻第2号　1972年
(292) 崔兌先『平瓦製作法の変遷に対する研究』慶北大学校文学碩士学位論文　1993年
(293) 佐川正敏「東アジアの軒平瓦の比較研究1―日・中を中心に―」『日本中国考古学会第2回総・大会』資料　1991年
(294) 大脇潔「西周と春秋の瓦」『藤沢一夫先生卒寿記念論文集』2002年
(295) 本書第3章
(296) 本書48頁、第33図5の平瓦
(297) 朱岩石・何利群「鄴城出土の北朝瓦の製作技法」『古代東アジアにおける造瓦技術の変遷と伝播』2009年
(298) 谷豊信「四、五世紀の高句麗の瓦に関する若干の考察―墳墓発見の瓦を中心として―」『東洋文化研究所紀要』第108冊　東京大学東洋文化研究所　1989年
(299) 国立文化財研究所『風納土城I』2001年
(300) ソウル・中部圏文化遺産調査団『風納土城』2006年
(301) 劉俊喜「北魏平城城出土瓦の基礎的研究」『古代東アジアにおける造瓦技術の変遷と伝播』2009年
(302) 賀雲翔「南朝瓦総論」『古代東アジアにおける造瓦技術の変遷と伝播』2009年
(303) 朝鮮古蹟研究会『昭和十三年度古蹟調査報告』1940年
(304) 朝鮮古蹟研究会『昭和十二年度古蹟調査報告』1938年
(305) 井内古文化研究室『朝鮮瓦塼図譜II　高句麗』1976年
(306) 国立公州博物館『大田月坪洞遺跡』1999年
(307) 金誠亀・申光燮ほか『扶余亭岩里窯跡（I）国立扶余博物館　1988年
(308) 国立慶州文化財研究所『慶州仁旺洞556・566番地遺蹟発掘調査報告書』2003年
(309) 何歳利・龔国強・李春林「唐大明宮太液池出土瓦塼の基礎的研究」『古代東アジアにおける造瓦技術の変遷と伝播』2009年
(310) 石自社・韓建華「隋唐洛陽城出土瓦の製作技法」『古代東アジアにおける造瓦技術の変遷と伝播』2009年
(311) 李久海・劉濤・王小迎「揚州における近年の出土瓦」『古代東アジアにおける造瓦技術の変遷と伝播』2009年
(312) 山崎信二「七世紀後半の瓦からみた朝鮮三国と日本との関係」『日韓文化財論集1』奈良文化財研究所・大韓民国国立文化財研究所　2008年
(313) 栗原和彦「大宰府史跡出土の軒平瓦」『九州歴史資料館研究論集』25　2000年
(314) 三崎良章『五胡十六国』東方選書36　2002年
(315) 佐川正敏「中国における造瓦技術の変遷」『古代東アジアにおける造瓦技術の変遷と伝播』2009年

著者紹介 ─────────

山崎 信二（やまさき　しんじ）

1948 年生まれ。

広島大学大学院文学研究科修士課程修了。

独立行政法人国立文化財機構奈良文化財研究所都城発掘調査部副部長、

同研究所副所長等を歴任、2009 年 3 月退職。

文学博士。

〈主要著書〉

『中世瓦の研究』雄山閣、2000 年

『古代瓦と横穴式石室の研究』同成社、2003 年

『近世瓦の研究』同成社、2008 年

『長崎キリシタン史─附考 キリスト教会の瓦─』雄山閣、2015 年

2011 年 6 月 10 日　初版発行
2019 年 11 月 25 日　普及版発行　　　　　　　　　　　　　《検印省略》

古代造瓦史 ─東アジアと日本─【普及版】

（こだいぞうがし　ひがし　にほん）

著　者　　山崎信二

発行者　　宮田哲男

発行所　　株式会社 雄山閣
　　　　　東京都千代田区富士見 2-6-9
　　　　　T E L　03-3262-3231 ／ F A X　03-3262-6938
　　　　　U R L　http://www.yuzankaku.co.jp
　　　　　e-mail　info@yuzankaku.co.jp
　　　　　振　替：00130-5-1685

印刷・製本　　株式会社 ティーケー出版印刷